晚清三杰

上部·战天京

徐哲身 / 著

中国文史出版社

图书在版编目（CIP）数据

晚清三杰.上部,战天京/徐哲身著.——北京：中国文史出版社,2018.1

ISBN 978-7-5205-0466-9

Ⅰ.①晚… Ⅱ.①徐… Ⅲ.①中国历史—清后期—通俗读物 Ⅳ.① K252.09

中国版本图书馆 CIP 数据核字（2018）第 183536 号

责任编辑：梁玉梅

出版发行	：中国文史出版社
社　　址	：北京市海淀区西八里庄 69 号院　邮编：100142
电　　话	：010-81136606　81136602　81136603（发行部）
传　　真	：010-81136655
印　　装	：北京温林源印刷有限公司
经　　销	：全国新华书店
开　　本	：16 开
印　　张	：23
字　　数	：376 千字
版　　次	：2019 年 4 月北京第 1 版
印　　次	：2019 年 4 月第 1 次印刷
定　　价	：58.00 元

文史版图书，版权所有，侵权必究。

文史版图书，印装错误可与发行部联系退换。

出版说明

晚清时节，中国陷入多事之秋。太平天国运动风起云涌，西方殖民者入侵震动朝野。面对内忧外患，曾国藩、左宗棠、彭玉麟挺身而出，安内攘外，为维护大清统治立下了汗马功劳。

本书从曾国藩的出生写起，以太平天国运动为主线，详尽地描绘了曾国藩、左宗棠、彭玉麟三人不平凡的一生，揭示了王朝末年当权者之间的倾轧，揭露了太平天国运动领导层的分裂。

书中时间跨度较大，涉及人物众多，关系错综复杂，形势变化万千，情节跌宕起伏，场面波浪壮阔。但是作者取舍有度，详略得当，"凡他书已载者，不厌加详；他书未载者，叙述尤尽"，叙述如行云流水，无不通达晓畅。

作者徐哲身，出生于晚清年间，活跃于民国早年，他的思想认识、眼界视野不可避免地打上了那个时代的烙印，官场人物的秘闻逸事自不待言，亦有神仙鬼怪、法术妖术等事点缀其间。对于官场人事，作者为其阶级立场、封建意识及资料来源所限，道听途说者有之，失之偏颇者有之，观点亦难免瑕瑜互见，请读者择益而取之；对于神怪妖法等事，其描写过于荒诞、离奇者，在不影响叙事的情况下本书做适当删减，亦请读者明鉴。

自 序

余自六龄就傅，即喜为诗，二十游泮后，始识诗者持也。兴观群怨，范围弗过，品汇事物，曲成弗遗；其大指达于书，通于易，可以从政，可以处变，可以发乎天地之情，可以舒乎山川之气；然能感觉上智，不能感觉下愚。

若夫挽救浇风，医治薄俗，其维村妇牧竖、走卒贩夫，人人能读之通俗小说乎。余既有鉴于斯，乃废举业，而以稗官自任，以故两应乡试，皆未获售。光绪戊申，纳粟末职，听鼓苏垣，名虽已入仕途，仍以我行我素为务；举凡胜朝掌故之学、清室治乱之源，远稽史籍，近咨舆论；征集较为详实，有益世道人心之事，一一笔诸手册。同僚挪揄，妻孥讪笑，咸置枉闻。积月而年，册乃渐厚，私心窃喜，可展夙愿。先是禀到之日，三吴人士，因余薄负虚名，乐与为友，旋即邀入白雪诗社，养花轩诗钞所成，知是时倡和之功焉。某月日，偶题寒山寺壁云：诗心此日何人会，独听寒山夜半钟。见者目以为狂，独泉唐之陈子蝶仙，力排众议，颇觉许可，乃结文友。后余凡有诗文小说之作，辄向蝶仙请益。蝶仙亦语人曰：徐某言情之笔，吾堪与敌；若写宦途人物，吾或逊彼一筹。有人传述斯语，余益自勉。不图言犹在耳，而岁月云迈，余与蝶仙，两鬓皆皤，各具龙钟之象矣。唯蝶仙因有家庭工业社之设，久已脱离文字生涯。余虽依然故我，一事无成，犹幸久为读万卷书、行万里路之古语所激励，只需一支秃管尚存，斯志永久不懈。去岁春天，以某老友之绍介，得识大众书局之樊剑刚君，遂有订撰《曾左彭三杰传》之约。本书宗旨，乃以曾、左、彭三氏之奇闻秘史为经，复以道、咸、同、光四朝之循环治乱为纬；他书已载者，不厌加详，他书未载者，叙述尤尽。

且先君子杏林方伯，亦于"红羊"一役，追随川督刘秉璋太夫子，先后凡三十年，非第目睹曾、左、彭三氏之一生颠末，即其他之中兴名臣、拨乱骁将，莫不共事多年。

暇时庭训之余，常谈"天宝"故事，余既耳闻已熟，又与平时手册所记，一一吻合；余文虽陋，尚无面壁虚构之嫌，益以老友二人，代为详评细注，补余不足之处，尤非浅鲜，纵多丑女簪花之诮，或少齐东野语之讥欤，书将出版，爰赘数言，即以为序。

时在中华民国二十一年三月三日，
剡谿徐哲身氏序于上海养花轩小说编辑社

目录

| 自　　序 | /1 |

第 一 回	救奇灾全家入水	得预兆江氏产子	/1
第 二 回	嵌字联生离死别	落叶赋阴错阳差	/8
第 三 回	壮士卖妻引命案	官场暗斗争圣宠	/15
第 四 回	侠妓巨眼识才人	英雄倾心结奇士	/22
第 五 回	疋鸦片幕府求情	中鱼雷军门殉难	/29
第 六 回	胡以晃拳毙恶霸	洪宣娇怒嫁情郎	/36
第 七 回	弄玄虚两蛇入穴	办团练双凤来朝	/43
第 八 回	动热肠计援要犯	出恶气手剐淫娃	/50
第 九 回	洪秀全金田起义	谭绍洸铁岭鏖兵	/57
第 十 回	乌兰泰金蝉脱壳	张奋扬誓死效忠	/64
第十一回	云山尽节全州道	达开求贤新旺村	/71
第十二回	秀成辅佐遭冷遇	钱江献策振军心	/78
第十三回	围魏救赵乱敌阵	洞房花烛劝夫君	/85
第十四回	张国梁投效授职	江忠济贪功亡身	/92
第十五回	创官制封举义人	练乡团挡太平军	/99

第十六回	国藩单求郭意诚	宣娇拟殉萧朝贵	/106
第十七回	睹耳语众将起疑	掷头颅孤孀遇险	/113
第十八回	城粮短缺食腐草	神人相助扶乩灵	/121
第十九回	邑令蓄心荐幕客	丫鬟有意做红娘	/128
第二十回	梦中公瑾授兵书	重病夫人传遗嘱	/135
第二十一回	任水师保全湘省	遵秘计攻克岳州	/142
第二十二回	宝石奇文显太平	鲁莽渡江逢劲敌	/149
第二十三回	獬面血战武昌城	秀全顺意封将王	/157
第二十四回	李金凤代父复仇	彭玉麟寻师问难	/164
第二十五回	谈理学实益人心	壮声威伪装狗眼	/171
第二十六回	制台携姬援小舅	营官冒死抢尸首	/178
第二十七回	防心腹深谋远虑	借天象洋人中计	/185
第二十八回	冯兆炳别母投军	陆建瀛诵经退敌	/193
第二十九回	城破日和尚得利	定金陵天皇奢靡	/200
第三十回	享乐洪主取中策	无知徐后遭鞭笞	/208
第三十一回	塔齐布选拔营官	李续宜诱杀敌帅	/216
第三十二回	为母祝寿遭斥责	面上增辉认义母	/223
第三十三回	胡林翼左右逢源	左宗棠因祸得福	/230
第三十四回	妇人多言遭身戮	兄弟远道示军谋	/237
第三十五回	林翼修书悲将佐	国藩洗脚戏门生	/244
第三十六回	论人才述文王卦	练侦探抄敌国书	/251
第三十七回	林威王称兵进谏	易太守举室全忠	/258

目录

第三十八回	钱军师遗书归隐	曾大帅奏报丁艰	/265
第三十九回	刘丽川兴兵上海	曾国华遇险三河	/272
第 四 十 回	不欺邪人欺正士	无可责父责娇儿	/279
第四十一回	曾大帅口吞上谕	鲍将军画圈求救	/287
第四十二回	李秀成神机妙算	曾国藩惨遭溃败	/294
第四十三回	老家仆舍身救主	章文案诌谎成真	/301
第四十四回	曾国荃畅议国事	彭玉麟狠心斩子	/308
第四十五回	左宗棠陈援浙策	潘鼎新荐克敌方	/315
第四十六回	宣娇觍颜求媚药	树德献计听空坛	/323
第四十七回	踹敌营将门有子	得怪梦温氏成神	/330
第四十八回	忠良温家身皆死	沦陷城民遭屠杀	/337
第四十九回	发热发狂失要隘	忽和忽战惧外邦	/344
第 五 十 回	西太后垂帘听政	彭玉麟诚心辞官	/351

第一回

救奇灾全家入水　得预兆江氏产子

民元至今，仅不过二十个年头，为时何尝久远，不知现代的人们，怎么竟会对于有清一代的政治沿革，社会状态，俨同隔上几十世，过了几百年一般。就是我们这班小说家之中，也有几位记载清末一切的掌故，仿佛视为代远年湮，没甚典籍可考，往往略而不详。例如"红羊"一役，清室方面，也曾出过几个中兴功臣，太平天国方面，也曾有过几个革命种子，如此一件空前绝后的大案，理该有几部极名贵极翔实的作品，流行世上，好给后之读者，明了当时的实在情形。岂知坊间此类书籍，虽如汗牛充栋，按其实际，大半都是各执成见，莫衷一是，甚有偏于太平天国方面的，动以"满奴功狗"等字样，加诸中兴功臣头上；偏于清廷方面的，复以长毛发逆等名词，加诸革命种子头上。其实好的未必全属甲方，歹的未必全属乙方，但在执笔之人，根据真相，依事直书，即是一部有价值的野史。

不才有鉴于此，敢以先世闻见所及，本身考据所得，即从"红羊"之事为始，清室逊位为终，既不抹煞双方之长，也不掩饰双方之短。他书已有记及的，不厌加详，他书尚未搜集的，不嫌其秘，事无巨细，一定和盘地托将出来。不敢就谓此胜于彼，只求生我后者，有部较为详尽的参考书籍可读，或不致再去坠入五里雾中，便是我辈做小说的天职。

论到清朝的中兴功臣，当然要推曾国藩曾文正公为首，因他除开平洪伟绩之外，还是一代的理学儒宗。当清兵入关的时候，有个名叫曾孟学其人，是由外籍迁入湖南湘乡县大界里中居住的。没有几久，旋又移居后来曾国藩诞生的那个白阳坪地方。这位曾孟学，就是曾国藩的七世祖，嗣后孟学生子，叫作元吉；元吉的仲子，叫作辅臣；辅臣之子，叫作竟希；竟希娶于彭氏，彭氏有子，叫作玉屏；玉屏别字星冈，娶于王氏。王氏生子三人：长名麟书，别字竹亭，娶同县江沛霖之女江氏为室；次名上台，早年夭折；三名骥云，娶于郭氏。

嘉庆十五年庚午，曾国藩的高祖考辅臣，高祖妣某氏，曾祖妣彭氏，都已先后下世，独有曾祖竟希，年虽六十有九，尚极健旺。

这年元日，星冈率领全家，去替老父叩岁，磕头之后，又诚诚恳恳地禀说道："我们虽是一份半耕半读的人家，只是父亲的春秋已高，务求就从今天的一岁之首为始，不必再去躬亲垄亩；这座门庭，应由我们这班儿孙支撑才对。"

竟希听罢，暗忖儿子本懂医道；长孙已经进了秀才，人又能干，亲戚朋友里头，相打相骂，只要他去一讲，马上了结；次孙虽是老实一些，现在的家务，原是他在照管。他们既来劝我，总是一点孝心，似乎应该答应他们。

竟希默想一过，便把他那脑壳一连颤动几下，既不像点头，又不像打瞌铳，不过星冈等人是瞧惯的，早知道老人已允所讲，大家很觉快活。

这样的一混数月，星冈的医生收入，倒极平常；竹亭出去替人讲事，管管闲账，反而优于乃父。

原来前清有个陋习，大凡乡下土老，不论贫富，最怕见官。每村之中，总有几个结交胥吏、联络保正、专管闲账、从中渔利的人物。这等人物，俗名地蛀虫。一要人头熟悉，二要口齿伶俐，三要面貌和善，四要手段狠辣，五要腿脚勤健，六要强弱分清，七要衣裳整洁，八要番算来得，九要不惜小头，十要不肯白讲。

竹亭既承此之乏，自然未能免俗，因此他的谢礼越多，身体也就越忙。竟希、星冈、骥云三个，本是忠厚有余、才干不足的人物，只晓得竹亭在外，替人排难解纷，大有披发缨冠之风，借此得些事蓄之资也不为过，星冈索性除了医务之外，每天只是陪同老父，在那藤廊之中承欢色笑。

这天正是庚午年的端午节，星冈侍奉老父午餐之后，因觉天气微燠，还是那座廊下有株直由檐际挂到台阶石上，数百年的虬藤可以蔽住阳光，便扶老父仍到那儿，一把瓦壶，两柄蒲扇，恍同羲皇上人一般，父子两个开话桑麻。

竟希这天因为多喝了几杯酒，高谈阔论了一会，顺手拿起那把瓦壶，送至嘴边，分开胡子一口气咕嘟咕嘟地呷上几口。刚刚放下茶壶。偶尔抬头一看，只见屋角斜阳照着那株虬藤深碧色的叶上，似有万点金光一般，不觉心下一喜，想起一桩事情，先用左手慢慢地捻着那胸前的一部银髯，又用右手的那柄蒲扇，向那虬藤一指道："这株老藤，也有一二百年了。从前有个游方和尚，曾经对我说过，此藤如果成形，我家必出贵人。你瞧此刻这藤被风吹得犹同一条真龙一般，张牙舞爪，立刻就要飞上天去的样儿，难道和尚的说话，真会应在我们麟书身上不成？"

星冈听说，也觉喜形于色地答道："但愿如此，只怕他没这般福命好。"

竟希还待再讲，陡然听得外边人声鼎沸，似有千军万马杀入村中的情景，急命星冈快去看来。

星冈刚刚立起，就见长孙媳妇江氏满面赤色地奔到他们面前，发急地说道："全村突发蛟水，太公公快快避到媳妇们的楼上再说。"

江氏只说了这句，陡见一股洪水早已澎湃的几声，犹同黄河决口般地涌进门来。霎时之间，平地水涨数尺。那株虬藤首先浮在水面。那些瓦壶什物跟着余了开去。星冈素来不知水性，连连抓股摸腮急得一无办法。幸见他的老父已经爬了起来，站立凳上，可是凳脚又被水势荡得摇摇不定。生怕老父跌入水去，此时只好不顾男女授受不亲之礼，急命江氏驮着太公上楼。江氏素娴礼教，听见此话，神气之间，不觉略略一呆。

星冈恨得用力跺脚道："此刻紧要关头，顾不得许多。"

谁知他和江氏两个早已半身浸在水内，刚才发急跺脚的当口，早又激动水势冲了过去，险些儿把那高高在上、站立凳上的一位老人，震得跌入水去。

此时江氏也知事已危迫，不能再缓，只好两脚三步，在那水中走到她太公跟前，驮着上楼。星冈、王氏、郭氏三个，也已拖泥带水地跟了上来。

竟希就在江氏房里坐定，一面正想去换湿裤，一面又去问着郭氏道："你们大伯本不在家，你的男人，怎么不见？"

郭氏赶忙答道："他去替太公买办菜蔬，怕是被水所阻，不能回来。"

竟希连把额头皮皱上几皱，不答这话，且把换裤的事情似已忘记，忙去推窗朝外一望：猛见一座白阳坪全村，竟会成了白茫茫的一片汪洋，不但人畜什物漂满水面，而且一个个的浪头打来，和那人坠水中噗咚噗咚呼救的一派惨声，闹成一片。不禁激励他的慈善心肠，急忙回头将手向着大家乱挥道："快快同我出去救人，快快同我出去救人。"

星冈本知父亲素存人饥我饥、人溺我溺的心理，不敢阻止，只好婉劝道："父亲怎能禁此风浪，我们大家出去也是一样。"

竟希听说，大不服老，连连双手握了拳头，向空击着，跟着用劲喷开他那长髯，厉声地说道："此刻就是有老虎在前，我也能几拳把它打死，何况救人！"

江氏接嘴道："太公常在田里车水，懂得水性，公公不必阻拦。"王氏、郭氏也来插嘴说道："我家现成有只载粪船只。快快坐了出去。"

竟希听说方才大喜，马上同了大家下楼，就在后门上船，江氏立在船头撑篙，直向大水之中射箭似的冲去。忽见竹亭、骥云兄弟两个不知如何碰在一起，也坐一只小船，急急忙忙地摇了回来。

竹亭一见全家都在船上，不觉大吓一跳，忙问江氏道："你们一起逃出，难道我家已被大水冲塌不成？"

江氏慌忙简单地告知一切。竟希即命两孙一同前去救人。话犹未说完，突见一具尸身氽过船边，竟希正想自己俯身船外去救，亏得江氏自幼即知水性，又有几斛蛮力，她比竟希抢在先头，早将那尸拖上船头。星冈忙摸尸身胸际，尚有一点温气，急用手术，将他救活。

不料一连来了几个巨浪，竟将曾氏两船卷入浪中，立即船身朝天，人身落水。幸亏除了星冈一人，素在行医、未知水性外，其余的老少男女常在小河担水、田里车水，统统懂点水性；对于全村地势，何处高岸，何处水坑，又极熟悉，尚没什么危险。竟希站在水中，首先倡议，索性就在水中救人。大家自然赞同，连那星冈也在水中爬起跌倒发号施令，指挥儿媳各处救人。

那天恰是端节，日子还长，可以从容办事。又亏县官李公会鉴，得信较早，率领大队人马、多数船只赶来救灾。竹亭因与李公曾经见过几面，连忙赶去，趁此大上条陈。李公知道曾氏是良善人家，又见一班女眷都能如此仗义，忙请竟希同着女眷，到他官船之中休歇。竟希因见官府到临，有了主持人物，料定他的小辈也已乏力，只好答应。

哪知王氏婆媳三个因为单衣薄裳，浸在水中半天，弄得纤细毕露，难以见人，情愿坐了自家粪船，先行回家。星冈也说应该先行回去。只有竹亭一个，却在嘴上叽咕，怪着她们婆媳几个到底妇流，不识县官的抬举。王氏婆媳三个明明听见，不及辩白，径自坐船回家。

及至夜半，水始退净，大家方去收拾什物，整理器具，打扫水渍，一直闹到天亮，竟希祖孙父子四人方才回转。

竟希不问家中有无损失，又命竹亭出去募捐施赈，星冈出去挨家看病。后来救活数个人命，因此得了"善人曾家"之号。

又过月余，已是三伏。有天晚上，王氏因见翁夫儿子都已出去乘凉，方在房内洗上一个好澡，洗完之后，便叫江氏进房，帮同抬出澡盆，去到天井倾水。江氏抬着前面，王氏抬着后面，江氏只好倒退着抬出王氏卧房。刚刚走到天井，一眼瞥见那株虬藤，陡然变成一条腰粗十围、身长数丈、全身鳞甲的大蟒，直从屋檐之上挂将下来，似在阶上俯首吃水。只把江氏吓得顿时心胆俱碎，砰的一声，丢去手上澡盆，拖了她的婆婆，就向大门外面飞逃。

王氏未曾瞧见那蟒，自然不知就里，一边被她媳妇拖着奔跑，一边还在上气不接下气地问着媳妇："如此慌张，究竟何事？"江氏此时哪有胆子答话，忙向门外跑去，不防对面恰巧走来一人，正和江氏撞了一个满怀。

江氏一见那人正是她的丈夫竹亭，连忙低声说道："那株虬藤，真个变成了一条大蟒，你快不要进去。"竹亭性子素刚，不及答话，早已一脚奔入里面，仔细一看，何曾有条大蟒，只有那株虬藤映着月光，正在那儿随风飘荡，且有一股清香之气送到鼻边，正待唤进母亲妻子，江氏因不放心，早已蹑足蹑手悄悄地追踪跟入，躲在竹亭背后偷眼一看，那蟒忽又不见，忙去扶进婆婆。尚未立定，竹亭已在向江氏发话道："你在见鬼吧。何处有条蟒蛇。下次切切不可再像这样地造言生事。"

江氏不愿辩白，自去提起澡盆，送回王氏卧房。等得竟希等人回来，王氏告知江氏瞧见大蟒之事，竟希听了点首出神，星冈、骥云听了疑信参半，竹亭仍不相信。

江氏以后虽不再提此话，可是她一个人再也不敢近那虬藤。王氏已知其意，即命江氏单在楼上缝纫全家的穿着，中馈之事改由郭氏担任。

原来曾家的宅子本只三楼三下，还是历代祖上相传下来的老屋。竟希生怕改造正屋伤了那株宝贝的老藤，因此只添馀屋，所以自己也住在靠近虬藤的楼下单屋。对面西屋，给予星冈夫妇居住。楼上东屋，给予竹亭夫妇居住。西边，给予骥云夫妇居住。

江氏安居楼下之后，身体较为清闲，即于次年，就是嘉庆十六年十月十一日那天的亥时，不声不响地安然产下一个头角峥嵘、声音洪亮的男孩，此孩子即是曾文正公。

这年竟希恰巧七十,因是四世见面,自然万分高兴。便又记起产母曾见大蟒,料定此子必有来历,便将官名取作国藩二字,也是望他大发,好替国家做事之意。接见国藩满月之后,满身生有鳞癣,无论如何医治,不能有效,又以涤生为字、伯涵为号。

又过几年,江氏续生三子二女。那时竟希业已逝世,即由星冈将他次孙取名国潢,字叫澄侯;四孙取名国荃,字叫沅甫;五孙取名叫国葆,字叫事恒;两个孙女,长名润姑,幼名湄姑。又因次子骥云也生一子,取名国华,字叫温甫,排行第三。

国藩长至八岁,满身鳞癣之疾愈加厉害,还是小事,最奇怪的是,两试掌上,并无一条纹路。非但曾氏全家个个莫明其妙,就是一班相家都也不能举出什么例子,只有混而沌之说是大贵之相罢了。这年国藩已在村中私塾念书,有天散学回家,把他一张小嘴嘟得老高。江氏爱子情切,未免一吓,忙问这般样儿,为着甚事。

国藩方始愤然地答道:"今天先生的一个朋友硬说孩儿手上没有纹路,不是读书种子。孩儿和他辩驳几句,他又挖苦孩儿,说是要么只有前去只手擎天,若要三考出身,万万莫想。"

江氏听毕,一把将国藩抱入怀内,笑着抚摩他的脑袋说道:"这是我儿的一个预兆,将来果有这天,我儿还得好好地谢他。"

国藩听了母亲教训,以后真的万分用功。哪知一读十年,学业虽然有进,可惜每试不售。直至二十三岁,道光十三年的那一年,有位岳镇南学使按临到来,方才进了一名秀才。同案欧阳柄钧,钦佩国藩的才学品行,自愿将他胞姊欧阳氏配给国藩。星冈父子因见门当户对,也就应允,即日迎娶。那时国藩正当青年,欧阳氏又是一位少妇,闺房之乐,异乎寻常,郎舅二人,也极情投意合。

有一天,柄钧匆匆地自城来乡,要约国藩进城,替他办桩秘事,国藩当即答应。及至入城,柄钧即同国藩走入一个名叫鄢三姊的士娼家中。国藩曾在县考的时候,已由几个窗友陪他到过几处,都因不是上等名花,难入才人之目,因此淡了游兴。

及到此地,虽未看见主人,但见一切的陈设幽雅,已合那副屋小于舟、春深似海的对朕,不禁一喜,便笑问柄钧道:"你把我没头没脑地拖来此地作甚,此地又是什么所在?"

柄钧轻轻地说道:"此家有一对姊妹花,姊姊叫作春燕,妹妹叫作秋鸿,秋鸿和我已有啮臂之盟,因她的生母,视鄢三姊为一株摇钱之树,我又不是王孙公子,量珠无术,特地请你来做一位说客,千万不可推却。"

国藩尚未答话,只听得远远的一阵环佩声喧,跟着一派香风吹至,使人肺腑一清。就在此时,帘幙启处,果然走出两位美人,柄钧即指一个较为丰硕的美人,对着国藩道:"这位便是我的爱人秋鸿。"又指一个弱不禁风的美人说道:"她是我的姊姊春燕。"春燕不待柄钧说毕,偷眼睨了国藩一眼,忽将一张妙靥微微地一红,半露羞涩之容,半现垂青之意。国藩本来没有迷花浪蝶的经验,一见春燕对他如此情景,不禁也把他的蛋脸一红,似乎比春燕还要加倍害臊。

春燕此时已知国藩尚是一个初出茅庐的子弟,不便撩拨过甚,便向柄钧一笑道:"这位可是你的令姊丈曾涤生相公么?"

柄钧含笑点首答应道:"他正是我的姊丈,我此刻急于要和你们妹子商量几句紧要私语,就请春燕姊姊陪我姊丈在此闲谈一会。"柄钧说着,也不再管春燕许可与否,便和秋鸿二人手挽手地蹩入里面而去。春燕一见左右无人,方和国藩寒暄起来,起初是春燕问十句,国藩只答一句;后来问几句答一句;最后是问一句答一句了。二人谈得渐渐入港,彼此大有相见恨晚之意。

春燕忽又懒洋洋地瞄上国藩一眼道:"我的妹子,有君来做说客,大概可以如她之愿,终身有靠的了。"说着又以绣巾掩口,嫣然一笑地低声问着国藩道:"君的尊夫人,究竟娶了多少日子,可否请君见告,我还有几句私语,要想和君细说。"正是:

> 方羡有情成眷属,
> 不期无福待神仙。

不知国藩怎样答法,且见下文。

第二回

嵌字联生离死别
落叶赋阴错阳差

国藩既见春燕人已十分妩媚,言辞又很知轻识重,此刻忽又问及他那新夫人的结缡日期,料定这本试卷又被这位女考官取中,心下一个舒服,便老实地告知家中景况。

春燕听毕,正待也将她的肺腑之话说出,忽听她的未来妹夫欧阳柄钧,已在里面唤着国藩进去,即对国藩抿嘴一笑道:"你且进去商量好了他们之事,我们俩再细谈吧。"

国藩一个人走入里面一会,方同柄钧、秋鸿两个一起出来,可巧鄢三姊已从街上购物回来。柄钧先将国藩介绍见过鄢三姊,互相寒暄一阵,国藩始请鄢三姊去至内室,就把他刚才和柄钧、秋鸿预先商议之话,委委曲曲地陈述给鄢三姊听了。

鄢三姊的初意,原想在她次女身上得笔大大的身价。此时因见国藩前来说项,说是柄钧目下手头虽窘,将来必能发迹,既做他的外室泰水,眼光需要放远,后来自然享福不尽。鄢三姊听得这般讲法,心里已有一半答应,再加方才瞧见她的大女,虽然坐得离开国藩好远,却把她的一双眼睛只向国藩脸上一瞄一瞄的,又知大女已经瞧上国藩。国藩也是新科秀才,曾家又有善人之号,这两桩还是小事，现在大家都在传说国藩是条大蟒投胎的，身上且有鳞癣为凭，手上又没纹路，种种都是大贵之相，这个现成人情，怎好不卖？于是满口答应。并说我既做了你们这位老舅的丈母，大家就是亲眷，以后不必客气，可要常来走走。国藩听了，连称应来拜望。

邬三姊便同国藩回到外边，又对国藩说是拣日不如撞日，索性就在今天晚上办席喜酒，趁你在城，眼看做了此事好些。国藩问过柄钧，柄钧也极愿意。邬三姊一心望她大女勾上国藩，一切催妆之事都由她去办理，不要春燕相助。春燕明白母意，即把国藩邀入她的卧房，情致缠绵地诉说心事，极愿照她妹子一样，立刻做了国藩的外室。国藩怕人议论，不肯一口允诺，后来禁不起柄钧、秋鸿等人竭力相劝，国藩方允先做腻友，将来再定名分。人家瞧见国藩如此坚决，不肯率尔从事，只得依他。

这天晚上，酒席散后，两对玉人，都成人月双圆之喜。

第二天，国藩恐怕家里惦记，连忙赶回家去。又过几天，恰巧县官李公要请国藩替他整理文集，国藩就借此事，方得暂住城里，邬家母女瞧见国藩又做本县衙内里的上宾，当然愈加巴结。

春燕本来能作几首小诗，等得国藩晚上去的当口，即将她的诗稿取出，要请国藩替她修改。国藩翻开一看，只见头一首就是：

一夕秋风水又波，天涯回首各关河；
分明同此团圆月，总觉今宵瘦损多。

国藩觉着此诗的造意虽佳，词句未免萧索，不愿往下再看。单对春燕笑着道："我是长住乡间的人，还有两代上人，须我日常定省，现在容易借着县里之事，方能与你做这一两旬的畅叙，你偏要叫我修改此稿……"

春燕不待国藩说完，把脸微红一红，即向国藩手内将那一本诗稿抢回，顺手丢在妆台之上，又笑嘻嘻地拉了国藩，一同坐在床上道："你的说话很对，这倒要怪我太性急了，只要我没别样风波，和你常能一起，还怕我不成一个女诗人么？"

国藩听得这话更是触耳，便在暗中忖道：此人何故作诗讲话，都含有一种不吉利之意。国藩想到此地，又见春燕这人并没什么毛病，已同一位捧心西子一般，倘一有病，那还了得。不禁由爱生怜，即将春燕拥入怀中，用他左颊前去摩擦春燕的右颊道："你要学诗，我的肚内还有一些古董，慢慢儿地来不迟，不过你的身体太觉娇惯，以后还是少操心思为宜。"

春燕一面听着，一面也用她的那张粉颊回擦国藩之脸，忽然又用两指，轻轻地去向国藩项上撕下一些癣皮，放在她的掌心上，便向国藩道："人家都说此癣就是蛇皮，你有这个来历，所以我和你同床共枕的时候，真没一丝丝儿讨厌你的心思。但望你能高发，我也可以享福。"

国藩不待春燕说完，冷不防噗的一声骤向春燕掌上一吹，那一些些的癣皮，早已吹得无形无踪。

春燕便将身子放在国藩身上，左揉右扭地不依道："我不怕肮脏，你反怕肮脏起来。"说着逼着国藩脱去衣裳，让他光脊梁地一瞧全身。

国藩忙将春燕的身子抱定道："你快莫动，我可抱不住你了。你要瞧我全身，也是好心。但是灯光之下，袒裼裸裎地成何体统。"

春燕听说方始坐定不动，还向国藩微瞪了一眼，低声自语道：
"你的身上，还怕人家没有瞧见过不成？"

国藩笑了一笑，也不再辩。这天晚上，一宿无话。

没有几久，国藩已把李公的文集整理完事，自回乡去。不防春燕就从国藩走后，渐渐地得了吐血之症。柄钧悄悄奔去告知国藩。国藩正因他的祖父老病大发，需得亲奉汤药，无暇去瞧春燕。直到次年春天将尽，星冈方始好了起来，国藩慌忙借了一件事情，去瞧春燕之病。

岂知一脚跨进房去，陡见春燕一个人斜坐被窝洞中，背靠床栏，双目凹陷，两腮现出极深的酒窝，早已瘦得不成人形。国藩不觉一个酸心道："怎么竟会瘦得这般。我因祖父有病，不能分身前来瞧你，请你原谅。"

春燕连连微点其首，又用她那一双瘦得如同鸡爪的纤手指指床沿，就叫国藩在她身旁坐下道："你是一位孝子，我怎敢怪你。只是我的病体已入膏肓，怎样好法？"

可怜春燕的一个"法"字甫经离口，她的眼眶之中，早同断线珍珠一般的泪珠，簌簌簌地落下来。国藩连忙替她揩干，又用吉人天相的一老话劝上一番。

春燕听了微微地叹上一口气道："我已不中用了。你在劝我，无非宽宽病人之心罢了。我只望你等我死后，由你亲手将我葬下，再好好地照顾我的母亲，我就没有未了的心愿了。"

国藩忙极诚恳地答道："这两桩事情，我一定不负你的嘱托。你若能够慢慢地好了起来，岂不更好。"

春燕尚未答话，只见鄢三姊和柄钧、秋鸿三个，各人手执仙方吃食等东西同进房来。一见国藩坐在春燕的身旁，异口同声地怪着国藩道："你真有些狠心，春燕病得这般，无论怎样，也得偷空进城一趟。"

国藩恐怕病人听了因此生气，于病更加不利，正想辩白几句，急切之间，反而期期艾艾地讲不出来。

春燕病得如此模样，还在床上帮着她的情人道："我正为他有这般孝心，将来会大发，我就死了，于我也有光呢。"

国藩在旁听说，心想这般一个明白事理的女子，竟会不永于年，这也是我曾某没福。国藩想完，因见鄢三姊和秋鸿二人已在服伺春燕，服那仙方，他便拜托柄钧替他下乡一行，推说城里有个朋友有事留住，三五天之中不能回家。柄钧当然照办。

哪知不到三天，春燕竟把国藩这人抛下，驾返瑶池去了，死的日子，正是三月三十那天。所以国藩有副挽朕是：未免有情此日竟随春去了，似曾相识何时再待燕归来。国藩果不失信，真的亲自葬过春燕，又厚赐了鄢三姊二百银子，始回家中。

王氏、江氏、欧阳氏婆媳三代，因见国藩此番入城回家，时常闷闷不乐，便命国藩早日上省乡试，也好开怀遣闷。国藩听说，果于端节之前辞了祖父祖母、父亲母亲，以及叔婶等，同了欧阳柄钧进省。柄钧本来是常到省中玩耍的，一到省城，生怕国藩忧能成疾，便又同他前去问柳寻花。

有一天走到一个名叫如意的马班子寓中，国藩一见如意这人长得极似春燕，见新思旧，不知不觉地便和如意落了相好。如意初见国藩满身癣疾，不甚清爽，并不真心相待。后听柄钧以及湘乡县中赴考的一班相公，都在说起曾家虬藤化蟒的故事，方才相信国藩的癣疾非比寻常，以后始与国藩真心要好，甚至国藩付她的缠头之资，也不收受。

国藩本是一个性情中人，于是又把如意这人引为知己起来。等得三场考毕，归期已有日子，竟和如意弄得难舍难分。不得已赠上如意一副对挽是：

　　都道我不如归去，
　　试问卿于意云何。

第二回　嵌字联生离死别　落叶赋阴错阳差 .. 11

国藩赠过此联，便和如意握别道："我倘能够侥幸中式，一月之后，又可和卿相会；倘若不中，我也无颜来省，只好俟诸异日的了。"

如意一直送到城外，方始伶伶仃仃地一个人回寓。

好容易盼到九月底边，放榜那天，急去买上一张题名录一看，一见三十六名的新科举人，正是"曾国藩"三个大字。还怕眼花，忙又细细一查籍贯，方知她的情人曾涤生果然中了。连忙托人假造姓名，专人去到国藩家中给信。那时国藩也已接到省中提塘的报单，立刻兼程进省，好赴鹿鸣之宴。

一到省城，时已深夜，不便去谒房师，趁空来找如意。相见之下，这一喜自然非同小可。如意当场要求国藩娶她作妾，国藩婉言谢绝。如意因见他的原介绍人欧阳柄钧此次没有中式，未曾一同进省，无人帮腔，正拟得闲慢慢再说。哪知国藩的老太爷竹亭，奉了父命追踪上省，来替国藩办理一切酬应之事。国藩原是一位孝子，偶然逢场作戏，已觉问心有愧，一见父亲到来，自然不敢再住如意寓中。及至事情完毕，竹亭即携着国藩回家，害得国藩从此以后，没有机会再和如意重见。幸亏留下嵌着如意二字的那副对联，至今传为佳话。

当时如意虽不如意，不才个人，想一株路柳墙花，能和钱塘苏小一般，留名后世，似乎比较汉高祖时代戚夫人之子，名叫如意的那位皇子好得多了。

现在单讲国藩中了举人，他家自从国初到今，乡榜之上，并未有过一个名字，国藩年仅二十四岁，已经入了贤书，星冈等人岂有还不笑掉牙齿之理？于是今天忙竖旗杆，明天忙上匾额，还要祭祖先、宴亲戚、谢先生、拜同年等之事。

曾家固是乐得不可开交，可是那位鄢三姊得了国藩中举之信，也在那儿怨死女儿没福，伤心得不可开交。后来还是国藩又赠一百银子，方将鄢三姊的愁苦减去了大半。

星冈、竹亭几个一等大事办毕，因为湘省距京太远，主张年内起程，方才不致局促，国藩也以为然。就在十月底边，坐了轿子先到湘潭，再由湘潭雇了民船，前往汉口，再由汉口起旱入都，沿途并未耽搁，到京已在年下。及至会试期届，国藩便随各省举子进场。不料三场文字，虽然篇篇锦绣、字字珠玑，可惜不合考官眼光，一位饱学之士，竟至名落孙山。

好在国藩为人，很有涵养功夫，此次不售，再待下科。

回家之后，星冈、骥云都来劝慰，只有竹亭一个稍现不乐之色。国藩一概不问，仍用他的死功。

转瞬三年，二次重复上京，亏他有志竟成，便于道光十八年的戊戌科，中式第三十八贡士，赐同进士出身。二十年授了检讨。那时曾国藩的年纪，还只二十八岁，当年即受座师穆彰阿尚书的知遇，派充顺天乡试磨勘；第二年又得国史馆的协修官。

国藩在京既算得意，早于中试之后，叠将详细近状分别函禀家中上人。在他初意，还想乞假回籍终养，后来既得祖父、父亲、叔父等的家信，都来阻止；复由座师穆彰阿唤出，当面劝他移孝作忠，方始不负朝廷的恩典。国藩听说，只得遵命，忙又写信禀知家中，说是既然留京供职，因在客边，须得先接家眷、一俟部署停当，即行迎养。家中得信，立即派了妥人伴送欧阳氏入都。那时欧阳柄钧也因屡试不第，正想上京入监，因见乃姊入京之便，于是同伴而来。

国藩一见柄钧同至，不禁大喜地说道："你来得正好，我正在愁得即日移居半截胡同，乏人相助。"柄钧听说，也笑上一笑道："姊丈入了词林，既有俸银，又有同乡印结可分，大概添我一人吃饭，似不碍事。"

国藩等欧阳氏不在身边，忙问柄钧的外室岳母是否康健，秋鸿何不索性同来。柄钧见问，苦脸答称道："你还问她呢，她也随同乃姊去世了。还是她娘，倒觉康健。"国藩听了叹息不已。

又过几时，便把柄钧入监之事办妥。每天风雨无间，入馆办公，回寓之后，不是写家书，即是作日记，以及练字看书。不到两年，文名渐起，因此前来和他结交朋友的，很是不少。国藩本来勤于写家信的，家中的回信也是连续不断。因而又知几个兄弟都已娶亲，且肯读书，两个妹子，也已出嫁；国藩既把家事放心，更是黾勉从公起来。谁知在那道光二十三年，翰詹科道大考的时候，又得着三桩意想不到的巧遇。

原来大考，例分三等：考在一等的，不是升官，便是放差；考在二等前几名的，也有好处，考在二等中间，以及二等之尾的，无升无黜，平平过去；考在三等的，就有降调等的处分。所以前清有句老话，叫作翰林怕大考。

当时有个名叫陈暄的浙江人，他已做了翰林院侍讲多年，只因年老，既惧降调，又怕升官，便在未考之前，私去拜托他那亲戚许乃普尚书，字叫滇生的，说是他情愿考在二等稍后，无荣无辱足矣。

许尚书答道："这容易，你只要在你试卷上面，略略洒上三两点墨迹，我一有了记认，自能如你心愿。"

陈暄听了，等得考试那天，自然按照所嘱办理。

第二回　嵌字联生离死别　落叶赋阴错阳差　..13

不防国藩那天，他的卷子上面，因套笔管匆促，也碰上几点墨迹，许尚书不知就里，还当国藩卷子，就是陈暄的卷子，居然把他升在二等的倒数第一名。等得将那所有试卷呈入道光皇帝的御览的时候，道光皇帝先把一等的几本卷子随便一看。放在一旁，再去抽出二等末了的几本一看。因为那时道光皇帝正死了一位爱妃，阅卷大臣要拍皇帝的马屁，题目出的是"落叶赋"，又以"树犹如此、人何以堪"八字为韵，无非取那哀蝉落叶之意。可巧道光皇帝看到二等末了几本卷子的当口，忽然想起亡妃之事，一时悲从中来，便没心思再往下瞧，即把手上的几本卷子随便一摆，挥手即令太监拿去。

阅卷大臣接去一看，曾国藩考在二等倒数第一的，竟变为二等顺数第一起来。起初都觉不解，及至翻开卷子一看，方才看出内中有那"除非天上能开不夜之花，安得人间长种恒春之树"。知道此卷说着皇帝心病，所以有此特达之知，连忙把曾国藩升补了翰林院侍讲，且放四川省的正考官。

国藩这三桩的巧遇，第一是误洒墨迹，第二是帝随手摆错他，都一点不知，就是赋中的那一联句子，他也并不晓得宫中死了妃子之事。他是因见有那八字为音，偶然想起春燕起来，可以切题，才做上这一联的。不想阴错阳差，竟便宜他得了一件升官得差的大喜事。话虽如此，一半也是那时他已有了道学之名，做人不错，无意之中，食了此报，正合人情天理。

国藩既已放了四川的正考官，自然择日起程，到了成都之后，总督将军以次，都到城外那座黄花馆里，跪请圣安，然后导入闱中。正是：

漫道文章没公道，
须知武艺本天生。

不知国藩入闱之后，有无什么事件发生，且阅下文。

第三回 壮士卖妻引命案 官场暗斗争圣宠

国藩入闱之后，他因自知初次衡文，不但关防严密，恐怕有人私通关节，就是对于各房官所荐卷子，也十分慎重；且将所有落卷，都要亲自查过，免有沧海遗珠之事。所以道光二十三年癸卯那科，各省中式的人才，要算四川省最盛。

等得考毕，国藩因有王命在身，照例不得逗留。起程那日，仍由总督将军各率所属，亲自送出东门，寄请圣安。国藩送走众官，正待鸣锣升炮开船，直向宜昌放去的当口，忽闻岸上人声鼎沸，喊叫连天，似乎发生重大案件的样子。便命随身差役，上岸探明报来。

差役奉命去后，直过好久，方始回船禀报，说是沐恩[①]上岸打听，据几个老百姓告知沐恩，说是这场祸事闹得不小。因为昨天有个名叫鲍超的游勇，从前曾在粮子上当兵，后来革了名字。姓鲍的虽然有点武艺，因他怪喜酗酒滋事，脾气不好，川省当营官的都不肯补他名字，他便没有吃喝，只好去打烂账。

国藩听了这儿，便问打烂账可是公口。差役即把腰杆一挺，双手一垂，接

---

① 沐恩是武官对于上司的自称词。

口禀道："不是的，大人所讲的公口，俗名哥老会，打烂账就是要饭的。"

国藩听说"哦"了一声，微笑道："就是叫化子。"说着，又命差役快说下去。

差役又接说道："姓鲍的打了烂账，昨天已把他的婆娘宋氏低价卖给一个下江的南货客人，说定今天人银两交。不料此地有个姓向的老少，老子做过一任大官，一生最是贪花好色，一见姓鲍的婆娘长得不错，一文不给，硬要霸占。姓鲍的和他争执，他就喝令打手，要想捆起姓鲍的来。这个姓鲍的原是一位杀星转世，只一回手，就把那班打手一连打倒几个。向老少见了自然更加大怒，自己奔去几脚就将姓鲍的婆娘，踢下一个小产娃娃。姓鲍的岂肯让他，当场一把将他一个身子一撕两爿，连淌在满地的血水，都趴在地上，一齐吃下肚去。向家的打手一见闹出人命，飞奔报官。此地东门一带的老百姓，目见姓鲍的是个好汉子，大家叫他赶快逃走，姓鲍的反说一人做事一人当，情愿赔那狗鸡巴造的性命。现在闹成一片，却是大家动了公愤。"

差役一直讲至此地，忽然听得岸上有了开锣喝道之声，又接说道："这个锣声，大概是成都县前来验尸了。"

国藩听到这儿，便将眉头一皱道："这个姓鲍的性子也太躁了。此件案件，只有前去告状，方是正办。现在出了人命，反把一场上风官司弄得成了下风，未免可叹。"差役又禀说道："回大人的话，可要去将县里传下来问问？"

国藩摇头道："不必，这些事件，本是地方官的责任，我们不好过问。"说着，将手一挥道："我们还是开我们的船吧。"差役应了一声"喳"，立即退下，传谕开船。

现在不讲国藩回京复命，先叙鲍超这边。原来鲍超字春亭，后来有了战功的时候，方才改作春霆。他是四川奉节人氏，世代务农。直到他的手上，偏偏不爱做那庄稼，只喜使拳舞棍。但因未遇名师传授，凭着天生的一股神勇，三五十个人也还不能近他身子。不到三十岁，已经长得身强体壮，望去俨似一位天神。

大家见他有些本领，劝他前去当兵，他就抛下一位老娘、一个婆娘，就到粮子上混了几时。他的营官，见他捉暴客[①]捉匪人，是他长处，见他烂耍钱、烂喝酒，是他短处，每逢误差的时候，不过责他几十军棍，尚未革他名字。

---

① 当时四川人称盗贼为暴客。

有一次，马边地方蛮子抗拒官府，本省营务处调动他们那营去打蛮子。那时绿营的暮气已深，一遇见仗，就要溃散。

当时鲍超因见他们正杀得起劲的当口，一班弟兄，大家似有溃散之势，他就飞身冲到阵前，厉声大喊道："此刻正在吃紧的时候，只要大家能够继续打下去，一定可以得到最后的胜利。你们一有战争就要散粮子，现在老子在此地，万不能够！"

鲍超一边声若洪钟地在喊，一边一双眼红得发火，势如一只饿虎，就要噬人一般。他的一班弟兄们居然被他威势所慑，没敢逃跑。于是那阵，竟打上一个大大的胜仗。这场功劳谁也料得鲍超起码要升什长，岂知他的营官冒了他的功劳，还嫉他之才，回省之后，倒说他犯了营规，将他革去名字。鲍超当时这一气，几乎要呕血，但是没法奈何，只好卷了铺盖走路。

回到家中，他的老娘问他怎么回家，他便把桌子一拍，气乎乎地答道："老子已被那个球戳脸的小混蛋革了名字，老子不回家来，还在那儿干什么！"

他的妻子宋氏听不过去，喝阻他道："婆婆好言问你，你就该好好地对付，这般生相，像个什么样儿！"

鲍超听说，也不辩白，单把他的眼球一突道："老子干不了那种卖沟子①的行径，你又奈何老子。快去烫酒，老子饿了整天了。"宋氏一见丈夫发火，不敢再说，单说家里没钱，拿什么去打酒。鲍超听了，大踏步地出门而去。几天不回家来，也是常事。宋氏全凭十指，每天出去缝穷，得些零钱，养活婆婆。鲍超明明知道，也没半句慰藉妻子之语。

一天，鲍超的老娘得上一场急病，不及医治而死。鲍超见了，光是干号一阵，就把他娘草草棺殓，请了四个邻人替她抬至祖茔安埋。

邻人到来，看看棺材道："这具虽是薄皮棺材，若是抬到你们祖茔，也有七八里地，至少须得四串大钱酬劳我们。"鲍超拍拍他的肚兜道："老子有的是银子，莫说四串大钱，并不算多，就是十两八两，老子看在老娘面上也得送给你们。"

邻人听了大喜，于是高高兴兴地抬了棺材，嗳哼嗳哼地走去。鲍超和他妻子两个没钱戴孝，就是随身衣服送葬。等得走到半路，邻人卸下棺材，要向鲍超先取抬资，因为素知鲍超为人，事情过后，便要翻脸不认人的。哪知鲍超本

---

① 四川话中称屁股为"沟子"。

来没钱，起初拍拍肚兜，乃是一种哄人之计，此时一见大家向他逼现，倒是个直汉，不能坚持到底，只得老实说出身无分文，并说将来一定从重酬谢。

那些邻人一见上了鲍超之当，一齐跳了起来，内中有个较为精灵的，即和其余的三个悄悄地做上一个手势，三人会意，仍复抬起再走，鲍超夫妇二人还当他们情愿赊账，方在心里暗喜。不料那些邻人把那棺材刚刚抬到一座万丈深崖的所在，陡然之间，只见他们把那棺材向那深崖之中，砰砰地一丢，那具棺材立时就像滚汤团一般，骨碌碌地滚将下去，及至着地，那具薄皮棺材本不结实，早已打个稀烂，尸身跌成两段。那些邻人用出这个辣手，也怕吃了鲍超的眼前亏，大家顿时拔脚就跑。那时鲍超又要追人，又要去顾尸首，弄得无法分身，只在那儿顿脚大骂。

还是宋氏劝他道："此事原是你的不是，不该去哄人家白抬棺材。况为上人之事，更加不可因此和人生气。现在并没银钱再买棺木，不如我们二人绕至山下，索性就在此地掘个深潭，埋了婆婆再说。相公将来果有发迹之日，随时可以迁葬的。"

鲍超初时大不为然，后来一个人想了半天，依旧无一法子。方始按照宋氏的主张，同着宋氏绕至山下，各人找上两根断树老权，挖成一个土穴，埋下尸身，大哭一场，方才回家。那些邻人也怕鲍超前去寻事，早已躲开。

鲍超和宋氏两个又混半年，实在混不下去，前去各处吃粮，又没人肯补他的名字，只得和宋氏商量，要想将她卖给人家，得些银钱，便往下江吃粮。

宋氏听说，掩面而泣道："我们两个与其一同饿死，自然你去吃粮，方有一个出身巴望，为妻为你改嫁，也是命该。"

鲍超也就流泪地答道："你能这样，我很感谢你的。不过此地没人敢来买你，也没人买得起你。只有随我去到成都，方有法想。"宋氏微喟一声，也没说话。

哪知一到成都东门，立即闹出一场人命。

县官一到，验了向老少之尸。鲍超一口承招，是他打死的。一班老百姓看不了忍，大家联合多人，各执棒香一枝，名曰跪香，都向县官去替鲍超求情。县官命人驱散，即将鲍超带回衙门，押入死牢。

又亏那个南货客人因见这场事情由他而起，除了当场送与宋氏一百两银子，教她快去打点衙门外，自己又去恳求游川同乡，搭救鲍超。游川同乡瞧见南货客人如此热心，各人真的出力，鲍超方始未得死罪，办了一个充发极边的罪名。

后来又遇一位讼师替他设法，居然脱罪回家，与宋氏破镜重圆。且由军功起家，封到男爵。虽是他的战功，风水之事，也有一半。此是后话，将来再讲。

现再接述国藩于道光二十三年的冬天，方回京师。他的座师穆彰阿，那时已经戴了相貂，便保他这位得意门生充文渊阁校理。二十四年，转补翰林院侍读，兼充翰林院教习庶吉士之职。二十五年，又充乙巳科会试第十八房的同考官。当年九月，升了翰林院的侍讲学士。十二月里补了日讲起居注官，并充文渊阁直阁之事。

国藩的官运既是亨通，他的学问德望也就同时大进。家中书信，虽仍来往不绝，总以他的祖父祖母、父母叔婶等人不肯来京就养，未能晨昏定省，略尽下辈之孝，视为一桩大不如心的事情。幸亏欧阳氏替他养上一孩，取名纪泽。因思他的祖父祖母，得见这个孩子，又是四世同堂，方才有些高兴起来。

纪泽弥月那日，大作汤饼之宴，等得众宾散后，单留几个极知己的朋友，再作清谈。留下几个是倭仁，即将来的倭文端公，唐鉴、何绍基、肃顺、徐芸渠、凌荻舟、黄正甫、张润农，以及湖南益阳的胡林翼等人。

胡林翼，字贶生，号润芝，道光乙未翰林。乃父达源，就是嘉庆巳卯科的名探花，官至詹事府正詹；那时已经告老还乡。林翼现为国藩的同乡同衙门，又有干才之称，所以和他格外莫逆。

当时大家初谈吏治，继谈经济，再谈学问书法，后来又谈到人才。胡林翼忽然笑了起来，大家不懂笑的理由，问他所笑何事。

胡林翼道："我是笑的那个左季高，才虽开展，未免太觉自满。"

国藩也笑问道："润翁不是说的湘阳人左宗棠么？我晓得他中在壬戌科，可惜屡次会试未售。"

唐鉴岔口问胡林翼道："这位左公怎样自满？"

胡林翼道："他说诸葛亮是古亮，他是新亮。他又说我那司乡郭意诚是老亮。并承他的谬许，赠兄弟一个今亮。其实兄弟连一个暗字都恐怕够不上，怎敢当今亮字呢？"

黄正甫、张润农一同道："我们这位涤翁呢？"

胡林翼见问光是笑而不言，国藩赶忙拿话拉开。大家又谈一会，方始各散。

又过两年，已是道光二十七年，国藩那时文名大盛，朝臣也有几个知他是穆相的门生，自然未能免俗，也就爱屋及乌地推许起来。不久，国藩奉旨派充考试汉教习阅卷大臣，十月里又充武会试正总裁，旋又派为殿试读卷大臣。

这年的新科翰林李鸿章来拜国藩，等得走后，国藩回至上房，对他欧阳夫人说道："李安部郎的世兄，我瞧他非但声朗气清，且是鹤形，异日的名位，必定在我之上。"

那时欧阳柄钧可巧在旁，便问国藩道："姊丈如此留心人才，难道天下就要大乱不成了吗？"国藩微笑道："乱久必治，治久必乱，这是天道循环之理，但愿我们不致眼见乱事，那就大妙。"

柄钧姊弟二人素知国藩已经学贯天人，此话决非空泛，便劝国藩何不趁此平时，上他几个条陈，好请皇上一一采纳施行，也是防患未然之道。国藩听说，微微一笑，认为知言。

第二年的正月，国藩果然上了一本封奏。道光皇上翻开一看，见是满纸不离道治二字，不觉有些看了生厌，随手提起御笔，批上"迂腐欠通"四字。此疏留中不发。

后来有个姓魁的太监，无意之中传出此话，闹得满朝人士无不知道。当时有些不谦于国藩的人物，还要从旁加上几句，说是曾某的圣眷业已平常，大家须要少与往来，免得将来有了祸事，带累自身。大家听了此话，个个暗中认为有理。说也奇怪，京城真也势利，这样一来，这位现任翰林院学士曾国藩的府上除去平日意气相投的几个知己朋友之外，好说得狗也没有一只上门。

国藩平日本来已经介介自守，不肯出去联络朝臣，这半年来的门可罗雀，他虽未曾介意，倒让他的那位老师穆彰阿相国替他大担心起来。

有一天，可巧皇上在那便殿召见穆彰阿，穆彰阿一等奏对完毕，竭力保举曾国藩遇事留心，要请皇上大用。穆彰阿的为人，虽然太觉贪财，可是伴君已久，皇上的圣衷，他是无一不知。这个"遇事留心"四个字的考语，恰与"迂腐欠通"四个字针锋相对。

第二天，皇上果然有旨，召见曾国藩问话。国藩自然遵守古礼，不俟驾而行的趋朝。岂知自从五更三点进宫，一直候至下午，方有一个太监前来传话，说是皇上此刻业已回宫，教他次日仍是五更三点进宫，预备召见。国藩退出，不懂此事，也不回寓，就去找他老师穆彰阿，告知奉召未见的事情。

穆彰阿听毕，侧头默想一会，便与一个心腹管家咬上几句耳朵，将手一挥道："快去快来。"

那个管家去后，穆彰阿方对国藩附耳说道："俺曾在皇上面前，保你能够遇事留心。今天皇上召而不见，其中必有道理。俺已命人进宫，拜托一位姓魁的太监，请他把你今天恭候召见所坐的那间屋内，不论所摆何物、所挂何画，须将物件的名目、画上的字花，统统抄了出来，让你回去连宵记清读熟。明天皇上召见，俺能预料决不能逸出那间屋内的范围。"国藩听了，口上虽在连说老师如此替门生操心，真是恩同罔极，其实心内还只八分相信。

这天直到晚饭以后，方见进宫去的那个管家匆匆地持了一大包东西回来，呈与主人之后，穆彰阿急忙打开一瞧，脸上立刻现出极满意的笑容。就把那包东西，递给国藩道："魁老监他真不愧为一位办事的能手，所以皇上如此欢喜他。他虽然收了俺的三千两银子，可是这一大包东西也亏他去细细地抄下来的呢。"

国藩一边在听他的老师说话，一边已经看见包内全是抄成的白折。不但件件物名，抄得有来有历，就是画上的字迹花卉，也都抄得清清楚楚。

正拟仔仔细细、一本本看去的当口，已见他的老师指着一本白折，郑重其事地对他说道："这是那间屋里挂的几张屏条，上面全是俺们乾隆老佛爷在日六巡江南的事迹。皇上常常和俺说起，也想仿照祖上的办法，一巡江南为乐，谁知总没得到机会。皇上既是不能了此心愿，只好把那乾隆老佛爷六次南巡的事迹，读得烂熟，也算过瘾。俺料定明天召见，必定问及此事。你快快回去，连夜读熟，牢记胸中，不可一字遗忘，要紧要紧。"说着又捻须一笑道："贤契将来的扶摇直上，简在帝心，就在这一包东西之中的了。"

国藩谢了老师，匆匆回寓，百事不做，关上房门，连夜读那白折之上的东西。第二天，仍是五更三点进宫，没有多久，即蒙召见。皇上所问，果然不出穆彰阿所料，国藩既已有了准备，自然奏对如流。

皇上不禁微失一惊道："朕尝听人说过，尔能遇事留心，朕还以为尔于古人之学能够留心罢了。殊不知尔于圣祖南巡之事，竟能记得如此清楚，诚属可嘉。"国藩赶忙免冠碰头，谦逊几句。

退下之后，又去见他老师，尚未开口，穆彰阿已含笑着先说道："今儿召见之事，俺已尽知，你且回去休歇休歇，静候好音就是。"正是：

直士不如邪士智，
才人合受美人怜。

不知国藩召见之后，究竟有无好处，且阅下文。

第四回

侠妓巨眼识才人　英雄倾心结奇士

这天国藩回转寓中，尚未脱去衣帽，只见他那老家人曾贵拿进一大叠片子，笑嘻嘻地说道："刚才老爷还没回家来的时候，各部堂官，以及九卿各道陆陆续续地都来拜会。内中还有几个老实说出，老爷召见称旨，日内必有喜信等话。"国藩听说，就在曾贵手上随便看了一看片子，以备分别亲往谢步。

欧阳夫人在旁笑着道："现在这班人真的有些势利，前一向并没一个鬼来上门，今天又仿佛前来道歉似的。在我说来，就是唱戏，也没这般改扮得快的呀。"国藩微微摇首道："这就叫作做此官行此礼，世风浇薄，人心不古，夫人何必视为奇事。只是天恩高厚，穆师栽培有进无已，怎样报答才是。"

欧阳夫人和曾贵两个一同接口道："老爷不记人家之短，只记人家之长，这也只有克勤克慎、舍家为国罢了。"国藩连点其头道："我正为此，所以至今未告终养。"曾贵又说上一派旧话，方才退出。

没有几天，国藩便奉军机处传旨，派赴盛京，查办一件要案。等得查明办妥回京，已是道光二十九年的正月，即奉明诏，授为礼部右侍郎之职。国藩因见越了四级飞升，反而有些栗栗危惧起来。在他意思，还想奏请收回成命，又是穆彰阿以及肃顺、倭仁等人都来相阻，国藩始行谢恩到部办事。到了八月，又奉旨兼署兵部右侍郎，兼充宗室举人复试阅卷大臣。九月里又充顺天试复试阅卷大臣。十月里又充顺天武乡试校射大臣。

国藩方在黾勉从公、上报国恩的时候，哪知就在这年冬天，突接他那祖父星冈封翁在籍逝世的讣音，自然十分哀悼。遵制在寓成服开吊，并请假二月在家读礼。

一天忽然想着一件丧制，自己有些疑感不决，急命曾贵去请胡林翼前来商酌。曾贵去了回来，说是胡大人胡林翼早于头一年捐升道员，到贵州候补去了。

国藩听说大惊道："他竟出京去了。怎么我一点点都不知道此事呢？"

欧阳夫人插嘴道："这桩事情，怪我忘记不好。去年老爷奉旨去到盛京查办案子的时候，胡大人确曾来过我家辞行的。"

国藩听说道："他去了一年多了，为何并没一封信给我，莫非怪我失礼不成？"说着又连连叹气道，"处世真难，稍有一疏忽，便要得罪朋友。"

欧阳夫人道："老爷不必多疑，像老爷处事这般周到，我说世上已是少有的了。胡大人就是没有信来，安知不为别样事情耽搁，不好一定说他在怪我家。"国藩听得他的夫人如此解说，方才没话。

那位胡林翼编修究为何事，在京年余，不给国藩一封书信的呢？原来确有他的道理。

他本是一位名探花之子，自己少年科第、初入词林的当口，还以为有他那般才笔、那般经济，指日就可像掷升官图一般，只要连掷几个红色，便能直到协办。不期事实和理想竟是大相径庭，浮沉了京华多年，眼看曾国藩一人只是扶摇直上，朝廷并没一点好处及他。他正有些牢骚，自叹怀才不遇之际，忽遇他那名叫盛康字旭人的一个门生，以道员进京引见，前去拜他。师生相见之下，林翼首述不得意的近状。

盛康便安慰林翼道："可惜先生是要由大考升官的。倘若不耐守候，门生此次进京引见，带有一笔余钱，先生何妨也捐一个道员出去混混。只要随便一转，陈臬开藩，直到督抚，也非难事。"

林翼听了把心一动道："贤契的说话，本已不错，又肯替我出资报捐，更是好意。不过我就是捐了官，前去候补，无如资斧无着，仍非良策。"

盛康又说道："师生之谊，本同父子。门生家中还堪温饱，先生候补的资斧，尽管去问门生拿去，况且先生具此奇才，到省便可署缺的，决不致久作闲散人员的。"

林翼听了，方始大喜。师生二人商量之下，决计捐个候补道员，指分贵州。

后来他们师生同路出都，林翼竟在天津地方迷恋一个名叫大姑的私娟，大嫖特嫖起来。再加盛康又是一位少年公子，对于嫖的一字，视作名士风流，连杜牧都不能够免此。其实盛康的嫖，完全是个包字，林翼的嫖，完全是个恣字。

有一天，盛康去找林翼，尚未跨进大姑的卧室之门，就听得大姑的声音，在称赞林翼道："胡大人，你这副对子，真够得上写作俱佳两字。"

又听得林翼呵呵地笑道："瞧你不出，你还能够识得一点好歹，可惜现在国家没有女科之制，否则你也得受那迂腐欠通的考语呢。"

盛康听至此地，慌忙一脚闯入房内，问着林翼道："谁是迂腐欠通？"

盛康问了这句，忽见桌上放着一副对子，非但写得龙蛇飞舞，跃跃欲活，就是那两句"大抵浮生若梦，姑从此处销魂"的联语，虚写姑字，也是巧笔。便又不待林翼答话，跟着去问大姑道："你本是一位不栉进士，可知道我们这位先生写此一联的意思么？"

大姑一面已将那副对联自去挂在壁间，一面笑答道："怎么不知你们这位先生，他因怀才不遇，要想借我们这个醇酒妇人糟蹋他的身子，以求速离这个世界。"大姑说到此地，把她一双媚眼，望着林翼脸上一瞄道："可说着了没有？"

盛康方要接口，已经不及，却被林翼抢先答着大姑道："被你猜中。"林翼说了这句，忽又长吁一声道："不图我于风尘之中，倒还遇见一个知己。"

大姑听了正色地打着津语答道："胡大人，承您的情，瞧得起俺，谬赞一声知己。您得听俺一句半句，方才不枉俺们俩认识一场。"

盛康忙替他先生代答道："大姑姑娘，你有什么言语，尽管请说，我们先生，作兴被你劝醒，也未可知。"

大姑听了，便请林翼、盛康二人一同坐下，自己坐在林翼身边，方始朗朗地说道："天生英雄，必定劳其筋骨，饿其体肤，以备历练出来，将来为国大用。现在胡大人尚未至此，仅不过功名蹭蹬一点罢了。快请不可作此颓唐之想。倘若胡大人真的存了灰心世事的心愿，做了牡丹花下之鬼，后世的人们只知您是一个浪子，不知您是一位奇才，岂不冤枉？依俺之见，再玩几天，赶快去到贵州省。"

大姑一直说到这儿，又朝盛康笑上一笑道："你们先生既是许俺是他知己，俺就更加不敢误他。"

盛康听说，不禁砰的一声，顿足大赞。不防一个匆迫，他的尊脚竟把大姑的一双莲钩踏痛，立时只听得哎唷地连身喊了起来。

林翼在旁瞧得清楚，便用手去指指大姑的鼻子道："准叫你的嘴上，说得宛同唱《莲花落》一般。"说着，又一面笑指盛康，一面复向着大姑扮上一个鬼脸道："他是不赞成你的说话，故此有意踏你一脚，给你痛痛的。"

大姑一边还在揉着她脚，一边也佯瞪了林翼一眼道："俺是好心，不得好报，你们师徒两个，统统不是好人。"

三人互相笑了一会，林翼始将曾国藩因上条陈，得着当今皇上"迂腐欠通"考语的事情，讲给盛康和大姑听了。

大姑含笑道："俺常见宫门抄上，曾国藩曾大人的差使是不断的，怎会有此考语？"林翼笑笑道："要不是碰见皇上一个不高兴的时候，其实曾涤生何致欠通呢？"

这天大姑异常高兴，特地亲自去做了几样小菜，陪着林翼、盛康喝酒。

喝上一会，她又正色地问林翼道："你到底几时动身，你和人说定一个日子，俺方放心。"

林翼见说，便把手掌一扬道："再过十天。"

大姑点头道："这也罢了，但是不准反悔。"

林翼听说，手指盛康道："他做保人可好。"

大姑还紧问了盛康一句道："你不能欺俺。"

盛康拍胸道："你放心，到了那天，我们先生真的不走，我也一个人走了。"

大姑听说，很觉欢喜。这十天之中，倒也打起十分温柔的精神，陪着林翼取乐。十天之后，大姑便自作主张，办上一席饯行酒，替他们师徒二人饯行。林翼至此，不能不走。谁知林翼虽然离了天津，沿途依旧寻花问柳，并不急急前去禀到，甚至路过那些乡村茅店，对于极不堪寓目的土妓，他也无不流连忘返。盛康不解其意，有时也去问问他的先生，为何忘了大姑之劝。

林翼笑答道："大姑终究是个女流，眼光怎样能远。她能劝我去干正经，已算难得。至于世人不能知我，也与孔夫子的吾道不行一样。你要想想看，京师地方乃是一所人才荟萃之地，既连如此一座京师，我也不能发迹，何况贵州那个边隅省分呢？"

盛康又劝道："先生学问太高，不为流俗所容，但是一逢机会，那就不可限量。门生现在听得两广一带，很有一些匪类作乱，其志不小，连那徐少穆制军①也难制止，足见不能等闲视之。先生还是快快到省，不可自失良机。"

林翼听了这番极恳切的相劝，方才下了一个决心，毅然地答道："既是如此，我就再等十年；十年之后，再没人去用我，我便披发入山。"

盛康接口道："准定如此，我们决计分道扬镳。"

林翼道："我和贤契相约，大家十年之内，不再作这狎邪之游。"

盛康忙去拿出五千两银子，赠与林翼作为到省的旅资，自己即于次日，独自前去到省。后来补了天津海关道缺，腰缠十万，退归林下。他的儿子名叫盛宣怀，因献铁路收作国有之策，民情鼎沸。清室之亡，大半为此。此乃后话，将来细叙。

现在单说胡林翼禀到贵州省之后，那时黔抚是个姓赫的旗人，如何能知他是一个奇才。还瞧他是翰林出身，每逢考试之事，委他办办而已。林翼既是仍不得志，故没心绪写信给他京中的一班故人。曾国藩却是疑错。欧阳夫人倒有一大半猜中。

这年，欧阳夫人又生一子，取名纪鸿。第二年春上，国藩的祖母王氏也过世了。国藩仍守二月之制。销假之日，奉旨兼署兵部左侍郎。咸丰元年，又兼署刑部左侍郎。第二年的六月，放了江西省的正考官。他就率了全眷同行，预备考毕，请假回籍省亲。及至走到安徽太湖县地方，忽接他那生母江太夫人仙逝的讣音，赶忙奏请丁艰，匍匐奔丧。八月中旬，方才抵家，号哭进内，抚棺大恸。那时他的老父竹亭已经六十外了，即同他的叔婶都去劝他节哀办理大事。国藩只好遵命。

他的几个兄弟，也一齐和他去说，大哥此次回家，当然要俟服满，方能进京陛见。现在国运不佳，广东的土案，刚刚闹清，广西的土匪，又在大乱，大哥回家安逸安逸，未必不是好事。

国藩听了，大不为然地答道："为的是受国恩，丝毫未报。国家有事，正是为臣下的卧薪尝胆之秋。你们大家反而认为应该趋吉避凶，殊属非是。"他的几个兄弟听了，知道国藩的学问经验胜过他们万倍，自然唯唯承教，并不反对。

国藩既在家中守制，不才便将工夫腾出来写另外一个奇人。

此人姓钱名江，表字东平，浙江归安人氏。道光二十八年，他正二十八岁。

---

① 少穆：林则徐之号。

自幼父母双亡，依他叔父钱闳长成。什么诸子百家，什么六韬三略，上自天文，下至地理，无书不读，无事不知。

他虽有此学问，誓不去下清室的科场。每与二三知己谈论，他说清朝自从吴三桂借兵进关，容容易易地得了汉人天下，若能效着汤武的行事，不分彼此，爱民如子，也还罢了。岂知一得江山，就派多尔衮那个杀星南下，扬州十日、嘉定三屠，杀得城无人烟，野皆尸首，黄帝子孙遭殃，和古时候的同是亡国一比，更加惨酷万倍。及至百姓惧怕杀戮，大家承认他们已是中原之主，还要猜忌过甚，各省都派驻防满兵。这个驻防，并非在防盗匪，明明在防百姓。就照君主之制而言，也应该知道民为邦本，怎好彰明较著地排出驻防字样。既是这般防备，汉满界限分得如此清楚，试问一班百姓岂非仍是俎上之肉。

现在两广地方，很出几个英雄豪杰。从前刘文叔举义南阳，后来果成中兴之局。两广既想起义，最好是须有一个热心的人前去，仿照战国时代的苏秦张仪，游说他们，将各方的人才合而为一，势力集在中央，不怕不能逐走满人。

钱江的这番议论，本来就是满人方面的致命伤，无奈当时吃着清朝俸禄的人们太多，一见钱江竟敢倡言大逆不道之话，马上飞报归安县官，以为必有重赏。幸巧那位知县姓魏名平，扬州人氏，素知钱江是个奇人，善言遣退那人，漏夜通知钱江赶快逃走。钱江得信，即向粤江进发。

他在半路之上，买上一部《缙绅》一翻，瞧见他的故人张尚举正做花县知县，不禁大喜，也不再在他处耽搁，直到花县投刺进去。

张尚举果然倒屣出迎，携手入内。张尚举先问道："故人来此，有无其他的贵事么？"钱江微笑道："家乡连年荒欠，不堪坐食，特地出外走走。"

张尚举听了一乐道："敝县甚小，自然不敢有屈高轩。故人倘肯暂时在此税驾，乃是全县数十万人民之福，并非小弟一人之幸。"

钱江笑答道："这也不敢当此。好在我本同闲云野鹤一般，无所事事。即留贵署，备作顾问，也没什么不可。"张尚举连忙收拾一间住室，待以上宾之礼。

钱江既在花县衙中住下，于是天天出去，借了游山玩水之名，随处物色人才，好行他的大志。

有一天竟于无意中结识了一个名叫冯逵号叫云山的志士。又因冯云山的介绍，认识一位惊天动地的人物，你道此人是谁，就是将来天皇洪秀全。钱江一见了洪秀全，又知他最信教，现在手下的教徒，已有一二万人数。因思此人生有异相，复在壮年，既具逐去胡人的大志，只要后来不变初衷，汉室光复定属此人。

这天即约冯云山同到洪秀全的家中。洪秀全也因云山的推崇，已知钱江是个奇人，万分尊敬，当下邀至密室，又把他那堂弟洪仁发、洪仁达二个一同约至，五个人促膝地谈起心来。

洪秀全先朝钱江一拱手道："小弟听得我们云山兄弟说起，先生是位奇人，特地叫他将小弟所抱的宗旨，转告先生。今天既承光降，自然赞成此事。不过小弟虽有此心，而无此学，务求先生看在天下的同胞份上，尽情赐教，开我茅塞。"钱江听说道："秀全先生不必这般客气，兄弟既到府上，敢不贡献一得之愚。秀全先生既具这个大志，时机已至，千万不可错过。"

秀全失惊道："果然时机已经到了么？如此说来，更不容缓了。"

钱江便将他的椅子挪近一步道："前两年我们浙江地方，业已发现一种童谣，叫作'三十刀兵动八方'，明年恰巧是道光三十年了。第二句的'天地呼号无处藏'，乃是天下大乱，甚至就是天地也没地方可躲之谓。第三句是指起义的人物。第四句是指起义人物大捷之意。兄弟自从听了这个童谣之后，记起汉献帝时代，当那董卓之乱，也有那些'千里草，何青青，十日后，不得生'的童谣，后来董卓果然伏诛。兄弟年来，每观天象，只见将星聚于此方，所以特来访求贤豪到此。"

洪仁发、洪仁达、冯云山三个听到此地，异口同声地说道："先生既说大势如此，要办这件大事，赶快搜罗各方人才，最属紧要。"

钱江又说："人才二字，很有分别，因为内中有帅才，有将才，有运筹帷幄之才，有冲锋陷阵之才，需要用其所长之才，合其所短之才，方能谓之全才。从前吕留良、曾静、戴名世等，何尝不是人才？他们的不能成事，都是失败在欲速不达的毛病上。又以嘉庆年间川楚一带地方，曾以邪教起事，虽因没有统驭的能力，以致败事，然也震动数省，闹了几年。我们现在的第一要着，需要聚集人才，先要得到主力，然后便可发号施令。"

洪秀全忙问道："如何办法，先生快快赐教。"钱江听说，即将他的手向洪秀全一指，正是：

隆中虽决三分策，
帐下还须百万兵。

不知钱江手指洪秀全究为何故，且阅下文。

第五回 逞鸦片幕府求情 中鱼雷军门殉难

钱江忽把他的手向洪秀全一指的当口，洪仁发、洪仁达、冯云山三个，大家盯着钱江嘴巴在看，急于要听他讲出什么话。

当下只见钱江对着洪秀全很决断地说道："秀全先生，既是手下已有一二万教徒，就从此事入手，做个号召众人的吸力。主持这件大事，现在自然只有秀全先生担任。"

洪秀全大失一惊地答道："小弟奉求先生，正怕没有这个才力，万万不能担任。"冯云山、洪仁发、洪仁达三个抢着答道："现在有了我们这位钱先生，随时可以指教，大哥自然不可畏难。"

钱江已接口道："这是一件复仇的大事，并非其他贪图富贵之事可比。谁有什么本事，谁干什么，既不可以强求，也不可以推诿，秀全先生只有答应下来，我们还得商量别事。"

洪秀全听说，连连称是道："小弟暂且担任，将来再说。"

钱江不答这话，单问洪秀全可能任劳任怨，以及种种吃苦之事。

洪秀全毅然决然地答道："这是做大事的人应该如此的。先生不必管小弟能否如此。就是不能如此，也得如此。"

钱江击掌大赞道："秀全先生能够抱此决心，兄弟放心一半矣。"

冯云山插嘴道："此等事情最宜秘密。我们几个不能常常聚在一起；甚至官府一有风闻，我们便得东逃西散。不如今天趁大家在此，当天一拜，结个生死之交，诸位以为怎样？"

钱江一口允诺道："结义以坚心志，最好没有。"

洪秀全不敢命人拿进香烛福礼，生怕因此漏泄出去，误了大事，就同大家当天空身一拜，成了桃园之义。

大家拜毕，钱江又对洪秀全说："大哥只管竭力进行，做到哪里，就算哪里。兄弟回去之后，还想到各处走走，以便帮同大哥搜罗各项人才。"

洪秀全等人听说，都说："好，好，东平贤弟请便。"

钱江一个人回到衙门，只见伺候他的家人前来回道："张老爷已经来过几次，说有要紧事情，要和师爷商量。"

钱江即令这个家人进去通知。没有半刻，张尚举已经手持一信，匆匆地走了进来。一见钱江之面，便把他的双眉一蹙道："省里林制台忽有一封聘函送来，拟请我兄前去替他办事。我兄莺迁乔木，自然可喜，小弟不好强留。不过我兄一去，小弟便如失了左右之手，如何是好？"说着将手上的一封信，递与钱江。

钱江接到手中一看，见那信上倒还露出求贤若渴之意。暗忖他是一位制台，且负德望。我到那儿，可以发展一些。至于此地不忍舍我，乃自私情，如何有顾一己的私情，误了我那进取的大事。钱江暗忖一过，放下那信，便对张尚举微笑着说道："兄弟此去，于兄公事方面，不无益处。大丈夫的志向要大，眼光要远。依弟之意，我们正好各干各事。大家果能各做一番事业，将来回到故乡，再去优游林下，也还不迟。"

张尚举因见钱江责以大义，无可如何，只好命人摆出一桌酒席，便替钱江饯行。钱江略略吃了几口，也就欷歔而别。

及到林制台那里，林制台居然放炮迎接，升坑送茶。寒暄之下，相见恨晚。

原来林制台的官名，就是则徐二字，别字少穆。祖籍福建，曾由翰林出身。凭着清正廉明四字，一直位至两广总督。不但爱民如子，而且求贤若渴。因闻他的属下，花县张令署内，有个幕宾名叫钱江，是位奇才异能之士，故此专函聘请。及见钱江，略略一谈，即知名实相符，真正地佩服得五体投地。便请钱江办理折奏一席。

前清督抚衙门里的幕宾，单办笔墨的，分为折奏师爷、升迁师爷、刑名师爷、钱谷师爷、文案师爷、缮折师爷、书启师爷、朱墨笔师爷，甚至还有专写马封的师爷；只有用印，却是二爷，不是师爷。这些师爷之中，只有折奏师爷最为东家重视。因为折奏之上，往往因为一字之讹断送前程的事情，很多，很多。

从前那个年羹尧，他因征金川之功，业已封到脱头无字大将军之职。也因一位折奏老夫子把那颂扬皇上朝乾夕惕四字，因要句子押韵，改为夕惕朝乾，就被一位御史参上一本，说是年某轻视皇上，不能朝乾夕惕。有意颠倒其句，应生大不敬之罪。年羹尧后来一夜工夫降了一十八级，大不敬也是内中的一款。

还有乾隆时候，不才的乡人邬师爷，他充两江督署折奏的时候，因为能够窥测乾隆皇上的圣衷，也和本书一回所叙穆彰阿能测道光皇上的圣衷一样，所上折子，没有驳过一回。后来邬师爷因爱赌钱，又喜穿了钉靴钻入被中。那位江督恶他脾气不好，将他辞退。哪知换了一位老夫子，无事不碰皇上钉子。皇上因见那位江督前后判若两人，严旨诘问，那位江督无法隐瞒，只好老实奏明邬师爷辞退之事。乾隆皇上念他尚能不欺朝廷，据实陈奏，总算未降处分，单命江督速将邬师爷聘回。并有该幕何日回署、附片奏闻之语。江督只好急以重修去聘邬师爷，邬师爷知为圣意，乃与江督约定，按日须纹银百两，始就此席。江督不敢不允。后来邬师爷每日清晨睡在被中，必先望望桌上有无两只元宝。账房师爷偶然忘记，他便长眠被中，不肯起来办公。

有一次，江督接到批回，末尾竟有乾隆皇上御笔亲书"邬先生安否"五个大字，江督吓得慌忙整衣冠接旨。这件公事，不能再落档房。旋由刑名师爷上了一个条陈，此旨付与邬师爷收藏，邬师爷拿回家去，用着圣旨亭子装了，挂在正梁之上，作为旷世之典。

再有慈禧太后七十万寿的那一年，川督鹿传霖也因一位折奏老夫子贺那万寿折子里头，有了当年举案齐眉一句，慈禧太后见了大怒，说是鹿传霖明明知她不是咸丰元配，有意用这梁鸿孟光的典故挖苦她是妃子，不是皇后，几乎要将鹿传霖革职。后来还亏庆亲王代为陈奏，说此乃折奏老夫子之错，鹿某所用非人，罪尚可恕，方始了事。

本书下文，左宗棠任湘抚骆秉章折奏的时候，笑话闹得更其厉害。不才也要卖个关子，下文再讲。

钱江既充两广督幕，所办公事，自然办得朝廷称许，百姓讴歌。

有一天，忽见一件公事上面，却是林制台亲笔批着"仰府县严拿怡和行主伍紫垣到案按律惩办"的字样。连忙仔细一看,始知伍紫垣趸售外商的鸦片起家,已有千余万的财产。林制台平生最恶烟土害人,他见伍紫垣经售外商的烟土,打算惩一儆百,且绝外商之望。

钱江既知林制台之意,便暗忖道:这件公事,我却不能顺着东家的意思办理,一则洋人本有通商条约,既有通商条约,姓伍的经售烟土,不算有罪,如何可以拿办。二则姓伍的既有千万家资,京中的王公大臣,断无不通声气之理。我们这位东家的圣眷虽隆,但也不是王公大臣的敌手。三则洋商若闹赔款,岂非牵涉外交,这还是讲的公事方面。若讲我的私事,姓伍的既有千万家当,我若暗中帮他一个大忙,他一定感谢我的。他若和我有了交情,凭我三寸不烂之舌,必能说得他来投降我们。我们办此大事,正在愁得缺少军饷,有他一来,真是绝大好事。钱江想到这里,便把这件公事压了下来,但防林制台为人样样都好,只有疾恶如仇,他一发了牛性,无论何人,难以挽回的一样不好。

钱江正在一时想不出刀切豆腐、两面光的时候,忽见他的家人送进一张名片,见是花县衙里的旧同事朱少农前来拜他,即命请见。等得少农走入,见他背后还有一人,忙问那人贵姓。少农急忙代为答道:言是敝友潘亮臣。钱江不知来意,不便深问,只好先和姓潘的随便寒暄几句,正拟去向少农叙述别后之事,以及讯问张尚举的近状,只见少农吞吞吐吐,仿佛有件绝大的要事要说,又像一时不敢说的样子。钱江为人何等玲珑,忙去偷眼一看那个潘亮臣,见他坐在一旁,也在那儿有急不可待之势。暗暗一想道:难道此人就是伍紫垣那边的人,特地挽了我这旧同事,前来运动我的不成?

钱江想到此地,不觉一喜,便对少农说道:"此地关防甚严。我的家人,都是心腹。少翁有话,请说不妨。"

少农听说,方才低声说道:"我这敝友现充此地怡和行主的总管事,他的东家就是富商伍紫垣先生。紫垣先生经售洋商的烟土,历有年所,历任制军,从未干涉。现在听说林制军要严办他,他若先去告知洋人出来交涉,似乎反失国家面子。因此挽了兄弟同来拜恳东翁,怎样替他想个法子,开脱才好。"

钱江听完,便与少农轻轻地咬上一阵耳朵。潘亮臣坐在一边,起初不好冒昧插话。此刻又见他们二人在咬耳朵,不知这位钱老夫子究竟是否答应。正在惶急无奈的当口,又见朱少农已在答钱江的话道:"那么我就同了敝友出来恭候你的好音。"音字还未离口,就来邀他同走。潘亮臣因已听见好音二字,方才把心一放,匆匆地跟了朱少农出去。

钱江送走朱潘二人，可巧林制台走来和他商量别样公事；商量完毕，便问姓伍的那桩公事，可曾办了出去。钱江见问，一想机会已到，忙对林制台说道："这件事情，晚生正要请制军的一个示，方好动手。"

林制台捻着须问道："老夫子对于这个病国害民的奸商，是不是觉得发县严惩犹嫌太轻，非得立请王命才好么？"

钱江听了，大摇其头地答道："此事如何可请王命，照例连拿办都是错的。"

林制台侧着脑袋，望了钱江脸上一眼道："老夫子但请赐教。"

钱江道："洋人本有国际法，又有通商法，保护代他经售货物的外国商人，认为是一件极大之事；现在他们的枪炮火器，以及种种战舰，我国实非其敌。制军方才所说，晚生觉得其误有三：制军职任兼圻，何必去和区区一个奸商拼死；制军果遭不测，倘若国家一旦有事，再求如此一位忠心为国的贤臣而不可得，此其一误也。制军本为禁售烟土，目的未达，反使外商愈加胆大，其货源源而来；我国奸商，人人效尤，因此祸国殃民，此其二误也。后来督抚，反以制军前事之鉴，不敢再来禁烟，甚至欢迎烟土入口，此其三误也。晚生职司折奏，为两广人民的生命财产计，为制军的身家名誉计，致有冒昧之处，还乞制军明察。"

林制台听至此地，方始急忙改容地答道："老夫子这番畅论，顿开兄弟的茅塞，佩服之至。不过此事如何办法，方为万妥万当，老夫子还得赐教。"

钱江又说道："制军的拿办伍某的公事虽未发出，制军可是业已面谕一府两县的了，晚生敢以小人之心，去度君子之腹，未必没有走漏风声之人。与其发风没有下雨，非但京中的多嘴御史恐有闲话，就是这班奸商，从此越加胆大，两广地方，必成烟土世界矣。现在只有将伍某流三千里，略示薄惩，仍准按律赎罪，也是法外施仁之意。不知制军高见，以为何如？"

林制台连连点头道："准定如此，准定如此。"说着，又将双手一拱道："就请老夫子照此办理吧。"林制台说完即走。

钱江暗喜道："亏我费了半天唇舌，有益于姓伍的不小。伍氏若知感恩，我们洪大哥那边，不愁没有饷项了。"

钱江想罢，连夜通知少农，将得公事出去。伍紫垣赎罪之后，仅仅谢了朱少农一千银子，少农不够，争了半天，方始加上二百，少农还不满意，但又无可奈何，怅怅地回他花县而去。

又过几天，伍紫垣派了潘亮臣来请钱江赴宴。钱江暗暗欢喜，即同潘亮臣来到伍家，进门一见伍紫垣其人，忽又暗暗懊悔。原来钱江本是九流三教无一不知的人物。他一见伍紫垣这人，脑后见腮，说话时候，眉目联动，明是一个最浇薄、最势利的小人，如何能与其谈这心腹大事。即使他能勉强入伙，一遇变故，定是一个倒戈之人，于事只有害处，没有益处。但已被他占了便宜，只好绝了念头，勉强入席。倒是那个伍紫垣，胁肩谄笑，恭维备至。酒过三巡，就命家人抬出三千现银，一箱东西，作为谢礼。钱江且去打开箱子一瞧，却是满箱鸦片，不禁气得笑了起来。自然一概不收，席散回衙。

不防那个伍紫垣真是一个小人，因见钱江不收他的谢礼，马上去向洋人搬了多少是非；且说他的鸦片，已被官府充公，无力还本。洋人不知就里，立即开到几只鱼雷，要和华官开衅。广州百姓，除了几个烟鬼之外，都是深恶鸦片害人的。于是霎时间，聚集数万民众，想去撵走鱼雷。洋人如何肯让，还要推说衅由华人开的，立即放上几个落地开花大炮，城外百姓顿时死伤不少。

广东提台关天培因见职守所在，一面飞报督辕，一面率领炮艇，保护城池。洋人见了炮艇，更加摧动鱼雷，步步进逼。那时关提台业已奉到林制台的大令，命他不必由我这方开战；但为自卫起见，准其便宜行事。关提台因见洋人已经开过几炮，将来交涉不好说是我方起衅的。又见来势汹汹，全城数百万的生命财产，全是他的责任。一时热血攻心，便率炮艇上前，想打洋人。哪知他的坐船，可巧不巧，头一个就去碰中鱼雷。当时只听得轰隆隆的一声，可怜已把关提台一只坐船，连同他的一个忠心为国的身体，炸得飞上天空，不是马革裹尸，却成炮中殉难。他那手下的兵士，以及全城的民众，眼见关提台死得凄惨，正待去和洋人肉搏，幸亏传教神父出来调停，双方各自罢战。

林制台见闹这场大祸，也知此事由他禁售鸦片而起，很觉对于广州百姓抱歉。马上自劾一本，恭候朝廷从重治罪。道光皇上恨他牵动外交，加上一个祸国殃民的考语，即命徐广缙继任两广总督，并将林制台拿解进京，交部严讯。

徐广缙接印之后，查得前督幕府钱江，对于此案也有极大关系，发下首县按律治罪。钱江到了狱中，倒极为镇定，只把洪氏弟兄以及冯云山几个急得要命。

洪秀全本要亲自上省探监，但是冯云山劝道："大哥现是我等的首领，如何可以身临险地，不如我去见过东平贤弟再定办法。"

洪秀全听说，也觉云山之言不错，赶忙拿出几百银子，交与冯云山前去打点监狱。等冯云山到了省城，买通牢头禁子陈开，见着钱江。钱江反而大惊失色地问着冯云山来此何事。冯云山告知来意。钱江即仰天大笑道："秀全大哥真在杞人忧天的了。我现在虽居狱中，非但并无危险，而且安若泰山。"

云山不待钱江说完，仍是发急地说道："新任制台的心地窄狭，最忌贤才，不比林制台为人，人人都知，东平贤弟何以大胆如此。"

钱江又笑道："此人虽然量狭器小，但是好名过甚，兄弟料他必不敢来杀我，只要留得生命，兄弟自有计想。"

冯云山还待再说，忽见牢头禁子陈开匆匆而至。正是：

　　　　虽居铁槛犹无惧，
　　　　一出金笼更有为。

不知陈开奔来何事，且阅下文。

第六回

胡以晃拳毙恶霸
洪宣娇怒嫁情郎

钱江忽见禁子陈开匆匆而入,便问有何急事。

陈开忙答道:"我知钱先生是位奇人,因此十分敬重,方拟多多收集一点监费,以备去替钱先生走个门路,好使钱先生安然出狱。不料方才得到一个信息……"陈开讲到这句,脸上已经出现害怕之色。

冯云山在旁瞧得清楚,料定钱江之事必是凶多吉少,不觉冒冒昧昧地拦了陈开的话头,抖凛凛问道:"莫不是那个姓徐的瘟官,竟要害我东平兄弟的性命不成?"陈开摇头道:"这还不是,不过要钱先生充发伊犁。伊犁地方,怎样去得?我所以特地奔来报信。"

钱江目视陈开问道:"这个消息可真?"

陈开皱眉道:"怎么不真?"钱江不等陈开往下再说,不觉向天哈哈大笑不休。冯云山和陈开二人,不知钱江所笑何事,还当钱江听了这个恶信急得痰迷心窍。正待想出话来安慰,已见钱江停了笑声道:"我姓钱只怕立刻将我就地正法,或者一时不及措手。若是把我充军,这正是我的机会到了。"

冯陈二人忙问,什么机会。

钱江低声道:"我若充发伊犁,必定要过韶州,那时自有脱身之计。"说着又单对冯云山道："云兄还是赶快回去，就同秀全大哥等速赴广西，即以传教为名，尽量搜罗人才。我已打听得那里有位名叫胡以晃的英雄，广有家财，好交江湖朋友，现充保良攻匪会的统领。此人可做我们的中坚人物。还有罗大纲一支人马，为数不少，我们不妨将他招入，作为基础队伍。此外速集各地那些一二万教友，当作从前楚霸王的八千子弟兵一样。这样一来，人数也不少了。"

冯云山接口道："贤弟所有计划，当然都是切要之图。我所防的是广西提督向荣，出身营务，久经战阵，怕他前去阻挠，那就有些麻烦。"

钱江听了连摇其头道："不怕不怕，向荣有勇无谋，云兄可以通知秀全大哥，倘遇他的军队，只要智取，不必力敌足矣。若能杀出广西，准定先取湖南，兄弟那时或到湖南相会，也未可知。"

钱江说到这里，只见一个狱卒走来通知陈开，说有一个名叫萧朝贵的，要见钱先生。陈开听说将手一扬道："领他进来。"狱卒去后，即将萧朝贵领入。

萧朝贵瞧见一个眉清目秀、飘飘欲仙的人物，戴有脚镣手铐，料定此人必是钱江，慌忙伏地叩首，口称闻名不如见面，见面果胜闻名。今天小弟得见如此奇人，死无憾矣。

钱江忙叫冯云山替他扶起萧朝贵，先将冯、陈二人介绍于萧朝贵之后，方才极谦恭地说道："萧兄对于兄弟，何故下此重礼。请问入监见访，有何贵务？"

萧朝贵正待吐出心事，忽见冯、陈二人在侧，忙又缩住。

钱江已知其意，笑着说道："冯、陈两兄，都是兄弟的弟兄，萧兄有话，大胆请讲不妨。"萧朝贵听说道："现在满人，对于我们汉族，更加虐待。兄弟素有逐走胡人之想，因为没有什么学问，不敢自决。因知钱先生是位奇人，特地由广西不远千里而来，要想取决先生。"

钱江听了大喜，即将他已结识洪秀全之事，一情一节地讲给萧朝贵听了。讲完之后，就教冯云山带领萧朝贵去和洪秀全等人共事。

萧朝贵听说，很欢喜地说道："敝省有位名叫石达开的，此人虽然不及钱先生的才能，但是文通经术，武识戎行，又有几文家资，兄弟可以引见。"

钱、冯二人连连绝口赞妙。陈开也要马上入伙。钱江阻止道："陈兄且在此地，替代我们分劳。这件事情，我们虽为汉族复仇，但在满人眼中看来，就叫造反。我们弟兄朋友太多，难免不被官府拿住几个，陈兄若在此地，自然有个照应。"陈开听完，极以为然。

钱江因见时已不早，便催冯云山同了萧朝贵快回花县。冯云山又把所带银子交与钱江，钱江接过来交给陈开代为收下，以备日后有人入监之用。陈开收下，送走冯、萧二人，便去预备钱江起解等事。

现在先说冯、萧二人，离了省城，回到花城。冯云山先将萧朝贵引见给洪秀全等，始将去见钱江之事，细细告知大众。

洪秀全听毕，便朝萧朝贵说道："萧兄既是广西人，贵省的情形，自然比较我等熟悉，我们此去传教，有你引路，方便得多了。"萧朝贵听了，连连地谦逊道："小弟怎敢称得熟悉，不过生长乡邦，朋友略略多些罢了。"

洪秀全便将他那宣娇胞妹唤出，命她见过萧朝贵，方对萧朝贵说道："舍妹生下地来，便喜学武，所以至今并未缠足。我们既要同路去到贵省。因此唤出叩见萧兄，以后还望萧兄当她一个小妹子看待，随时指教。"

洪宣娇不等她的老兄说完，便对萧朝贵大大方方地说道："家兄等人和朝贵哥哥所干之事，妹子本极赞成。不过此等大事，必须大家齐心，这就叫作众擎易举。将来朝贵哥哥若有所命，妹子虽是赴汤蹈火，决不推托半字。"

萧朝贵一待洪宣娇说毕，连连笑着答道："宣娇妹子乃是女中豪杰，愚兄一听说话便知。愚兄也喜舞拳弄棍，往后还得妹子赐教。"

洪宣娇因见萧朝贵言语玲珑，面目俊俏，和她不相上下，从此相待，胜过同胞。洪秀全瞧见他的妹子和萧朝贵颇觉投机，倒也高兴。即于次日，便与冯云山、洪仁发、洪仁达、萧朝贵以及他的妹子一共六人，急向广西进发。走在半路，萧朝贵主张一齐先到桂平，住在他家。大家便也答应了。

原来萧朝贵的父亲叫作萧伟臣，原籍广西武宣。所有一些家产，可惜都被朝贵结交朋友，用得干干净净。朝贵一等父亲去世，就将妻子卓氏、妹子萧三娘带到桂平，投靠往日所交的朋友，索性就在桂平住下。

后来他的朋友渐渐走散，他也只好再到广东别寻朋友。到了广州正遇鸦片案子发生，林制台被拿进京。他见皇帝如此薄待忠臣，于是更加引起他的革命思潮。嗣又听人说起，前督幕友钱江是位奇人，因此前去探监；竟由钱江将他介绍于冯、洪等人。

此次同了洪氏一行人等回到桂平，所以主张大家住在他的家中，以便朝夕相见，商量大事。不料一到他的门口，只见双门紧闭，他的妻子、妹子一齐不知去向，连忙去问邻居，方始知道卓氏姑嫂两个因为没有浇裹，一同暂回武宣原籍去了。他既知道卓氏姑嫂两个的去向，把心放下，就把铁锁扭去，邀请大家入内。大家休歇一天，冯云山主张去另租所房屋，好作教堂。

朝贵慌忙阻止道："这又何必，此屋本是租的，内人、舍妹等又不在此，尽可改作教堂之用。"

洪秀全听了，喜不自胜。洪宣娇也极乐意。等得已把房屋改为教堂样式，洪秀全便逐日地传起教来。

宣娇无所事事，只去和朝贵两个谈谈武艺，比比刀枪。

有一天，朝贵又和宣娇两个在那园中比剑，二人比得难解难分之际，朝贵偶一不慎，竟将宣娇的膝盖砍上一剑。宣娇一时禁不起痛楚，顿时喊出一声哎唷起来。朝贵吓得慌忙丢去手上之剑伏在地上，先用手揉，继用口吮。及至恶血吮出，宣娇方才止痛，一面也把短剑丢至一边，一面便叫朝贵扶她去到一块大石之上，并排坐下。陡将她的一张粉颊一红，望了一望朝贵，忽又低下头去，以手拈她的衣角，半晌无语。

朝贵一见宣娇这般状态，不免把他的心弦震荡起来。于是低了声音，问着宣娇道："我的好妹子，愚兄和你两个本已情胜同胞。方才的一个失手，原是无心，妹子难道竟因此事怪着愚兄不成么？"

宣娇见问，方始慢慢地抬起头来，重又瞟上朝贵一眼，疾又缩回视线，仍去弄着她的衣角低声答道："妹子尝观古代小说，每见一位千金小姐，因她肉体无意之中偶被一位公子看见了去，她就终身不字，后来乃成姻缘。今天妹子膝盖已被哥哥吮了半天，当时妹子因为痛得厉害，不及拒绝，此时想想，甚觉报然。妹子尚未字人，家兄也极友爱，妹子就将终身付托哥哥，也无不可。无奈哥哥已娶嫂嫂，我家世代书香，又无去做人家妾媵之理，所以自在怨恨，倒非一定怪着哥哥。"

朝贵一直听到此地，偷着瞧瞧宣娇的脸蛋，此时益觉妩媚，益觉标致，不待宣娇停下话头，他就赔了笑脸说道："妹子方才一番话说，既能顾着府上的门风，又能如此怜爱愚兄。愚兄至此，真正的要诵那个恨不相逢未嫁时的诗句了。不过依我说来，天地生情，情为无上圣品，无论父母师友，不能干涉；无论法律刑具，不能禁止。妹子如果如果……"朝贵一边说上几个"如果"，忽也红了脸的，不敢往下再说。

宣娇本爱朝贵，此刻又已动情在先，如何再禁得起这位萧郎这般情景、这般撩拨，当下宣娇明明知道朝贵要她略有表示，方敢有所举动。她的心里虽已千允万允，不过一时不便贸然启口，只好又一声不响地呆了半天，陡地侧过身去，将她双手掩了面庞；就以头角靠在朝贵的肩胛之上，无缘无故凄凄楚楚地低声哭了起来。

朝贵一见时机已熟，不能稍纵即逝，连忙把他这位多情多义胜过同胞的妹子，忙不迭地拥在怀内，即在那块石上，当作云雨阳台。等到事毕，宣娇紧握朝贵的双手设誓道："哥哥在世一日，妹子一日不再嫁人。"

朝贵笑上一笑道："愚兄再也不让你去嫁人。"

宣娇既已失身，从此对于朝贵，尤其亲昵。洪秀全有时瞧见，因为他的教旨乃是平等二字，只得假作不见。

有一次，朝贵和宣娇两个又在园中，借着比武的名头，在干非礼之事。事情一了，朝贵忽问宣娇道："你们哥哥，他在我的家中传教已有两月，我在表面上也同大家前去听听。其实呢，真的一句没有听入耳朵，此刻左右没有事情，你可详详细细地讲个大旨给我听听，我才不愧为一个教徒。"

宣娇听说，恨得用她纤指在那朝贵的额角上戳了一下道："你这个人呀，真的枉和你在一起的。怎么我们哥哥的这个教，将来治国平天下的事情，全在此中，你怎么可以一句不曾入耳的呢？"

朝贵在宣娇用手戳他额角的当口，早已把头往后一仰，贼秃嘻嘻地笑着说道："你快给我讲，不准动手动脚。"说着又和宣娇咬上一句耳朵道："你的手还是肮脏的，怎么没上没下，戳到我的额上，岂不晦气。"

宣娇将脸一红，不答这话，单说他哥哥的教旨道："我哥哥的原名，叫作仁活，字秀全。后来信教之后，方才改的现在名字。他的这个教究从何人传授，连我也不清楚。但他入教以后，即改现在这个道装。他说上天不止产生一个耶稣，耶稣还有一个兄弟，人称天父。天父的救人心切，还比耶稣认真。耶稣他肯死在十字架上，仍是道行未深。天父却能不死十字架上，道行才深。耶稣死后，天父兼了两份教旨。后来天父虽然上天，他的灵魂仍旧常常临凡，附在他认定能够传他教的那人身上，借了那人之口，教人行善，可以救苦救难。我们哥哥信教有年，天父居然临身，所以他的信教，更比生命还重。数年以来，信他教的，远远近近，何止一二万人。他因满人虐待汉族，倒也不是这个空空洞洞的教旨，能够将他们逐走的；因此正在竭力地搜罗人才，要想举起义旗，做个汉光武第二。现在的那位钱江钱先生，我应该叫他一声哥哥，可惜他以国事为重，未曾和我叙过兄妹之情。连他也信此教，所以再三再四教我哥哥来此传教的。"

朝贵一口气听到此地，方接口说道："你们哥哥的这个教，真灵验么？"

宣娇瞧见朝贵问出这话，似乎还不十分信仰，略略一想，忙答他道："怎么没有灵验，天父化身之际，可以将人一生的虚伪，统统立时说出。"

朝贵听了一吓道："我也得好好地信仰了，否则我后于人，岂非自误？"

宣娇道："你不信仰，天父降罪起你来，没药医的。"

朝贵听了便将宣娇的衣袖一拉道："快快同我去听你们哥哥讲教。"

宣娇尚没移脚，陡然听得她哥哥的教堂里面，哄起一片争闹之声。她忙同了朝贵，两脚三步地奔到前面。忽见人声之中，有个恶霸正在和他哥哥为难，并且说出要去向官出首。她的云山哥哥，以及仁发、仁达哥哥统统不能劝住，正在无可奈何的当口，又见有个衣冠楚楚、孔武有力的少年武员在那人群之中，将他双臂紧搿自己的左右两肩，用出全身气力，向左一旋，向右一旋，挤将进来。

那人挤入之后，犹未站定，已见朝贵高声喊着那人道："胡大哥，你怎么今天才来瞧我？"姓胡的仅把脑袋飞快地连点几下，不及答话，单去一把抓住那个恶霸的身子，大喝一声道："传教本是善人，你这小子，胆敢来此啰唣。"又见姓胡的"唣"字尚没离嘴，跟手举起一只俨如五斗米大的拳头，砰地砰地连把那个恶霸击上三掌，口里还在大骂道："老子给你一点颜色瞧瞧，省得下次再来。"

不料那个恶霸，仿佛不爱听那姓胡的说话一般，早已吐出几口鲜血，也是砰的一声倒在地上，顿时呜呼哀哉。

宣娇和她秀全哥哥，仁发、仁达哥哥，还有云山、朝贵两个，一见姓胡的闹出人命，一齐大惊失色。

谁知前来听教的那班人众，内中却有几个认识这姓胡的就是保良攻匪会里的胡以晃胡统领。又因那个已死的恶霸虽也算一个地头蛇，但是一个孤家寡人，料定没人帮他告状讨命，大家便一齐高擎右肩，厉声喊道："此地洪先生来此传教，本是救人苦难的。这个地头蛇，他也横行半世的了，今天天有眼睛，竟被我们这位胡统领几拳打死，正是他的命该。倘若有人私下前去报官，我们大家即用治这恶霸的法子去治他。"

秀全等人听得大众如此说法，方始把心放下，赶忙托人抬出尸首。野葬之后，一面先将众人善言遣散，一面始把胡以晃请到内室，一一相见。

胡以晃本是来看萧朝贵的，萧朝贵便将洪秀全来此传教的真意细细地告知胡以晃听了，并劝他就此入伙，同举义旗。胡以晃毫不推却，马上一口应允，且说还可担任举荐几位贤豪，同来办事。大家听了，当然拼命地恭维了胡以晃一阵。

　　洪秀全正待问明胡以晃那些贤豪的当口，忽见一位极美貌的女子匆匆奔入，一见萧朝贵之面，不觉双泪交流地叫声哥哥道："哥哥，嫂嫂没有良心，竟跟一个游勇跑了。"朝贵听说，气得急切之间不能答话。

　　宣娇不觉暗喜，抢着问那女子道："你这位姊姊，可是我们朝贵哥哥的令妹，人称萧三娘的么？"那个女子急将泪痕揩干，强作笑容回答道："妹子确是排行第三，这位姊姊尊称不敢……"说着，不待宣娇回话，忙向朝贵道："这位姊姊是谁？我家为何做了教堂？"

　　朝贵此时正被大家劝着，见他妹子这般地问他，便一个一个地带他妹子见过，又简单地告知此屋改了教堂之事。萧三娘听毕，又问朝贵对她跟人逃走的嫂子，怎样办法。朝贵见问，忽又气得把脚跺得应天响地说道："有甚怎样办法！这个淫妇，她若不再回来，是她便宜；她若还敢回来见我，我就叫她一刀两段。"

　　宣娇也在一旁，帮同朝贵生气道："再和这个淫妇去做夫妇，真正不是人了。"洪秀全插嘴对朝贵道："我说捉奸捉双，我们这位萧家弟妹，她倘单身回来，老弟倒也把她没奈何呢？"

　　大家听说，也替朝贵代现难色。朝贵一见大家如此样子，反而有些踌躇起来。宣娇在旁瞧得清楚，不禁大怒，忽把桌子一拍，两颊大生其火地对着朝贵厉声说道："朝贵哥哥不必这般踌躇，大丈夫须要有决有断，这样说来，难道还真个惧这个背夫逃跑的淫妇回来不成！"

　　朝贵指着秀全道："你们哥哥的说话，本也不错。"宣娇不待朝贵往下再说，她忽将胸一拍道："我就嫁你，瞧这淫妇把我怎样！"

　　胡以晃听了这话，第一个就跳了起来，对着洪秀全道喜道："令妹真是快人快事。今天就是我的媒人，快把他们二位就此成了亲吧。"洪秀全本来敬重他这妹子的地方很多，他的教旨又是抱着平等亲爱主义的，只得答应下来。正是：

　　　　　　　　姻缘虽是前生定，
　　　　　　　　婚嫁如斯举世无。

　　不知这头亲事，究用什么礼节，且阅下文。

第七回 弄玄虚两蛇入穴 办团练双凤来朝

萧朝贵一见洪秀全居然允将他的妹子嫁他,这一喜还当了得,当下即对胡以晃极诚恳地说道:"胡大哥成全小弟和洪小姐两个的亲事,足见对于世交情重,使我万分感激。只是今天就得花烛,小弟因在客中,手头一时不便,恐怕一切的财礼赶办不及。"

胡以晃听说,急把萧朝贵的身子笑着推至冯云山面前道:"冯大哥,请你快把新娘妆束起来,以外之事归我料理。"冯云山自然一口允诺,便与仁发二人拥着朝贵入内去了。

胡以晃眼见他们三个同往里面,回转身来正待安排新娘之事,早见萧三娘已经同了她的新嫂子,也到里边前去打扮了。他便对着洪秀全大笑道:"拣日不如撞日。而且各人现有大事在身,自然只有这样马马虎虎一办。"

洪秀全一边点头称是,一边即令仁达去叫酒席。

原来胡以晃的父亲——胡月轩,本和萧朝贵的父亲萧伟臣很是莫逆。自从萧伟臣去世,胡月轩没有多久也到阴曹会他老友去了。那时胡以晃已和萧朝贵重又换了帖子。后来萧朝贵在家不能立足,带了他的妻子、妹子来到桂平。胡以晃仍在他的原籍花洲山人村中居住。

本县县官见他既是文武来得，又能仗义疏财，近村一带的老百姓无不崇拜他的为人，便将保良攻匪会的统领一席委他担任。当时的保良攻匪会就是现在的民团。

胡以晃既任此职，更加惦记萧朝贵起来，访得朝贵住在桂平县中，曾经亲去访过几次。这回又来探访，恰遇朝贵的前妻逃走，又见洪宣娇自己出口，愿意嫁给朝贵，因此自任媒人，成此这头亲事。等得新郎新娘两个草草拜过天地，送入洞房，大家喜酒吃毕，也去循例吵房。

谁知这位新娘，人已大方，此次又是老店新开，正在大家闹得不亦乐乎的时候，她忽噗的一声站了起来，大踏步地走到秀全跟前，将她双眉倒竖起来，又似笑非笑、似恨非恨地厉声说道："哥哥你瞧，这间房里的一班人，都像不认得妹子起来，叽叽呱呱，究竟何故？"

秀全只好忍住了笑，把他妹子急急忙忙地推至原位坐下道："你不知道，凡是做新娘子的，照例要被人家吵房。"宣娇仍又大声说道："只是做新娘子照例要坐花轿的，我既没有照例坐那花轿，他们便不能照例闹房。"

萧三娘一见她的这位新嫂子，照例照例地说个不停，生怕得罪众人，忙去站至宣娇的面前，有意问她可要喝茶、可要吃饭，要想打继她的话头。宣娇至此，方才嘟着一张樱桃小口，不再发言。大家也就知趣，只好规规矩矩地再坐一阵，连忙出去。这夜一宿无话。

第二天中午，秀全又办了一桌席酒，算谢大媒。

胡以晃等喝酒过三巡，便对秀全说道："敝亲家杨秀清，字静山，他就住在此地的平隘山内，很有几文家资，也有一些才干，但是和我不合。秀全大哥哥快快想个法子，将他招来入伙，确是一个大大的帮手。"秀全听了大喜道："承兄指引，感谢非凡，此事兄弟即去办理。不知胡大哥可认识那位罗大纲么？"

胡以晃点点头道："认识，不过没甚交情，他的一支人马也扎在此地的大黄江口。为人心直口快，胆大心细，倒是一位朋友。"胡以晃说到此处，又向萧朝贵说道："石达开不是你的朋友么？依我之意，我去找罗大纲，你去找石达开，我们秀全大哥，让他去找秀清去。"

冯云山接口道："我也出去走走，倘能遇见什么英雄豪杰、热心志士，自然越多越好。"冯云山犹未说毕，宣娇虽是新娘，本该在家，她见大家都有事做，只有她和她的姑娘落空，便插口道："我也同了我们姑娘，各处跑他一转。"

秀全早连连摇手笑喝道："妹妹尚未满月，这倒不必。况且逐日有人前来听教,你和三娘两个,同了仁发、仁达两个哥哥,就在此地代了为兄之劳吧。"

宣娇听说还去问三娘道:"你瞧怎样?"三娘连连答道:"秀全大哥说得很是,此地只留我们四人,也不为多。"宣娇听说,方才无语。

这天的一席酒,因为大家都已认定职司,倒也吃得异常高兴。

第二天大早,洪秀全送走胡以晃、冯云山、萧朝贵等人,他就单身直向平隘山中进发。一天到了山内,因闻胡以晃说过,山中一带田地都是杨秀清所有。正在田塍上慢慢地踱去的当口,陡见眼前的一片田禾大半生有四穗,不禁大奇起来,暗暗忖道:我闻禾生双穗,已经难得,怎么此处竟生四穗,莫非满人的气数已尽,这个就是汉族当兴的预兆么?

秀全想到此处,忽见兜头走来一老一少的两个农夫,便向着来人拱拱手,假意问道:"请问二位,此处田地究竟何人所有,像这样的一禾四穗,从古至今,只有武王伐纣时代,曾经有过这个祥瑞。此家主人有此瑞异,将来必定大发大旺。"那两个农夫可巧正是杨秀清的佃户,一听他们东家就要大发大旺,心里一喜,忙答秀全道:"此处一带田地,都是我们的田主杨秀清员外的。你这位道长,可会看风水么?倘若会看,我们便同你去见我们的员外。"

秀全暗喜地答道:"贫道岂止会看风水,就是人生富贵寿命,也能一望而知。"两个农夫一听秀全这般说话,高高兴兴地一把拖了秀全来到秀清家中。恰巧秀清这天正在宴客,一见两个佃户,同着一个丰颧高鼻、长耳宽额的道人进来,便问两个佃户道:"这位道长何来?"

两个佃户,即将秀全之话告知秀清。

秀全不待二人说完,忙抢着对杨秀清说道:"贫道偶然望气至此,忽见村外的一带田禾,大半生有四穗,这是大发大旺之兆。只有武王伐纣时代,有过此瑞。"秀清也不等秀全说完,哈哈大笑地对着席上诸人说道:"诸位正在谬赞兄弟的田禾生了四穗,说是可喜可贺,兄弟还当偶然之事,并不稀奇。谁知这位道长说得更加郑重,兄弟倒觉有些受宠若惊起来。"

席上诸人,一齐恭维道:"秀清先生,现在的德望已隆,上天降瑞,原非意外。这位道长,既因望气来到我们山内,自然大有来历。秀清先生何不细细地请教一下呢?"秀清听到这句,方始把他的尊臀略略一抬,将手一扬,算是招呼秀全。

秀全即在末位坐下道:"贫道素奉天父之教,由敝省花县来此传道,业已数月。日前偶然望气,瞧见将星聚于此山,故到山中一游。方才又见田禾生了四穗，问明尊府佃户，始知尽属贵产，故敢专诚晋谒，乞恕冒昧。"

秀清听毕，将头一侧，想上一想，笑问秀全道："道长的道号，可是洪秀全三字么？"秀全忙恭恭敬敬地答道："不敢，贱号确是这三个字。"

秀清又说道："兄弟曾经听人说起，只是道长来到敝邑，日子已经不少的了。道长既能望气，知道将星聚于此山，可否再将兄弟的贱相，相上一相，未知也能列入将星之中么？"

秀全装出极郑重的样子答道："贫道方才一见员外之面，早已暗中相过。员外之相，岂止将星而已，虽与龙凤之姿、天日之表，相差一间，可是已是一位王侯之相。"

秀清听了大喜道："君子问凶不问吉，道长不是过誉兄弟的么？"

秀全连连摇首道："凡是异人之相，稍懂相术的，都能知道。难道员外一直至今，没有请人相过不成？"

在席诸人，一听秀全说得如此有把握，大家都向秀清抢着贺喜。秀清也被秀全说得相信起来，便留秀全在他家中暂住几天，以便一同替他去看风水。秀全自然满口答应。

等得客散，秀清又将秀全请到书室，二人相对细谈。秀全本是来找秀清入伙的，既有如此机会，自然步步逼紧上去。

后来秀清谈到天下大局，秀全乘机进言道："贫道历次相人，从无一讹，员外之相，还是一个马上得来的王位呢？"秀清一愕道："兄弟虽游伴水，也曾看过几部兵书，但是马上杀贼之事，自知无此武艺。道长既说相术无讹，这句说话，就不免有些落空了。"

秀全很镇定地答道："员外未到其时，自然不信。"秀清急问道："莫非天下就要大乱不成？"

秀全一见左右无人，便与秀清附耳说了一会，秀清听完，似现踌躇之色起来。秀全瞧出秀清心事，忙暗忖道：此人尚非口舌可以打动，必须如此如此、这般这般，方能入我之彀。秀全默忖一会，便对秀清笑道："贫道和员外两个尚是初次会面。方才所谈，未蒙十分见信，也是人情。现在且谈风水之事，不知员外所说的风水，还是已经有了地点，只要贫道前去复看一看，就好安葬；还是尚无地点，全要贫道去找。"

秀清道："离开此地十五里地方，有座八里洋，先祖就葬在那儿。后来有人说，那儿风水极好，兄弟也觉得葬下先祖之后，寒舍确还顺当。因为那里尚有一个穴基可做，兄弟拟请道长同去一复则已。"

秀全听了便问秀清可能等他三天，让他回到城里，拿了向盘再来。

秀清点头道："可以可以，兄弟对于风水之事，虽是一个门外汉，不过常和一班风水先生谈谈，已知向盘这样东西，非得本人用惯的那个不可。道长既要回城一行，索性请将一切必需之物统统带来。将来看好之后，一定从重酬谢。"

秀全听说，自然谦逊一番。二人又谈一会，秀清即请秀全安置，自回上房而去。

第二天一早，秀全因见秀清尚未升帐，不去惊动，单是留下一张条子，匆匆回城。一到家中，只见仁发、仁达、萧三娘和他妹子四个都在规规矩矩地讲教，听教人数更比往天加倍，秀全看了倒也高兴。等得听众散去，秀全便与宣娇咬上一阵耳朵，教他同仁达两个速去照计行事。家中仍留萧三娘和仁发二人，照常讲教。秀全安排妥当，又去买上一个向盘，以及应用物件，匆匆地回到杨秀清那儿。秀清瞧见秀全毫不失信，果然携了东西，如约而至，心里十分欢喜。

第二天大早，秀清率领一班土工，同着秀全两个，一脚来到八里洋地方。秀全不等秀清走近那座穴基的当口，已在暗暗留心，穴基面上有无什么破绽。及见泥色一样，毫无新土坟起，方才放心。

当下拿出向盘，对着那座穴基，假装内行，隔了一隔方向，即向秀清深深一揖道："恭喜员外，贺喜员外。"说着，又指指穴基后面一块三五丈高的大石道："此穴适在此石之前，正合叫作叶底仙桃的那个风水。照贫道看来，这座穴基，犹在令先祖大人所葬地方之上，先大人的棺木若葬此穴，不必十年，府上必出一位王爵。"

秀清听了，忙还一礼道："道长当然不致失眼，不过兄弟还有一个疑问。"

秀全便问："什么疑问？"

秀清指着那座穴基道："先祖葬时，此穴本是空着。那时兄弟所请的一位风水先生，要算两广地方赫赫有名的人物，如果此穴胜于先祖所葬之处，当时何以舍优而取劣的呢？"

秀全微笑着答道："这个上面就要分出风水先生的功夫来了。从前范文正公，将他先人葬于苏州天平山上的一块绝地之上，那时有位识者去问范文正公道：'此地是块绝地，无人不知，今君葬尊人于此处，其意何在？'范文正公慨然答道：'既云绝地，必害后世子孙。与其去害人家的子孙，不如害了我吧。'后来范文正公居然大发，这个明明是范文正公确有这个风水功夫，方有这个胆量，

第七回　弄玄虚两蛇入穴　办团练双凤来朝 ..47

至于他的仁心,也断不能以天理变更地理的。府上从前所谓的那位风水先生,似乎有些名实不符吧。员外若再不信,贫道能够拿点证据给员外看看。"

秀清忙问什么证据。秀全用脚点点那座穴基道:"即在此处,掘下一丈五尺,必有两条黄色的大蛇,盘踞在内。"

秀清听了吓得变色道:"这是更加不可以了。兄弟曾经听得有位风水先生说过,穴中有蛇,谓之龙脉,倘一掘出,必破风水。"

秀全大笑道:"如此说来,这位风水先生真正在放屁了,试问若不掘下,何能知道穴中有蛇?即使知道穴中有蛇,因惧破了风水,不敢掘下,试问又何从葬法?岂不是有等于无。"

秀清听到此地,方才佩服得五体投地。立命土工,按照秀全所点之处掘了下去,果有两条黄色的大蛇,蜿蜒其势地游了出来。仔细命人一量,恰恰一丈五尺,不差分毫。秀清至此,更加心悦诚服秀全真有本领,忙请秀全点穴开工……

及至一同回至家中,走进书室,就向秀全纳头便拜道:"道长,你真是一位活神仙了。前天劝我同兴义旗之事,兄弟一定听从驱策。即使为国捐躯,决不懊悔就是。"秀全急将秀清一把扶起道:"员外若肯决心入伙,办此搭救黄帝子孙之事,员外应该受我秀全一拜才是。"秀全的"是"字尚未离口,早已噗的一声跪了下去。

秀清也将秀全一把扶起道:"道长快快指示进行方法,不必空谈。我杨秀清不但愿意毁家纾难,就是要我性命,断不说个不字。"秀全听了大喜道:"进行方法,只有先办团练,瞒过满人耳目。"

秀清连连击掌叹服。立即具禀县里,说是情愿自备军械,兴办团练,以保乡里。桂平县官张慎修,原知杨秀清是个富绅,有此义举,怎么不喜,于是立即替他转详。广西巡抚周天爵见了这件公事,也就批准。秀清既任团总,即在杨氏祠堂之中设局开办,好在他有现成佃户,可以先充团丁,不到几天又得壮丁二千多人。

一天早起,又有三个壮士前来投效。秀清请入一看,只见三人都是好汉,问明姓名,为首一个先行答道:"小可名叫林凤翱,曾经当过抚标都司,现在赋闲在家,因闻此地广募团丁,带同舍弟林凤翔、舍亲李开芳,特来投效。"秀清听了大喜,即委林氏昆仲做了左右两哨的哨官,李开芳做了前哨的哨官。

秀全因见秀清办得井井有条,方始放心地对着秀清老实说道:"兄弟本在传教，又因要到各处搜罗人才，所以穿了道装，自称道友，其实还不能够专事修道呢。兄弟来府的时候，曾派几个心腹弟兄，分头前往说合罗大纲、石达开等人。不过他们都是将才，我兄方是帅才。现在我兄还得广收人才，添招团丁，以备将来自成一军。兄弟今天便要告辞，再去办理他事，我们二人心心相照就是。"

秀清听了道："我兄要去办理大事，小弟也不深留，以后彼此须得常通消息，使我此地不致孤立无援，要紧要紧。"

秀全听说，一面连称应得如此，一面匆匆回城。见了他的妹子，便将杨秀清之事细细告知。宣娇不待秀全说毕，噗的嫣然一笑道："这场事情，哥哥的功劳上须记妹子的首功。哥哥只知令出唯行，你可不知道那两条蛇儿，真正难捉呢？还要放入土中，掩好之后，没有破绽……"

宣娇刚刚说到此地，忽见他的仁发哥哥慌慌张张地由外奔入，对着秀全说道："祸事到了，我们快快逃走。"

宣娇和秀全二人，忙问什么祸事。仁发恨恨地说道："上次被胡大哥打死的那个恶霸，他有一个亲眷，叫作什么张尚宾，方从外省游幕回交，探知那个恶霸死在我们教堂，便到县里密告，说是我们外以传教为名，内则谋为不轨。县官认为是一个升官发财的大事，业已出了火签，要拿哥哥。现在我等三十六着，只有走为上着。"

秀全听了，略略踌躇道："他们几个至今还不回转，不知所办之事，究竟如何，我们一走，又叫他们何处去找我们。"

秀全说到这里，又见一人匆匆地奔了进来。一见他面，慌忙附耳和他说道："我叫秦日纲，现充杨团总手下的后哨哨官，现奉杨团总的密谕，令我奔来通信，县里有人密告洪先生造反，快快逃走要紧。"

秀全听说，急把他的脚一跺道："怎么汉奸如此多法，将来何以办事？但是好汉做事一身当，我可不逃。"秀全尚没说完，早见外面陡地拥入一班差役，不由分说，立即一条铁链锁在他的项上，拉了就走。正是：

安排陷阱拿奇兽，
收拾机关擒毒龙。

不知秀全去到县中，有无危险，且阅下文。

第八回

动热肠计援要犯
出恶气手剐淫娃

洪秀全忽被一班如狼似虎的差役一条链子锁到衙门。偶然回头一瞧，方见前去送信给他的那个秦日纲也被一同捉来，不觉大惊，正拟过去安慰几句的时候，又被一个歪戴帽儿、烟容满脸的蟹脚，突出一双眼珠，朝他喝道："你这杀坯，连吃官司的规矩都不懂得，还想造反，真正奇谈。"

秀全被喝，不敢过去，不到半刻，只听得一声堂威，跟着又见两扇麒麟门呀的一声大开，一位戴着水晶顶子老爷早由几个随身跟班拥着，坐出堂来。照例地问过秀全、日纲二人的姓名年岁，始把惊堂木一拍道："朝廷如此的恩深泽厚，你们两个叛逆，胆敢造反，是何道理？"

秀全慌忙跪上一步，口称冤枉道："大老爷明鉴，小的只在治下传教，不敢造反。"县官瞧见秀全不肯一口承认，顿时大怒起来，也不再问口供，单把刑签抓出几支，摔在地上道："快快替我打断这厮的狗腿，再来问他。"

两旁差役又是哄然的几声堂威，就把秀全拖翻在地，剥下裤子，一个揪头，一个按脚，中间的一个皂隶一腿跪着，先将板子在那秀全的尊臀之上擦上几下，立即高高举起，绰绰绰地打了起来。秀全虽然被责，但还能熬痛，口中只在暗暗地喊着"天父救命，天父救命"。等得打毕放了起来，又将日纲一样打过，钉上双镣，一齐收入死牢。预备再审一堂，就好定罪。

秀全、日纲二人到了监里，那个牢头禁子照例来收铺监之费。秀全和日纲两个本未预备来吃官司的，如何曾带银子？那个牢头禁子马上叫到一个名叫韦昌辉的管监伙计，说是要秤秀全和日纲两个人的元宝。① 幸亏这个韦昌辉一见秀全品貌堂堂，不是凡流；就是那个秦日纲，也是一位发旺之相。正合他的心事，于是就想搭救他们，便对他的这位头脑笑道："你也不必这般动火，且把这两个人交给我。三天之内没有铺监之费交你，那时由你收拾他们就是。"那个牢头禁子听说，方才走了出去。

韦昌辉一等他的头脑走后，忙问秀全、日纲两个道："你们两位为什么事情，忽要造起反来？"

秀全此时，也已瞧出此人是个英雄模样，索性将他的心事老实告知。

韦昌辉不待听毕，忽然叹息起来道："洪先生，你老人家能有这个大志，也是我们这班黄帝的子孙有幸。不过办大事的人，凡事须得小心谨慎。现在洪先生的壮志未酬，已经身入囹圄，怎样好法？"

秦日纲插嘴道："你这位大爷，既是我们的同志，便得快快想法搭救我们才好。单是这般空言责备，于事有何益处？"

韦昌辉听说，便问秀全有无什么主张，好替他设法。

秀全道："此地有位杨秀清杨团练，已经和我有了密约，我的妹夫萧朝贵，以及结义弟兄冯云山，还有一位好友，就是现在任保良攻匪会里的胡以晃胡统领。冯、胡、萧三个都是奉了我命，前去说合罗大纲和石达于二人的。只要他们办得如愿……"秀全一直说到此地，接着又和韦昌辉咬上一句耳朵道："他们就能前来劫狱。"

韦昌辉听见"劫狱"二字，想上一想道："就让我去瞧瞧他们回来没有？再定办法。"洪秦二人连称"最好没有"。

韦昌辉临出监的时候，又问明洪宣娇、萧三娘，以及仁发、仁达四个人的样子。洪秀生说明之后，韦昌辉一脚奔到洪秀全的那座教堂门口，抬头一看，非但两扇门上已有一把铁将军守门，就是四面居邻生怕祸惹身上，早也纷纷迁走。韦昌辉一时没处探信，正待回监报知，顺眼瞧见远远的一株大树底下，似有两个女子藏藏掩掩地躲在那里，韦昌辉赶忙走近一看，正是洪宣娇和萧三娘

---

① 意即加私刑。

两个。韦昌辉一见左右无人，便将来意告知二人听了。

二人听毕道："我们和仁发、仁达两个哥哥，正为要守他们回来，不敢走远。"二人说到此处用手指着两间小屋道："那里本是我们的下房，他们两个就在那里。"

韦昌辉急答道："我们快去见了他们两个再说。"

宣娇仍教萧三娘一个人守在树下，她便同着韦昌辉来至下房会她两个哥哥。彼此相见之下，自然不及寒暄。韦昌辉先将他的来意，告之仁发、仁达二人。仁发为人性子暴躁，素有草包牛皋之称。一听秀全、日纲两个业已受了官刑，冯、胡、萧三个又不知几时回来，他便急得跳了起来，对着韦昌辉说道："此事万不能缓，就是我们三男二女，也能把这座桂平县践踏个平地。"

仁达忙不迭地拦了仁发的话头道："这件事情关系秀全大哥和秦大哥两个的生命。我们五个手无寸铁，怎样可以前去劫狱？要么速去报知杨秀清去，瞧他怎样办法。"

宣娇此时因为急于要救她的胞兄，却防秀清不肯干这劫狱之事，空走一遭，反致误事，心中倒也赞成仁发之话。

他们四个正在商量不出好法子的当口，突见萧三娘已经同着萧朝贵、胡以晃两个急急忙忙地奔将进来。宣娇一见她的汉子到了，顿时大喜起来。当下也顾不及去问冯云山的行踪，单把秀全被捉，以及韦昌辉前来商议等事，简单地述给她的汉子和胡以晃二人听了。

萧朝贵不待宣娇说完，急把眼睛盯着胡以晃的脸上说道："我看单是罗大纲的一支人马，已可办了此事，不必先去关照杨秀清，你说怎样？"

胡以晃连连点头道："就让我连夜再到罗大哥那儿去走一遭，和他说定之后，我便同他一脚杀到县城。"胡以晃一边说着，一边又朝韦昌辉道："韦大哥可见此地人众，先行回到城内，预备一切，做个内应。这样一办，莫说一座小小县城，何惧之有，就是北京皇城，也得踏他一个平地。"

洪仁发听了，大声喊好道："好么，胡大哥的这个计划方才合了我的口胃。"

洪仁达忙去阻住仁发，叫他不得高声大叫，倘若走漏风声，那还了得。仁发听了，方始低声地去和韦昌辉讲话。萧朝贵一算日子，至少三天方能兴办，便和胡以晃约定时间。胡以晃不敢延误，拔脚就走。这里的萧朝贵、萧三娘、洪宣娇、洪仁发、洪仁达、韦昌辉六个，赶忙商议准备入城。萧朝贵还要主张随身各带兵器，洪仁发更是拍手赞同。

韦昌辉忙摇手阻止道："这两天因为秀全大哥的案子一出，官府搜查很严，我等进城万万不能带有兵器。"说着，又把他的胸前一拍道："诸位放心，我是官中的人，兵器这些东西，还怕少吗？"

洪宣娇、萧三娘两个一同接口道："这么说走就走，越快越好。"

韦昌辉听说，便同大众一脚进城，先把大众领到他的家里，对他的妻子阎氏说明：都是洪秀全的家族，特来打点衙门的。韦昌辉说完这话，随手带上大门，就到监中报信去了。

阎氏这人，本是一个既好色又贪财的东西。当时一见她汉子同来的这班男女所穿衣服，都还整洁，所讲说话，又极大方，知道既来打点，一定携有大宗银钱。她就百话不说，先问洪宣娇、萧三娘两个借出几两银子，去买菜蔬。

不防她们姑嫂两个都因单身逃出，并无银两，只好去问朝贵，身上可有用剩银两。幸亏朝贵此次前去说合石达开，石达开不但一口答应入伙，一俟安顿妻小事毕，就来会见秀全外，还交朝贵黄金百两，以及多数的川资，分作联络朝贵进见秀全之礼。

朝贵身上既有此款，又见阎氏已在开口，连忙拿出纹银十两，交与宣娇转给阎氏。谁知阎氏因见朝贵带了多数银物，仅仅给她十两，已大为不满；碰着那个洪仁发，本来心中不能藏放一句话的人物，因阎氏乃是韦昌辉的发妻，还当劫狱之事，她们夫妻两个早已说通，当下也不预先和大家商量一下，冒冒失失地骤然去问阎氏道："嫂子，你可知道韦大哥所有的兵器放在哪儿？请你快快取出，分给我们，藏在身边，稳当一些。莫要弄得罗大纲的一支人马已经杀到城下，我们还没预备，那就不妙。"

洪仁发只顾说着，立等阎氏去取兵器。哪知大家忽见洪仁发口没遮拦，对着阎氏贸然讲出这些话来，正待阻止，已经不及。洪宣娇早又瞧出阎氏在听说话时候的神情，虽然装出很镇定的样子，其实她那惊骇之色万难掩住，只得慌忙插嘴对着阎氏说道："嫂子快快莫信我们这个哥哥的瞎说，他是刚才多喝了几壶酒，瞧了一出草台戏，大概在讲醉话吧。"

阎氏听得宣娇如此遮盖，便大不为然地说道："我们汉子，本来欢喜结交江湖朋友。今儿既把各位领到我们家里，自然并未见外。我是他的堂客，他的事情，我没不知道的。你这位姊姊，此刻的几句说话，似乎反而有些见外了。"阎氏说着，又用手指指洪仁发这人，对着大众强笑道："倒是这位大爷为人老实，已将你们来意说了出来，你们各位快快不必见疑于我才好。"

第八回 动热肠计援要犯 出恶气手剐淫娃 ..53

当下仁达、朝贵、萧三娘三个瞧见阎氏如此说法，一时反而不能插嘴。因为不知道她的说话，究竟是真是假，正在有些为难之际，忽听后门一响，就见有个长得极清秀的丫头匆匆地奔到阎氏面前，悄悄咬上一句耳朵。又见阎氏顿时将头一点，面现喜色地对着大众说了一句："我有一位远亲到来，我到楼上招呼一下就来。"说完这句，不及再等大众回话，早同那个丫头一脚走入里面，咚咚咚地奔上楼上去了。

宣娇、朝贵两个一见阎氏上楼，连忙怪着仁发不知轻重，为何贸然讲出此话。仁发听了还要不服，正在大声强辩，只听得又有人在敲大门。仁发正待去开大门，又见那个阎氏也已听见打门之声，就在楼窗之上伏出身子，忙朝仁发乱摇其手，阻止开门。跟着又听得三个人的一阵脚步声，已从扶梯走下，奔出后门去了。

宣娇眼睛最尖，瞥见阎氏主婢两个跟了那个美貌少年，一齐奔出后门，连忙自去开大门。一见正是韦昌辉，急把仁发说出此事，以及眼见阎氏主婢同着一个美貌少年奔出后门之事，一齐说给韦昌辉听了。

韦昌辉一边在听，一边已在发急地跺脚。等得听毕，不及再说他话，单教大众快快跟他逃出城外再讲。

仁发还要盯着问个仔细，仁达发狠地把仁发用力推至一边道："都是你闯的大祸。我们大家都没有命，还是小事，无原无故地害了秀全大哥，怎样好法？"

韦昌辉反来劝着仁达道："仁达大哥，此刻也不必再埋怨我们仁发大哥了，还是快快出城要紧。"

不料韦昌辉的"紧"字犹未出口，早见奔入一大批差役。顿时两个服伺一个，各人一条链子锁至衙中。那时那位张知县已经坐在堂上等候，一见大众拿到，不及再问口供，只是不分男女，各人赏了一千板子，打入牢内。

原来韦昌辉的妻子阎氏同她婢女秋菊都有三分姿色，久与县中一个名叫王艾东的书吏有了相好。韦昌辉虽已知道此事，只因一时不能拿到证据，只好把这一场闷气放在心上。平居时候，已经打定主意，一等拿到凭据，就将奸夫淫妇杀死，一脚前去落草。所以一听见洪秀全和秦日纲两个犯了叛逆之罪，就想搭救他们之后，以便跟去入伙。不防仁发不知就里，竟把这桩攻城劫狱之事说了出来。

在那阎氏的初意，本来只想敲出洪氏家族的一些银钱，带了秋菊跟着王艾东远走高飞，也就了事。不防她正和王艾东在楼上商量进行方法的时候，韦昌辉已经回转；又因贼人心虚，生怕艾东这人已被大众看见，若被昌辉拿获，自然性命不保，于是把心一横，即带秋菊跟着艾东去到县里出首。谁知这个淫妇的手段虽狠，后来韦昌辉的报复手段更狠。当时韦昌辉既同大众打入死牢，却与洪秀全、秦日纲二人远远隔绝，不能相见。可怜洪秀全和秦日纲二人，眼巴巴地还在那儿等候韦昌辉的回信呢。

就在这天晚上，洪秀全已经睡着，陡在梦中听得全城之中，突起一片喊杀之声，慌忙喊醒日纲，问他可曾听见。日纲侧耳一听，不禁大喜地说道："这种声气，明明在厮杀的样子，难道姓韦的已经同着萧令亲等人，杀进城里来了么。"洪秀全一听秦日纲如此说法，顿时精神抖擞地答道："既是这样，我们也得早为预备才好？"

秦日纲正待答话，忽见监门外面已有一班人众，直奔他们那里而来。秀全眼快，早已瞧见为首的一个正是那个姓韦的。后面跟着的，就是他那宣娇妹子和萧朝贵等。心知朝贵同了大众前来救他，这一高兴还当了得，当下赶忙提高喉咙，大声喊道："妹妹、妹夫，我在这里。"

道声未已，只见萧朝贵夫妇两个同着那个姓韦的等人，一面喊着先放监犯，再杀狱卒，一脚奔至他的跟前，各举利斧，把他和秦日纲二人所戴的镣铐，啪啪啪的一边几下，砍落在地。顺手递给两柄短刀，不及搭话，将手一扬，就教他们两个一同去放犯人。秀全、日纲两个自然也顾不得去问细情，马上同了大众，一面放出犯人，一面尽把守监狱卒，以及那个死要铺监之费的牢头禁子杀个干干净净。及出监门，抬头一望，但见满城火起，照得空中犹同白日一般。

秀全至此，方才一把拖住朝贵问道："你这回到底带了多少人马进城？怎么此时犹未熄火？不要因我一人，害了许多良民。"

朝贵听说道："这是大哥的仁心，快快前去帮熄了火。我们再谈。"

朝贵说完这句，不等秀全答话，便率大众奔出衙门，想去救火。兜头碰见一人骑着高头大马，一脚奔进衙来。定睛一瞧，正是石达开其人，慌忙抢上几步，拦住石达开的马头，反手一指洪秀全道："这位就是秀全大哥。"

石达开不待朝贵说毕，连忙跳下马来，抢到秀全面前，紧执秀全之手道："只怪兄弟来迟一步，害得大哥吃这苦头，罪该万死。"

秀全起初只以为萧朝贵定是同了罗大纲的一支人马前来救他，此时夹忙之中，忽然发现一个石达开起来，当然弄得莫明其妙。但因匆遽之间，不及细问，只好连说："石大哥何必如此，还是我们同去救熄了火，再来细谈。"

石达开连摇其头道:"救火之事,兄弟已令部下去办去了,我们大家就进里面去谈。"

秀全听了即随石达开进内。尚未坐定,突见韦昌辉满脸气得铁青地奔来对着石达开说道:"一双淫妇奸夫同那不肖丫头,已经被我寻着,一齐绑在大堂,石大哥快请出去瞧我惩治他们。"

此时宣娇和仁发两个在这听得清楚,忙对秀全说道:"哥哥也同我们出去看看。"秀全尚待细问情节,只见石达开、韦昌辉两个已同大众奔了出去,只得跟着就走。

到得大堂,都见已点得灯烛辉煌,又见石达开、韦昌辉二人也不同他客气一声,早已一齐坐在公案之上,各人拍着惊堂木道:"快把这三个畜类带了上来。"

秀全此时愈加摸不着头脑,正想去将宣娇拉至一旁问个明白的时候,说时迟那时快,突见几名团丁抓着三个少年男女,走到公案之前,各人提起几腿,便将一男二女踢得爬在地上。

跟着就见石达开还想问问三个人的口供,又被韦昌辉拦着不许,单由韦昌辉自己冷笑着喝问道:"你们三个狗男女奔来报官,明明要送老子和大家的性命。不想老天有眼,你们三个反而自害自身,此刻就是你们最后说话的时候了。"爬在地下的三个,倒也知道不必多辩,一任韦昌辉这般的问着。

韦昌辉瞧见他们三个闭口待死,更加生起气来,顿时噗的一声,蹿下公案,亲自动手,把那一男二女的上下衣裤剥个干净,方才吩咐那班团丁把他们三个,赤条条地绑在两边柱脚之上。急又拿了一柄比雪还亮的尖刀,首先奔到阎氏面前,举刀就戳。正是:

奸夫淫妇人间有,
义士奇才世上无。

不知那个阎氏究竟戳着与否,且阅下文。

第九回

洪秀全金田起义
谭绍洸铁岭鏖兵

阎氏一个雪白的身体，直挺挺地绑在柱脚上面，此时哪能顾及羞耻，只望昌辉快快把她一刀戳死，倒也了事。谁知昌辉要出他的恶气，第一刀只戳在阎氏的乳下，第二刀又戳在她的小腹上面，阎氏连受两刀，非但全身血如泉流，自然痛得喊出"饶命"二字起来。

昌辉至此，方才出上一口恶气，跟着便将阎氏噼里啪啦地一阵乱剐，最后一刀始向阎氏当心戳去。阎氏既被剐死，昌辉又将秋菊、王艾东两个同样地剐毕，方把手上那柄通红的尖刀顺手摔得老远。同时仰天哈哈地大笑了几声，忽又翻身朝里，去向石达开噗的一声跪下，连磕几个响头道："石大哥，今天晚上，若非你老人家带兵杀入，我的这口恶气非但难出，恐怕还要同秀全大哥等一定死于非命的了。"

石达开连忙奔下公案，一把拖起昌辉，又去拉着站在一旁的那位洪秀全，复又唤着大众一同入内。先请大家坐定，才向秀全笑着说道，"兄弟知道，大哥对于今天晚上的这场事情，一定有些莫明其妙。此刻大事已了，且让兄弟细细地告知大哥。兄弟自从萧大哥奉了大哥之命去劝兄弟入伙，兄弟因见是桩国家大事，毫不疑虑，一口允诺。就在那天，并且交付萧大哥黄金百两，作为进见之礼。"

　　石达开刚刚说到此地，只见萧朝贵发急地站了起来，对着韦昌辉说道："韦大哥，怎样好法？我藏在身上的那包金子，已被那班差役搜去寄库。"

　　石达开不等韦昌辉接腔，忙不迭地对着萧朝贵笑道："现在这一县的钱粮都是我们所有，何必着急那包金子。还是快请坐下，让我把话讲完，好办我们的正经大事。"

　　洪宣娇便将萧朝贵一把拉至身边坐下道："石先生所说不错，你快替我坐下，不许打岔。"

　　秀全等人也教朝贵此刻要顾大事，不必再提这些小事。

　　石达开忙又摇手止住大众说话，他始接续说下去道："兄弟那天一直等萧大哥走后，便把一家老小安顿一个妥当所在，立即单骑奔到金田地方，先将谭绍洸和黄文金两个保良会的世仇解释和好，再劝他们也跟兄弟前来入伙。谭、黄二人素信兄弟，自然应允。他们的人马，比较罗大纲的人数又多几倍。他们两个便拨一千亲信队伍，让我统带先来。他们已在那儿整理粮饷器械，只候秀全大哥的命令行事。及我一到了那座教堂，却见双门紧闭，就知出了乱子。忙一打听，才知秀全大哥和秦日纲大哥两位被捉到县。兄弟既已答应入伙，此时当然义无反顾，于是决计率领人马连夜杀入此城，好救大哥。"

　　石达开说到此地，脸上忽现喜容，又接说道："这也是秀全大哥要逐满奴以救百姓的好处，上天自会保佑。倒说兄弟走到半路之上，无意中遇见一个奸细，将他身上一搜，搜出一封此地张知县送给杨秀清杨团总的急信。赶紧拆开一看，乃是张知县已接方才被刷三个人的密告，业将诸位兄弟拿下。信中说是罗大纲的一支人马早晚要来攻战，一面已经飞报层宪①发兵救援，一面令杨团总火速带领本部团勇到城御敌。兄弟看完信后，即将送信之人砍去首级，匆匆祭旗，冒充杨氏团练之名，一脚奔入县城，因此不费一矢，不伤一人，轻轻巧巧地得了这座城池。等得张知县瞧出兄弟的旗号不对，只得单身揣着官印缒城逃走。兄弟不但并未追赶，且把他的全眷命人护送出城。方才一面吩咐部下去，将反抗我们几个守城兵士稍稍处治一下。起先一阵喊杀之声，就是在那儿巷战。及把韦大哥、萧大哥等人放出监狱，因见秀全大哥不在他们一起，便请他们去请秀全大哥。兄弟即到县中，封锁库门，检点案卷，免致一班劣役，趁火打劫。"

---

① 清朝知县对各级上司之通称。

石达开一直说到这里，又朝萧朝贵笑上一笑道："所以兄弟刚才叫萧大哥莫急，那笔金子，我敢说一两不少地放在库内。"

　　萧朝贵正想敷衍石达开几句，已被洪秀全抢先说道："石先生，你这番调度，救了我们一班人的性命，固属可感。我们以后有你这位人才，便有主持军事人物了呢。至于石先生方才说，拿到那个奸细，乃是上天保佑。兄弟却知道，就是我那天父，前去降罪于他的。"

　　洪宣娇听到此地，忽插嘴问着石达开道："如此说来，那位杨秀清杨团总，不是还不知道我们此地的事情么？"

　　石达开点点头道："大概尚未知道。"说着，又对洪秀全道："现在张知县既已携印逃走，当然决不至于念我放了他的家眷，不去禀告抚台，卸他失守池之责，再加此地的那位向荣向提台老于军务，很是来得。这座孤城，万万难守。依兄弟的谬见，不如就把此地的钱粮军械一齐移至金田。那里既有人马，又有谭、黄二人，似乎比较此地妥当多了。"

　　洪秀全听说，不禁连连称是，便命秦日纲去将此地之事报知杨秀清。又命萧朝贵沿途迎了上去，阻止罗大纲、胡以晃的那支人马来此，可到金田会合。又命洪仁达回到教堂，守候冯云山回来，一同也到金田，又命洪宣娇、萧三娘、洪仁发、韦昌辉几个分头前去通知各地教友，统统都到金田听候，编成队伍。

　　石达开本与洪秀全是初次会面，未曾知道他的才具。此时一见洪秀全也能布置得体，井井有条，心里很觉佩服。一面就催大众赶快出发；一面同了洪秀全两个督率所部，搬取财物军械，即向金田进发。等得将近金田村外，石达开便请洪秀全带领人马缓缓而进，让他飞马先去报知谭、黄二人，洪秀全自然照办。不到半刻，果见石达开已经同着谭、黄二人迎接上来。

　　谭、黄二人一见洪秀全之面，立即跪在马前，口称："洪先生本是救苦救难、以天下为己任的一位广大教主。某等二人能与洪先生共事，真正万幸。"

　　洪秀全慌忙下马，扶起二人道："二位都是当今豪杰，深明异族为帝之害。只要二位齐心出力，天下百姓不愁没有好日子过。"

　　石达开在旁插嘴道："此地不是谈话之所，大家且到黄大哥的府上，再行细叙。"石达开言毕，一面吩咐队伍分扎村中各庙，一面同了洪、谭、黄三位，并辔地来到黄家。进入里面，宾主四人一同坐定。黄文金便教摆上酒筵，石达开便与大家一边吃着，一边即将桂平县中以及前后之事，详详细细地述给谭、黄二人听了。

第九回　洪秀全金田起义　谭绍洸铁岭鏖兵

黄文金首先答道："如此说来，此事已成骑虎之势。依我愚见，最好是不待官兵杀来，我们先发制人，以寒敌胆，怎样？"

石达开听了点点头道："自然如此办法。且等罗大纲的一路人马到来，我们立举义旗就是。"谭绍洸道："从前汉高祖起义沛县，以及他的后代刘秀复国南阳，哪有我们这些人数？"洪秀全接口道："现在照算起来，若加四处的教民在内，已有三万多人。此地浔洲府一带统统调齐绿营，也没有我们一半。"

大家听说，都很高兴。等得席散，已经天黑。

石达开正待前去查夜，忽见一个本部探子报了进来，说是浔洲知府白炳文，同了平南县知县马兆周，各带一个粮子杀奔前来，离开此地，只有四五十里地了。

石达开听完，很镇定地将手一挥道："再去探明来报，不得误事。"

探子退出，黄文金和谭绍洸两个忙问洪秀全，石达开道："我们赶快调动队伍，出击妖兵，莫被他们占了先着。"

洪秀全先向石达开道："此地我是客边，还是请石大哥和谭、黄二位发令，兄弟听候命令就是。"

石达开听说，首先正色道："此话差矣，我等都是信仰秀全大哥的人，无非率部报效，听候驱策。秀全大哥快快不可客气，主持军事要紧。"

谭、黄二人也与石达开同一口气。

洪秀全一见三个都是如此说法，方始说道："这两个带来的粮子，倒不足惧。离此村外十五里地，有座小山，名叫铁岭，那里树木阴深，路途曲折，可用火攻之计。我料妖兵，必由此路而进。"洪秀全说到这里，便对谭绍洸拱拱手道："兄弟斗胆，铁岭地方，就请谭大哥率领本部人马前去埋伏。不问妖兵是胜是败，等得他们的队伍回出铁岭的当日，但见信炮为号，赶快突出截杀，定获全胜。"

石达开在旁连连点首，称赞道："此计不错，谭大哥赶紧前往。"

谭绍洸听了，也不推辞，即率所部而去。

这里洪秀全又对黄文金道："黄大哥率领人马，只在村口守住。妖兵若来，须用全力抵挡，万万不可使他杀入村中，多伤百姓。兄弟即同石大哥各领五百人马，绕出村后，分左右两路，前去夹攻他们便是了。"黄文金听了也是得令而去。

洪秀全又请石达开传令村中，不准一家点火，让它黑暗以作疑兵。石达开听一句应一句，等得秀全吩咐完毕，立即传令出去，布置舒齐，急与秀全带了人马，绕出村后，分头埋伏。

没有多久，已听得人声、马声、炮声一齐杀至村外。秀全和石达开两个仍旧按兵不动，似有所待。黄文金也遵秀全将令，守在村口，寂静无声，以逸待劳。哪知那个白炳文，同了马兆周以及都司田成勋等人，起初一口气地如入无人之境，杀到村口。那时正是清室咸丰元年的七月下旬。天上既没有月色，村中又无灯光。黑暗之中，虽见村口似乎有人把守，但是十分镇静，毫没抵敌之意，反而弄得疑疑惑惑地不敢杀入。他们正在不敢杀入的时候，那个奉命把守村口的黄文金黄保良会分统，他老人家倒敢杀了出来。白炳文到了此时，也只得紧急命令，教那田都司对着叛寇，赶紧迎头痛击。这样一来，双方自然鏖战起来。

那时洪秀全和石达开二人早已看得亲切，知道官兵已经中计。顿时一声暗号，只见村的东边，由洪秀全杀出，村的西边，由石达开杀出。那些官兵正合着一句老话，叫作三面受敌、围在核心的了。

当时幸亏那个田都司是个军功出身，曾经见过几仗的。白、马二人总算由他拼命保护，方始未曾当场受伤。可是手下的一班官兵，早已杀得七零八落，恨不得用手当脚，大家逃出重围。

白知府一见敌军方面，已有准备，只好慌忙下令道："快快退兵，快快退兵。"田都司听说，急急忙忙地仍旧保着白、马二人，直向铁岭方向退去。那时本已人困马乏，再加又是黑夜，官兵之中自相践踏而死的，不知其数。谁知好容易逃到铁岭之下，当时在白、马、田三个的心理，以为业已脱了险地，正想在此稍歇一下，再向后退的当口，陡然之间，只听得远远的几声炮响，跟着就见那座山坳之中，突然杀下一股敌兵。当头一员大将，还在喊着："莫放三个狗官。"

白知府和马知县两个一见此地又有埋伏，大家一急，还当了得。但是前面已无去路，后面似有追兵。又因白知府的官职较大，怕死的心理较浓，只好仰天大叫几声道："我命休矣，我命休矣。"同时一阵心酸，泪下如雨起来。

田都司瞧得难受，忙又极声大喊道："大人不必伤心，让我拼着这条性命，保你出险就是。"不料田都司的"是"字还没离口，谭绍洸又下一条紧急口令道："快快只捉三个狗官，不必多杀兵士。"

官兵一听此话，谁有心思再管主将？早已各顾各的性命，一齐从斜刺里的逃之夭夭去了。不到半刻，白、马、田三个顿时成了孤家寡人。自然不必再浪费笔墨，早被谭绍洸活捉过去。

谭绍洸一见目的已达，立即奏凯回村。着尚未走到村口，已见一片灯笼火把之中，洪秀全、石达开、黄文金三个含笑着迎接出来。一齐向他说道："谭大哥得了第一功。"

谭绍洸连忙下马，不及谦逊，一面简单地述了几句战况，一面同了大家走到黄文金的家中，跨进大门，就见大厅上面，早已设上一座公案，四个位子。知道大家连夜要审三个狗官，便在案左站定。

洪秀全、石达开、黄文金三个，便请谭绍洸一同坐，即由洪秀全首先拍着惊堂木道："快把三个狗官带上。"

当下自有一班团丁，即将白、马、田三个带至公案之前，喝令一齐跪下。此时又是白知府为首，马上噗的一声跪在地上。马知县也就跟着跪下。

独有那个田成勋田都司倒还有点骨子，非但不肯下跪，且在嘴上大骂道："老子是朝廷的四品将官，虽被你们这班叛贼用计擒下，要剐就剐，要杀就杀，老子可不跪你们这班叛贼。"

洪秀全不俟田都司说毕，反在和颜悦色地劝着他道："你是一位好汉，我已全行知道。况且你与我们都是黄帝子孙，何必这样去替胡奴尽忠。至于今晚这场厮杀，也是你们前来寻衅，我们自卫起见，不能不得罪你们的。"

洪秀全一直说到这里，又去对着跪在地上的白、马二人笑上一笑道："你们二位也请起来。我只逐胡奴，不与同种作对。"

白炳文一见洪秀全如此在说，暗暗叫声惭愧，赶忙一边爬了起来，一边答洪秀全道："下官直到此时，方知你们都是爱国之士。倘能放我生还，我一定前去禀知层宪，前来招安你们就是。"

石达开和黄文金二人接口道："招安大可不必。我们只望你们回去，能够代为表明我们兴汉灭胡的宗旨就好了。"

此时那个马兆周也已立起，他便说道："你们诸位但请放心。我们三个回去，一定传述你们的宗旨，要使大家明白此意。"

田成勋却在一旁大不为然，不过他的骂声，已在白马二人立起之际停下。

谭绍洸忙问洪、石、黄三个道："三位大哥，打算放走这三个狗官，兄弟却拿得稳他们三个，都是口是心非的东西，恐怕不可靠的呢。"

石达开点点头道："谭大哥料得甚是。不过我们初次接仗，便获全胜，放了他们回去，也给大家做个榜样。"

洪秀全听说，便令几个团丁带下三个，赏给酒饭，护送出村，让他们自去。

等得团丁带下三个，洪秀全即将谭绍洸的首功写在功劳簿上。正待再写石达开的功劳，早被石达开一把拉住道："大哥只写黄大哥的一个，兄弟不敢邀功。"洪秀全哪里肯听，即把石、黄二人的功劳一同写好，方才分别安寝。

第二天大早，洪秀全正在和石、黄、谭三个商量犒赏队伍之事，忽见一个团丁，已将萧朝贵、胡以晃两个导入。洪秀全忙问二人道："罗先生呢？"

胡以晃答道："已在村外扎下人马，兄弟先同着大哥进来，拟请大哥出去迎他一下，也是主人之礼。"

洪秀全连称："应得如此。"先将大家介绍见过，即同大家迎出村去。

原来罗大纲也是一条好汉。自从上人亡过，便喜结交江湖朋友。后来因为误伤人命，官府将他屈打成招，几乎送了性命，幸由一位名叫洪大全的结义弟兄替他设法，换了一个顶替的方法保得性命。既是不能出面，只好落草为寇。但是不劫平民，只与官府作对。各地保良攻匪会的首领知他被逼使然，并不前去攻他；且有几个首领，和他暗通声气。

他和胡以晃虽是泛常之交，可在背后常常称赞胡以晃是个汉子，所以此次胡以晃一去请他入伙，他便一口答应。只因路隔稍远，这回攻城劫狱之事反被石达开占了功去。正在过意不去、兼程赶路的时候，又被萧朝贵迎了上去，一同邀到此地。此时瞧见洪秀全同着大众弟兄亲自出迎，连忙向洪秀全道了迟误之歉。

洪秀全大笑着答道："罗大哥，兄弟久已知道你是一位惊天动地的好汉。我们以后不准再说客气话。"说着，又将石、谭、黄三个介绍见过，一同携手进村，走入黄家；犹未坐定，只见洪宣娇、萧三娘、洪仁发、韦昌辉、洪仁达、冯云山等人一齐拥将进来，秀全不禁大喜，忙又一一介绍见过，齝问各人所干之事。正是：

> 将星聚桂言方验，
> 革命图清事必行。

不知大家答出什么说话，且阅下文。

第九回　洪秀全金田起义　谭绍洸铁岭鏖兵　　63

第十回

乌兰三泰金蝉脱壳
张奋扬誓死效忠

冯云山本是洪秀全手下的一个得力之人。一见此处人才济济，秀全已做三军之主，知道革命事业大致有望。首先就向秀全唱上一个肥喏道："大哥一到此地，有这几位豪杰辅佐，第一次开仗即获全胜，真是可喜可贺。不过大哥既是放了三个狗官生还，无非要想他们传话给周抚台知道罢了。兄弟却能预料周抚台听了他们之话，一定要派大兵前来翻本。此地非是要冲，不足发展。最好是请大哥同了众位兄弟直取桂林，兄弟再同朝贵兄弟去和秀清计议，教他由全州杀进省去。这样一来，难道广西地方，还会属于胡奴不成？"秀全听说，连连地拍掌道："妙呀，妙呀，准定如此办法。"

洪仁发忽插口道："我听大家的口气，没有一个不重视姓杨的，我们要跟着云山兄弟前去瞧瞧，那个姓杨的究是什么角式。"

宣娇也来插嘴道："仁发哥哥只管去，千万不可鲁莽行事才好。"

仁发听了，大不为然地答着宣娇道："怎么叫作鲁莽，我想是一点不鲁莽。就像这回的事情，若是没有我去把那攻城之事对那死鬼婆娘说出，我们秀全哥哥还未必能够来此、会合英雄，打着这场胜仗呢？"

秀全不及来管这等斗嘴之事，单问宣娇几个，各处教民几时可以全到。

宣娇见问，便向身上摸出一个手折，递与秀全。秀全接去一看，只见手折上面写得清清楚楚，某处旧有教民，某日到此；某处新增教民，某日到此。秀全不待看完，便将手折递与石达开去看。因为罗大纲等个个都尊重石达开这人的。达开接至手中，便和绍洸、文金二人以及大家一同看毕，于是异口齐声地赞宣娇办事仔细，可做秀全的一臂之助。

石达开又单独对着冯云山、萧朝贵、洪仁发三个说道："我知秀清为人，确有一点本事。不过稍觉刚愎成性，是他之短。三位哥哥前去，须得因势利导。此时我们的基础尚未立定，倒要借重他的一点声势。"云山先答道："秀清为人，我也略知一二。石大哥说得极是。我们此去，一定遵命办理。"

黄文金忙又开出上等酒筵，既替新来诸人接风，又替冯云山、萧朝贵、洪仁发三个饯行。大家又谈论了一番军事，方才安寝。

第二天大早，秀全送走冯、萧、洪三个的当口，忽对云山一个人说道："云山兄弟，我与秀清究竟尚非深交，一切大事，全托你们几个人的身上的呢。"

云山听说，忙把他的前胸很快地一拍道："大哥放心，兄弟一定凭我一腔热血，向前做去。若是负了大哥，有死而已。"

秀全一听云山忽然说出一个"死"字，又见他的额上很有一层晦色，不知不觉地心里竟会一阵楚酸起来。刚待留下云山，另换一个人去的时候，又见一个飞探来报，说是省里的周抚台因据回去的三个哭诉，已令提督向荣统率大兵，要来踏平金田，秀全听说自然大吃一惊，只好先让云山同了萧朝贵、洪仁发而去再说。当下即与石达开商量对付之法。

石达开并不思索，马上答道："我们不必去管向荣不向荣之事，只顾仍照定议，杀上桂林再讲。"洪秀全因见石达开的答话，似有十分把握一般，便也不变计划，即请石达开统率五千人马，以谭绍洸、洪仁达为左右先锋，担任东路。自己也率五千人马，以罗大纲、韦昌辉为左右先锋，洪、萧两员女将为游击统带，担任西路。又请黄文金、胡以晃等人留在金田，一面筹划粮饷，一面编练到来的教民以作后备。秀全分派既定，便于第二天祭旗出发。

哪知四近的保良会因为平日相信秀全的教旨，又见所有的人才个个出众、人人有为，于是都来加入，情愿随同大军出发。秀全也令黄文金、胡以晃等人，全将前来投效的保良会，统统留下后备。

现在不讲洪秀全、石达开两路人马，浩浩荡荡地分头进发，先讲广西巡抚周天爵，自见白炳文、马兆周、田成勋三个大败回省之后，知道洪秀全用他教旨蛊惑人心,既敢放回三个敌军的官长,声势一定非小。连忙一面同了藩司劳崇光向两广总督徐广缙、广东抚台叶名琛那里告急,一面令提督向荣亲自率兵去剿洪军。

正在忙得不亦乐乎之际,忽闻广东副都统乌兰泰已在自告奋勇,愿入广西平匪之信,不禁大喜。便与藩司劳崇光商量道:"我闻乌副都统骁勇善战,手下旗兵又是见过阵的,他能来此协助,我们可以不用愁了。"

藩司劳崇光听说,连摇其头地说道:"回大帅的话,不是司里瞧不起这位乌副都统。他的军功虽从台湾一案得来,但是此人有勇无谋,且又不熟此地地理,实在不能倚恃。还是责成我们自己的向军门,好得多呢。"

周天爵一听劳藩台这般说法,忽又大为扫兴,反而更加弄得搔首摸臀,一无主张起来。

二人计议半天,还是劳崇光定了一个主意,对着周天爵说道:"乌副都统既已远道而来,断无令他折回之理,只好请大帅速办一个照会给他,教他无用率兵进省,多此周折,准定直赴永安驻扎,以压洪秀全之军。我们这里仍令向军门和张敬修总镇二人,去负军事之责。"

周天爵不待劳崇光说完,连说:"这样也好,这样也好。"周天爵说着即命劳崇光去和全省营务处王道台说知,即照这个计划办理。等得向提台接到公事,面子上自然照办,心中却在大不为然。忙将张敬修请至提署,大发牢骚地说道:"我们这位抚帅的确不懂军事。既令客军驻扎永安,又将军事之责放在你我二人头上。试问老兄,此事怎样办法?"

张敬修听了,也在大摇其首地答道:"军门此话一丝不错。敌人要想窥伺省垣,当然越不过那个永安地方。乌军既已挡在先头,我们便无用武之地。如果军事胜利,此功究是谁的呢?"

向提台闭目摇首道:"老兄此话,未免过虑了。只要乌军能够得利,这点功劳事小。我所怕的是,他的队伍不足以挡洪军,那就误了我们的大事了。"

张敬修道:"我同军门且往江口进发,只好见机行事再说。"

向提台听说,立即点齐人马,直向江口进发。谁知一到江口,就接探子报到,说是乌军已被匪方石达开的一支人马,杀得片甲不存。乌副都统且有阵亡之信。向、张二人一听此话,连说:"完了,完了。这样一来,愈长敌人之威。连我们的军心也被这厮摇动了。"向提台独又皱眉一会,即命探子再探,自己同着张敬修催动人马前进,还想去阻石达开的队伍。

原来乌兰泰自接周天爵令他驻扎永安的照会之后，因为急于邀功，便限队伍四天之内，须到江口，误限一小时即斩。他的队伍奉了主将军令，怎敢怠慢，果于四天之内到达目的地方。乌兰泰扎下营头，即令协领张奋扬亲去探明军情。及至张奋扬探了回报，乌兰泰始知洪秀全和石达开二人是分东西两路杀来的。他因曾在台湾见过几仗，倒也并不胆怯，单命张奋扬陈兵以待，不必迎攻。张奋扬奉了将令，自去日夜巡查，以防奸细前来窥探，以及黑夜偷营等事。

有一晚上，张奋扬正在巡查的当口，忽见探子来报，说是广西的向提台和张总兵各率提标人马三千，已经屯在江口后方。张奋扬据报，即去面禀乌兰泰知道。

乌兰泰听说，不觉咦了一声道："他们来此作甚？难道还不放心我们不成。"

张奋扬接口道："这也是周抚台的小心之处。大人不必去怪他们，只要沐恩打了胜仗，不见得他们好分咱们的功劳的。"

乌兰泰听说，方才不提此话，单问张奋扬道："照行军老例，敌人未得城池之先，无不利在速战。怎么洪石两军偏在五十里之外扎了下来？既不进攻，又不退去，究在干些什么玩意儿呀？"张奋扬想上一想，方才答道："咱们后方，现有向提台的队伍扎在那儿，此地又没路径让敌军可以抄袭咱们的后方。不过大人有令在先，不准沐恩前去进攻。沐恩正要请示，究竟怎样办法？"

乌兰泰听了，侧首一想道："咱们的队伍，都是久经战阵的。不论敌军有无什么诡计，咱们都不怕。你方才说，敌军没有地方可以绕到咱们的后方，这话原也不错，可是咱们探出一条小路，可以直抄敌军的后方。"

乌兰泰说到此处，便把他那马褂的右角搴起一看，只见表上的长针已经走在四点钟上。他忙一面放下右角，一面即吩咐张奋扬道："你快下去，部署人马，等到二更时分，随咱直趋斜谷，绕到敌军的后方，杀他一个不备瞧瞧。"

张奋扬微蹙其眉地答道："大人所说的斜谷，却在敌人的西边，离开他们大营，不到十里。敌军大队到此，断无不找向导之理。沐恩料定敌人必派重兵守在斜谷。"

乌兰泰听说，顿时大睁其眼，跟着微微一笑道："你莫急，咱自然先令队伍前去假攻正面。敌军一见咱们已攻正面，对于那条小路便不注意了。"张奋扬连说："大人妙计，大人妙计。沐恩只知其一，不知其二。沐恩下去就去办理。"

乌兰泰等得张奋扬下去之后，又令一个平时养在他身边和他一样相貌的家人乌桂，穿了他的衣服，同着另外一个名叫陈国栋的参领，率了大队直攻洪军正面。乌桂豢养多年，怎敢反对，自然依计办理。乌兰泰即于二更时分，同着张奋扬直趋斜谷。

张奋扬走在先头，尚未走近斜谷，已据探子来报，说是前面有重兵把守，统兵将官还是两个女的。张奋扬一听这个信息，马上差了一个心腹旗牌，飞马报知后面主将，及得回报，仍旧命他尽力进攻，不得违命。

张奋扬便命兵丁抬出他那大刀，跳上战马，率领队伍，一脚奔至敌军阵前挑战。那里的守将果是洪宣娇、萧三娘两个，一见官兵忽于黑夜杀至，已被石达开料中。二人相视一笑，立即各携军器，飞马出营。及见来将手持大刀，吼声如雷，俨似一位天神模样，倒也不敢怠慢。一连战上二三十个回合，萧三娘因见不是蛮战可胜，便将双剑一架，跳出圈子，佯败下去。宣娇看得真切，知道三娘已在用那诱敌深入之计，自己也就故意落荒而走，让出路来，好让敌将追赶三娘。哪知那个张奋扬却不追赶三娘，偏偏追赶宣娇，害得三娘空用此计，只好仍旧掉转马头，再和敌将厮杀。那时宣娇这人，也由旁路绕到敌将后面，前后一阵夹攻，张奋扬方始有些不能支持起来；但是这样地又战上半天。

宣娇、三娘二人因见不能立时取胜，正在一边厮杀，一边再想别计的当口，忽见斜刺里杀出一彪人马，为首一员大将正是石达开。不觉大喜地高喊道："石大哥来得正好，快快前来帮着我们活捉这厮。"

石达开听喊，顿时冲至张奋扬的跟前，举起长矛就刺。张奋扬虽然骁勇，可是以一敌三，自然渐渐地败了下去。宣娇、三娘、达开三个如何肯放，拼命就追。张奋扬生怕被人活擒了去，急向乌兰泰的后方逃去。不防他虽逃得很快，后面一男二女追得比他更快。

张奋扬刚到乌兰泰的所部前头，竟被宣娇头一个追着，顿时一马冲到跟前，轻舒粉臂，已把张奋扬这人活擒过去。三娘、达开二人一见宣娇业已生擒败将，各自大吼一声，奋勇地杀入乌兰泰的军中。官兵不能抵敌，立时就像潮退般地溃散起来。三娘眼睛最尖，就在此时瞥见一个大官装束的人物，正想乘乱逃走。她忙一马跃到此人身边，也是轻舒玉腕地把此人擒到手中。

石达开瞧见两名女将已经得手，连忙一面竖起招降之旗，一面高声喊道："尔等的主将已被我们捉住，你们大家听着，投降者生，逃走者死。"石达开只不过喊上两遍，所有未及逃散的官兵个个都称愿降。

石达开还在安排降兵，宣娇和三娘两个早将乌、张二人解到大营，听候洪秀全发落。秀全命将乌、张二人带上审问。只见一旁闪出一个偏将，走近乌兰泰的面前，定睛一看，忽然大喝一声："你是何人，竟敢冒充你们主将。"

三娘等不得那个假乌兰泰接口，她忙奔了上去，提起一只天足对着那人恨命地一踢道："狗鸡巴造的。你这小子，竟敢前来戏弄老娘。"

她的"娘"字刚刚出口，就用手上宝剑，要想去杀那个人。那人连连喊道："我是乌桂，那件事情乃是我们长官吩咐我冒充的，不关我的事。"

此时张敬修虽然被绑在旁，眼睛仍能看人，嘴巴也能说话。一听大家在说乌兰泰是假的，他才抬头一看，果见并非是乌兰泰，却是那个家人乌桂。不觉气得将头连摇几摇道："好个二品大员，对于我这些亲信将官都来用诈，这场战争，焉得不败？"

洪秀全坐在上面，看见这人似有悔意，便问他叫什么名字。张奋扬朗声答道："我乃现在协领张奋扬的便是。"洪秀全又问道："你既受了你们主将之骗，何不归顺我们，共逐胡奴。既救黄帝子孙，又好出你之气，何乐不为？你须想明白。"

张奋扬又朗声道："此话慢讲，我要先问一声，今天晚上，你们正面可有战事？"洪秀全微笑着答道："确有战事，可惜未曾将那真的乌兰泰擒来，否则大好让你质问他一场。"

张奋扬听说便吁上一口气道："姓乌的虽用诈术欺我，可是朝廷将我升至今职总算有恩，我既食君之禄，不能忘君之事，快快把我砍了，不必多讲。"张奋扬一边正颜厉色地说，一边早已伸长颈项，等候杀他。洪秀全还待再劝，宣娇上前道："此人既是心向满廷，即使勉强归顺，哪肯替我们出力？不如砍了，成全他一个忠名吧。"

洪秀全听说，方才点首应允。宣娇便令刀斧手将张奋扬推出斩首报来，等得献上首级，洪秀全吩咐挂出号令。

此时那个乌桂，却来哀求道："我是一个小小家人，并不敢来和你们争这天下。此番命我假装，也是主将之令，千万饶我一命，公侯万代。"

洪秀全大怒道："你这小子，如此贪生怕死，要你活着何用？你们快快把乌桂斩了。"

正在写上宣娇、三娘二人之功的当口，石达开业已回来缴令。秀全忙将假乌兰泰之事，告知石达开听了。石达开听毕恨恨地说道："胡奴多诈，于此可见一斑。以后大家倒要留意一二才好。"

洪秀全以及大众听了石达开之言，都说应该留意，莫要再上此当。

第十回　乌兰泰金蝉脱壳　张奋扬誓死效忠　..69

石达开又说道："我们队伍，自从分作东西两路来此，初意还以为官兵多么厉害，因此分头进兵，以防一方有阻便可救援。谁知官兵的暮气已深，委实不足一击，现在既已全在一起，以后可以无须分开的了。不过乌兰泰能用诡谋，他又是曾经打过台湾的，非得先将此人除去，然后再与那个向荣交锋，便利得多。"韦昌辉挺身而出地说道："乌兰泰这支人马，大哥只要付我一千队伍，我若不能斩了他的首级，情愿提头来见。"

洪秀全知道韦昌辉很是英武，又是自己老弟兄，当下即付一千队伍，问他可要他人帮助。韦昌辉连连摇手道："不必不必，倘若一个人出去打仗，都要帮手，我们军中，哪有这许多人数？"

洪秀全、石达开二人听说，一同赞许，即令韦昌辉从速出发，韦昌辉因见天已大亮，头也不回地率兵而去。石达开一等韦昌辉走后，便向洪秀全献策道："此次战事，周天爵若命向荣直趋金田，扰我后方，却是一个致命之伤。今彼等不用此计，单命一个客军，陈兵此地，而且放弃永安不顾，真正失策。此乃我们天父暗中相助。依我之意，昌辉兄弟此去，可以力制乌军而有余，我们何不就此暗袭永安，自可唾手而得。"

洪秀全不待石达开言毕，连忙下座，向石达开深深一揖道："此计固妙，然非老弟亲自一行不可。"

石达开点头应允道："只要大哥不弃兄弟，敢不遵命。"正是：

安排陷阱擒奇兽，
制造机关捉毒龙。

不知石达开此去能否得手，且阅下文。

第十一回 云山尽节全州道 达开求贤新旺村

洪秀全久蓄大志，平时在传教的时候，他已暗中研究兵法，再加能有笼络人心的手段，所以凡是他的手下弟兄，无不诚心悦服，个个肯替他去出死力。这天秀全打发韦昌辉和石达开两路人马，次第去后，便将众位弟兄请出道："韦石二位贤弟，他们都已巴巴结结地替我办理大事去了。我在此地安守营基，心下很是过意不去，如何是好？"

罗大纲首先对着秀全说道："兄弟蒙大哥的错爱，特命云山大哥前去再三招致兄弟。兄弟自从来到大哥手下，毫没尺寸之功，现在乌军的粮道所在，兄弟业经探得，兄弟打算趁他新败、军心涣散之际，出其不意，前去劫他一些粮草。不知大哥以为怎样？"

秀全听说大喜道："大纲兄弟，你本是一位大将之才，我所以不肯轻易用你，留作将来独当一面之需。此刻你既愿去劫粮，粮草之事，原为军中命脉，我也不好阻止。但是话虽如此，你得速去速回，免我惦记。"

罗大纲瞧见秀全如此重视于他，当场客气几句，早已欣欣然地率了本部人马，出营去了。

秀全这里一连几天，各处都没什么喜信报到，正在十分盼望的当口，突见萧朝贵单身一个人，满身重孝地哭奔进来。秀全一见这种情形，不禁大吃一惊，慌忙迎了上去，急问什么事故，又戴谁人孝服。朝贵不待秀全问完，一把紧握秀全的双手，更加跺脚狂哭起来。

宣娇快步上前，先将朝贵的双手推开，跟着问道："你可是由平隘山来此，莫非那里有了什么变故不成？"朝贵见问，方始一边拭泪，一边伤感地说道："云山大哥已经阵亡。"

秀全急问："此话可真？"朝贵大声答道："此事怎好有假？"

秀全一听这个恶信，顿时大叫一声道："天亡我也。"不料尚未出声，随即砰的一跤，跌倒在地，晕了过去。众弟兄见了，大家手忙脚乱地先将秀全救醒。方始一齐掩面而泣，都在悲痛云山。宣娇、三娘两个不好再哭，只得一个去替秀全拍背，一个去替朝贵抹脸。

闹了一会，朝贵方对秀全以及大众详详细细地说出道："我自同仁发哥哥跟了云山大哥去到平隘山之后，秀清大哥一见我等三人，疾疾约至内室，紧皱双眉地对着我们说道：'你们三位，来得最好没有。此地的新任县官接印之后，已经疑心我与秀全大哥两个暗通声气，谋为不轨。哪知我手下的四个哨官都是武艺有余、涵养不足的人物，一见官府疑心我们，大家便一齐跳了起来，立即就要攻入县城。我因除了日纲兄弟回来时候，说过秀全大哥已同众位弟兄前住金田几句说话外，其余毫没一丝消息，故此不敢轻动。"宣娇、三娘两个忙不迭地插嘴问道："到底是哪几个哨官，这般没有涵养，几乎闯祸。"

朝贵道："一个就是秦日纲，一个叫作李开芳，还有兄弟两个，一名林凤翱，一名林凤翔。"秀全对着宣娇、三娘两个挥手道："你们且莫打岔，快快让他讲了下去再说。"

朝贵听说，又接续说道："当时云山大哥便把去的意思，完全告知秀清大哥。秀清大哥听了，方才胆大起来，便和我们三个商酌，究竟先攻何处为是。又是云山大哥教他直攻全州，就好依照东平大哥的主张，再进湖南。秀清大哥听说，马上一口答应。于是点齐人马，就向全州进发。临起身的时候，邻近各处的保良会，都说满洲官府虐待民众，情愿投效。秀清大哥也不拒绝，这样一来，凭空又添三五千人，合计固有的总数，将近有二万人了。说到云山大哥，真是一位天才，可惜为国捐躯，我们弟兄从此少了一座泰山之靠了呢！"

大众正在听得要紧关头，忽见朝贵夹着几句慨叹的闲文，方想催促再往下说的当口，宣娇更比众人性急，忙去阻住朝贵道："你还是快讲正文。至于云山大哥，既已人死不能复生，将来只有替他报仇雪恨了。"

朝贵听他妻子催促，方又接说道："当时云山大哥，只教我们和秀清大哥率众先行，他要留下干桩公事。秀清大哥问他什么公事，不见得还比大军出发的事情要紧。云山大哥单单说了一句，往后自知。说完这句，只催我们先行。秀清大哥没有法子，只得率了大军先走。哪知没有两天，云山大哥已经追了上来。秀清大哥问他，究竟在干什么事情。云山大哥方才和大众说道：'我所干的事情乃是学着张子房火烧栈道的故智，业将平隘山的一带房屋统统烧去，以绝众兵士的归心。'当时秀清大哥听了他的说话，说此计好是好的，不过将来这班兵士，知道房屋是我们烧的，岂不因此而生怨心，反而阻碍大事。云山大哥听说，又和大众轻轻说道：'此着我早已经防到。我们且上前走，再过几天，不待兵士们知道，索性由我们告知他们，放火烧屋之事，统统推在官府头上。如此一来，兵士们都去怨恨官府，岂不是格外替我们出力了么？'大众一听此言，个个拍手称赞。

"等得走未数天，云山大哥果去对着众兵士们愤愤地说道：'我有一个恶消息报知诸君。诸君听了，可是不必生气。'众兵士们听得云山大哥说得如此郑重，一齐摩拳擦掌地问道：'可是官兵前来剿办我们了么？'云山大哥又说道：'官军前来剿办我们，乃是奉上差遣，还在情理之中，我此刻报告的是，他们一等我们离开平隘山后，立即去把诸君的房屋烧个干干净净。'众兵士们不等云山大哥说完，个个咬牙切齿地大喊道：'满洲官府，如此残忍，我们大家若不一心一意地杀尽胡奴，誓不为人。'云山大哥一见众兵士在恨官府，他又忙去劝慰大众，说是诸君能够如此记仇，若能杀走胡奴，我当设法，各给造屋之费若干，一个不少。众兵士们听了此言，更加欢声雷动。

"云山大哥与秀清大哥二人一见军心可用，并不去攻桂平县城池，一直就向恭城杀去。及至杀到恭城，几个老弱残兵何济于事？一座恭城县城，不费吹灰之力，已被我们占了下来。那时周抚台天爵，业已接到桂平县的飞报，知道反了团练，再加添上各地的保良会，声势不小，正在吓得无兵可派的当口，第二次又接到恭城县失守文书，只好飞檄驻扎此地江口的那个向提台，命他亲率大兵去救恭城。当时秀清大哥一听向提台亲自去敌我们的消息，不禁担忧起来，赶忙去和云山大哥商酌，打算放弃恭城。云山大哥听说，反而大乐特乐。秀清大哥不解云山大哥之意，忙又问道：'向荣乃是一员老将，无人不知他的战术。他既亲自前来，只有可忧，何故反乐？'云山大哥听说，复又大笑道：'秀全大哥,此次出兵,虽有石、谭、罗、韦诸位弟兄帮助,到底要算孤军深入,自然很是危险。现在我们此地,能放向荣亲自前来,秀全大哥那里便少一个劲敌。这种调虎离山的好事情,我们正在求之不得,试问如何不乐?"

朝贵说到此地,还待再说。忽见秀全,陡把他的一双手紧紧地握住,两只眼眶之中的眼泪,真比潮水泛滥时候还要厉害一些。一边淌着泪珠,一边哀声地说道:"朝贵兄弟,我方才听了你一直说到此地,只觉你们那位云山大哥,才长心细,有守有为,这不过对于国家大事,能够忠心罢了。此时一听你说云山大哥对于为兄如此关切、如此注重,这般的好弟兄,真正胜过同胞万倍。就是当年的那位关夫子,他老人家对于刘玄德,也不过如此。这般一位可敬可感的好弟兄,一旦先我而去,教我怎不伤心?"秀全真的说了又哭,哭了又说,引得大众都又伤心起来。

还是他的宣娇妹子前去劝着他道:"哥哥你方才不是教我不打岔的么?此刻何故你自己也来打岔了呢?快莫伤心,且听他讲完再说。"秀全听说,一边拭着眼泪,一边指指朝贵道:"你……你……你……就说下去吧。"

朝贵正待再说,宣娇眼见三娘筛上一杯热茶,给与秀全解渴,她也忙去筛上一杯,微红其脸地递给朝贵手上道:"你也说得口干了,快喝一杯热水吧。"

朝贵接到手中,一口喝干,递还宣娇道:"我真讲得口干了,最好再给我一杯。"宣娇一边接了杯子,一边微瞪了朝贵一眼道:"你这个人呀,不能给你面子的,吃了还要讨添,现在没得喝了,等你说完,才给你喝。"

朝贵便不再讨,仍又接着说道:"当时秀清大哥,自然十分佩服。云山大哥即命林凤翱、林凤翔兄弟二人,作为先锋,直取灌阳、兴安一带。又命我和仁发哥哥,作为游击之队。他和秀清大哥,率着李开芳、秦日纲二人,作为后援队伍。哪知一连又占了灌阳、兴安,正拟直取全州的时候,向荣的大军已经迎头直扑来了。向荣本是一位名将,他的军中竟有一队洋枪队,有人说是教堂里借来的,有人说是他自己花钱向外军买来的。这队洋枪队,委实教人无可奈何。岂知我们那位最亲最爱的云山大哥,竟丧在这个无情弹子之下。哀哉痛哉。"

朝贵说到此地,又和秀全二人对哭起来,大众自然帮同流泪。仍是宣娇、三娘二人劝着大众。

朝贵方始又说下去道:"那时云山大哥,他明知道弹子厉害,他因要作表率,所以每每身先士卒,去冲头阵。有一天,又和向军大战,云山大哥正在得手之际,忽见仁发哥哥已被一个名叫张必禄的记名提督生擒过去。云山大哥连忙奋不顾身，上前抢了回来。当时抢虽抢了回来，不幸忽被一粒弹子打入前胸。云山大哥还怕因此淆惑军心，当下带着疼痛，仍和向军厮杀。那时林凤翱、林凤翔二人，正在前军得手，并未知云山大哥受伤之事，所以向军支持不住，只好大败而去。云山大哥直到营中，方将胸前的弹伤指给我和秀清大哥两个去看。秀清大哥因见云山大哥似有性命之虞，打算退兵回到恭城。又是云山大哥指天誓日，不许为他一人退兵，误了军情大事。我也劝着秀清大哥依了云山大哥之言，使他安心将养，秀清大哥方始强勉应允。谁知云山大哥就在当天晚上，呼吸顿促，自知无望，临终之际，单和我与林凤翔两个私下说道：'秀全大哥，只要事事依着东平大哥的主张做去，满洲皇帝不难逐走。但是一有功劳，不可封王。一得天下，不可为帝。'云山大哥说到此处，已经不能再说，等得将要断气的当口，忽又睁目单对我一个人说道：'将来误事之人，必是秀清。朝贵兄弟如果有心永远跟随秀全大哥，此语需要替我转达，我才瞑目。'云山大哥说完这句，呕血数升而亡。"

朝贵的一个"亡"字刚刚出口。宣娇第一个又嘤嘤地哭了起来。秀全等人，当然哭得不亦乐乎。大家哭了一阵。朝贵又愤愤地说道："云山大哥死的第二天，我便亲去细细打听，方才知道那粒弹子，就是那个什么记名提督张必禄打的。我便从此盯着那厮厮杀，直到三天之后，那厮方才被我生擒过来，报了大仇。现在秀清大哥怕要入全州的了。我的戴孝，也为这个。"

宣娇此时本来还在哭泣，一听这句方始破涕为笑起来，不禁赞上朝贵一句道："这还罢了。你竟能够替我云山大哥报仇雪恨，为妻第一个感激你的。"宣娇说到此地，夹忙中又去筛了一杯热茶，递与朝贵。

朝贵忙把手一挡道："此刻我可不要喝茶，非有几杯胡奴之血，不能解我之渴。"宣娇随手把茶喝毕，放下杯子，忙去和朝贵挨排坐下，就将大家和朝贵两个别后之事，从头至尾、一句不漏地讲给朝贵听了。

朝贵一等宣娇说完，急向秀全说道："大哥，令妹既说昌辉、运开、大纲三位哥哥去了几天，都没有信息回来。兄弟有些放心不下，快请大家给我一千人马，让我前去接应他们几个。"宣娇接口对着秀全道："大哥倘若给他人马，我可不甚放心他一个人前去。他往后每次出仗，我也得每次同去。"

秀全听他妹子这般说法，不禁笑上一笑道："你们两个，自此以后能够同心，一齐出去打仗，为兄岂不欢喜。不过今天朝贵兄弟可也讲得太乏力了，你可将他劝住，由为兄另外派人前去接应他们三个就是。"

宣娇不及答话，忽见几个探子接二连三地来报喜信：第一个报的是韦昌辉今晨杀入乌军大营，手刃乌兰泰和参领陈国栋、都司陈国恩三个。现正追杀乌营兵士。第二个报的是罗大纲昨夜将乌军的粮草统统劫来，现正督率兵士搬入大营。第三个报的是石达开昨午业已占领永安城池，并把总兵张敬修杀退。秀全等人听了这三个大好消息，怎不欢喜。当下重赏报子之后，秀全又问朝贵道："达开大哥既得永安，昌辉兄弟又将乌军杀溃，为兄这里已经没甚危险。老弟是就在此地帮助为兄呢，还是仍须赶回秀清大哥那边？"

朝贵接口道："云山大哥，既有请大哥留心秀清的遗嘱，兄弟还是回他那里为妙。"宣娇忙又接口道："为妻须得一同前往，方始放心。"

秀全听说，踌躇半晌道："云山大哥既是对于秀清大哥有些不满，或是各人的政见不同，也未可知。你们二人，且俟他们三个回来之后，商量再走不晚。"

朝贵听了，也不反对，于是先和众弟兄叙叙手足之情，继与宣娇、三娘二人，叙叙夫妇、兄妹之乐。

又过两天，罗大纲和韦昌辉两个先后回营缴令，秀全分别记过二人的大功。忙把云山亡过之事，说知二人听了，二人不等秀全讲完，也都一同痛哭起来，大众劝上一番。秀全即命开出酒筵，酒筵之上，朝贵又对罗、韦二人提起云山的遗嘱，罗大纲听了倒还平平，独有韦昌辉听了大不为然，正拟上个条陈，要请秀全断绝秀清。

忽见石达开一个人飞马入营，走将进来，即与秀全道喜。秀全慌忙一面慰劳，一面便请石达开一同入席。石达开甫经坐下，陡见萧朝贵全身素服，忙问朝贵没了何人。朝贵又将云山亡过之事，再述一遍。石达开整整完完地听毕，方才微喟其气地说道："云山大哥为国捐躯，当然使人十二万分可敬可感，不过临终之言，或为乱命，也难说的。即使被他料中，此刻乃是用人之际，基础尚未立定，哪能管到将来的事情。"

石达开说到此地，又对朝贵道："朝贵大哥，我劝你还是马上回到秀清大哥那边为要，也好做他一个大大的帮手。"

秀全接口对着石达开道："连我妹子也想同去，我正等你前来斟酌。"

石达开听说，连说"快去快去，越早越妙"，说着，又对朝贵、宣娇二人说道："我们已占永安，沿途既少阻隔，通信也极便当，以我之意，秀清那边，更比此地重要。"

宣娇目视朝贵道："达开大哥，他的识见还在云山大哥之上，既是如此说法，我们说走就走，不必牵延。"石达开听了，忙将他的大拇指一竖道："宣娇妹子，真正可称一位巾帼英雄。"

秀全一等席散，即令朝贵夫妇二人就此起程，石达开送走朝贵夫妇，始和秀全促膝谈心道："此地三路人马：第一路是乌兰泰，已被昌辉将他消灭。第二路是张敬修，也被兄弟杀退。第三路是向荣，既与秀清大哥前去开仗，倒是一个劲敌。大哥赶紧率队同我进驻永安，再由兄弟设法前去帮助秀清大哥。"

秀全听毕，自然一口应许。及至到了永安，秀全因为思念云山，竟至咄咄书空起来。石达开忙又细细劝解一番。秀全垂泪答道："达开贤弟，你是一位人才，也该知道云山大哥一死，明明天在亡我。"石达开忽然连摇其头道："这倒不然。常言说得好：十室之邑，必有忠信；十步之内，必有芳草。兄弟有个故人，名叫李秀成，现住此地藤县新旺村中，他的本事确在兄弟与云山大哥两个之上，大哥莫忧，兄弟即刻起身，前去邀他来抵云山大哥之缺，何如？"

秀全听说大喜，催着石达开立刻起身。正是：

    当年三顾茅庐后，
    此日单骑土屋中。

不知石达开去找李秀成，究竟如愿与否，且阅下文。

第十一回　云山尽节全州道　达开求贤新旺村　‥77

第十二回

秀成辅佐遭冷遇
钱江献策振军心

石达开既是答应了洪秀全，自去请他故人李秀成出山，一同办理逐胡大事。他就一个人骑了一匹快马，来至藤县所辖的那座新旺村中。及至走到李秀成的门口一瞧，忽见双扉紧闭，只有一把铁将军自在那儿守门。又因四面没有邻居，无处问信，倒把一位杀人不眨眼的大魔王弄得骑在马上，左右为难起来。幸而瞧见李秀成的大门前面，几树杨柳，随风飘荡；一曲清溪，流水淙淙，树下一块青光大石，亮得可以照人。石达开不禁大赞一声道："好个世外桃源！此人住在这里，虽是几生修得，偏偏遇见我这个姓石的，平生好动不好静，非得把他拖到尘世，一同做番空前绝后的大事业，不让他享这个清福，又把我怎样呢？"

石达开说到此处，他就跳下马来，将马系在柳树之上，自去坐在那块大石上面，预备有人走过，好问信。坐了一会，并未有人走过，仅不过一阵阵的清风拂面，便觉肺腑为之一爽。忽然自己失笑起来道："此地真是仙境。就是坐视几天几夜，我也并不厌烦。"

石达开一个人自问自答，正在玩赏风景的当口，忽闻远远地似有了说话之声，赶忙用手覆在额上，做了天篷架子，睁眼细望。又见说话之人，手挽手地也向李秀成的门前走来。石达开不觉"哦"了一声道："原来这两个汉子，也来找寻秀成的，且等他们一霎，看是怎样，再问他们不迟。"

谁知石达开的念头犹未转完，那两个汉子已向他的面前走来。又见内中一个个子更加高大的，一见了他，慌忙抢上几步，朝他恭恭敬敬地一揖道："尊驾不是前几天，用那声东击西之法，占领永安城池的那位石达开石志士么？莫非也来探望此地这位李秀成的么？"

石达开一见这个大汉居然说得出他的来历，不觉有些奇怪起来，也忙答上一揖道："兄弟正是石某，不知吾兄何以认识我的？"

那个大汉不及答话，急去对他那个朋友说道："玉成贤弟，这位就是和我们秀全舍弟共事的那位石达开石大哥。你快快先来见过，我们然后再谈。"

此时石达开已知这个大汉就是洪秀全的堂兄大全。又曾听见罗大纲常在说起，自被大全相救之后，彼此一别数年，无从答报他的大恩等说话。当下不等那个汉子前去和他见礼的当口，反先去朝那个汉子连拱手地问道："这位贵姓？"

那个汉子连忙答礼奉还，口称"不敢"道："兄弟姓陈名叫玉成。"

石达开听了失惊道："陈大哥，你不是江湖上人称'四眼狗'的那位陈英雄么？"洪大全忙代答道："陈大哥的这个绰号，虽然有些不雅，但是两广一带，以及湖南、江西等地方，不认识陈玉成的人们倒有，不知道'四眼狗'的人们，可说没有。"

石达开听说，又连忙向陈玉成大拱其手道："幸会幸会，我们快快坐下再谈。"陈玉成便和洪大全同在石上坐下。

大全又问石达开可是来找李秀成的。又说他和陈玉成两个，久闻秀成是位天生豪杰，昨天来此约他一同去见秀全。李秀成起初不肯应，后来他们再三相恳，秀成推却不过，方允今天再来同走，不料此时把门锁上，竟是有心躲避。要请石达开想个法子，必定要使秀成前去辅佐秀全才好。

石达开听到此地，含笑答道："兄弟此次本是前来邀请我们秀成的。二位莫急，兄弟总有法子教他跟了我们同走，不过大全大哥，这向又在何处？非但秀全令弟十分惦记老哥，连那罗大纲大哥，无日不在提起没有报恩为念。"

洪大全听了十分惊喜道："怎么，大纲兄弟，也和我们秀全舍弟一起么？"

石达开因听大全口气，似乎尚未深知秀全那里的内容，便简单地说了几句去给他听。

洪大全不待石达开说完，愈加大乐起来道："秀全舍弟有此一日，都是石大哥和众位弟兄相助之力。兄弟是前几年因为救了大纲兄弟之后，官府出了赏格拿我甚急,我只好东躲西藏地混了几年。直到上个月,无意之中,碰见我们这位陈大哥,方才知道秀全舍弟的近来之事。但是陈大哥也不是十分详细。依我当时之意,就要约了陈大哥同到秀全舍弟那儿去的,嗣因陈大哥说出此地的这位秀成先生,是位天上难寻、地下少有的人物,兄弟所以和他来此相访。不料这位秀成先生,真正是位隐士,更比从前的那位诸葛武侯还要高韬。这桩事情,只有完全拜托石大哥一个的了。"

石达开连连点头道:"这样说来,洪大哥和陈大哥二位,对于我们秀成,还是初交。"陈玉成接口道:"石大哥,我们三个,今天定得守着秀成先生回家,方才甘休。此刻时候还早,可否把这位秀成先生的历史,讲些给我们听听呢?"

石达开听说,一边点头,一边就接着说道:"秀成和我本是同学。我们这位去世的老世伯,名叫世高。他家本是书香人家,自从生下秀成,家境已渐中落。秀成的原名,本叫守成,他在八九岁的当口,就不喜欢研究举业,除了治国安邦之书,不轻寓目。我们那位世高老世伯,因他有子若此,倒也异常高兴。一天秀成忽去请问他的老父,说是守成二字,乃是一个庸碌的子孙名字;只要为人谨慎三分,便可名副其实。人生在世,总要做些创业之事,方才不愧天生斯人。我们那位世高老世伯,便把他改为现在的名字。秀成到了二十开外,一切举动,完全是位武侯模样。前督林则徐制军,曾闻其名,专人走聘,他还嫌他手下,不足展他平生抱负,也和今天一般,避而之他。今年才只二十有八,真正可称一位少年英雄。"

大全、玉成二人一直听到此地,正待再问,偶然抬头,忽被夕阳的光线照入眼帘,始觉时已不早,不便再谈闲话,忙问石达开道:"天已将暝,难道我们就在此地露宿不成?"石达开点点头道:"若不露宿,焉得捉此一条活龙。可惜此村没有饭馆,倒是一桩难事。"

陈玉成忙在身边摸出几个面食,递与石达开道:"兄弟带有几个饽饽,不知石大哥可能将就充饥?此地确没餐馆。"

石达开笑着接食道:"军营之中,没有水喝,也是常事,有此便好。"

石达开一连吃了几个饽饽之后,就到溪边喝了几口凉水,仍旧坐在石上,一手拍着肚皮大笑道:"既已吃饱,今宵可以露宿矣。"

此时洪大全也将他身上的饽饽取出,分与玉成同吃。吃完之后,大家又谈了半天。三个人看它夕阳慢慢地西下,看它皓月慢慢地东升。石达开一任它夜色弥漫,仍旧谈他闲天。一直到了月挂中天,方才丢开闲文,对着洪、陈二人说道："秀成锁门而去，我起初时候，当然不知道他往何处。及听二位说起，我才料定他走不甚远，一定避在左近地段待到半夜，以为你们二位决不露宿等他，更不知道我这故人也来找他，他必回到家中宿歇。我就想出一个法子，定要夜深方办。"陈、洪二人自然大喜，忙问什么法子。

石达开笑上一笑道："从前刘备带了关、张二人去访诸葛武侯。张飞因见武侯躲着不肯出见，便对刘备说，不如用火烧了这茅山道士的房子，不怕他不逃出来相见，当时刘备虽然没有肯用此法，我今晚上，可要用此法了。"

石达开一边说着，一边就请洪、陈二人，用上几把稻草堆在秀成的后门，真个烧了起来。秀成的四近本没邻居，试问谁来救火。不到半刻，只见那座土屋，早已烈烈烘烘的，烧得映着一天都红起来。

不料就在此时，陡见远远地奔来一人，口中大骂着："昨天两恶鬼真正害人。"石达开等三个一见来的正是秀成，立刻一齐上前，去将秀成这人团团围住。秀成瞧见有人围他，当初还当强盗，及至仔细一瞧，非但就是那两个恶鬼，而且还多出一位故人石达开来。当下才知此火，就是他们三个宝货有意放的。不禁先对石达开恨恨地发话道："天下断无一面奔来求贤，一面又在放火之理。那位满洲皇帝，遇见你这些革命种子，真正也是他的晦气。"秀成说到这句，又朝三个将手一挥道："还不替我快快救熄了火再说。"

洪、陈二人自然一面忙着赔礼，一面忙着救火。石达开连火也不肯帮同伴去救，单把秀成这人一把拖到那块大石之上，一同坐下，微笑着道："你莫担忧，烧了你的银的，赔还你的金的就是。人家有心前来请你，谁教你耷这种臭架子的呢？"秀成听了，连摇其首，一句没说。

此时洪、陈二人业已将火救熄。秀成奔去一看，幸亏还只烧去几间小屋。当下也微微一笑，邀着石、洪、陈三个一同进屋，分开宾主坐下。先问石达开道："达开大哥，我曾经听人说起，你已遇着明主，很有权力。此刻半夜三更，来此何为？"

石达开应声道："你已知道我们来此求贤，何必多问。"

秀成听说道："你们那位秀全先生现方有病，我兄怎好走开？"

石达开听了这句，不觉一愣道："秀全并没病症，贤弟何出此言？"

秀成又说道："一个人要想苟安，便是终身大病。若为救国救民，尤加不可。秀全先生起初时候，在那桂平，借了传教为名，撺掇杨秀清去办团练，明明想以杨氏前去挫动官兵，他便乘机去取桂林省垣，以图苟安。此乃养痈之病也。等得清兵三路齐至，幸有众英雄为其出了死力，方免于危，此乃将变未变之病症也。现在得了永安，只让杨氏一只肥羊去与向荣那只饿虎搏击，危险岂不很大？若要医他之病，唯有趁那清廷未及预备之际，出其不意，一脚杀入湖南，越岳州、占武汉、直取金陵，方为上策。"

石达开听到此地，不禁五体投地地佩服道："对症下药，方是良医。贤弟之言是也。快快跟了我们三个去见秀全大哥，以成兴王之策。"

秀成连连摇手道："此刻尚非其时。就是去献兴王之策，也不信用。"

洪、陈二人接口道："秀全对于手下弟兄，犹且言无不听计无不从，何况先生呢？"秀成又说道："他们都是首义弟兄，相共患难，自然有别。"

石达开接口道："贤弟具此才学，自应出而问世。至于信任与否，本是谋事在人、成事在天之谓，此时哪好预计？"

秀成听了，方才点头道："如此说来，兄弟只好同三位去走一遭的了。此时天已将亮，就请三位权且打个盹儿，以便明天走路。"

石、洪、陈三个听了方始大喜。正思各人安睡一霎，又被火烧场子的焦臭味儿熏得难受，哪里能睡。一到天亮，即催秀成起身。秀成本无家眷，仅将他平日所爱的兵书装上一箱，反锁大门，便同石、洪、陈三个就此上路。石达开因为人有四个，马只有一匹，索性牵着那马，一同徒步而行。

及到永安，石达开将马交与兵士，先将秀成引见秀全。秀全见了秀成，不过淡淡地敷衍几句。秀成退出，对着石达开把手一扬道："可是不是，我说尚非其时，你们不信。现在让我就在你的军中，权且住下。若能有了一些战功，方能坚其信用。"石达开略有愧色，便请秀成到他军中主持军事。复又回身进内，只见秀全已与洪大全、陈玉成两个，正在津津有味地大谈特谈。石达开也不管是否打断他们话头，即插口问秀全道："秀成这人，确有经天纬地之才，大哥何故藐视于他。"

秀全听了淡淡答道："我真有些不信，难道此人真能及得上云山大哥和你两个不成？"

石达开大摇其头道："我不用说，此人之才，真正在东平、云山之间呢。"

大全、玉成二人也说秀成是位奇才，劝着秀全应该重用。秀全听说，方才传令出去再命秀成进见。当下有人进来回报道："李秀成李先生说的，他等有了功劳，才肯进见。"秀全听了，方始有些相信起来，便请石达开善为待遇，一俟有功，定当重用。

石达开刚刚退出，秀全又想再和他那大全大哥重话家乡之事的时候，忽据飞探报到，说是清廷方面已经起用林则徐，派为广西军务督办。大全、玉成二人不待探子说完，顿时一同失色道："这还了得，此人一来，我们大有不利。"

秀全喝退探子，也觉不悦。他们三个正在各皱双眉、互相慨叹之际，又有一个探子报到，说是钱江钱先生充发伊犁，路过韶关时候，忽被他的一个故人胡元炜放走，现在改扮商人模样，不日即到此地。

秀全一听钱江不日可到，不禁乐得噗的一声，跳了起来，以手加额道："还好还好，有他这位救星到了。"当下重赏探子，立命再探钱江的行踪，快快来报。探子去后，秀全忙又召集全部弟兄，告知钱江即日就到之事。大众听说，自然个个欢喜不尽。罗大纲见了洪大全，先谢当日救命之恩，继叙以后阔别之意。这一天大众的乐趣，笔难尽述。

又过几天，有一天的大早，钱江不待通报，业已飘然而入。秀全一见钱江真的到来，高兴得还当是梦。钱江不及说他自身之事，单问秀全："云山怎么不幸，竟会遇弹亡身？"秀全连连细细地告知之后，又将大众弟兄引来见过。

钱江见过众人，始对秀全和大众说道："兄弟毫无一点德能，竟蒙大哥和众位弟兄如此相待，如此重视，真正惭愧不遑。其实兄弟虽然身在缧绁，因有一位陈开大哥照料一切，已无足忧，及过韶关时候，那里知府胡元炜本是我的生死之交，所以我曾经对着云山、大哥二位说过，我只要一到那里，便不愁了。现在胡元炜因为放我走，恐怕上司见罪，他已告病回乡去了。我左半路之上第一个得着的好信，就是大哥等业已占领此城。第二个便是坏信，就是云山大哥不幸身亡。第三个也是坏信，听说林则徐林制军复又起用，督办此间军务。"

钱江刚刚讲至此处，秀全抢着接口道："兄弟正为此事，在与一班弟兄，愁得几乎要死。幸亏得到大哥在那韶关脱险之信，方才抵过一半。"

钱江摇着头道："这件事情，我也无可为力。因为这位林制军，确是一位老成持重、为守兼优，既得民心、复不怕死的人物。况且我和他又有一点私交，怎样可以和他破脸。"钱江说到这句，忽把双手向他大腿上面一拍道："说来说去，就怪云山大哥死得太早，不然，此时或已杀入湖南去了。即使林制军再放湖南的军务督办，那里是四通八达的地方，便可发展，不像此处是个死地。"

秀全忙说道："这是国家大事，大哥总得看在百姓受苦面上，想出一个万全的对付法子才好。"

钱江听了道："大哥何必说这重话。兄弟力之所及，敢不去替大哥分忧。"

说着，把眼睛四面一望，似在找人样子，钱江因见石达开不在跟前，便问秀全道："行军之事，虽重粮草，但以重大的军情比较起来，粮草又算小事。大哥此次将黄文金和胡以晃两支人马放在金田，专顾运粮之事，未免稍觉失算。现在快快把他们两个调来此地，以便应付官军。"

洪秀全听了，一面赶快传人去调黄、胡两路人马，以及所编教民；一面又向钱江认错道："这桩事情，本是兄弟一个人的主张。云山大哥和达开大哥，而且曾经劝过我的。"钱江恍然道："哦，原来如此，我方才还想问问达开大哥的，像他这般才具，难道因粮于敌的那句老话都不知道的么？既是大哥自己主张，我就不必请问他了。"

秀全正待答话，见石达开高高兴兴地奔了进来，向着他和钱江二人道喜道："兄弟特来道喜，大事无碍的了。"秀全急问："什么事情？"

石达开道："顷据密探来报，说是林则徐尚未起身，忽然在籍出缺。清廷方面，改派大学士赛尚阿督办广西军务。"

钱江听说，也向秀全道喜道："这真大喜，兄弟知道这位赛钦差，不但不学无术，且是徐广缙、叶名琛一流的东西。既是如此，赶快派人直取平乐府去。"

石达开应声道："这桩差使，兄弟可以担任。"钱江听说，连道："最好没有，最好没有。"哪知石达开尚未起身，韦昌辉、罗大纲两个都来争着要去。

钱江摇手阻止道："二位兄弟，何必如此着慌。现在已届大战之期，正在愁得没有大将可以分配，二位兄弟既要立功，有，有，有，你们二位候着便了。"

钱江先令石达开赶紧出发，然后才令韦、罗二人各率三千人马，一同径入阳朔地方，随后自然有人前去接应，韦、罗二人听了大喜。萧三娘因见宣娇已到杨秀清那儿去了，她也吵着同去，钱江也不阻止。韦昌辉、罗大纲二人，即率萧三娘一同杀入阳朔。那时石达开业已先向平乐府杀去。正是：

<blockquote>
洪军帐下多巾帼，
清室营中有健儿。
</blockquote>

不知石达开和韦罗两路人马，谁先得手，且阅下文。

第十三回

围魏救赵乱敌阵
洞房花烛劝夫君

石达开自告奋勇奉了秀全命令，去攻平乐。出发那天，李秀成忽然引着两个武士来见达开道："这两个，一个是我从弟世贤，一个是我朋友赖汉英，特从家乡来此投效，故敢引见大哥，可否收录帐下。"达开瞧见世贤、汉英两个都极英勇，一口应允，便命归入秀成部下，听候调遣。世贤、汉英二人退下。

秀成献计于达开道："现在平乐府城，仍是张总兵敬修把守。他和向荣十分知己，一切计划，都与向荣商议过的。向荣现和秀清方在厮杀，彼此不分胜负。以我之意，须得先行通知秀清，教他那里牵制向荣，勿使向荣有暇来救平乐。我们单单对付张敬修一个，自易得手。"达开点首道："此言正合我意，你就教你堂弟世贤去办此事，我们就此前进便了。"秀成退下照办。

世贤奉命去后，达开即率大兵直向平乐进攻。

原来张敬修自在江口吃了一场败仗之后，忙向向荣那儿告急。那时向荣正和杨秀清杀得难解难分之际，哪里还有队伍可以分给敬修，只好教他自去随地招募，最好兼守平乐要紧。敬修只得照办。到了平乐之后，一面添招健丁，一面日夜操练。

起初闻得朝廷放了林则徐督办广西军务，很是欢喜；后来又闻得林则徐在籍出缺，自然又是着慌起来。及至最后闻得放了大学士赛尚阿继林之职，连忙函询向荣，说是赛钦差不识兵法，如果受他节制，大局一定弄得愈糟。究竟如何办法，飞函示复。向荣接到敬修的信，仅复了一句：明则受其节制，暗中须自主张。敬修得了回信，于是便不把赛尚阿放在眼中了。

等得赛尚阿兼路赶到广西，巡抚周天爵、藩司劳崇光两个，请他单顾乌平一带；省垣地方，由他们二人负责。赛尚阿也是旗人，竟和那个死鬼乌兰泰一样脾气，一点不知军情大事，倒还罢了，又因他的官阶，比较乌兰泰更大，只知大摆钦差大人的架子。到一处地方，要人供应一番；见一个下属，要人孝敬一笔；而且沿途搜罗民间美女，供他寻乐。凡他所过之处，百姓无不遭殃。如此一来，民心大半归附洪军，所以赛尚阿反而弄得大不高兴起来。一路之上，只与官府百姓为难，行程便致滞缓，等他老人家将要走近平乐的时候，石达开的一支人马老早占了先着，已把平乐城池围个水泄不通。

张敬修因见寡不敌众，一日一夜连发一二十通文书，去向赛尚阿那儿告急。赛尚阿只命张敬修小心把守，自会发兵救援，若是失守城池，即按军法从事的几句官样文章而已。张敬修一见不是路头，与其失守城池，去被钦差正法，不若去和敌人拼个你死我活，倒还值得。

张敬修既下这个决心，一天晚上，就乘石达开的营中一个不备之际，亲自前去劫营。石营之中，果被张敬修杀得一个不亦乐乎。幸亏他手下的李秀成、赖汉英两个，压住军心不动，方才没有溃散。张敬修打上一场胜仗，仍旧退回城去。哪知张军去后，赛尚阿也派了一员广西候补知府，名叫江忠源的营官，接连又来杀上一阵。

石达开自从带兵以来，要算这场吃亏最为厉害，当时虽由李秀成之力，保住中军。事后点查人数，很是死伤不少。石达开急将秀成请到中军帐中，一面拿出军符令箭，一面对着李秀成垂泪说道："秀成贤弟，这场败仗，我是没有脸去见秀全大哥的了。"说着，指指那些军符令箭道："贤弟可把这些东西收下，代我接管此军。"达开的一个"军"字刚刚离口，忽地拔出佩剑已在自刎。

秀成还算眼快，慌忙一把抢下达开手上的那把宝剑，豁琅琅地丢至一边。厉声责备道："大哥受了秀全大哥之托，负此全责出来，怎么仅受一点小挫，便要自刎，真正叫作不顾国家大事、只顾私人颜面。兄弟实在不取。"

达开不待秀成说完，吓出一身冷汗，连连认错道："贤弟责以大义，提醒了我，为兄不敢死了。"话虽如此，只是一时不及去讨援兵，如何是好。

秀成摇手道："援兵已经早早去到阳朔，大哥何以这般健忘。"

达开不解，急问道："前天据探子所报，韦、罗、萧三个乃是奉了东平大哥的将令去劫阳朔那儿的粮草去的，怎么好算援兵。"

秀成接口道："目下秀全大哥营内并不缺少粮草，何必急急地命他三个去办此事，这分明是东平大哥，预先行的围魏救赵之计。大哥勿急，我们只顾整理残兵，预备去入此地之城就是。三天之内，兄弟能够料定张军不战自乱起来。"

达开一被秀成提破，不禁又惭愧又高兴地对着秀成说道："贤弟竟能料着东平大哥之计，真正是个天才。"

秀成摇首道："这也不过旁观者清、当局者浑的一句老话罢了。"

谁知秀成道言未已，忽据飞探报到，口称城中的军队陡然大乱，听说他们的阳朔地方之粮，已被我们这边的韦、罗、萧三位全行劫去。劫到之后，又由钱先生派了洪仁发、洪仁达、洪大全三位先生迎着押送回营。韦、罗、萧三位已由北门杀进城内去了。

李秀成不待石达开答那探子之话，他忙手取一支令箭，率了一队残兵，立即飞奔出营，直向平乐府城的南门而去。

石达开一见东平果然调度有方，真能出奇制胜，心下又敬又喜，便去拾起那柄宝剑，立即同了赖汉英以及本部将官，一直杀进城去。

哪知刚巧进城，兜头正遇那个钦差赛尚阿单骑逃来。石达开一见大喜，赶忙一马冲上前去，立即轻舒猿臂，已将那个赛尚阿擒过马来，正待令人捆起带回营去，不防斜刺里突然冲出一队人马，当头一员戴着蓝顶花翎的少年清将，向他大声喝道："敌将休伤我们大人，俺江忠源来也。"石达开一个惊吓，不觉把手一松，可惜业已擒到手中的一位钦差大臣，竟被江忠源夺了回去。尚待再去抢转，同时又见一员少年清将，也是一马冲来，保护着江忠源背着那个赛尚阿，就向东门逃去。

石达开忙问左右："此人是谁？"当一有个随身探子答道："此人叫作江忠济，就是方才那个江忠源的胞弟，现充赛钦差的文案。"

石达开听了，暗暗地赞了一声道："如此人才，竟为满人效力，殊觉可惜。以后我当将他兄弟二人生擒过来，以做我们这边将才之用。"石达开一边想着，一边忙又向前杀去。忽见兜头又来二男一女三位将官，定睛一看，正是韦、罗、萧三个，急问他们三个道："张敬修这厮可曾拿下？"

三个一齐摇首答道："没有没有，大概已被逃走了。"萧三娘又一个人说道：

"杀贼之事，我们三个担任，石大哥快快请入府衙，头先安民至紧。"

石达开听说，急忙将手一拱，道声"有劳"，他就飞马奔入府衙去了。及至进了府衙，只见尸横遍地，血流盈阶。同时又见他手下的那些将官，瞧见地上躺着戴有顶子的尸首，都爱前去踏他几脚。石达开立刻传令，禁止此种恶习，道："地上尸首，他们也是为国捐躯之人，尔等只有怜悯他们，怎好前去践踏他们。以后再有此等毫无人道的事情发现，定按军法从事。"

石达开说完，方才走入里面，各处仔细一瞧，但见案卷凌乱，什物满地，不禁连摇其头地慨叹道："此地如此，民间又不知怎样？"

石达开刚刚想至此处，忽见李秀成匆匆奔入道："兄弟已把张敬修拿下，现在绑在外面，听候大哥发落。"石达开大喜地问道："此人究在何处被捉？"

秀成道："兄弟当时在营，一听见探子报称，说是韦、罗、萧三位已从北门杀入。兄弟料定凡是逃走的人们，必出南门，因只向南门一带迎了上去。姓张的果然不出兄弟所料，因得将他拿下。"达开不及奖励，因见秀成背上插有令箭，忙不迭地吩咐他道："你有令箭在身，赶快出去传令封刀，不得妄杀无辜。"

秀成奉令去后，过了一会，方同韦昌辉、罗大纲、萧三娘等一齐走入。韦昌辉先问石达开道："石大哥为了何事？这般巴巴结结地下令封刀。依了兄弟的性子，真想杀尽这一城的满奴呢。"石达开失惊道："我们为了要救百姓，方才举此义旗。昌辉大哥，何故说他们都是满奴？"

韦昌辉见问，突然红裂其眦地大声答道："石大哥，你怎么忘记了前事呢？我从前在桂平县里的时候，就信天主教的。有一天，因见一座关帝庙中只有一个庙祝，我就摔去神像，赶走庙祝，把庙改作天主教堂。不料县中绅士恨我吃了洋教，说是无父无君的东西，暗中嗾使那个庙祝，去到县里告我，县里不问皂白，将我办了十年长监，后来因蒙皇恩大赦，我才出狱。依我当时之意，还想去报前仇。后来有人劝我，双拳难敌四手，不可造次。我没饭吃，便去充了狱卒。那时秀全大哥已在朝贵哥哥家中传教，忽被歹人告发，说他谋为不轨，拿入县中。我因爱他所传之教，更比天主教有理，我已在设法想救他和秦日纲大哥出狱的当口，又被那个不贤妇人和她奸夫前去出首。那个时候，倘若没有你石大哥率兵去救，我和秀全大哥等人早已死了两三年了。这样说来，我敢说一声，凡是不信教的百姓，个个都是满奴。"

石达开忽见韦昌辉这人一提前事，就此气得北斗归南，又见他的双目发赤，似乎就要噬人的样子一般，连忙劝上一番。还怕他在此地多伤人命，便教他先去报知秀全。昌辉见是公事，也不推却，掉头出衙而去。

石达开一等韦昌辉走后，先行记了秀成的首功，以及大众之功。刚刚记毕，忽见李世贤同着秦日纲两个匆匆地一同进来。石达开忙问秀清和向荣打得怎样，秦日纲即在身边取出杨秀清亲笔的一封信，交与达开。达开展开一看，只见上面写着是：

达开大哥如见：弟自云山大哥阵亡后，无日不督同敝部凤翱、凤翔、开芳、日纲等在与向贼鏖战。无奈向贼坚守不出，一任我等如何辱骂，仍似充耳不闻。嗣由朝贵兄弟贤伉俪二人用火箭射入，始偶尔出城一战，亦即退入。弟本不才，莫可如何。除日夕督队用连环法攻城外，业经飞报秀全大哥。顷蒙我兄派世贤贤弟来此通知，命敝处牵制向贼，敢不遵命。特派日纲偕同世贤贤弟遄回答礼，仍望随时有以教之，歼此小丑以彰天威。临颖匆匆，不尽欲言。

小弟杨秀清 顿首百拜

石达开看毕信，递与大众一齐看过，即命世贤下去款待日纲。方命带上张敬修来，喝问着道："你这小子，屡次被我所败。此乃我们仰体天父的仁慈，保留你的一条狗命。谁知你偏偏死死活活地去助满奴，我们问你一声，你可是个汉人么？"

张敬修一任石达开去问，只是俯首不答。

萧三娘在旁瞧得动起火来，便厉声对着石达开说道："这等满廷奴隶，石大哥要杀就杀，要放就放，何必啰啰嗦嗦地问个不休。"

石达开听说，想上一想道："此等十恶不赦的东西，杀一儆百，以寒敌胆，本无不可。但是我们既为救民而来，宁可人负于我，不可我负一人，放他去吧。"石达开说毕，李秀成即把张敬修带下，命人押出境去。

石达开放走张敬修之后，又据探子报称，说是赛尚阿自被江氏兄弟两个救去，率了残兵，逃回桂林。因见藩司劳崇光很知兵机，已命劳崇光统率大军，会同江氏兄弟两个，直扑灌阳、兴安一带，想与向荣联成一片，似有窥取全州之意。

石达开听了一吓，忙与秀成计议道："我知劳崇光晓畅兵机，颇有声望，又和向荣十分投机。现既会同二江，去与向荣会合，秀清大哥那儿岂不危矣。"

秀成点头道："大哥之言甚是，现在只有一面用了全力去助秀清，一面兄弟另有别计。"

达开正待有话，忽又见萧朝贵单身而入。大家相见之后，达开忙问朝贵道："秀清那儿方在吃紧，贤弟何故单身来此。"

朝贵因见日纲不在身边，其余都是首义的弟兄，当下便愤愤地答着石达开道："杨秀清这厮，本非我们嫡系，为人又极奸诈，云山大哥临终时候，本与兄弟说过，谁知果被云山大哥料到。秀清自与向荣厮杀以来，从未用过死力；平日之间，只对我们夫妇两个絮聒，说是秀全大哥曾经替他看过风水，许过他有九五之尊的。现在又借着劳崇光一支生力军的由头，已将胡以晃、黄文金的两支人马，要求秀全大哥编入他的部下。兄弟替他算算，他的手下，新收旧有的队伍已经不下十万，比较秀全大哥手下，反而多上一倍。倘有异心，那就不妙。"

萧三娘接口问道："他有信来，说是向荣坚守不出，此言究竟是真是假。"

朝贵听说，气得跳得百丈高地说道："你瞧你瞧，当面说假，是何居心！"

石达开也皱着眉毛说道："这件事情，倒是一桩心腹之患，我又不好怎么干涉。只有请朝贵大哥，快将此事报知秀全大哥和东平大哥要紧。"

石达开尚没说完，又见韦昌辉匆匆走入道："秀全大哥已和东平大哥亲自在此，立即可到。"石达开听了大喜，正拟同着秀成以及大众出城迎接；又见秀成和他咬上几句耳朵，自引百人而去。石达开即引大众出城，刚刚出城，已见秀全、钱江二人并辔而至。

钱江一见石达开，首先含笑地用手抚着他的背脊道："达开大哥，正真文武全才也。"石达开连连谦虚道："此番战事，若没东平大哥命人去袭阳朔，兄弟怎能入此平乐府的城门？"

秀全忙对钱、石两个大笑道："你们二位都有本领，都有功劳，大家不必推让，快快入城再说。"

洪秀全一面和大众见过，一面即到平乐府衙。萧朝贵即将秀清将有异心，以及一切举动详详细细地告知秀全、钱江二人听了。钱江不待朝贵说完，已在连称"此事不妙，此事不妙"。一等说毕，便请萧三娘暂时回避。三娘不知何故，只好怔怔地退了出去。

钱江一等三娘出去，急对秀全、朝贵二人说道："秀清为人，我已早知。不过现在大局未定，万万不可先起内讧。我知秀清新丧妻子，不如就将我们这位三娘与之续弦。三娘本有美名，秀清又是色鬼，只要三娘在内善为防范，暂时之间，便没什么问题了。"

秀全听说，连称妙计。朝贵虽不情愿，因为国家大事不好反对，又去亲自问过三娘。三娘答称为公起见，只好如此。朝贵回报钱江，钱江即请石达开、秦日纲二人为媒，立即办理。秀清竟被钱江料定，本在思慕三娘，今见秀全如此相待，居然感激得罚上一个血誓，说他将来果有异心，一定死于乱刀之下。三娘得嫁秀清，既为公事，自然恪尽妇道。洞房之夕，秀清装束一新地也去敷衍三娘。

合卺时候，秀清忽向三娘道："你和宣娇两个本是姑嫂，听她口气你知秀全为人，到底怎样？"

三娘正色地答道："贱妾常常听见家嫂说起秀全大哥，因有天父降福，没有一桩事情，不是逢凶化吉的。如此看来，秀全大哥完全是位好人。你既和他共图大事，此时万万不可就生异心。贱妾又常常听见秀全大哥背后去说，将来果能逐走胡奴，他一定谢绝帝位，必拣军中功劳最大之人，扶之为帝，方始公允。"

秀清一直听到这里，不觉失惊道："这般讲来，我姓杨的不是在此地错怪了人家么？我只当秀全大哥，必在想做皇帝，方举这个义旗。此刻听你说来，将来必拣有大功劳的人，扶之为帝，这么我就从今天为始，不去立功，非为人也。"

秀清此时说得高兴起来，要求三娘讲出秀全几件逢凶化吉的事情听听。

三娘因曾听宣娇说过，本是真的，当下就把一桩极奇怪的讲给秀清听道："贱妾曾听我那嫂嫂说起，秀全大哥那时还只二十多岁。他因为信天父之教，所以常常去做救苦救难之事。忽有一年，不知怎么一来，无意之中得罪了一位绅士。那位绅士，便亲自去拜新任桂抚郑祖琛，硬要请他把秀全大哥当作叛徒问罪，办个立地正法，方才消他之气。哪知那位郑抚台，当面虽然满口答应，一等事后，便将秀全大哥安然放了。"

秀清听到此地，自然大为不解，忙问其中底细。正是：

洞房花烛谈闲事，
蓦地军书报喜音。

不知三娘答出何言，且阅下文。

第十四回

张国梁投效授职
江忠济贪功亡身

萧三娘正和杨秀清谈洪秀全的事情，忽见秀清奇怪地盯着问她，不觉笑了起来道："这桩怪事，虽怪你不相信，像这样一位堂堂的巡抚部院，怎好转眼之间，出尔反尔？你且听我说完，自会明白。"

"原来这位郑祖琛中丞，他是浙江湖州府的人氏。他的祖上非但是世代书香，而且还是一份种善人家。他在二十三岁的那一年上，联捷成了进士，不到十年工夫，一连内转外升地做到陕西藩司。

"有一年进京陛见，住在天津的一家客店之中。有一晚上，忽见他的管家对他去说，有位名叫宋远香的刑部郎中前去拜他，因他是位多年不会的故人，当然请见。及至那位宋部郎见了他的面，并没什么说话，只是呆呆地坐着而已……等得送走未久，忽又自己进去坐了半天，仍然没有言语。这位郑中丞当时虽觉有些诧异，到底不好怎样，只好随意寒暄几句，让他自去。不料没有多久，那个宋部郎重又到来，坐在他的对面，并无半句说话。这位郑中丞到了那时，委实有些熬不住了，方去问他道：'我们多年不见，承你不忘故旧，枉驾惠顾，自然可感。不过来而复去、去而复来，一连三次之多，究竟何事？'当时这位郑中丞把话说完之后，便把他的一双眼睛去看壁上的字画，似有示以冷淡之态。

"岂知直到那时，方才听得那个宋部郎答着他道：'郑方伯，请你仔仔细细地认认我看，到底是谁？'这位郑中丞一听此言，赶忙回头一看，却见坐在他那对面的那人并非他的什么故人，乃是一个白发老者。不觉一愣道：'兄弟和你这位老先生素昧平生，究竟为了何事，冒了我那故人的名字，几次三番地来此见我？'那位老者一直至此方才郑重其事地答话道："我非别个，乃是修炼千年、业已授了职的天狐是也。因有一桩关乎数百万生灵的大事，要来对你说声。又防深夜至此，不冒你的故人，你不接见，其实你的那位故人早已过世多年的了。'这位郑中丞那时竟被那个老者说得毫毛凛凛起来，忙又问道：'上仙所说关乎数百万生灵的一件事情，究是何事？于郑某有何关系？'那个老者见问，复又说道：'此事若对你说了出来，似乎泄漏天机；若不说出，又关乎数百万的生灵，未免可悯。'这位郑中丞又接口道：'既是关系不小，请你就说出来。'那个老者听说，方始望着这位郑中丞说道：'方伯此次进京，不久即要开府桂省。我因方伯是位种善人家的子弟，将来如果遇见这件事情，需要十分注意。'那位老者说到"意"字的当口，顺手就向壁上一指。

"这位郑中丞忙向壁上一望，说也奇怪，倒说那道壁上竟似西洋镜一般的，只见活龙活现，一片极大极大的洪水，正在那儿兴风作浪，不觉吓了一跳。连忙回过头去，想问一问清楚。不防霎时之间，他的眼睛前面陡现一道白光，那个老者早已失其所在。急忙再去看那壁上，仅有一幅单条上所画的那个渔翁垂钓图，依然是一川明月，照着几丛芦花，在那里静默地而已。

"这位郑中丞，当时还疑是梦，急将他的手指一咬，知道疼痛，方把管家唤入，问在外边，可曾瞧着什么没有。他的管家答称，说是方才仅见一个白须老者，在和老爷谈话，余无所见。这位郑中丞料定此事，将来必有征验，暗藏腹内，以窥究竟。

"后来进京之后，果然召对称旨，放了此地的巡抚。接印之日，就遇着那位绅士前去拜他，说秀全大哥，面子上以传教为名，暗底下谋为不轨，定要他把秀全大哥立地正法。这位郑中丞，当时倒也一口应允。及至亲审秀全大哥的时候，忽见一个洪字，正和那位天狐所指给他看的洪水相合；又见秀全大哥口口声声地只以救民苦厄为言，方知那位绅士定和秀全大哥有仇，要想断送这个好人，当场即将秀全大哥释放。"

萧三娘说到那里，秀清急把舌头一伸、肩胛一缩说道："好险吓，我说秀全大哥那时倘没有这位天狐前去显灵，那还了得。"

萧三娘连点其头地答道:"所以秀全大哥从此以后,更加相信他的教了。他既信教,他的教民自多,他的声名便大。这位郑中丞,有一天忽然被一个幕友提醒说是秀全大哥,近来的反迹已彰。将来倘若成为事实,杀人何止数十百万。当时天狐的注意二字,是要惩治秀全大哥的,不是保全秀全大哥的。那个幕友既把郑中丞误解天狐之意说出,郑中丞倒也害怕起来,想上一个脱身法子,连连告病而去。现在的周天爵,说是接这位郑中丞手的。"

杨秀清听到这句,忽然若有所思,转上一阵念头,方又对着萧三娘笑着道:"这样讲来,秀全大哥这人,必是天上的一位慈善星君下凡,他既不愿去做皇帝,将来事成这日,只有我去代劳。我做皇帝,你就是一位国母了呢。"

萧三娘听说,也微笑了一笑道:"国母不国母的说话,此时快快休提。秀全大哥手下的英雄豪杰,就以现在的计算,也有一二百个,倘若见你蓄有异心,妒嫉起来,那就不好。以我之见,你还是先去立功,帮助逐走胡人。次则立德,也好传个声望。一个人有了好名,那时或有希望。古人不是曾经有过天下乃天下人之天下、唯有德者居之的那句说话么?"

秀清听了喜得抓耳摸腮,连称:"贤妻之言是也,贤妻之言是也。"

其实萧三娘嫁给杨秀清完全为公,不是为私。此刻在劝秀清的立功,明是要他与秀全团结一起,以敌向荣等人。劝他立德,明是防他有了功劳,便要跋扈。既去立德,便不至于觊觎大位的了。

当时杨秀清乃是当局者迷,也和那位郑祖琛中丞一样,一时误解语意,还当他的这位新夫人要想做这国母,竭其智力替他设法,于是真的首先去干立功之事。第二天即命林风翱、林凤翔、李开芳、秦日纲、胡以晃、黄文金等,限期要将向荣、劳崇光、江忠源、江忠济,以及被石达开获而又放的那个张敬修等一齐杀个罄尽,以报秀全赐妻之恩。

谁知那几天之中,向荣手下正有一个做过几天长毛的张嘉祥其人,前去投效。向荣起初防他诈降,不敢托以心腹。后来见他非但打一仗胜一仗,而且对于向荣个人很是忠心。一天公事稍闲,特地把那张嘉祥唤到中军帐中,问他究为何事,投顺天朝,其中有无别故。

张嘉祥见问,方敢详详细细说出他的历史道:"沐恩今年才止二十一岁。只为在家失手打死一个大汉,怕吃官司,只好逃入洪秀全部下的那个洪仁发手下,充当一名小卒。那时洪仁发因被洪秀全说他为人粗暴,不肯重用,仅给了他五百人马,派充中军护卫队伍。洪仁发又因一天到晚没事可办,他便常常带了沐恩前去打鸟射猎。有一次，忽遇一只老虎，已把前爪搭住他的身子，正在万分危险的当口，幸被沐恩将他救下，且把那虎两拳打死。他因感谢沐恩救命之恩，方把沐恩升充贴身卫士。有一晚上，他已喝得烂醉，躺在一张藤床之上，命沐恩替他捶腿，忽然之间，问着沐恩可曾念书。沐恩答他略略念过。他又接口问沐恩可曾知道古时候那个弥子瑕的故事。沐恩当时一见他竟轻薄起来，气得顺手把他打上几拳，只好立即逃走。可巧老帅此地正在招补敢死人员，故来投效。"

向荣一直听完，方始微点其首地说道："既有这个渊源，本帅可以放心重用你了。"张嘉祥不待向荣说完，马上朝向荣打上一个千道："只要老帅放心肯用沐恩。沐恩一定誓以死报。"

向荣笑上一笑道："且让本帅替你取过一个名字。"张嘉祥又打上一个千道："这个更是老帅的恩典。"

向荣想上一想道："你瞧'国梁'二字何如？"

张嘉祥忙又谦虚道："这个名字很好，但恐沐恩受当不起，不好。"

向荣摇首道："这倒不是这般说法。现在本帅就保你一个提标的守备官衔，命你充作先锋。"

向荣说到这句，又捻着他的一缕长髯，眼睛盯着新更其名的张国梁说道："现在同着劳藩台劳大人来的那位江忠源太尊，他真是位有谋有勇的全才，以后你可跟他学学一切韬略，你就能够独领一军了。"张国梁听了大喜道："江太尊不知怎么，倒也瞧得起沐恩，常常把饮食赏给沐恩的。"

向荣正待再说，忽见探子飞报，说是杨秀清新娶了朝贵的妹子，更与洪匪秀全要好起来，现率大军直扑来营。向荣听说，不觉大吃一惊道："这还了得。"即命张国梁带领一千人马前去迎敌。

谁知张国梁刚刚出了大营，只见一片贼兵已如潮涌般的喊杀过来。他便一马当先，奔去挡住正面。不防东有胡以晃的一支人马杀至，西有黄文金的一支人马杀至，顿时那三路人马已将张国梁这人围在核心。

张国梁这天正是荣升守备的日子，如何肯不拼命？况且他又是一员虎将，确有一些特别武艺。当下只听得一声大吼，即把手上的一杆长枪，向着空中抖了几抖，噗的一声，就对胡以晃的当胸刺去。胡以晃也是一个老手，慌忙用他两柄马刀架住。二人也不搭话，就此犹如两条毒龙、一对猛虎一般地恶斗起来。不到一二十个回合，胡以晃有些支持不住，但又不敢就退，恐怕违了杨秀清的

第十四回　张国梁投效授职　江忠济贪功亡身　..95

军令。

在胡以晃进退两难的当口,幸巧林凤翱、林凤翔兄弟两个飞马前去助他。张国梁虽见敌方又有两个生力军加入,他却毫无惧色。

就在这个时候,只听得张国梁像个天崩地裂的声音,对着林凤翱大喝一声,说时迟,那时快,林凤翱这人,早被张国梁轻舒猿臂地活擒过去。张国梁就在马上,一边把林凤翱抛与他的兵士,绑入营中功献;一边还想去擒凤翔。凤翔平时虽也十分骁勇,但是一遇张国梁,便觉有些减色。还算他能知趣,慌忙虚晃一刀,飞快地跳出圈子,落荒而逃。

那时李开芳、秦日纲、黄文金、胡以晃等人一见林凤翱被擒,林凤翔败退,大家都知道不好再事恋战,三十六着,还是走为上着。他们四员大将,既然败阵,请问那班手下的喽啰,如何还能抵御,自然是顷刻之间,一齐溃散。张国梁瞧见已经得手,急把手上长枪向着他的部下用力一挥,道声"追呀"。

那时杨秀清和萧三娘两个正在亲自押阵。萧三娘忽见他们的队伍犹如狂澜般的退了下来,要想阻止,已不能够。忙对杨秀清发急地说道:"可惜我们哥哥嫂嫂两个不在此地,不然,至少也能挡他一阵。"

杨秀清听说,哪里还有工夫答话,慌忙用嘴对着三娘连歪几歪地说道:"快走,快走,你我二人,现在都是万金之躯,自己慎重要紧。"

杨秀清的那个"紧"字尚没出口,忽见张国梁的后军陡然地自己乱了起来。正想差人探信,已见三娘用马鞭,向着敌军之中很快地一指道:"好了好了,李秀成大哥,亲自前来救我们了。"

原来李秀成本来有誓在先,若不立功,决不再见秀全。自从那天洪秀全和钱江等人进了平乐府衙之后,他便率了百骑,直向柳州地方而去。

他也明知柳州不是军事必争之地,由柳州进窥桂林,路既不便;由柳州直攻湘省,路也曲折。不过知道守柳州的清将,名叫刘成金,不是好手。手下一共只有三千人马,已派二千人马,把守那个雒容要道。其余一千人马,守在东门。只要从柳州南路的那座娃娃山下,偷了过去,直取柳州西门,那个刘成金必定首尾难顾,柳州即可唾手而得。他以百骑得占柳州,就好使秀全知他确有一点本领。

他既打定这个主意,即率百名马队直趋那座娃娃山下。及至山下,派探子往前探听,柳州西门一带,果没一兵一卒把守。他就衔枚疾进,真个入了无人之境。那时又是黑夜,一点没有月亮,且有微微小雨,西门几个守城兵士,正在凉风嗖嗖地睡他好觉。所以李秀成不费吹灰之力，安安逸逸地占了柳州。及至刘成金得着信息，因见这个李秀成从天而降，不知到了多少人马，除了立即从东门拔脚逃走，去向周天爵、赛尚阿那里请罪之外，竟没第二个妙法。

哪知刘成金刚逃了半站路的程途，兜头碰见一支军容很盛的人马，匆匆而来。刘成金见是江忠济的旗号，赶忙迎了上去，见着江忠济就把失守柳州之事哭诉一番。江忠济听说一面揩去脸上雨珠，一面淡淡地慰藉了几句，即拟催动人马前进。刘成金忙问江忠济连夜进兵，究往何处。

江忠济答道："洪秀全、萧朝贵、谭绍洸、罗大纲、洪大全、洪仁发、洪仁达、洪宣娇等已经占了灵川。家兄忠源正与杨秀清开仗，无法分身，故此命我前去攻打。"刘成金失惊道："尊驾去攻灵川，何必由此绕道？"

江忠济微笑着答道："不必走此，我岂不知。我因那里正面，已有重兵把守，故走此地。"刘成金道："灵川既有大股贼兵，尊驾去也无益，我想恳求尊驾，帮我前去克复柳州，较易得手。"

江忠济听说，便在腹中打算道："我只一营人马，如何能和洪氏的大军相敌，不如就同这个姓刘的去把柳州夺回。同是在替国家克复城池，似乎也是一般。"江忠济转完念头，也就答应。刘成金自然大喜，便同江忠济连夜又向柳州进发，不过跟在江军的后面，不敢去打头阵罢了。

他们两支人马走上一阵，刘成金忽又追了上来，问着江忠济道："尊驾此去，究从哪门进攻？"江忠济答道："我想即以其人之道，还治其人之身，也从那座娃娃山下偷过。"

刘成金听说，便将脸色一呆，嘴上道声："这个……"便不言语。江忠济笑问道："怎么？"

刘成金见问方始说道："李秀成那厮，他自己既是做贼出身，岂有不会防贼之理，我料那儿必有重兵把守。"江忠济听了大笑道："你从柳城逃出，以及同我再去，先后不过四五小时，李秀成为人任他如何玲珑、如何仔细，今晚上是决不防人走那道小路的。而且初得城池，也没工夫去顾此事。"

刘成金听到这句，方才连称有见有识，仍旧匆匆地回他后面去了。

及至江忠济的兵到娃娃山下，陡然听得一个信炮放起，方知李秀成的军事布置，竟被刘成金料着。连忙下令，即将前队改作后队，后队改作前队，快快退兵。可是已经不及，只见当头一员大将拦住去路，正是李秀成。

江忠济一见事已至此，只好硬了头皮去与李秀成厮杀。谁知李秀成只和江忠济交上几合，即向后面败退。江忠济那时，一则因为急于贪功，二则又知李秀成的人数，本只一百名马队，并没多少人马，未免轻视一些，三则雨尚未止，又在黑夜看不清楚，当下也不思度一下，立即放马就追。不防李秀成所退之处，早已预先掘有一个陷坑在那儿的。当时只见江忠济一马跑过，一个滑脚，砰的一声，顿时跌入陷坑之中去了。

李秀成一见江忠济果中他的计策，就在马上哈哈大笑起来。一面命把江忠济捆缚之后，押入城内；一面自己再去追赶那个刘成金去了。等得江忠济押入城内未久，李秀成已将那个刘成金生擒回来。

江忠济一见刘成金和他押在一起，不觉很惭愧地对着刘成金叹上一口气道："悔我不听你的相劝，现在不但误人误己，而且误国，真是死有余辜矣。"不到天亮，江忠济便和刘成金两个一同遇害。

李秀成既占柳州，又伤清廷一员名将，心里很觉高兴，便于第二天一早，就命地方人士看守城池，仍旧率了百名马队，即向平乐府而来。及至走到半途，始知洪秀全业已夺了灵川，不在平乐。

他因未曾会过秀清，特地先向全州一转。刚刚走到全州，可巧正遇杨秀清被那张国梁杀得无路可走的时候，他就率了百名马队，出那张国梁的一个不防，急从后方杀入。张军果然大乱，当时杨秀清一见三娘所指处，果是他们这边的队伍，顿时胆子一大，即与三娘两个率了未曾逃散的人马，就向张军杀去。正是：

    一时遇救天相助，
    再出鏖兵水不流。

不知秀清会合秀成同战张国梁一个，谁胜谁败，且阅下文。

第十五回

创官制封举义人
练乡团挡太平军

李秀成当时率了百骑，忽从张国梁的后方杀入，张军一个不防，自然大乱。张国梁虽在洪仁发的部下日子不多，却知李秀成是位战将，因此曾与谈过几次。此刻一见李秀成轻骑杀入，还当后面必有大兵，心里一慌，即命快快退兵。此时杨秀清、萧三娘两个业已杀入，林凤翔、李开芳、胡以晃、秦日纲、黄文金几个本未逃远，瞧见李秀成既来援救，见主将夫妇二人重又杀去，自然急忙一齐加入。这样一来，张军更加不能抵御。幸巧张国梁退得神速，还没大遭损失。一边在退，一边已把林凤翱的首级号令出来。

当下李秀成却不主张穷追，即同杨秀清、萧三娘二人并辔入营，大家坐定。

萧三娘先问李秀成，奉了何人之命，来援他们。李秀成老实相告。

杨秀清听说，大惊失色地忙向李秀成拱拱手道："秀成大哥，真是一位天人，既以百骑占了柳州，又将江忠济那厮除去，这真正是我们秀全大哥的洪福齐天了。"

李秀成自然谦逊几句，打算不再耽搁，就往灵川。哪知就在此时，忽见探子前来报喜，说是洪秀全依了钱江之计，即从灵川杀入桂林，业已得了省城。李秀成、杨秀清、萧三娘三个不待探子说完，无不额手相庆，都说如此一来，秀全大哥有了基础。大家乐了一阵。

李秀成便对秀清、三娘二人说道："官兵方面，既失省城，向荣、劳崇光等，必定回兵去救。此时只有跟踪追击，即使不能将他们一班人个个生擒过来，也替林凤翔出气，又可得着粮饷军械无数，真是一件便宜之事。等得他们走后，秀清大哥可在此地静候秀全大哥和东平先生的命令，兄弟此时就要告别。"

秀清、三娘二人一同答称："秀成大哥所说，句句都有道理。不过就要荣行，也是大事，我们不好相留。秀成大哥一到省垣，快给我们一个详细信息。"秀成自然满口答应。当时别了秀清等人，即率百骑直赴省城，等得将近城门，忽见洪秀全、钱江两个也在那儿排队相迎。秀成见了一惊，连忙滚下马鞍，对着洪、钱两个说道："秀成何人，敢让二位劳驾相迎。"

洪秀全、钱江两个一同笑着答道："秀成大哥，乃是我们军中的赵云，如何不来迎接。快快不必客气，一同进城再谈。"秀成听说，只好先命百名骑队自去休歇，听候奖赏。自己即同洪、钱二人，直进帅府。

原来周天爵和赛尚阿两个，从前能够安安稳稳地住在省城，因有那个劳崇光在替他们料理军务。及至劳崇光同了江氏兄弟两个，去到前敌之后，省城之中非但没人做主，而且很是空虚。钱江驻军平乐，早已探得内容。故此亲自同了石达开等人，取灵川到手，立即乘胜进攻省城。周天爵本是一位文官，赛尚阿又是一个只知纸上谈兵的人物，如何能够抵挡钱江亲自率兵前来。只好瞧见敌人由东门杀入，他们便由西门逃走。一面躲入人迹不到的一座山中，一面飞檄调回向、劳两路人马，命他们克复省城。

向、劳二人尚在半途，洪秀全已经得报，便问钱江怎么处置。

钱江笑着答道："大哥勿忧，小弟自有主张。现在最要紧的是，先定国号官制，既资号召，且定军心。"

秀全连称这个主张不错。又问究用什么国号为宜。

钱江不假思索，即朗声答道："我们本为汉族起义，宗教救人，就以大汉二字作了国号。且俟事成之日，再行斟酌。"秀全又问官制怎样定法。

钱江又说道："现在还是行军期内，只好先定营中官制再说。"

秀全也以为然，即请江钱做主，速行定出。

钱江点首道："依我之见，统统都称天将。即以第一天将给与杨秀清。命他督率胡以晃、秦日纲二人，以及五十员将校，统着大军，留守全州。一则应付粮草。二则兼管已克的城池，留守官阶较崇，谅他必定应允。又以第二天将前军大部督，复汉将军的名义，给与石达开。命他带领十万大兵，直攻湖南。又以第三天将虎威将军的名义，给与萧朝贵。第四天将安汉将军的名义给与韦昌辉。就命他们二人，各率大兵五万，作为各路的救应使。第五天将靖胪将军的名义，给与黄文金，命为中军左统领。第六天将虎卫将军的名义，给与洪仁发。命为中军右统领。第七天将定威将军的名义，给与洪仁达。第八天将行军司马的名义给与谭绍洸。第九天将护粮使的名义，给与陈玉成。第十天将后路都督的名义，给与李世贤。第十一天将前军副都督的名义，给与罗大纲。第十二天将后军副都督的名义，给与赖汉英。左文学椽的名义，给与周胜坤。右文学士椽的名义，给与陈士章。中军掌旗官的名义，给与吴汝孝。掌令官的名义给与龚得树。各种总稽查官的名义，给与李昭书。总文书官，给与洪大全。其余的刘馆芳、赖文鸿、古隆贤、杨辅清、张玉良、陈坤书、陆顺德、苏招生、吴定彩、李文炳、何信义、林彩新统统作为裨将。还有第十三天将帐前左护卫的名义，给与李开芳。第十四天将帐前右护卫的名义，给予林凤翔。第十五天将可留给李秀成。至于洪宣娇、萧三娘二人，暂行给以女将军名义。"

洪秀全一直听到此处，连说"好好"，说着，又笑问钱江道："你呢？"钱江也笑上一笑道："我呀，挑水打杂无不可以。"

洪秀全道："你的官衔，只有我来斟酌。可以大司马的名义，兼充护国正军师。"钱江听说，也不推辞，但又说道："副军师一职，须得李秀成担任。"

洪秀全听了"哦"了一声道："怪不得军师方才没有派给他的实职，此人竟以百骑下了柳州，才情非小。"

钱江点点头道："大哥暂以大元帅以及千岁名义居之。将来得了天下再说。"

洪秀全客气几句之后，正要再说，忽接探子报到，说是李秀成率了百骑，去援杨秀清，现已事毕，立刻到此。钱江在旁听说，便同秀全二人出城迎接。等得李秀成到了帅府，洪秀全又将李秀成嘉奖一番，并将钱江所定营中官制，以及要他担任副军师之事，详详细细地说与他听了。

李秀成听毕，也谦逊一会，又向洪秀全贺喜之后，始问钱江道："军师，难道我们的这位复汉将军如此神速，已经出发不成。"

钱江点首道："他本未曾进省，大元帅已用檄文通知，命他即日受职出发。"

李秀成连点其头道："军师才大心细，调度有方，本非他人可及。不过秀成来迟一步，未能和石都督一见，未免有些失望。"钱江含笑答道："副军师勿急，你要见他，快的快的，我料定石都督此去必能得手的。"

第十五回　创官制封举义人　练乡团挡太平军 .. 101

李秀成一等秀全不在身边的当口，忙对钱江说道："秀清这人，虽位居各老弟兄之首，莫要弄得尾大不掉。军师不可不防。"钱江听说，连连点头道："自然自然，但是你已担任副军师名义，也得一同留心一二。"钱江说了这句，忙请李秀成行文通知各处弟兄，一面受职，一面各守防地，听候后令。

不说秀成照办之后，专管运筹等事。单说石达开那边，早由钱江飞檄通知，一边拜受职命，即同副都督罗大纲督队直向湖南杀去；一边做了一道檄文，布告天下。当时湖南巡抚张亮基，首先得到檄文，赶忙拆开一看，只见上面写着：

前军大都督第二天将复汉将军石　谨奉　大汉开国大元帅千岁洪意，以大义布告天下：盖闻归仁就义，千古有必顺之民心；返本还原，百年无不回之国运。自昔皇汉不幸，胡虏分张，本夜郎自大之心，东方入寇，窃天下乃文之号，南面称尊，阳借代为平乱之名，阴售实在并吞之计。而乃蛮夷大长，既窥帝号以自娱，种族相仇，复杀民生以示武。扬州十日，飞毒雾而漫天；嘉定三屠，匝腥风于遍地。两主入粤，三将封藩；屠万姓于沟壑之中，屈二臣于宫阙之下。若宋度欷歔于南浙；故秦泥不封于西函。呜呼！昨祚从此亡矣！国民宁不哀乎！

递其守成之世，筹永保之方。牢笼汉人，荣以官爵。忻伲之辈，雍乾以还，入仕途而锐气销，颂恩泽而他心汇。懼于万劫，经又百年。然试问张广泗何以见诛，柴大纪何以被杀？非我族类，视为仇雠。稍开嫌隙之端，即召死亡之祸。若夫狱兴文字，以严刑惨杀儒林，法重捐抽，藉虚衔网罗商实。关税营私以奉上，漕粮变本以欺民。斯为甚矣！尚忍言哉！

今洪公奉汉威灵，悯民水火。睹豺狼之满地，作牛马于他人，用是崛起草第，纵横粤桂；既卧薪而尝胆，复破釜以沉舟；忍令上国衣冠，沦于夷狄！相率中原豪杰，还我河山！自起义金田，树威桂郡，山岳为之动摇，风云为之丕变。英雄电逝，若晨风之拂北林；士庶星归，甚涓流之赴东海。一举而乌兰泰死，再举而赛尚阿奔。固知雨露无私，不生异类；自今人合应，共拯同胞。

兹广西已定，士气方扬；军兵则铁骑千群，将校则旌旗五色。特奋长驱，分征不顺；中临而长江可断；北望而幽云自卷。凡尔官吏，爱及军民，受天命者为其人，当思归汉；识时务者为俊杰，胡可违天。所有归顺之良民，即是轩辕之肖子。如其死命助胡，甘心拒汉，天兵一到，玉石俱焚。

本都督号令严明，赏罚不苟。倘或扰乱商场，破坏法纪，轻置鞭笞之典，重贻斧钺之诛。各宜深思，毋贻后悔。如律令。

张亮基一边在看，一边连称好一篇文章。及至看毕，暗想这个题目真大，彼中定有能人。我既食君之禄，只有忠君之事。当下便把两师传至，互相斟酌一下，于是一面飞奏进京，一面整顿本省人马。没有几天，接到上谕，命他克日荡平，并命在籍巨绅兴办团练。

原来那时道光皇帝已经宾天。长子名叫一个连字的，早被道光在日踢死。于是一班满汉臣众便请道光的次子，唤作是宁的那位太子登基，改元咸丰。

谁知这位咸丰皇帝，胎里就带了淫性来的。即位之后，对于一切的国计民生不甚讲究。单单只教一班皇亲国戚，以及太监小厮暗中献进美女，但又惧怕太后，只好偷偷摸摸地过他色瘾。

起先看见两广总督和广西巡抚的奏章，说有土匪作乱，他也不把这等小事放在心上，单命军机处拟旨申斥，责成该督抚负责剿灭了事。及见湖南抚臣的奏章，始知该股土匪不是等闲，方始有些着急起来，即召他的两个宠臣前去商量。

他的两个宠臣，一个是户部左侍郎肃顺，一个是内务府总管端华。这两个人都是和皇帝一块土上的人物，都有一些小小的才具。肃顺尤其能够揣度咸丰皇帝的心理。又常常对人说，满族人都不中用，若是要想治国平天下，还得拣几个有本事的汉人用用。所以他做部郎的时候，就很佩服曾国藩是位治国之才。他虽瞧得起汉人，可是一班满人都说他忘了自己出身，没有一个不恨他刺骨，无奈皇上正在宠任，大家也只好敢怒而不敢言罢了。甚至一班多嘴御史，也没一个敢去参他一本。

这天咸丰皇帝既将他们两个召去商量，肃顺就首上条陈，说是皇上责成督抚办理此事，本也极是；若能再命在籍巨绅兴办团练，以卫乡里，更有益处。其实当时的肃顺上这条陈，就是暗中在保曾国藩的意思。当时咸丰皇帝听了也想不出什么法子，所以也就把他那龙头一点，算是商量了事。

谁知咸丰皇帝不过这样一句说话，却把一位湖南的张巡抚闹得不亦乐乎。你道为何？原来那时候做清廷臣子的，个个都想迎合上意，便能简在帝心。譬如皇帝并未说出其人，他们能够保奏上去，皇上合意，别的不说，单是军机大臣那儿，就会少碰几个钉子。

张亮基自从接到这道上谕之后，左思右想，千斟万酌，方才被他想到一位丁忧在籍的曾国藩、曾侍郎身上去了。他因曾国藩在京的名望甚好，而且老诚持重，又为湖南全省绅士之冠。他既想到此人，并不先与本人商酌一下，立即用了六百里加急的牌单，奏保上去，果蒙谕允。张亮基得到这道旨意之后，心里自然非常高兴，连忙派了一位名叫栾璧城的候补道员，连夜去到湘乡县里，一则去向曾国藩道喜，二则恭迓上省，以便商酌兴办团练大事。

谁知曾国藩一见了那个栾璧城的名字，连连挡驾，不肯请见。栾璧城弄得乘兴而来，扫兴而返，只得姗姗地回报抚台。张亮基据报，却也莫明其妙。急又亲自去拜一位名师郭意诚的绅士，托他去劝曾国藩答应此事，国家地方、两有裨益云云。

原来这位郭意诚绅士本与曾国藩有些远亲；他的胞弟，就是新科翰林郭嵩焘。那时郭嵩焘本在京中供职，对于皇帝要命本省巨绅兴办团练的事情，他已料到除了曾氏之外，并没别人。一天可巧要寄家信，便把他的意思写在信上：说是曾氏如果推却不干，哥哥须得亲去劝他，请他看在乡情面上，务必答应下来。郭意诚既接乃弟的家信在先，又因张抚台亲自前去托他在后，便也一口答应。

第二天就专诚去到湘乡，拜谒曾氏。可巧曾国藩素来佩服郭意诚的学问，一见他到，连忙请见。郭意诚谈过一阵闲话。方才讲到正文。当下便把张抚台亲去托他，他及他那兄弟信上的意思，统统告知曾国藩听了。

曾国藩不待听完，已在连续不已地摇头。等得郭意诚说毕，马上接口说道："这桩事情，非是兄弟重违你们诸位的好意，委实难以遵命。一则素未研究军事之学，如何可以贸然担任此等大事。二则孝服未满，夺情之举，圣明天子也未必一定见逼的。"

郭意诚听说，忙又委委曲曲地解释得曾国藩无可推诿。

曾国藩此至，方对着郭意诚皱着眉头笑上一笑道："兄弟方才所说，都是公话，此刻老实再和姻兄说一声罢，兄弟还有一点私意。对于此事，尤觉不敢担任。"郭意诚忙问："什么私意？"

曾国藩又说道："上次张中丞所派来的那位栾璧城观察，兄弟一见了他的名字，便觉不利。"郭意诚听到这句，不禁哈哈地大笑起来道："涤生，你是一位有大学问的人，怎么竟至这般迷信起来了呢？况且栾观察的名字，有何不利之处。快快不可如此。"

曾国藩听说，忽正色答道："这个并非迷信，姻兄不必着急，姑且听了兄弟说完再说。"郭意诚听了，便一面笑着，一面把手向曾国藩一扬道："你说你说，我暂且不来驳你就是了。"

曾国藩始说道："我从前的官名和号，本来不叫国藩、涤生。"

郭意诚又接嘴道："这事我倒不甚清楚，那时大家都叫你作曾老大的。"

曾国藩也笑上一笑道："姻兄是我亲戚，你都不知道此事的底蕴，难怪旁人更加不知道的了。我们先祖星冈公，他替我取的官名，叫作子城二字，号是居武二字，就是取那曾子居武城的一句之意。我那年侥幸考中进士之后，尚未殿试，我那座师朱士彦朱中堂，承他错爱，特地打发人将我找去，且郑重地对我说：'贤契，我见你的文字，气势敦厚，将来必能发旺，但是这个名字，觉得有些小派。以名字论，不但不会大用，而且一定不能入词林的。你如果因名字之故，不入翰苑，岂不可惜。'我当时听了我那位座师之话，方才改为现在的名字和现在的号，后来果点翰林。以兄弟这个毫没学问之人，当时能够一身而兼三个侍郎的官衔，总算是大用的了。至于那位栾璧城观察，他的大名，使人可以当作乱必成三个字听的。"

曾国藩说到这里，又连蹙其双眉道："现在这件办理团练的事情，似乎不仅保护桑梓而已，倘若皇上要以这个团练去助官兵，难道可以不遵旨意的么？兄弟恐后乱事终至必成，因此不敢担任。但又不便把此私意前去告诉中丞，只好绝口谢绝。"

郭意诚一直听到此地，方始连点其首地说道："名字关系进出。我也曾经听人说过几样。从前乾隆时候，有位广东雷琼道前去引见，乾隆因见他的名字叫作毕望谷，马上说他不懂仪制，把他革职。就是道光手里，也有一个名叫未太平的提台，因为名字关系，不能补缺的。这样说来，我倒认识一个名叫曾大成的候补参将，此人的名字对你很合，让我回去，告知中丞，派他再来奉请。"

曾国藩一听曾大成三个字，心里不禁一动，慌忙笑阻道："这倒不必，既承贤昆仲二位，以及张中丞如此重视兄弟，兄弟只有暂且答应下来。不过独木难以成林，姻兄能否举荐贤才给我，以资臂助的呢？"

郭意诚一见曾国藩已经答应，喜得连说："有，有。"正是：

> 中兴事业从头起，
> 半壁摧残接踵来。

不知郭意诚所举何人，且阅下文。

第十六回

国藩单求郭意诚
宣娇拟殉萧朝贵

郭意诚一见曾国藩已经答允,不过要他举荐几个人才帮同办事,当下连说"有,有"。即问曾国藩道:"你瞧罗泽南、杨载福、塔齐布三个怎样?"

曾国藩点头道:"这三个人,都是兄弟的朋友。罗萝山这人,尤其文武兼长。姻兄意中,难道除了这三个之外,便没有了么?"郭意诚又说道:"有是还有,一个在此地,不过一则他才从贵州回来,恐怕一时没有工夫;二则却有一点真实学问,未必肯居人下。"

曾国藩忙问道:"姻兄所说,莫非就是胡润芝么?"郭意诚点点头道:"正是此人。"

曾国藩忙回道:"润芝也是兄弟的老友。但他为人,诚如尊论,未必肯为我用。"郭意诚又略想了一想道:"要么只有湘阳县的那位左季高了。我的熟人之中除了他们几个,委实没有什么人才了。这件也非小事,兄弟不敢随便保举。"

曾国藩不待郭意诚说完,已在乱摇其头道:"季高为人,他虽一中之后,未曾连捷,可是他的目空一切,更比润芝还要难以相处。兄弟平生最钦佩的,倒是姻兄。可否看在桑梓分上,暂时帮兄弟一个忙呢?"

郭意诚听说,微蹙其眉地答道:"这件事情,并非兄弟故高声价,有兄大才，足够对付得了。将来若真缺人之时，可令舍弟嵩焘前来相助。"

曾国藩素知意诚为人，不乐仕进，闲散惯了的，当下也不相强，单是答着："令弟肯来帮忙，还有何说。"郭意诚道："兄弟回去，一面给信与张中丞去，一面函知舍弟便了。"

曾国藩听说，又补上一句道："姻兄见了张中丞，最好还是替我力辞，真的不能辞去，再行示知。"郭意诚连忙双手乱摇道："这是造福桑梓之事，我兄的圣眷本隆，声望又好，怎么能够辞去？"

曾国藩听说，方不再说。等得送走郭意诚之后，忙告知竹亭封翁，以及两位叔婶，方才命人分头去请罗、杨、塔三个。

那时正是咸丰二年六月，离开清朝入关的时候既久，一班人民对于吴三桂引狼入室的事情，已非亲目所睹，既成事过情迁，大家都认清室是主，凡是稍有一些才具的人，试问谁不望着干点显亲扬名之事。况且塔齐布本是驻防旗人；罗、杨两个又是平日服膺曾国藩的。当下一听曾国藩为了兴办团练前去相邀，当然不约而同地一齐到来。相见之下，曾国藩即将奉旨办理团练，拟请他们帮忙之事，告知他们。三人听说，略谦虚几句，欣然允诺。

没有几天，张抚台果然听了郭意诚之话，就派那个候补参将曾大成亲送照会前来。曾国藩因见曾大成的身体魁梧，精神饱满，还算一位将才，便也把他留下，以备差遣。第二天，就同罗、杨、塔三个一起进省，会过张亮基中丞之后，便以一座公所做了团练局用，至于一切的军械军服，都由警务处和藩司那里送来。曾国藩瞧得业已楚楚，便将招募人民充当团勇的告示贴出，不到几天，已满预定的五千人数。曾国藩复与罗、杨、塔三个商议一下，把那五千团勇分为东南西北中的五队，自己兼统了中队。又命罗、杨、塔三个分统东南西的三队，尚余北队。

正在物色相当人才的当口，谁知他那几个兄弟都在家中和他父亲吵个不休。大家说是大哥三考出身，做到侍郎，这是他肯用功所致，我们没有话说；现在朝廷既是派了大哥督办团练，这是保卫桑梓之事，凡有血气的人们，都是应该做的。父亲快快寄信，我们拿了好去局中自效。那位竹亭封翁，竟被他的几位贤郎吵得无法对付。后来还是写信先去问了曾国藩，究竟怎样办法？

接到回信说是：国藩业已受了朝廷的恩典，自然只好以身报国。但是因此久疏定省，已觉子职有亏；若是再令几个兄弟一齐来局办事，舍家顾国，也非为子之道。既是几个兄弟如此在说，国藩一定阻止，又非为兄之道。只有取一个调和办法，可令国葆兄弟一人来局。其余三个兄弟应该在家，一面用心读书，一面侍奉父亲以及两位叔婶。至于家中用度，国藩自会按月寄回，不必几个兄弟操心。一个人只要有了学问、名望，便好垂名万世，不必一定做官，方才算得显扬的。

竹亭封翁得了此信，方才算有解围之法，就把此信给予四个儿子去看。大家看毕，都觉他们大哥信中的言语，于国于家，于公于私，没有一处不顾周全，没有一处有点漏洞，实在无法反对，方才偃旗息鼓，只让国葆一人去到局中。

国葆到了局中，见过他的大哥，曾国藩问过家中情形，又以古今大义细细地讲与国葆听了一番，然后方命国葆统带北队。国葆又因兄弟两个同在一局办事，反而有些不便，即将国葆二字改为贞干二字。国藩倒也为然。

那座团练局中，五位统带既已齐全，曾国藩曾任兵部侍郎，自然晓畅军机，不必说它；就是罗、杨、塔三个也是大将之才；只有这位北队的曾贞干统带稍觉年轻一些，军事之学也差一些。好在事事有他老兄做主，所以把那东南西北中的五队团勇，真是训练得人人有勇、个个能战，胜过那时的绿营十倍。曾国藩虽在一面命人探听洪军消息，一面每日地仍在局中写字看书，作他日记，所写之字还要一笔不苟。

哪知石达开同了罗大纲二人统率大军，已经杀到衡州。那时张亮基那里，每日接到各处告急的公文，犹同雪片飞来的一般，慌忙亲到团练局中，要请曾国藩和他会同迎敌。曾国藩当然一口答应。张亮基听了大喜，马上饬知全省营务处调齐军队，一同出发。

张亮基知石、罗二人乃是洪军之中的健将，不是什么小丑跳梁。这次的军事，断非最短期间能够了结的。深恐自己才力不足，要误大事，已将胡林翼这人请入军中参赞一切。

等得大家一到衡州相近的地方，他便开上一个军事会议，对着胡林翼、曾国藩、罗泽南、杨载福、塔齐布、曾贞干、曾大成，还有他那中军副将王兴国等人说道："石、罗二贼，大队到此，我们这边须得千万仔细。不要第一仗，就挫锐气，那就震动两湖。以我之意，还是坚守阵地为上。"

曾国藩先接口道："曾某也以中丞之意为然。但是朝廷以此重大责任，付与我与中丞二人，现在既有省军，又有团勇，不能一战，似乎说不过去。"

胡林翼也接口道："我所虑者，敌军十倍于我，众寡不敌耳。不如用个离间之计，先使洪、杨二氏自相猜疑，自相并吞，我们再去从中取利，那时必可一战而定。"

罗泽南听到此地，他却站了起来说道："罗某有个愚见，广西的酿成此乱，全在将不知兵。洪军无论如何凶悍，终是一股乌合之众，若不趁此迎头痛击，要我们这班官军与团练何用？胡大人的这个鹬蚌相争、渔翁得利之计，似乎远水难救近火。"

罗泽南尚没说完，杨、塔、曾三个忙也一同站起来道："我等身为武将，只知杀贼。"

张亮基便把他手向罗、杨、塔、曾四个一拦道："诸位姑且坐下，我求取个折中之法，一面可用胡观察之计，一面就此进攻，何如？"

大家尚未接话，忽据探马报到，说是钱江恐怕石军旱道有失，业已派了第十二天将赖汉英，督同贼格陆顺德、苏招生、吴定彩、陈坤书四人，造了几百只大小战艇，跟踪而至。复又另外派了洪秀全的胞妹洪宣娇、萧朝贵的胞妹萧三娘，连同洪宣娇新近招收名叫陈素鹃、陈小鹃的两个广东女子，率了女兵四万，号称女军，一同杀至。衡州镇台苏守邦，连同手下的营官职守各官，统统阵亡，衡州已经失守。

张亮基不等探子说完，连连地蹙额道："大事不好，大事不好。"说着，一面便请胡林翼自去办理用计之事，一面即令王兴国会同罗、杨、塔、曾四人，上前迎敌。哪知张亮基分派才定，只听得噼噼啪啪的联珠炮声①，跟着一片喊杀之声，真同天崩地陷一般，已经杀奔而来。

曾国藩急命探子再探，就命大众赶快迎战，于是王罗、杨、塔、曾五个立即各持军器，一同跳上坐马，飞奔地杀出营去。可巧正遇罗大纲亲率几十员猛将，当先一马驰至，双方一阵混战。只是洪军方面愈杀愈多，官军方面愈杀愈少。

罗泽南因是初次出兵，不肯就由他们一战而败，以致牵动两湖全局，正在依旧死命厮杀的当口，陡见他手下的一簇团勇，不知为了何故，宛同遇了极其厉害的蛇蝎一般，大家不约而同地齐喊一声，立刻溃散。罗泽南慌忙定睛一瞧，原来却是四个美人满身袒裸的②，大家各骑一匹马，迎面杀来。罗泽南不管什么，急忙杀了上去。正在双拳难敌四手之际，幸亏塔齐布这人忽从东方角上，连人

---

① 信炮土铳，洪军以之通信息者，非近时枪炮。

② 赤臂露膀之状。

第十六回　国藩单求郭意诚　宣娇拟殉萧朝贵　··109

带马,竟像滚蛋的一般滚至,大吼一声,见人就砍。罗泽南一见塔齐布已来加入,稍稍把胆一壮。哪知四个美人,不知究竟在采取何种战法,倒说骤然之间,并未露出什么破绽,却又飞马退了回去。只觉来去如风,进退如电,使人不可捉摸,仅给人一个眼花缭乱而已。但是罗泽南此时已经知道洪军之中真有非常能人,不可小视,他起先那句乌合之众的说法,自认没有阅历。正在一边暗忖,一边仍旧鼓勇追杀上去。

不防就在此时,又见曾贞干骑着一匹伤马,正从斜刺里伏鞍地逃了出来。一见了他,只是急喘喘地说了一句"我马受伤,只有先行回营",边说边又急急地把手上马鞭向后一指道:"那边两个婆娘厉害,萝山当心。""心"字未曾出口,已经飞奔而去。

罗泽南虽然听了此话,却不惧怕什么婆娘,偏向曾贞干所指的地段,奋力杀去。及到那儿,并没见有什么婆娘,但是杨载福、王兴国两个正被十几个悍贼围在核心厮杀,已经现出不能支持之势。他忙大吼一声,飞马冲入。冲过之处,几个悍贼竟被他的马风冲得一齐闪了开去。罗泽南此时不及去杀这些冲开的人众,单顾要救杨、王二人要紧。

谁知他还未曾奔近二人身边,说时迟,那时快,可怜王兴国这人一个抵挡不住,已被一个更狠的悍贼,砰的一声,自头至腹地劈开马下。跟着又见那个悍贼,劈了王兴国之后,正要同样地去劈杨载福。他因一时不及赶近,急在马上,一面连忙大吼几声道:"杨统带莫要害怕,罗某来也。"一面已将他那手上的一柄马刀,用劲照准那个悍贼的当胸钉去。那个悍贼要避刀锋,方始将手一松,杨载福才得趁这工夫,把他的马缰一紧,回马就逃。

此时那个悍贼,自然恨煞罗泽南夺了他的到口馒头,马上和他厮杀起来。二人正在杀得棋逢敌手、将遇良才,难解难分的当口,忽然又来数十员贼将,又把罗泽南这人围在核心,此时仍是杨载福飞马杀入来救,大家复又混杀一阵。罗、杨二人因见敌人太多,只得觑个空子,杀出重围,败了下来。及至奔回大营,一见那座大营,已被敌军冲破。罗、杨两个一同说声不好道:"我们快快分头找寻曾督办要紧。至于我们是死是活,不能管了。"二人道言未已,各自奔散。

原来曾国藩自见众将出去迎敌之后,便对张亮基说道:"我此刻听得敌方的喊杀之声,气盛而锐,我们的几个将官,恐怕寡不敌众。中丞快快飞檄再调绿营人员,前去助阵才好。"

张亮基听说,连连称是,立刻用了大令,飞饬记名总兵、现统省防军的那个陈坤修加饬助战，不胜不准回兵。旗牌官持了大令出营未久，不防就在此时，陡然杀来一股贼兵，竟将大营冲破。那时营中虽然还有数十员武官，只因都非敌人对手，连他们自己的性命都不能保，怎有工夫来管主帅。

　　幸恰胡林翼那时不在营中，一见大营已溃，慌忙亲自带了一营人马来救张、曾二公。后来单单遇见张亮基一个，连忙保着先走，一退二十多里，方才停下。正得饬人飞探曾督办的信息，已见曾贞干保着曾国藩喘息而来。张、胡二人一见曾国藩无恙，方问其余的将官怎样。曾氏兄弟两个，都说一点不知信息。

　　胡林翼正待派人前去救援，曾国藩忽然摇手阻止道："且慢且慢。"说着，又问："此时我们这里，还有多少人马？"张胡二人一同接口道："大概不满三营。"

　　曾国藩又把手向左边的一条小路一指道："贼人现在大胜，当然只管正面，不顾小路。此刻快快命人前去埋伏这条小路，既可兼顾我们此处，又可去击他们的一个不防。可惜没有上将带领。"

　　曾国藩尚未说完，骤见一个红人红马奔至。大家一吓，急忙迎了上去一瞧，正是西队统带。好个塔齐布，因为一个人连敌了百十个敌将，以致连人带马，浴血地败了回来。张、胡、曾三个一见塔齐布这般情状，怕他伤了要害，忙问："伤了何处？快快躺下。"

　　塔齐布一面跳下马来，一面高声地答道："标下托诸位上司的洪福，幸没伤及要害，还不要紧。此马恐怕不中用了，快些牵开。"说着，不待大家回话，忙又自去找上一块干净手巾，一边在揩脸上的血水，一边说道："此地有条小路，那些贼人未必定会防到。赶紧让标下带领人马，前去伏在那儿。"塔齐布的"儿"字，刚才出口，他的大腿之上忽又冒出一股鲜血，流得一地都是。

　　曾国藩正待自去替他揩拭，忽见塔齐布却把他的一双腿飞快地提起，向外一踢，向里一缩，悬空地甩上几下道："还不碍事，还是快快让我前去。"

　　张、胡、曾三个此时也知大局要紧，只好让塔齐布率兵自去。

　　塔齐布走后未久，罗泽南、杨载福两个已率领残兵一同赶到。二人一见张、胡、曾三位都还安然在此，方才把心放下。杨载福先说道："贼兵现在正在抢拾辎重，我们到底作何处置……"

　　杨载福话未说完，已有探子报到，说是贼兵不像追击样子，仍在注重我们遗失的军械粮饷等物。这个探子说完去后，又见接二连三的探子前来报告，大致都和起先的一个探子相同。胡林翼刚待说话，又见一个探子飞马来报，说是敌人不知从何处抬回一个没头尸身，似乎是个首领的模样。所有贼将，一见那

第十六回　国藩单求郭意诚　宣娇拟殉萧朝贵　..111

个尸身，无不现出惊慌悲苦之色。现在统统退回衡州城内去了。

张、胡、曾以及大家听说，正在惊疑之际，只见塔齐布早已一马奔来，飞身跳下，对着张、胡、曾三个把他右腿一跪，左腿一屈，献上一个贼将首级道："这就是洪秀全妹婿萧贼朝贵的首级，已被标下砍来。"

罗、杨二人忙去接到手中一看，正是起先劈死王兴国的那个悍贼，急将王兴国阵亡之事，禀知张、胡、曾三位听了。张、胡、曾先将塔齐布大赞几句，方才命将萧朝贵的首级携回号令。

胡林翼插嘴道："我早已料到寡众不敌，断难持久，不若仍回省城，再作计较。"大家听说，一时也想不出什么良法，只好依了胡林翼的主张，兼程退回省垣去了。

现在先说石军这面，他们自从杀入湖南地界，逢州得州，遇县得县，真正地势同破竹，如入无人之境，竟把衡州占领。阵亡的官兵，自然不计其数。石、罗二人一面出示安民，一面正拟向那省垣杀去。忽见萧朝贵、韦昌辉，以及洪宣娇、萧三娘、陈素鹃、陈小鹃四个女将跟踪而至。又据萧、韦二人对他们说："钱江因见湖南地方，可用水战，已命赖汉英，督陆顺治等四人，赶造大小战艇数百号，随后即到。"石达开听说，自然大喜，主张即日杀奔长沙，占了省城再说。大家也以为然。

哪知他们刚刚出发，张、胡、曾三个已率官兵杀至。于是一场大战，萧朝贵竟把王兴国这人鲜活淋淋地劈成两爿，刚待再去劈死杨载福的时候，忽被罗泽南救去。

及至罗、杨二人不敢恋战，败退下去，萧朝贵追上一阵，忽见路旁有条小路，忙问手下的向导，此路可通前面？向导答称可通前面。他就率了少数人马，直由小路奔去。不防那个塔齐布埋伏守候已久，给他一个不意，萧朝贵竟至阵亡。他的手下，连忙抢回一个没首尸身。刚刚回到陈前，宣娇首先瞧见，顿时大叫一声，撞落马下。正是：

大局未安身已死，
长城一失志难酬。

不知洪宣娇的性命如何，且阅下文。

第十七回

睹耳语众将起疑　掷头颅孤孀遇险

洪宣娇一见她的汉子又继冯云山阵亡，一惊之下，顿时晕了过去。萧三娘急同陈素鹃、陈小鹃姊妹两个，先去掐着洪宣娇的人中。直待洪宣娇哭出声来，一面方用姜汤灌下，一面劝她须得节哀，替夫报仇要紧。洪宣娇却仍旧拍手顿足地闹个烟雾漫天，不肯答话。

那时的军中，要算石达开为主，他也忙去劝洪宣娇道："萧嫂子，方才杨嫂子所劝你的说话，一点不错。萧将军既已为国捐躯，萧嫂子只有一边办理棺殓大事；一边立即杀入长沙城中，取了张亮基、曾国藩二人的心肝五脏，活祭萧将军，以慰忠魂才是。"

洪宣娇直到此时，方始泪流满面地答着大家道："他的脑壳都没有了，教我怎样殓法？"

石达开、罗大纲、韦昌辉一齐答道："这是没有法子的事情。从前的那位关壮缪，他老人家误走了麦城，后来也是身首不能相连的。"

洪宣娇一听到"身首不能相连"一句，更加悲恸起来。当下忽愤愤地说道："诸位不必劝我，人各有志，我非殉他不可。"洪宣娇把那"可"字的声音，咬得极实极重。

大家听去，似乎真要前去殉夫的样子。萧三娘一时没有法子，正待上去辩住宣娇，防有不测等事发生的时候，岂知说时迟，那时快，宣娇一见三娘要去辩她，她便趁三娘犹未近身之际，陡然给人一个不防，噗的一声，就向地上打上一个大滚。宣娇仅仅乎滚上一个狮子翻身，可是她那一个粉搓玉琢的身体，早已变成一条泥鳅一般起来。

原来洪秀全抱着教旨，要救同胞；既要去救同胞，便得逐走胡人。故而他自起义，誓不再打发辫；既不打那发辫，即把头发留长。又因头发留长之故，只好用那红布裹首，以束乱发。红巾的制度，职分愈大的，脑后拖得愈长，也是他们的营制之一。那时因军兴之际，无暇顾及普通服制，所以不问首领小卒，以及妇女姑娘，无不短衣赤足，脚登草履。

那时又是伏天，洪宣娇和萧三娘、陈素鹃、陈小鹃几个，也是头裹红巾，拖在臂上；上身仅着一件麻布背心，袒出两双粉臂，大有欧西风味；下身也是一条大脚短裤，外罩一幅长仅一尺有半的战裙，两条羊脂玉腿全部露出，一丝没有遮盖。她们和那罗泽南、杨载福、塔齐布、曾贞干等打仗的时候，难怪人家要称她们为裸体美人。宣娇既是裸体美人一份子，试问一经把她肉身滚在地上，焉有不似泥鳅之理。

当下萧三娘、陈素鹃、陈小鹃三个陡见洪宣娇滚在地上，现出这般臊人形状，不约而同地都把三张脸儿羞得红了起来。幸而忽见一个探子飞马报到，对着石达开说道："小的探得洪大元帅和钱、李二位军师，率着数十万大军，即刻可到城外。"

石达开一听洪、钱、李三个一齐到来，忙对萧三娘说道："我就先同众位弟兄出城迎接。请嫂子们快替萧嫂子收拾一下，随后就去。"石达开说完这话，也不等待萧三娘回话，马上同着大众先走。

此时洪宣娇已在地上听得清楚，只好一任萧三娘等人替她随意匆匆忙忙地一抹，即同她们三个飞身上马，奔出城外。及至到后，已见她的哥哥和钱、李二位军师，正与石达开几个边说边哭。

众人一见到她，她的哥哥首先抓住她的双手，放开像个破竹管的喉咙，对她重新大哭起来道："我的好妹子，怎么有此祸事。我们这位萧贤弟，又是一个以身报国。总是怪我不好。"

洪宣娇听说，早不待她的哥哥把话说完，她又一头撞到秀全怀内，哭得上气不接下气地答道："他既为国捐躯，报仇之事，只有大哥和众弟兄替他担任。

妹子是决计要和他一块儿去的了。"

洪秀全听说，只好自己先停哭声，然后劝着他的妹子道："妹妹，照为兄的意思，本想和你一同殉我们这位好兄弟的。但是大局未定，亢仇未报，此时不敢这般急急。否则去到阴曹，又拿什么脸儿去见他呢？妹子快听为兄一句，只有首先去攻长沙，等得捉到张、曾等人，报了这个不共戴天之仇再说。"

秀全尚未说完，大家也来争着相劝宣娇。宣娇哪里肯听，甚至秀全向她下跪，她也一点不睬。大家见了，只好先去扶起秀全。

正在闹得烟瘴雾气的时候，始见那位钱大军师忽地把他的手，向着宣娇轻轻地一招道："萧嫂子，你且过来，等我和你说几句非常紧要的话再讲。"

钱江正在向洪宣娇招手的当口，大家还在暗中怪着钱江，太把这件事看轻。此时她这位大元帅的胞兄，都没法子把她劝住，岂是这样轻描淡写的，将手随便一招，能有效果的呢。谁知众人的暗忖，尚未完毕，却见洪宣娇这人已经噗的一声，离开她那胞兄跟前，飞快地就向钱江那边走去。及至看见宣娇走到钱江身边，钱江仅不过和她悄悄地咬上几句耳朵，说也奇怪，倒说宣娇这人，竟会先后判若两人起来，不但早把哭声止住，而且一边在听钱江之话，一边已在连点其首。

就在此时，大家陡然不约而同地又在暗中起了一个疑团，还当宣娇这人本已生得千般美貌，钱江这人又是长得万种风流。若以小人之心，去度君子之腹起来，这桩事情便可不言而喻。

不料大家暗中的这个疑团犹未解决，又见钱江话已停下，洪宣娇且在答着他道："军师之话想来不致骗我，宣娇哪敢不听。"她的"听"字甫完，又再回头对着她的哥哥说道："哥哥，妹子准听军师的命令，马上率了大兵，去攻长沙。你那苦命妹夫的棺殓大事，还得哥哥费心。"

大家一见宣娇如此在说，自然且把各人的疑团先行丢开，都又忙不迭地抢着接口道："萧嫂子能够如此识得大体，自然去围攻长沙要紧。至于萧将军的殓事，莫说千岁和他情关至戚，谊不容辞，就是我们大家，也和萧将军都是患难之交。这桩大事，也得效劳。"

宣娇刚待去谢大众，洪秀全已在接口道："既是如此，妹子快快就此出发，不必再回城去，免得见了我那萧贤弟的尸身，多得伤心。"

洪秀全说到此处，非但阻止宣娇，不必忙着去谢大众，而且还要眼看她立即出发之后，方肯入城。洪宣娇一见秀全如此样子，便将她的一双玉手，向着

第十七回　睹耳语众将起疑　掷头颅孤孀遇险　..115

大众飞快地拱上一个圆圈,算是道谢。又去问着钱江讨那先斩后奏的权柄,以便镇慑军心。原来洪秀全的军制事事采取前明法度,所以洪宣娇有此要求。

钱江听说,即请李秀成将他所管的一面令旗、一柄宝剑,付与宣娇道:"此物照例不能假借。现看萧将军尽忠面上,破例一行,但愿萧嫂子拿了此物,同着杨嫂子和陈氏姊妹二位,此去马到成功,饮了仇人之血。我们大家,再替四位女将军庆功。"

钱江说毕这话,把头一回,跟着又对萧三娘说道:"杨嫂子,此次官军方面,竟用那个离间之计,命人去到全州地方,布散谣言,说是我们千岁,有意命杨将军留守后方,分明置他死地等语。幸恰被我知道,亲自去向杨将军解释,杨将军也能深明大义,非但不为那些谣言所惑,而且知道我们即日出发前方,教我带信与嫂子,好好辅佐千岁荡平大局之后,再与嫂子相见。

"现在我已率领大小战艇数百艘到此,以便对于官军用那水陆夹攻之法,不捣犁庭穴决不甘休。此刻我就任嫂子为第一路女军统领,命陈素鹃做你的先锋。任萧嫂子为第二路女军统领,命陈小鹃作她的先锋。就此一齐出发,直趋长沙。"

李秀成至此,也含笑地接口说道:"嫂子只管放心前往,我们的大军随后就到。不过长沙方面的那个曾国藩,老成持重,极有笼络将士的手段。现在他手下的罗、杨、塔、曾四个团练统带,各人的本领并不亚于江忠源那厮。杨嫂子……"

李秀成叫了一声之后,又把他的眼睛望着洪宣娇、陈素鹃、陈小鹃三个一齐说道:"诸位此去,第一能够马上入城,方为上策。若用包围之法,以使城内粮尽自毙,便落第二层了。"

钱江和洪秀全、石达开、韦昌辉几个在旁听说,一齐接口道:"副军师之话极是,四位此去,须要牢牢记着。"

洪、萧、二陈四人听说,连称得令,立即辞了大众,督队就走。洪秀全同了大众眼看四人走后,方才入城办理萧朝贵的棺殓等事。

现在先讲洪宣娇等人,离开衡州,直向前方杀去。沿途所过之处,并没一支官军可以抵挡她们。一天已离省垣不远,忽接探子报到,说是抚台张亮基、参赞胡林翼、团练督办曾国藩,业已派了重兵,把守四门,似取以逸待劳,以待我军粮尽自退之计。洪、萧二人听说,即命探子再探。

二人便和二陈计议道:"我们出发的当口,副军师已经防到官军方面,怕要死守孤城，以老我们之师。现在果被副军师料中，如何是好？"

陈素鹃朗声地说道："依我之意，此去能够立即攻入城内，自然最好没有。否则可把四门团团围住，外绝他们的援兵，内断他们的粮草；并可分兵随意破那附郭小县，使他单剩一个蟹脐，瞧他还能成害不成！"

陈素鹃说完，陈小鹃忽地把她那双撩得人死的眼睛，对着她的姊姊一瞄道："姊姊这个法子，若是换在从前，或是用在以后，都也很好。独有现在不妥。我们副军师本已说过曾国藩这人，最要防他。我们此来，能够用了兵力把他除去固好，否则也要用他一个计策，使他们的皇帝革他官职，也算替我们除他。我知道满洲的皇帝，最是不相信汉官的，所以汉人虽是位至制台，还有一个同城的将军监视着他。位至抚台，也有一个同城的都统监视着他。若遇军事时代，只要一失城池，不但马上拿问，甚至就在军前正法，也是常有之事。可是一班汉官也有一个巧妙法子，前去对付还在北京目不能见、耳不能闻的那位皇帝。历来的督抚大员，哪怕通省的州县统统被敌所占，只有省垣地方未曾失守，他们对于皇帝，便觉有词可借。就是那个皇帝，却也承认他们，只要未失省垣，便没多大罪名。现在我们单是围城不克，曾国藩的官儿依然在，如何能够除他？"

陈小鹃说到此地，洪、萧两个以及她姊姊无不击节大赞她道："着，着，着，这话极是极是。"

宣娇又单独说道："现在我们不管怎样，杀到城下再说。"

小鹃又接口道："既是如此，可令探子沿途侦探，各处可有伏兵。"

萧三娘又点点头，即命探子照办。她们索性慢慢地前进，及到城门相近，幸没什么伏兵阻路。洪、萧二人一面下令，扎下营头，一面又命手下女兵，统统预备云梯攻城。

谁知曾国藩自在衡州城外吃了一个败仗之后，回至省城，决计一面添招团勇训练，一面和张亮基两个会衔飞奏朝廷，自请失利处分。并请速派各省援兵，以救孤城。那时幸亏咸丰皇帝身边，有个很相信汉官的肃顺在那儿。所以张、曾二人并未得着什么严谴，且准他们多招新兵，以便对付敌军。这样一来，就给了张、曾二人的一个死守机会了。

有一天晚上，曾国藩独自巡城到了西门，正是洪宣娇的驻军所在。曾国藩忙向宣娇的军中一瞧，不觉咋舌起来道："如此军容，怎么竟出女人手里。"

那时的塔齐布，也是奉派守御西城。一见曾国藩在赞敌人，自己很没面子，

第十七回　睹耳语众将起疑　掷头颅孤孀遇险　..117

便上一个条陈道:"敌军一连攻打我们十多天了。标下冷眼瞧着,这班女兵似乎已有一些疲倦之态。标下想于此刻放下吊桥,冲入敌营,杀她们的一个不备。倘有疏虑,愿受军令。"

曾国藩听说,也就点首允准。

塔齐布见了大喜,马上督率所部放下吊桥,悄悄地杀到宣娇营前。哪知尚未站定,忽听得陡的一声信炮,一分钟不到的工夫,已见左有洪宣娇杀出,右有韦昌辉杀出,顿时就把塔齐布这人围在核心。

原来钱江和李秀成二人早已料到官兵素无纪律,一见女兵,纵无奸淫之心,却有艳羡之意。兵心一懈,自然要减勇气不少。所以他们主张女兵先行,以懈官兵。然后又命韦昌辉、罗大纲、赖汉英、陈玉成四人,扮作女兵模样,随后追上,暗入洪、萧军中,官兵方面决不能够防到。

谁知偏偏遇见这个塔齐布的眼睛最尖,早已被瞧破机关。但是塔齐布虽能瞧破机关,可是已被她们围在核心,当时只好拼命厮杀。

曾国藩站在城上瞧得清楚,恐怕塔齐布寡不敌众,忙命旗牌飞速地调到罗泽南一军,出城接应。他自己也在后面督阵。

不防那个洪宣娇的一双眼睛,也有塔齐布的一般尖法,一见曾国藩这人已下城楼督阵,她急丢下塔齐布这边,一马捎到曾国藩面前,拼命扑去,要想趁此活擒到手,替她的汉子报仇。可巧那时曾国藩的身边又没什么贴身将官,只得转身就逃,宣娇如何肯放?

曾国藩正在间不容发之际,忽见一个少年小兵陡地大吼一声,飞奔而上,单将他一个救回城去。当时塔齐布和罗泽南两个一怕主将有失,二因敌军有备,便不恋战,只好就此一同收兵回城。等得连连放下吊桥,还见那些女兵一边奋力追赶,一边拍掌叫骂。他们也不再管这些,单是急急忙忙地想去慰问他们主将。及至走到,忽见曾国藩却和一个少年小兵并立谈话,不禁一愣。

他们二人犹未开口,已见曾国藩指着那个少年小兵,对着他们皱了双眉说道:"方才没有此人奋身救我,此时早被那个女贼活活捉去,哪还会再和你们相见。此人有才如此,我竟没有知人之明,使他屈作小卒,有愧多矣。"

罗、塔二人忙问那人姓名,方知叫作张玉良,现充中军之中的一个小兵。正待奖励几声的当口,又见张亮基、胡林翼,以及合城的大小文武官员纷纷而至,都来问候曾国藩了。他们二人只好暂时退下。等得张、胡二人慰问曾国藩之后,又将张玉良这人拔升省防统带。

张玉良谢了退去，他们方才上去对着曾国藩谢了保护不周之罪。曾国藩方始又对张、胡、曾三个说道："今天晚上去攻贼营，本也不过出之连日困守孤城的闷气而已。得手与否，无关正事。最要紧的是，各省援军能够早到才好。否则单单这一股女贼，已没善法对付；倘若贼人的大军随后来到，这个孤城，恐怕难守；即使能守，各军的粮路已断，究取何法。接济军民之食，三位大人想有主张。"

张亮基先答话道："粮草一事，我正和一班巨绅商酌。这两天之内，还不碍事。但是援兵不能即至，倒是一桩难题。"

张亮基刚刚说到此处，忽探子报来，说是洪秀全已率水陆两路大军，杀奔前来。

曾国藩将手一挥，先命探子退去，忙和张亮基、胡林翼二人商议道："贼军既用水师，倒被他们占了先着。这样看来，贼军之中必有能人。现在我们只有一面誓死守城，一面从速筹款，赶造船只，以御水贼。"

胡林翼接口道："若造船只，这笔费用，非同小可。中丞既要先顾筹措军粮，又要再筹造船之费，怎么禁得起这个双管俱下。要么还是募捐，有点希望。"

张曾二人听说，甚以为然。

其时天已大亮，大家只好暂时各散。

洪秀全的水陆两路大兵，怎么来得如此神速呢？内中却有一层道理。原来那天洪秀全同着大众进了衡州城之后，见着萧朝贵的那个无头尸身，个个跟着洪、钱、李等人，复又大哭一场。棺殓既毕，即遵洪氏的教旨，用过火葬。钱江却于此时，先与李秀成暗中商量一下，便来对着洪秀全说道："我与秀成二人之意，湖南也非军事必争的所在。我们只有赶紧率了水陆两路人马，即向长沙杀去，能够就此得手，固是好的，否则另有别计。"

秀全忙问怎么别计，钱江便与秀全如此如此、这般这般地咬上一会耳朵。秀全听毕，自然大喜。第二天黎明，钱江便同洪秀全率着大军，即向长沙进发。沿途也没阻碍，到达之后，即与两路女军会合。秀全一面分兵四出掠地抢粮，一面日夜围攻省城，这样的又攻了一个多月。那座孤城，竟被曾国藩督同罗、杨、塔、曾四个守得如铁桶一般，毫没一丝破绽可击。洪秀全至此，便有些不耐烦起来了。他就传下一个令，说是谁能首先攻入长沙，即做长沙之主。当时手下诸将一见这个命令，个个都想做此长沙之主，无不拼命攻打，内中尤以洪

第十七回 睹耳语众将起疑 掷头颅孤孀遇险 ..119

宣娇要报夫仇。

她就在一天晚上，带了陈素鹃那个先锋，连夜一同去爬云梯。她们两个真也有些能耐，不管城楼之上那些箭如雨下，只是一边拔落箭杆，一边已经爬上城垛。哪知就在这个当口，洪宣娇刚刚把脚站稳，正想由她奋力杀退守城官兵，好去开关，放入大军，倒说忽然曾贞干一见两个女将，业已上城，手下兵士吓得一半逃散，一时喝止不住，只好忙去拿出一个脑壳，对准宣娇的脸上，噗的一下，用力打去。宣娇突见这个脑壳，陡然大叫一声，顿时一个倒栽葱的，就从城上跌下。正是：

绿珠坠地几无命，
梁武呼天已绝粮。

不知洪宣娇跌下之后，有无性命，且阅下文。

第十八回 城粮短缺食腐草 神人相助扶乩灵

洪宣娇忽被一个脑壳，向她一打，陡然吓得大叫一声，一个倒栽葱跌落城下。照规矩说来，那座湘省城郭，至少也有一二丈高，一个人自上跌下，即不粉身碎骨，也得头破血出。幸恰宣娇这人，内功很是不错，所以身体异常结实，跌下之后，仅仅晕了过去。那时她的手下女兵，一半在爬云梯，一半还在地上，忽见她们的主将陡然之间跌将下来，慌忙奔去，抢着背了进营。

那个陈素鹃本是跟踪上城的，仅差宣娇几步。一见宣娇翻身落下城去，以为还当中了什么土枪，或是箭头。她也不敢单独再留城上，立即飞下云梯。刚一到地，就见地上有个东西，一班女兵正在争抢。急忙喝退女兵，自去拾起一看，方才知道就是她那主将丈夫萧朝贵的脑壳，难怪宣娇见面一吓，跌落城下。陈素鹃一边这般地想着，一边捧了那个脑壳，飞奔进营。走进中军帐中，已见宣娇被人救醒，正在那儿对着大众诉说此事。她忙恭恭敬敬地呈上那个脑壳。宣娇一见此物，哪里还能好好地走下座来，当下便跌跌冲冲地奔到陈素鹃的跟前，双手捧去那个脑壳，早已放声大哭起来。

此时洪秀全、钱江、李秀成、石达开、韦昌辉几个已经得信，可巧一齐奔来。一见宣娇捧着萧朝贵的脑壳，正在哭得天昏地暗、日月无光，洪秀全先去把那朝贵的脑壳接到手中，一边交与从人，一边对他妹子说道："我们妹婿，既已归元，这明明是他在此显灵。此事是桩喜事，妹子快快不必伤心。"

宣娇听说，方才略略止了一点悲痛道："哥哥既是如此说法，快请哥哥，将我萧郎的脑壳配上沉香身体，再用火葬。"钱江等人，不待秀全接腔，都说应该如此。钱江又对宣娇说道："萧嫂子不必再管此事，好好地将养一宵，还是攻城要紧。"

谁知钱江还待再说，忽据探子报来，说是广西巡抚周天爵、钦差赛尚阿两个已被拿解进京问罪。劳崇光坐升巡抚。广东巡抚叶名琛，升了两广总督。前督徐广缙，勒令休致。向荣、张国梁二人却和江忠源各率所部追踪而至，即日就到。

钱江一听此话，忙对秀全说道："他们从后杀来，我们岂非前后受敌了么？现在可留副军师和千岁在此，督率各军攻城。我当同着石将军、韦将军、罗将军、赖将军、陈将军，以及二十万大军，前去拦敌向张、江三人。"

秀全听说，连连把他双眼望着萧三娘，又用两手拍着大腿，发急地说道："秀清真正不知所司何事？向、张、江三个的大军，已经出了广西，他还没有报告前来，误事误事。"秀全那个"事"字的声音，却与他在拍腿的声音混合在一起，弄得更加响了。

萧三娘听说，也把她的一张粉脸气得通红起来，答道："真是一个死人，这样要他留守何用？快快让我前去请问他去。"

钱江和李秀成、石达开三个一齐说道："这倒不必。现在赶快派一队人去到全州，同着杨留守，又从向、张、江的三个后面杀来。也要使他们一个首尾不能兼顾才好呢！"大家听说，无不绝口大赞。

韦昌辉便自告奋勇道："此事所关非小，兄弟愿去一行。"

秀全听了，首先应允。钱江、李秀成、石达开三个道："韦将军能够亲去，自然最好没有。不过我们知道现在的秀清，又非昔比。韦将军此去，如果看见他的跋扈态度，千万事事隐忍，不可在此行军之际和他吵闹起来。万一因此被人乘虚而入，那更不妙。"

韦昌辉听说，连连点首地答道："诸位放心，韦某虽然粗鲁，这点上头，还能分出一点轻重。"说完这句，立即装扮一个江湖女子模样，辞别大家就走。

钱江一等韦昌辉走后，他也率了大军即日出发。

此时张亮基、胡林翼、曾国藩三个，也已得着向荣、张国梁、江忠源三个跟踪杀来的消息；又知钱江等率了一半大军，前去迎敌向、张、江三个去了；此时攻城的人马，自然减去一半兵力，当下自然大喜，便一一仍令罗、杨、塔、曾四人，小心守城。又命曾大成，作为巡查官，专程查缉全城的奸商等，不准囤积米麦，一经拿住，立即正法。一面又委出不少的候补道府，以及同通州县，去向绅矜借饷。谁知不到一月，全城的粮食，竟至断绝。弄得有了银子，无处买籴。这样地仅又过了十天八天，不论百姓，不论兵勇，大家只好都用草皮树根作为粮食，甚至竟有吃起腐草的了。

曾国藩这人，他的为人，最是慈善，一见大家都吃腐草，他就急把张亮基请至，垂着泪，对他说道："百姓如此困苦，都是我们做官的，没有力量杀退贼人的缘故。"

张亮基听说，只好皱着眉头地答道："这也是力不从心之事，并非我们有心这样。现在闭城已经两个月了。所有的绅矜那里，委实不便再借的了。若是这样地再过几天，连卖油烛的零钱都没有了。事已至此，涤老有何特别法子筹饷。"

曾国藩听了，也是皱着眉头答道："募捐之事，已成强弩之末，难道润芝也不帮同想点法子的么？"

张亮基又说道："他是连他的亲戚故旧那儿，一百两、二百两的都借满了。因为这个筹饷的事情，本是兄弟的责任，所以前几天的时候，无论如何为难，不敢作将伯之呼。现已到了不堪设想的地步，若是再没有大宗饷项筹到，不必贼人破城，合城的军民人等也要同归于尽的了。"

曾国藩听说，连连地长叹了几声道："中丞且勿着慌，我们若再不能镇定，军心就要大乱，那就真正地不堪设想了呢。且让兄弟亲自出去瞧瞧几个朋友再说。"说着，又对张亮基说道："可惜我的那位欧阳内弟，现在还在北京当差。倘若他在此地，较有一点法子可想。"

张亮基忙问道："欧阳令亲，倒是一位急公好义的人物么？"

曾国藩摇摇头道："他也没甚家当，不过很有几个富家子弟，是他朋友。"

张亮基听说，又谈上一会方去。

曾国藩送走张亮基之后，他便一个人踱了出去。原想以他的面子，再向一班亲友各处凑集一点，也不过望它集腋成裘之意。谁料自朝至暮，一连走上十多份人家，不但一文没有借到，而且有两处地方，他还反而借给他们十两八两，以救残喘。原来问他借那十两八两的两位戚友，本是湖南省中巨富，都因围城两个多月，乡间的租米不能进城。当铺之中，每人只当一串钱，还是抚台出的告示，不然城中的当铺都关门了。

曾国藩的第一天，虽然出门不利，他还并未死心。第二天大早，他又出去走走，偶然走过一家名叫谦裕的当铺门口，忽见柜台之上，有个朝奉拿着一本书，似乎看得津津有味。曾国藩见了那个朝奉，竟在柜上看书，心中便暗忖道：军兴时代，百业凋敝。如此一片皇皇大当，竟至门可罗雀，以致朝奉看书消闲。如此说来，此地百姓也算苦极的了。大概连一串钱的东西，都不能再来质当。这个日子，还能过下去么？

曾国藩一边想着，一边已经走近当门，再把在看书的那个朝奉仔细一瞧，不觉大吃一惊起来。你道为何？原来那个朝奉的一张脸蛋，非但生得天庭饱满、地角方圆，而且一种沉静之中，含着一股英发之气。曾国藩至此，不禁立定下来，又在暗忖道：我平生看见人的品貌，不能算在少数，怎么一个仅充朝奉的人物，竟有这般奇相。

曾国藩刚刚想到此地，正待上前再看一下，忽见另外一个生得獐头鼠脑的朝奉，手上拿了画着一幅梅花的帐沿，笑嘻嘻地走至那个看书的朝奉面前，把那一幅帐沿向他脸上一扬道："雪琴，你还骗我不画梅花呢。你瞧这个难道是一只野狗的爪子，印上去的不成？"

曾国藩一见那个看书的朝奉还会画这梅花，忙又仔仔细细地偷眼一望。曾国藩不望犹可，这一望，真正地害得他几乎要赞出声来了。

原来这个朝奉，本来不是市侩之流，而是衡阳的一位秀才，官名叫作彭玉麟，字雪琴。他的父亲，名叫鹤皋，曾任安徽怀宁三桥镇的巡检多年，嗣调合肥梁圆镇的巡检。为人仗义疏财，做官半世，竟至清风两袖，贫无立锥。母亲王氏，也是一位大贤大德的妇女，自从生下这位玉麟之后，几至不能抚养。

哪知这位玉麟也是天生异人，自幼不以家贫为念，只知孝顺父母。读书之外，且喜学画梅花。当时因为无力筹措束脩，无处去拜名师，他便每于读书之暇，拿了纸笔，对着门外一树梅花摹仿。日子一久，画的梅花，居然有人请教。因此堂上二老的养膳之资、自己读书的束脩之费，无一不从此中而出。入学之后，父母次第下世。服满去下乡场，荐而不售，弄得家中实在不能存身，只好出外谋馆。哪知奔波了两三年，一个馆地也谋不到手，仍又回到家乡。

一天无意之中，遇见一个幼时邻居，名叫萧满。湖南乡风，父母呼他幼子，每用满字，犹之乎考场中的殿军意思一样，又仿佛四川人呼小的儿女谓之老么，江浙人呼小的儿女，谓之阿小一般。

不才初见吴江沈曰霖的《粤西琐记》里头，有土字一则，说是挩音近满，谓最少也。以为满字或是挩字之误。后阅本书主人翁《曾文正公全集》有满妹碑志的说话，说是吾父生子女九人，妹班在末，家人称之曰满妹云云。文正公为一代儒宗，他也取用满字，不用挩字，方知挩字乃是俗字，不足据也。

当时彭玉麟遇见萧满，便和他同到一家小茶馆中吃茶。萧满问他游学回来，可有一点积蓄。彭玉麟怅怅然地答道："我何常出去游学，却是出去谋馆，弄得一事无成，徒劳返往而已。"

萧满听说，便劝他去到本县的那座石鼓书院肄业，既免学费，还有膏火奖金可考。每月考第一名的，生员是八串，童生是六串，拿来当作零用，不无小补。彭玉麟听说也就应允。谁知进了石鼓书院之后，山长虽然爱他文字，每考都列前茅。无奈几串钱的膏火奖金，无济于事。

萧满又劝他学作扶乩，可以弄些零钱花用。彭玉麟听说，又答应了萧满。这样一来，他们两个更常常地出去替人扶乩。后来竟有人前来请教。非但零花有着，连二人所穿的衣服，也有着落起来。

有一天，忽有一个县里的老年门稿，因为儿妇患病，来请彭玉麟和萧满两个，扶乩开方。彭玉麟私下忙与萧满商议道："你我并不知医，如何会开药方？万一弄错药味，岂不害人。"

萧满却因为几天已没生意，无钱花用，便怪着彭玉麟道："你没钱花，要来和我咕叽，此刻有了生意，又要推三推四。"说着，不待彭玉麟回话，已把彭玉磷拖至乩坛面前，硬逼着一同扶了起来。

彭玉麟因见那个老年门稿，一种惶急情状，令人不忍，当下只好假扶箕斗，写出一诗道：无端患疾到心头，老米陈茶病即瘳；持赠与君唯二味，会看人起下高楼。

那个老年门稿见了大喜，当下即送一两香金而去。

萧满一俟那个门稿去后，马上笑嘻嘻地又怪着彭玉麟道："你这傻子，真正不会赚钱。像今天这桩生意，须得先在乩盘之上，写明索银若干，求者还偿方才减退。你怎么就马上做诗开方，岂非失去一桩大生意么？"

彭玉麟听说，皱着双眉答道："我们二人本非挟着那个邓思贤之术，牟利为活的。你这办法，我不赞成。就是方才的两味药料，你该知道吃不坏的。"

萧满听了，也不多言，单将一两银子分了一半给彭玉麟，大喜而去。

第二天大早，彭、萧二人方才起身，又见那个门稿，已经高高兴兴拿了香烛福礼,前来谢仙。谢仙之后,又送萧满、彭玉麟各人五两银子。说是乩仙真灵,昨晚我的儿媳服下仙方,立即痊愈。那个门稿,说完自去。

萧满一见那个门稿走后,他却高兴地对着彭玉麟,连连将他的脑壳仰着天,又把他的身子慢慢地悬空打上几个圈子,方把身子站定。大笑着道:"雪琴,今天这等意外财项,我是好人,不肯抹煞你的做诗功劳,你得六两,我得四两吧。"

彭玉麟起先瞧见萧满那种无赖的形态,已在大笑。此时又见萧满终日孜孜为利,居然肯得少数,便用手指指他道:"还是对分了吧,这件也是侥幸之事,下次不可认为老例。"萧满听了大吃一惊,忙问彭玉麟道:"此话是真是假,倘是真的,我是只有寻死去了。"

彭玉麟刚待答话,忽见那个门稿又匆匆地走了进来,对着他们两个一揖到地地说道:"敝上金日声老爷,他有一位五岁的小姐因为有病在吃补药膏子。不知怎么一来,误服了四两鸦片膏子,现在的性命已在呼吸之间,快请二位一同去到衙门。倘能医愈我们小姐,敝上一定重谢。连我也有功劳。"

彭玉麟听说,正待托故谢绝。哪知萧满早已一口承接下来。彭玉麟因为那个门稿在侧,又不好当面怪着萧满,只好同着萧满拿了乩盘,去到县衙。

及至走入签押房内,那位金日声大令早已罢设香案、恭候多时了。一见那个门稿陪着彭、萧二人入内,慌忙行礼。分了宾主坐下道:"小女此时业已不中用的了,二位既已到来,不知乩仙可肯赐方。"

萧满不待彭玉麟开口,他又抢先说道:"我们所讲之仙,无不大慈大悲,只要一服仙方,死人也会复活。"

彭玉麟坐在一旁,一听此话,不禁汗如雨下,却在腹中暗骂萧满道:该死东西,怎么这般不知轻重。一个五岁孩子服了四两鸦片,还说死人也会复活,真正害人不浅。

可是彭玉麟的腹中犹未骂完,那位金日声大令已经肃立案前,来请彭玉麟和萧满扶乩。彭玉麟至此,又只好去和萧满同扶。手上虽然扶着乩盘,腹中正思想出一味解毒之药。那知因为愈急,愈加想不出来。除了满身满头汗出如浆之外,真正一味药名也想不出。彭玉麟正在大大为难,深悔不该同来之际,忽然觉着萧满竟把那个乩盘连连拨动,已在催他快写药味之意。彭玉麟无法,只好随意写出"蓖麻子"三个大字。

彭玉麟刚刚停手,那位金日声大令已在说着请求乩仙,快赐份量,迟则无救之语。不防萧满一听"迟则无救"四字,他便自作主张,忙去写出"一两"

二字。彭玉麟一见萧满写出一两字样，不禁吓得变色，还想设法止住，已经不及。那位金日声大令早已飞奔地入内去了。

彭玉麟一等金大令走后，恨得只把乩盘一推，低声喝着萧满道："你我二人，今天要犯人命了！"萧满听说，方始一吓，复又大张其目地问道："怎么写多了不成。我们快快逃走。"

彭玉麟蹙眉道："他是一县之主，逃也无益。"谁知彭玉麟的一个"益"字刚刚出口，已见那位金大令回了出来，命人摆上酒席，陪同萧彭二人一边吃着，一边说道："我已命人抓药煎服，小女果能服了仙方痊愈，一定从重酬谢二位。"

萧满不知轻重，尚在希望侥幸痊愈。彭玉麟只道已闯大祸，虽有龙肝凤尾不能下咽。哪知忽见一个丫头来报，说是小姐服药之后，忽然吐泻并作，现已大愈。

金日声正要道谢，又见一个丫头跟着奔来禀知他道："姨太太房里，出了妖怪。现在凭空的一切东西，自会起火，且有乱石打人。"

金大令不待丫头说完，忙问彭、萧二人道："二位既会扶乩，不知可能捉妖？"

萧满即把彭玉麟一指道："我们彭大哥就会捉妖。"

金大令听了，不禁狂喜，立即一面一把将彭玉麟拉至内室，一面就命太太姨太太等人避开，好让彭道长捉妖。

此时彭玉麟又急又恨，又怕又吓。正待老实说出不会捉妖的当口，哪知他的脑壳之上，忽被一样东西对准打来。连忙将头一闪，那件东西方才砰的一声，落至地上。俯首仔细一看，乃是一个便桶之盖。彭玉麟至此，忽然大怒起来。他也忘了自己不会捉妖，早已摩拳擦掌地向空大骂道："何物妖魔，敢以秽物前来掷我。"一边骂着，一边急不暇择，就把桌上所摆、满插鲜花的一个白玉花瓶，取到手中，奋力地就向空中击去。当下只听得砰訇的一声返响，那个白玉花瓶自上坠下，固然打得粉碎，可是半空之中，同时坠下一只张牙利嘴的极大死狐。正是：

> 正人自有神相助，
> 邪怪何因法已无。

不知此狐竟从何来，且阅下文。

第十九回

邑令蓄心荐幕客
丫鬟有意做红娘

彭玉麟突见一只张牙利嘴、极大的死狐,与那一座白玉花瓶一同坠地,不禁也吃一吓。此时也顾不得先说打碎值钱之物的说话,单去把那一只死狐提到手内,正在细望端详的当口,那时金日声大令已同他的太太和姨太太等人一齐围了拢来,争看死狐。于是七张八主的,各说各话。有的说此是大仙,恐怕他的子孙要来报复,如何得了。有的说是如此一只大狐,必已成了精的,若非彭道长有这本领,我们全家必被吃尽。

金日声本是浙江人,还是曾国藩戊戌科的会试同年,素负文名,且最不信这些神怪之事。这次因为爱女误食鸦片膏子,膝下只有这点骨血,所以只好听了他那门稿的保举,邀请彭玉麟和萧满两位到衙扶乩。起先看见彭、萧二人开出仙方,竟把他那垂毙的爱女救活,心里已经极端佩服彭、萧二人的本领了。此刻又见彭玉麟能用法术把那一只大狐置诸死地,自然更加信服。当下先把一班叽叽喳喳的妇女们,禁住瞎讲。然后去问彭玉麟,此狐如何处置。

彭玉麟见问,方把手上那只死狐向那地上一丢。不防丢得过重,那只死狐陡被反击力一经击动,顿时蹦了起来。可巧不巧地恰跌在那位姨太太的脚上。当时只听得一声怪尖的喉咙喊道:"不好了,狐仙显圣前来捉我了。"

彭玉麟慌忙奔去拾起，指给那位姨太太去瞧道："这是死的，怎会捉人？"

那位姨太太听说，还在吓得倒退几步地答道："快请彭道长先把这个吓人东西处置过了，再讲别的。"

彭玉麟听说，便请金大令命人速将这只死狐用火烧去，免得贵眷们害怕。

金大令果命差役把狐烧去之后，始请彭玉麟就在房里坐下，又郑重其事地问这死狐的来历。

彭玉麟正待答话，忽见几个丫头正在地上收拾那个打得粉碎的白玉花瓶，又见地上，被那花瓶里头的水，以及花瓶里头的花，弄得一塌糊涂，心中一时过意不去，忙向金大令告罪，不该用这贵重花瓶当代武器。

金大令慌忙笑答道："彭道长快快不必如此说法，这个花瓶就算值得百十两银子，怎能抵得过那个妖狐，使人有性命之忧的呢？"

彭玉麟听说，方才再答金大令起先问的话道："治晚素来不会捉妖，不知敝友何故贸然说出？现在总算一天之幸，即将这个妖狐除去，还靠公祖的洪福所致。"

金大令听到此地，不禁一愣道："怎么说法，彭兄竟不会捉妖的么？这倒奇了。"

彭玉麟因见这位金大令确是一位正人君子，便不相欺，索性连那扶乩都是假的，以及他的家世景况，统统告知金大令听了。

金大令一直听完，忙把手向彭玉麟一拱道："如此说来，彭兄虽无捉鬼拿妖之术，却有安邦定国之才。我有一位同年，就是现在正在省城创办团练的那位曾涤生侍郎。彭兄具此才学，埋没此地，岂不可惜，若肯出山，我们可以代作曹邱生。"

彭玉麟听说，忙也还上一拱道："公祖厚意，治晚当然感谢万分。不过治晚与这位曾公毫没交谊，贸然前去投效，恐怕脾气不合，反而带累公祖所举非人。倘若像公祖这样的上司，治晚就愿以供驱策的了。"

金大令连连笑谢道："彭兄乃是一条蛟龙，岂是老朽这个池中可以存得住身的。现在姑且不谈，我同彭兄且去喝他几杯之后，还有一些不觍之敬，送与彭兄和那位贵友。"

彭玉麟又连称不敢，即随金大令回至签押房里。

时此萧满已据那个老年门稿，报知彭玉麟在那上房除了妖狐之事。萧满正在喜出望外，一见彭玉麟同了金大令出来，他又冒冒昧昧地去向金大令献功道：

"公祖，治晚本说我们这位敝友能够捉妖，现在是不是？足见治晚不骗公祖的吧。"

金大令倒也老实，先与彭玉麟一同入座，一边吃着，一边即把彭玉麟所说之话，简单地述了几句给萧满去听。萧满至此，方才红了脸的，嚅嚅嗫嗫地答不出什么话来。金大令便不再说。等到吃毕，即命家人拿出五十两的元宝十只，四只送与萧满，六只送与彭玉麟；余外又送给彭玉麟几身衣料。萧满见了元宝，心里虽在跃跃欲试，但因彭玉麟早将他的西洋镜拆穿，因些不敢作主，单把一只乌溜溜的眼珠，只管望着彭玉麟，等他发落。

幸恰彭玉麟已知其意，便对金大令说道："公祖忽赐厚禄，治晚断不敢受。但是敝友无意一言，总算借此除了妖狐。公祖所赐他的，治晚教他拜受。治晚一份，快请收去。"金大令此时已知彭玉麟的品行，便笑答道："贵友区区之物，当然是要收的。彭兄现在正在发愤用功之时，这一点点聊助膏火之费，万万不可推却。兄弟并不是酬报捉妖之礼的，彭兄可以不必见外。"

金大令说完这话，不等彭玉麟回话，就命那个老年门稿将那银物先行送到石鼓书院去了。彭玉麟瞧见金大令如此诚心，方才谢了一声。席散之后，金大令一直送出大堂，方始进去。

彭、萧二人回到书院，门房笑着对二人说道："二位相公，我与你们住在一个书院之内，倒还不知二位竟会捉妖。"说着，便将县里送来的那些银物交与彭、萧二人。彭、萧二人接了之后，各给门房二两银子，方始回到自己房里。

萧满一到房里又是自大起来，当下先怪彭玉麟不该老实说出底蕴，复又怪他如此一笔大生意，就是敲他一千八百的竹杠，也不为多等话。

彭玉麟一直让萧满自说自话地讲完之后，方始对他说道："你也不必怪我，我明天就要离开此地的了。"

萧满不等彭玉麟说完，忙拦着话头问道："老琴，这样说来，你不是在生我的气么？我从此连一个屁也不再放，你可不准离开此地。"

彭玉麟只得正色地答道："我老实对你说了吧。我们两个单是扶乩一样事情，似乎尚不伤乎大雅。现在这个捉妖之名一出，我真正地羞见士林。人各有志，彼此不可相强。我现在决计上省游学去了，我一到省，自有信来给你的。"

萧满听到彭玉麟说得这般斩钉截铁，倒也不敢相留。

彭玉麟忽见萧满无精打彩，一句没有说话，知他定是因为失去一个帮同赚钱的朋友，所以这般懊丧，便把金大令送给他的银物，再分一半给予萧满。萧满谢了又谢，方才现出喜色。

彭玉麟也不再去和他多谈，光是连夜收拾东西，次晨真的单身进省。到省之后，住在鼓楼前一家名叫兴贤栈的里面。他既住下，不肯失信萧满，马上去信通知。

有一天，他在衣箱之中寻出一卷平时所画的梅花。他就转念道：现在军兴时代，如此的米珠薪桂之秋，与其坐食山空，何如还是理我旧事为妙。彭玉麟打定这个主意之后，他就老老实实地卖起画来。

栈中主人见他画的梅花，仿佛有了仙气，所题款字，又是笔走龙蛇，便来对他说道："现在广西的洪秀全，听说业已到了我们湖南的边界了。湘乡县的那位曾国藩侍郎，已经奉旨在此创办团练。彭先生有此才学，何不前去投效，包你马上得法。"

彭玉麟因见这位主人并非市侩，颇通文墨，当下就把金日声曾拟荐他、他已当面谢绝之事，说给这位主人听了。主人听说，不觉又是艳羡又是敬重，从此以后，一切菜饭更加优待。

一天，这位主人，亲自送进一封急信。彭玉麟见是萧满寄给他的，拆开一看，内中附有那位金大令的书信。上面大意，说是自兄赴省，弟即将兄面荐于曾侍郎处，曾侍郎即来回信，说是现在正在搜罗人才，极端欢迎我兄前去。好在我兄既到省城，近在咫尺，何妨姑去一见，果然宾主不合，那时洁身以退，也不为迟等。彭玉麟看完那信，心里虽是十分感激金公，他却仍抱平时主张，写信给与萧满，托他面复金公，推说彭某已离省他去云云。

这位主人一见彭玉麟真的如此清高，便要和他换帖。彭玉麟笑谢道："四海之内，皆兄弟也。何必定要换帖之后，方称兄弟。"

主人听说，只好作罢。但见彭玉麟既是以画写生，他忽想起一个人来，要想替他大大地兜揽一笔生意。当下且不先与彭玉麟说明，直过几天之后，一天大早，他忽导入一位极美貌的少妇来见彭玉麟。

彭玉麟先请二人坐下，方问主人道："这位夫人是谁？可是老兄要来介绍兄弟的生意么？"主人笑着指指那位少妇道："这位宓夫人，就是本地谦裕的主人。"

主人刚刚说了这句，只见那位宓夫人含笑地接口对那主人说道："承你介绍，倘若这笔生意成后，自当酬谢。此刻你若有事，可以自去招呼，就让我在此地和这位彭先生谈谈。"主人听说，笑称"这样也好"，说着便又敷衍几句，

第十九回　邑令蓄心荐幕客　丫鬟有意做红娘 ..131

真的自去招呼店事去了。

彭玉麟等得主人走后，方才恭恭敬敬地问着那位宓夫人说道："鄙人本来不知绘事，仅绘几笔梅花。不知夫人还是欢喜新画起来的呢，还是欢喜现成画就的？"那位宓夫人见问，忽然很快地偷偷打量了彭玉麟一眼，方又带笑地接口道："我有一个怪癖，平生最爱画的梅花，现在寒舍业已收藏不少。今天忽承此地主人去到寒舍，说是他的栈内，到了一位画梅名家，因此特地亲自过来奉求墨宝，无论新画旧作都好。"

彭玉麟一听此妇和他同癖，心里先自一个高兴，便把他最得意的几幅，取出送与那位宓夫人去瞧。

那位宓夫人，一经展开，就在啧啧赞道："好一派仙笔。"说着，不待彭玉麟前去向她谦逊，当下又将画上所有种种的奇处，一一皆指点出来。

彭玉麟听了，不禁大大地一惊，忙问那位宓夫人道："夫人方才所说，虽觉有些谬赞之处，但是句句内行。鄙人倒要斗胆问一声夫人，夫人定知绘事，且是好手。"那位宓夫人不待彭玉麟说完，便把她的一张妙脸对着彭玉麟嫣然一笑地说道："彭先生的名画，我竟爱得不忍释手，可否此刻就请彭先生带了这些东西，一同去到寒舍。一则我还要请彭先生，再替我画它一百幅；二则我也有随便涂抹的几幅梅花，要请彭先生指教。"

彭玉麟听说，马上一口答应道："夫人不嫌鄙人所画恶劣，还要再画百幅，鄙人本在卖画，当然极表欢迎。此去能够瞻仰夫人的妙笔，尤其私心窃喜。"

那位宓夫人一听彭玉麟一口答应，便又笑上一笑，即和彭玉麟回到她的家中。及进书房，彭玉麟方知这位宓夫人的宅子，即在她们的谦裕当铺后面。忙问宓夫人道："此地少主人，不知是哪两个字的台甫？现在何处？可否代为介绍，请出一见？"谁知宓夫人见问，陡然一呆，忽又把她的眼圈一红，几乎像要淌出泪来的样子道："不瞒先生，先夫已经去世四年了。"

彭玉麟听说，也觉一愣，心里不觉暗忖道：我和她讲了半天的说话，方才知道她是一位寡鹄。宓夫人此时瞧见彭玉麟听了她的话，忽然呆呆不语，若有所思，心中更加一动，便又很注意地望了彭玉麟一眼道："彭先生，现在不必谈此事情，且请坐下，让我自去拿出我那恶劣东西，好请彭先生指教。"

彭玉麟听说，连连答道："夫人请便，夫人请便。"

及至宓夫人入内，跟着就有一个清秀小童，送出一杯香茗，马上退了出去。彭玉麟一边喝茶，一边把他眼睛去看四壁所挂字画。正在看得出神之际，已见那位宓夫人同了两个标致丫鬟,捧着一大包画件出来。先命丫鬟把那一包画件放在台上;自己亲去打开,就请他去观看。

哪知彭玉麟不看犹可,这一看竟会不及称赞,反把他的眼睛又去望着宓夫人的脸上起来。彭玉麟此时在看宓夫人,并无别念,不过因为瞧见宓夫人所画的梅花,竟会和他画的一模一样。若非此刻亲眼看见她同两个丫鬟刚从上房捧出,那就真要当他自己画的了呢,幸亏当时的那位宓夫人,一把面上几幅取与彭玉麟在看,她又回过头去再拣包中画件,所以未曾留心此时彭玉麟的态度。

彭玉麟此时也已定下神来,索性等得宓夫人把她第二批画件拿出给他看的时候,他才诚诚恳恳地对着宓夫人说道:"不是鄙人看了夫人的名笔,当面恭维夫人。鄙人不学无术,自己画上几笔东西,因为尚觉惬意,每有藐视他人之处,此时一见夫人的大笔,委实除了五体投地之处,真没一句赞词。"

宓夫人听说,似乎很满意地答道:"彭先生既是如此谬赞,可肯随时指教指教,使我得遇名师,那才三生有幸呢。"彭玉麟听说,忙又谦虚道:"夫人何出此言,鄙人哪好来做夫人之师,以后彼此互相研究研究就是。"

宓夫人很快地接口道:"就此一言为定。现在就请彭先生回去,替我再画一百幅。所有润笔,悉听吩咐。"宓夫人说着,便把彭玉麟带去的东西全行留下。又将她所画的送了彭玉麟几幅,方才亲自送出大门,约定改日再见。彭玉麟到寓中,尚未坐定,那个栈中主人早已跟了进来,急问生意是否成功。彭玉麟老实告知其事。那个主人听了自然大喜,又谈一回,方才出去。

又过几天,一天已经深夜,彭玉麟尚在画那预定一百幅梅花的时候,忽见宓夫人的那个丫鬟手执一卷纸头,走至他的案前,笑嘻嘻地将那纸头交给他道:"我们夫人特遣婢子,把这个新近所画的两幅梅花送与彭先生,留作清玩。"

彭玉麟便去接到手中,又请这个丫鬟坐下,方才展开一看。只见第一幅并非梅花,却是画着一座绣楼,有个标致侍儿卷帘以待,似乎要将一只燕子放入楼中之意。上面题有一首绝句是:

燕子寻巢认绮楼,朝朝铺缀费绸缪;
侍儿解让衔泥路,一桁湘帘尽上钩。

第二幅才是梅花。梅花旁边仍是那座绣楼,有位美人却在那儿倚栏望月,似涉遐想之意。上面也有一首七绝是:

第十九回　邑令蓄心荐幕客　丫鬟有意做红娘　..133

寒风蓊蓊画檐斜，香雾朦胧隐碧纱；
我在楼头问明月，几时春色到梅花。

彭玉麟他是一位何等聪明之人，一见那两首诗，大有文君之意，他便正色地对着那个丫鬟发话道："你们夫人能有这个清才，鄙人正在敬重她的为人。此刻命你送来之画，上有两首诗句绝不庄重。不知你们夫人把我彭某当作何如人看？"

那个丫鬟一见彭玉麟已在发话，她便站了起来，不慌不忙地含笑答道："我们夫人，虽是一位文君，但她四年以来以她冰清玉洁之志，单以画梅，解她岑寂，并没什么再醮之意。自从遇见彭先生之后，因见彭先生的才情和她相等、品貌和她相似，人非太上，何能忘情？莫说我们夫人素娴礼教，并没一丝坏名；就是婢子得侍这位才女，因而也知郑家婢的那个'胡为乎泥中'之句。彭先生具此奇才，难道圣人所说的饮食男女、人之大欲存也的意思，都要反对不成么？"

原来彭玉麟尚无妻室。他的家中只有一位业已分居的叔叔，与他也不相干，何尝不想娶个才貌妻子，即不显亲扬名，也好传宗接代。又知古时的那个司马长卿，曾也娶了文君，至今传为佳话。现在的这位宓夫人有才若此，有貌若此，有情若此，而又看重自己若此。如何可以小人之心，去度君子之腹，就把自荐的毛遂看作轻微的人物起来呢？兼之听了这个慧婢这般情理兼尽的说话，心里不免有些活动起来。当下便答那个丫鬟道："你的说话尚在情理之中。我且问你，你的主母还有什么说话。你且坐下，细说给我听了再讲。"

那个丫鬟一见彭玉麟的面色已经和顺下来，方敢坐下道："我们主母，仰慕彭先生的高才，不过愿效古代的卓文君所为而已。其余之事，倒要彭先生吩咐，无有不遵。"

彭玉麟听说，正待把他的主意说出，忽然之间又会把脸红了起来。正是：

同命鸳鸯方有意，
多情蛱蝶竟无缘。

不知彭玉麟对那丫鬟，说出何语，且阅下文。

第二十回 梦中公瑾授兵书 重病夫人传遗嘱

彭玉麟刚待对那个丫鬟说出他的办法，忽会将他脸蛋一红，仿佛有些不好意思起来。

那个丫鬟真有红娘的本领，马上又站了起来，索性走近彭玉麟的面前，朝他掩口而笑道："彭先生，这是人生大事，连古圣人也说过'不孝有三，无后为大'的说话。况且此地又没一个外人，话出你口，听入我耳，不论什么说话，快快请讲。老实再对你说一声吧，我们夫人，还在眼巴巴地候我回信呢。"

那个丫鬟，一边犹同鼓簧的莺一般，喳喳地说个不休，一边又把她的一双媚眼，对准彭玉麟此时颊泛桃花的那张脸上，只是一瞄一瞄地似献好意。

彭玉麟至此方才鼓动他的勇气，对着那个丫鬟说道："我的双亲虽亡，尚有一位叔父，此种婚姻大事，应该察明一声。此其一。我在客中，又没什么银钱，可作聘金。此其二。你们夫人虽然承她错爱，只她有无亲族出来反对此事。此其三。再者你们夫人又是一位颐指气使惯的，不要一时兴之所至干了此事，将来忽然嫌我清贫起来，那就不妙。"

那个丫鬟听说，立即接口答道："我说府上的叔大人，既是分居，又是远在衡阳，索性不必前去禀知；等得办过喜事双双回去，使他老人家陡然睹此一对佳儿佳妇，分外高兴。彭先生第一个的此其，不生问题。我们夫人坐拥厚资。她的看中彭先生，乃是无贝之才，不是有贝之才。你所画的百幅梅花，便是头一等的聘金。彭先生的第二个此其，也不生问题。我们夫人，上无父亲翁姑，下无儿子女儿。我们的少主人业已去世，纵有什么家族亲故，如何有权可来干涉我们夫人？彭先生这般博学，难道连大清律例反没有看过不成？彭先生第三个的此其，尤其不成问题的了。若说我们夫人，将来忽因贫富二字，恐防变心；婢子虽然愚鲁，可是只知道有那一出棒打薄情郎的戏剧，并没有什么棒打无钱郎的戏剧。"那个丫鬟说到第二个"剧"字，早已噗哧噗哧地笑了起来。

彭玉麟一见那个丫鬟噗哧噗哧地对他在笑，又觉她的说话也还有理，当下方把他的脑壳连点几点说道："既是如此，你可回去上复你们夫人，且俟我的梅花画毕，再去和她当面商量。"

那个丫鬟听说道："我此刻回去，就去报告喜信。大丈夫一言既出，驷马难追，何用再去商量。"那个丫鬟说了这句，不待彭玉麟再答她话，早已把头一扭，嘴唇皮咬着手帕，自顾自笑着一溜烟地去了。

彭玉麟眼巴巴看那个丫鬟走后，复又前后左右一想，觉得此事不能算是非理，方把这段婚姻之事决定下来。

第二天晚上，彭玉麟又见那个丫鬟，又同另外一个丫鬟，各人拿上一个锦绣包袱，一齐走将进来。二人便将各人所拿的包袱，先去放在彭玉麟的衣箱上，后叫上他一声道："新姑爷。"

彭玉麟一听她们这般称呼，慌忙把身一仰，乱摇其手道："你们怎么这般称呼？现在连聘礼还未曾下呢，快快不可如此。"

昨夜上来过的那个丫鬟，瞧见彭玉麟脸上的颜色有些铁板起来，方始连连笑着才改口道："彭先生，昨晚上的说话，婢子回去就详详细细地禀知我们夫人。我们夫人听了，很是高兴。她说现在已经五月底边了，喜期准其定七月七夕那天，取他一个鹊桥相会的吉利。"

那个丫鬟说到这句，又去把那两个锦绣包袱一同打开，给与彭玉麟瞧着道："这几身纱衣，是我们夫人今天大早，特命婢子去到衣庄买来，预备新——"那个丫鬟吐出一个"新"字，忙又缩住。一面拉嘴一笑，一面用手朝她颊上，自己悬空地假装打着道："我不留心，又把新姑爷的'新'字溜了出来。"

彭玉麟此时已经看过包袱里的衣服，也对两个丫鬟微微地一笑道："这些衣裳太觉华丽。我是寒儒出身，穿不惯的。"

两个丫鬟一齐接口道:"彭先生,照婢子们的意思说来,为人当省则省,当穿则穿。从前子路夫子,他老人家衣敝缊袍,与狐貉者立,不怕寒伧,并不是有而不穿的。现在彭先生指日就是新贵人了,似乎也不可太觉寒酸,以失体统。"

彭玉麟听说,只好又笑上一笑道:"你们二人倒也能够说话。如此一来,使于四方,可以不辱君命的了。就烦你们二位回去,替我谢过夫人。"

那两个丫鬟一见彭玉麟已经收下衣服,不觉喜形于色地答道:"我们夫人还有一个口信,命婢子们带给彭先生。明天一早,夫人就派人取彭先生的行李;说是彭先生住在此地,她不放心,要请彭先生住在我们谦裕当里去才好。"彭玉麟听说,想上一想,方才答道:"这又何必,依我之意,还是住在此地便当。"

两个丫鬟又接口道:"我们夫人无论对于什么事情,都肯操心。彭先生若不依她,单为一点小事,就为闹出病来。况且夫人还说,我们当铺里的楼上,很有不少的古书。从前有位姓毕的状元,曾经去向我们下世的老太爷出了重价买过的。"彭玉麟听到此地,忙接口问道:"此话真的么?如此说来,必是世上少见之书。这是我得前去瞧瞧。"

头一晚上来过的那个丫鬟道:"夫人的意思,彭先生住到当铺里去的时候,她还想请彭先生用那总经理的名义呢。"

彭玉麟听说,连连摇手道:"这倒不必。我此刻答应住在当铺里去,无非为了要看平生未见的古书。老实对你们说一声,我是还要下科场的,岂是终身卖画而已。"两个丫鬟一齐答道:"婢子们回去,准定把彭先生的意思,禀知我们夫人就是。"二人说完自去。

彭玉麟一等二人走后,忽然笑容可掬起来,自问自答地说道:"我得此一位才貌双全的妻子,倒也不过尔尔,倘若真有古书可读,这是我姓彭的眼福不浅了呢。"

彭玉麟这天晚上心旷神怡,睡得自然安稳。上床未久,即入酣甜乡中。正在睡得极沉酣的当口,忽觉他那房门,无风自启。急去对门一看,突见走入一位素不相识的少年武将进来。他就慌忙下床,迎着那人问道:"将军深夜至此,来访何人?"

那人见问,便把手向彭玉麟一拱道:"我的兵书,沉没多年,竟没一人前去过问。古今之人,只知道孙武子的《兵法十三篇》,无一不全。其实他的兵法,只有陆战,并无水战。独有我的兵法水陆兼备,且合现在的长江流域之用。足下将来大有可为,似乎不可忽略。"彭玉麟听了那人所说,不觉大喜道:"将军贵姓,现在何职。所说兵书,又在何处?"

那人听了又不答话,忽又仰天一笑,自言自语道:"物得其主,吾无憾矣。""矣"字犹未说完,将手一拱道:"明天再会。"说着返身自去。

彭玉麟连忙追了出去,要想问个明白,不料忽被门槛一绊,陡然惊醒,方知南柯一梦。忙把帐子一搴,看那房门,只见双扉紧闭,寂静无声。便把帐子放下,仍旧卧着暗忖道:这个梦境,未免有些奇怪。这位少年武将腰悬宝剑,身穿战袍,神气之间,活像戏剧中的那个周瑜。今晚上无缘无故地来托此梦,到底所为何事。他还说我大有可为,难道我在这个乱世之中果会发迹不成?彭玉麟想到此地,自然有些得意,谁知窗外鸡声,已在报晓,于是不知不觉之间,也就沉沉睡去。

第二天的一早,彭玉麟还未升帐,忽然被人叫醒。睁眼一瞧,已见昨晚上的两个丫鬟一面指挥几个家丁在搬东西,一面已在替他去舀脸水。他忙起身下床,正在洗脸换衣的时候,栈中主人已经听得宓府的几个家丁说过,知道彭玉麟立刻就要移居谦裕当中,虽然未曾知道这场婚姻之事,但见那位宓夫人如此地优待彭玉麟这人,在彭玉麟这方面说来,不能不有饮水思源,感他介绍之情?当下慌忙奔入,也来讨好。彭玉麟见了这位主人,只好推说宓夫人请他住到谦裕当去,以便亲近教画。栈中主人听了,倒也不疑。非但亲自帮同收拾什物,而且说明不收所住栈资。彭玉麟本在打算等得结婚之后,重重谢他,所以当时也不和他再去推谦。

及同大家到了谦裕当中,谦裕当里的经理早已奉了女主人之命,说有一位姓彭的亲戚要在当中耽搁几时。这个经理自然出来招呼。彭玉麟等得一班男女佣人散去后,便把他的房内收拾得一尘不染的,预备好看古书。非但画事丢得一边,不再提笔,连那宓夫人那边也不常去。

一连忙了几天,方才去问那个经理道:"兄弟曾经听得此地的女主人说过,这里有座藏书之楼,不知究在何处?"

那个经理听说,连连地答道:"有的,有的。"边说边把他手向那后楼一指道:"那里就是书楼,不过久没人去收拾,现在是糟得不像样儿了。彭先生如果喜欢看书,尽管自己前去携取,兄弟恕没工夫奉陪。"

彭玉麟听说,也连连地答道:"彼此两便,最好没有。"说了这句,便自上楼。尚未跨进门槛,陡觉一阵霉蒸的气味冲入他的鼻管,令人欲呕。因急于要看古书,只好不管这些。

及至走到里面，抬头一望，就见一座书架上面，有条破纸标签，只在他的眼睛前头飘动不已。便去向那破纸标签一看，说也奇怪，正是《公瑾遗著》四字。彭玉麟一见这四个字，反而一吓，弄得有些汗毛凛凛起来。略把心神一镇，方去打开书套，翻开一看，原来还是一种极考究的精致抄本。赶忙仔细一点，共计一十二本。此时哪里还管别项书籍，单把那册《公瑾遗著》取到手中，匆匆回到房内，真连吃饭睡觉的工夫都没有了。一连看了半月，方才把那书中的精义豁然贯通。

　　哪知彭玉麟正在已入宝山、大乐特乐的当口，不防他的那一位未婚妻宓夫人忽然生起病来。起初，只当一种寻常小症，并未关心。及至半月之后，竟至日重一日。宓夫人有时也差丫鬟来把彭玉麟请去，在她病榻之旁谈谈。无奈宓夫人的这个贵恙，据医生说是痨瘵，并非什么怪症。不好教她这位未婚夫婿代为捉妖。彭玉麟也见宓夫人一天天干瘦下去，心里虽在十分着急，但也爱莫能助，只有相对欷歔而已。

　　这天已是六月下旬，彭玉麟又被宓夫人请至。瞧见宓夫人已经瘦得不成人形，急问她道："你现在到底觉得怎么？此地的医生实在没甚本领。可惜四城已被匪兵围着，无法出城。不然我就陪你一同到那汉口去，那里或有名医，也未可知。"

　　宓夫人听说，起先并不答话，只把她那一双有形无神的眼珠子，对着彭玉麟的脸上盯着。及听彭玉麟说完，方才微微地摇着她的脑壳道："我是已经不相干的了。今天请你来此，是有几句最要紧的遗嘱。"

　　彭玉麟陡然听得遗嘱二字，早已熬不住起来，两行泪珠直同断线珠子般的，簌落落地滚了出来道："夫人，你快不可作这些颓唐的口吻，你是一朵正在盛开的鲜花呢。偶然有点年灾月晦，何至如此？"

　　宓夫人此时因见彭玉麟已在流泪，她怕她这未婚夫婿过于伤感弄坏身体，只好微微地点着头道："我也这般在想。我本是一个寡妇，以为此生此世，一定没有什么闺房之中的那些幸福的了。谁知无意之中，竟会遇君。老天既教我们俩无端相见，这样说来，我就未必即死。但是我的这场病症，确已入了膏肓，万一不起，故此预先要留一个遗嘱，我才甘心。"

　　彭玉麟本是一个性情中人，如何能听得这些凄楚之言，当下便把他的双手掩着他的双耳，且在连摇其头地说道："夫人不可再说这些话。我的意思，也与夫人相同，既是无端而聚，必不至于无端而散。顶多不过七月七夕的那个喜期，

第二十回　梦中公瑾授兵书　重病夫人传遗嘱..139

改迟几天罢了。"

宓夫人听说，忽将她那一双有皮无肉的纤手，陡然合十地向着彭玉麟慢慢地拜着道："天不假年，圣人犹病。无常一到，顷刻难留。你就何妨姑且听了我的遗嘱再讲呢。"

宓夫人尚未说完，身边的几个丫鬟一齐接嘴对着彭玉麟说道："彭先生，病人的说话，不能反对的。我们夫人既要说给你听，你就听了吧。至于毛病能好不能好，本来不关这些。人家还有预合寿材、冲喜的事情呢。"

彭玉麟听得这些丫鬟说得不无道理，方始点着头对宓夫人说道："你就说吧，不过不准说得太觉伤心，使我不能终听。"

宓夫人便接口说道："我这人，倘在未曾和你结缡以前，果有不测等情，我的家产全为你有。但是我的神主之上，须你亲自写上彭某之嫡配宓某字样，将来待你千秋万岁之后，须要和你合葬。"

彭玉麟听说，不禁一呆，忙在暗想道：她的家产，我不要它，自然容易。不过这个神主题字和合葬等事，我尚未和她下定，似乎于理不甚合吧。宓夫人一见彭玉麟听了她的话，不肯一口答出，当下不觉一气，顿时晕了过去。彭玉麟见了这个样子，自然十二万分着慌起来。急与几个丫鬟，掐人中的掐人中，推胸脯的推胸脯，大家不顾命地忙了一阵，方始瞧见宓夫人回过气来。

宓夫人一回过气来，就把她的眼珠盯着彭玉麟这人，愤愤地说道："你这个人，怎么这般没有良心。我已病到这般，求你这桩事情，你还不肯答应？"

彭玉麟不待宓夫人往下再说，慌忙抢着答她道："夫人快不要误会了我的好意。我刚才没有马上答你说话，并非不肯答应此事，但在思忖于例于理合否罢了。"

宓夫人听到此地，方把她的一口气，平了一点下去地问道："怎么叫作于例于理不合？"

彭玉麟正待答话，陡然听得城外轰隆隆的几个土炮之声，他们的大门外面，跟着哄起一阵阵的逃难声、呼天声、哭喊声、脚步声、小儿啼哭声、街犬狂吠声，仿佛业已破城的样子。只好不答这话，单向宓夫人说道："这种声音不好，难道匪人已经进城了么？快快让我前去看来，难逃的事情，更比你所说的什么遗嘱不遗嘱要紧。"

宓夫人此时也已听得清楚，早已吓得亦想起来逃走。一听彭玉麟如此在说，连连上气不接下气地答道："快……快……快……去……去……去看来，好想别法。"彭玉麟听说，连忙匆匆而去。

宓夫人一待彭玉麟走后，忙去拉她最心爱的那个翠屏丫鬟，抖凛凛地说道："你前几天不是还对我讲过的么，那个洪秀全手下的匪人，不比寻常的土匪。每破一城，就要屠杀三天。必须奉到封刀的那道命令，方才歇手。还有那些奸淫焚掠，也比别个土匪厉害。我是病人，怎么吃得这个惊吓。"

翠屏抖凛凛地答道："我们当铺里那个新来的厨司，他就是从衡州逃出来的。莫说夫人现在有病，受不了这种惊吓，就是我们这些年轻一点的下人，一被他们看见，也没命的。"

翠屏还待再说，只见彭玉麟已经回了进来。瞧他脸色，似比起初略反安静一些。她就先问道："彭先生，到底怎么了？我们夫人要想逃难呢。"

彭玉麟见问，一面仍去坐在宓夫人的床沿上，一面答话道："你们大家莫吓，我方才出去，可巧遇见一个同乡，现在正在杨载福手下当团练，守的是南门。据他说，他们防堵极严，长毛未必能够破城。所忧的是大家是在吃草皮树根子，恐怕还是先饿死呢。"

宓夫人接口道："难怪我前两天想喝一顿白米稀饭，有了雪白的银子，没处买米。"宓夫人说完，又对彭玉麟微蹙其眉地说道："我此刻竟被这个炮声一吓，反而好了一些。遗嘱的事情，可以暂缓一缓，先要留心，逃难要紧。"

彭玉麟一听此话，仿佛释了重负一般，当下忙去宽慰宓夫人道："你的遗嘱本来多事。逃难的事情，我负全责就是。一有不好消息，我们那位同乡会得奔来送信的，你尽管放心医病吧。"

宓夫人听了，微点其首，算是答应。

彭玉麟刚待立起身来，要回当铺去的时候，忽见那个翠屏丫鬟朝他身上一指。正是：

恩情自古都知少，
慷慨而今本不多。

不知翠屏丫鬟忽朝彭玉麟身上一指，究为何事，且阅下文。

第二十一回

任水师保全湘省
遵秘计攻克岳州

彭玉麟正待站起，回到当铺里去，忽见那个翠屏丫鬟把手向他身上一指。此时翠屏的这个举动，非但彭玉麟有些莫明其妙，连她那位朝夕在一起的女主人也是不解。当下大家只见翠屏将手一指之后，跟着回彭玉麟道："彭先生，你怎么还穿这件很旧的接衫，把我们夫人送你的那些新衣服弄到哪儿去了？"

彭玉麟一见翠屏这人，忽然夹忙之中说此不急之务起来，不觉被她弄得笑了起来。一位老实正直的人，也会说句戏语道："我因没钱买米，去煮稀饭，只好把它统统当在你们的当铺里了。试问不穿这件破旧接衫，去穿什么？"

翠屏尚未得语，那位久病未愈的宓夫人却刻刻关心她的这位未婚夫婿，一时当作真事，忙怪彭玉麟道："这个就要怪你自己不好的了。我家虽然不是十分大富。一点衣穿似乎还不为难。你要钱用，为什么不向我来拿呢？"

彭玉麟至此，方始笑了起来道："我在和翠屏姑娘说戏话。我又不嫖不赌，何至当当。实在因为向来寒素出身，一旦穿了华服，反觉满身不大舒服。况且现在的一班老百姓们连当一串钱的当头都当不出了，我在你们当里确是亲眼见的。我再穿此华服，于心也觉不安。"

宓夫人一听她的这位未婚夫婿存心这般仁慈，不觉笑上一笑。

彭玉麟回到当铺，心知洪秀全的这股巨匪势已至此，不是随便可以扑灭，于是更去用心研究那个兵书。又过几天，翠屏走来报告，说是她们夫人之病，这两天稍觉好些。彭玉麟听了，自然放心一点。谁知他正在日日夜夜研究兵书，以备将来报效国家的时候，那个经理先生偏偏不甚识趣。不知怎样一来，被他知道彭玉麟会画梅花，他就死死活活地要请彭玉麟替他画几幅屏条。彭玉麟如何还有这个心思，只好推说不会。

又有一天，这位经理又不知从何处找来一幅帐沿，确是彭玉麟画的，他就以此当作证据。可巧不巧，刚被那位曾国藩走过瞧在眼内，一见那幅梅花，虽只寥寥几笔，可是一种淡雅之中宛然露出一派高傲之气，便知这个看书的朝奉，必是一位市隐。好在他本在想问城里几家当铺，捐募几文军饷的，他就一则两便，踱进当铺。

等得他已进门，那个经理方才认出他是团练督办曾大人，自然像个狗舔屁股似的，连连口称"曾大人，今儿怎会袤尊驾临小号"。那个经理说了这句，又不得曾国藩答话，急又亲自去把一张太师椅子移至当当中中，用他那件白夏布长衫的袖子向那椅子上拂上几拂。一面请曾国藩去坐，一面又在喝骂几个学生意的："见了曾大人到来，还不泡茶！"此时的这个经理，平心而论，总算也很巴结这位曾侍郎曾大人的了。

谁知这位曾侍郎曾大人，他的醉翁之意却不在酒。虽在微微点首答复，已去向着坐在那儿呆呆看书的那个朝奉，连拱其手地问道："你这位先生贵姓，为何凝神一志地在此看书？"

那时的彭玉麟只因注意书上，心无二用。自从那经理和曾国藩说话起，一直到曾国藩去招呼他止，一古脑儿的的确确一点都未听见；及至经理瞧见彭玉麟不去答复曾国藩的说话，生怕一得罪了这位手操生杀之权的曾大人，那还了得。只好忙不迭去把彭玉麟的书本抢下，又指指曾国藩这人对他说道："这位就是此地的团练督办曾侍郎曾大人，彭先生快快向他行个礼儿。"

彭玉麟至此方见曾国藩忽去和他说话，他也微觉一愕，赶忙站起。正待答话，复见曾国藩又在问他道："老兄既是姓彭，官印二字可是叫作玉麟的么？"

彭玉麟听说，更是一惊道："晚生正是彭某，不知大人怎么知道？"

曾国藩不待彭玉麟再往下说，一面呵呵一笑，一面就在彭玉麟坐的对面一把椅子上，自己先行坐下，又把手朝着彭玉麟一伸道："快请坐下，让我告诉你听。"彭玉麟只好遵命坐下。

曾国藩又问道："老兄的台甫是哪两个字？"

彭玉麟又恭恭敬敬地答道："不敢，晚生小字雪琴。"

曾国藩听说，方把前几个月接到他那同年金日声函荐彭玉麟之事，说了出来。跟着又说道："我方才路过此地，瞧见老兄目不停留地在此看书，已经有些稀奇。"曾国藩说到这里，又去指指那个经理道："及见这位掌柜拿出雪翁所画的梅花，更加钦佩起来。我的初意，也并未防到雪翁在此，不过想替朝廷搜罗一位人才，既可保国，又可保乡。后来听见这位掌柜叫出雪翁的姓来，方始疑心雪翁，就是敝同年所荐之人，故而冒问一声，哪知竟是雪翁。"曾国藩一直说至此处，忽又呵呵一笑道："如此说来，兄弟的老眼犹未花也。不过老兄何以如此清高。等得兄弟第二次再去函询我那敝同年的时候，据他回信，说是老兄业已出游，不知去向。"曾国藩说到这句，又把彭玉麟望上一眼道："不期今天忽在此地遇见老兄，真是意外。"

彭玉麟一直听到此地，已在暗中深悔他无知人之明，当下便心悦诚服地答道："晚生素来不敢欺人自欺，所以今天在大人面前也不敢说句违心的话。那时实因晚生确未见过大人，未知大人的性情何如。与其冒昧晋谒，宾主或有不合之处，岂非反而害了举荐之人。"

曾国藩听到此地，忙把彭玉麟的话头止住道："这是雪翁的出于慎重之处，自然未可厚非。但是今儿已与兄弟相见的了，可肯出山，以救这座危城呢？"

彭玉麟听说道："晚生不学无术，但恐怕不足驱使，有误栽植，那就不妙。"

曾国藩听了，连说："雪翁不必太谦。兄弟还要请问一声：雪翁在此，担任何职？"彭玉麟见问，即把来省起直至现在止，一起告知曾国藩听了。但把与宓夫人的提亲一事，改为宓夫人请他教画。这件事情，也非有意要瞒曾国藩的。只因对于一位初次相见、素孚乡望的人物，似乎有些不便说出罢了。

曾国藩听毕，忽又郑重其事地问彭玉麟道："雪翁既为此地这位女主人如此敬重，兄弟要想奉托雪翁，向这当中商借几千银子，去作营中伙食，未知可否？"

彭玉麟听了，忙接口道："此地的女主人很识大义。不过现在在病中，又在营业十分凋敝之际，似乎没大力量。若是几千银子，晚生可以代作主意，大人停刻可以带走就是。"

曾国藩一见彭玉麟这般爽快，自然大喜道："雪翁如此仗义，兄弟先代为兵勇道谢，至于雪翁这里，兄弟回去，马上就送聘书过来。"

彭玉麟连称不敢不敢，说着就教那个经理，打上一张八千两的银票交给曾国藩道："大人可将此票收下，晚生准于明天，肃诚过去叩谒。"

曾国藩也就一面接了票子，一面答声："兄弟就此告辞，明天准在敝局，恭候雪翁大驾。"说着又与那个经理把头一点，方才欣欣然地出厅而去。

那个经理等得同了彭玉麟两个送走曾国藩之后，回了进来，百话不说，却向彭玉麟一躬到地说道："老兄今天刚见大人，明儿一去，不知要当什么阔差。我们二人相处虽然未久，平时总算知己，你倘得法，定得携带携带兄弟才好。"

彭玉麟此时如何还有工夫对付这个经理？他那八千两银票之事，问题非小，明天还要去到团练局里，也得告诉一声宓夫人，让她病中高兴一点。当下只好随意敷衍了那个经理几句。即把那本兵书，送回自己房内，一脚来到宓夫人那儿。

正待告知来意，哪知宓夫人早据当铺里的一个学生意的报知了。此时一见彭玉麟进去，忙含笑地把手向她床沿上微拍一下道："快快替我坐下，我要替你道喜呢。就是借出去的那笔银子，办得也好。"彭玉麟一见宓夫人业已知道此事，他便笑着坐在床沿上道："现在乱世荒荒，还有什么喜可道？倒是你不怪我擅自做主，出借八千银子，这桩事情，我极见你情的。"

彭玉麟还等再说，忽见翠屏和几个丫鬟都去向他道起喜来，害得他只好一一回礼之后，皱眉地笑说道："这是去冲锋打仗的事情，不是云做官享福的事情，你自不必高兴。"

宓夫人一听这话，不觉吓了起来道："你真的要去冲锋打仗不成！你是文的，我说办办文案等事，不是一般样的么？"彭玉麟生怕宓夫人听了害怕，便也顺了她的意思答道："自然去办文的事情，你只放心就是。"

宓夫人听说，始命翠屏等人马上去替彭玉麟预备袍套行装。彭玉麟虽不推辞，还在说着愈简朴克实愈好的说话。这天宓夫人又命人特别办了几样小菜，留下彭玉麟在吃午饭，她也略略吃口稀饭奉陪。彭玉麟吃毕，又和大家谈上一阵，方才回他当铺。

第二天一早，他就穿了宓夫人替他预备的外套，以及一顶铜顶子的大帽，因他是个秀才，应该这般打扮。及至团练局里，先落号房，正在取出他的名片，已见一个差官模样的人物正从里面走出，来到号房问那号房道："大人在问，有位姓彭的秀才，可曾到来？"

那个号房一面忙向那个差官点头作答，一面就对彭玉麟说道："彭相公，请你就同这位王差官进去。"那个差官听见号房如此说法，便问彭玉麟取过他的名

第二十一回　任水师保全湘省　遵秘计攻克岳州 ‥145

片道:"我们敝上,盼望已久,就请彭相公同我进去。"说着,也不再等彭玉麟回话,即将那张名片高高擎起,导着彭玉麟入内而去。

彭玉麟跟着那位差官尚未走入里面,已见曾国藩站在一间花厅门口等他。他忙紧走几步,同了曾国藩进了花厅,方朝曾国藩行了一个大礼。曾国藩倒也照例答礼。等得升坑送茶之后,曾国藩即与彭玉麟大谈特谈起来。

起先谈的是普通学问,曾国藩虽在表示佩服,倒还不甚怎样。及至和彭玉麟谈到水师之事,只见彭玉麟酌古论今、有根有据,就同黄河决口似的,滔滔不绝于口起来,直把这位曾侍郎曾大人只在听一句赞一句。及至听完,忽然把他双手,竟去向天一拱道:"这是上天所赐兄弟的水师奇才,真是朝廷之福。"

说完这句,方对彭玉麟说道:"兄弟昨天的意思,还想请雪翁担任我们局中文案一席的。此刻方才知道了雪翁,乃是当今的一位水师奇才。我们请雪翁暂时屈就水师右路指挥官。左路的指挥官,我已把我们局里南路团练统带的杨载福升充去办。兄弟能够预料,雪翁和他两个,一定说得来的。"

彭玉麟听说,忙把他的腰骨一挺,自称名字道:"玉麟虽然略略看过几部水军之书,倒底尚没什么阅历。大人此地的编制,每路的指挥官须统三千多人,玉麟既已来此投效,当然唯命是听;但恐责任太大,生怕贻误大事,还是请大人另委一位,玉麟做个帮带为是。"

曾国藩听了,连连乱摇其头道:"现在的这座危城能够保到几时,还说不定,雪翁千万不可太把自己看轻。兄弟马上即下札子,雪翁就去到差。方才据探子来报,北门的城墙已为贼人攻陷两丈,兄弟此刻就得前去。"

彭玉麟听见曾国藩如此说法,方才勉强答应下来,自去到差。

现在且说洪秀全自从钱江等率了大军,前去迎敌向荣、张国梁、江忠源三路人马之后,又接韦昌辉的报告,说是已与杨秀清统率大军出发,指日可以杀到向、张、江三个的后方。洪秀全方始把心放下,即命洪宣娇克日攻破长沙城池,要使向、张、江三个到来,他们已经占领,那才称心。

洪宣娇本在要替他的亡夫报仇,只因一时不能攻克,无可奈何。此时一奉洪秀全的命令,便同萧三娘、陈素鹃、陈小鹃三个,连日连夜,驾起云梯,死命攻打。

岂知城内忽然添上一文一武的两位人物,武的自然是那位彭玉麟,文的就是左宗棠。

原来左宗棠这人,自幼即具大才。他于古时人物,只有诸葛武侯是他最服膺的。现在人物除了郭意诚、胡林翼两个之外，连这位曾国藩他还不甚钦佩。

但是中过举人之后，每会不第；又见洪秀全业已杀到他们湖南来了。平时家居，只在死命地读他书，每每对人说：现在已由承平时代，趋到反乱年头来了。一个人只要有了真实的学问，决不会不见用于世的。

人家见他确有一点本事，不是徒托大言的人物，凡有机会，无不替他发展。无如他的眼界太高，东也不是他的容身之处，西也不是他的出山之境。

直到胡林翼瞧见洪秀全的大势已成，忙去对着张亮基说道："洪贼那边，文有钱江、李秀成、洪大全、石达开等，武有杨秀清、韦昌辉、胡以晃、陈玉成、黄文金、罗大纲、洪仁发、洪仁达、洪宣娇、萧三娘、陈素媖、陈小鹃等；我们这边人手太少。我拟自统一军，加入将士里面，中丞幕府之中的参赞人物，非请益阳举人左宗棠不可。"

张亮基本也久闻左宗棠的声望，自然一口答应。一边即委胡林翼任新军统领，一面专差去骋左宗棠前来做他幕府，参赞军务。左宗棠接到聘书，因是家乡服务，方才允诺，及到抚署，张亮基便把幕府之事全付左宗棠负责，因此一来，长沙城中竟至铁桶一般。试问洪宣娇等人，如何攻得进去。

洪宣娇一时恼怒起来，一连杀了临阵退缩不前的将官五十多员。萧三娘见她杀戮太重，恐防其余的将士寒起心来，也是不妙。一天宣娇正在要杀一员大将，她便上去规劝，宣娇那时双眼业已发赤，犹同要噬人的野兽一般，自然不肯听劝。萧三娘瞧见劝阻不听，只好去请那位大元帅洪秀全自己亲来。

谁知洪宣娇等得洪秀全到来，她就拿出那面令旗、一柄宝剑，对着她哥哥说道："将在外，君命有所不受。军师既把这个东西交付与我，哥哥不得干涉。"宣娇一边在说，一边拔下宝剑，竟将那员大将斩了。

洪秀全虽然当场目见，也没法子。

谁知那班将官真也有些犯贱，一见洪宣娇竟在用那令旗宝剑的权柄，大家倒也怕死，只好拼命地前去攻城。那天曾国藩对于彭玉麟说的，北城业被贼人方面攻陷两丈，就是这班将官攻的。后来幸亏曾国藩自去监视北城，又请胡林翼、张玉良、曾大成分别监视东南西的三城，洪军方才没有攻进。

洪宣娇因见三天之内斩杀了一百多员的重要将士，一座长沙城垣总是攻不进去，正在无法可施之际，忽见钱江单骑飞至，对着洪秀全说道："我军围困长沙，业已三个多月，尚未攻入，双方的军士死伤也不少，不如依照我与秀成商定之计，就此撤下此地，即向岳州攻去。且把武汉三镇，得到手中再说。"

洪秀全以及大众，正因一时不能攻入长沙，都在气闷。一听丢下此地，去攻岳州之话，个个无不活跃起来。连这位洪宣娇也来说道："军师此计足见眼光深远。只要得了武昌，一下南京，大局一定，还怕这座区区的长沙城池，不姓洪么？"

钱江一见大众赞成，又与秀全附耳说上几句，他又上马而去。

洪秀全既得钱江的秘授之计，心里已有把握，马上下令，所有各路人马，直向岳州杀去。

哪知前清的省界二字，分得最清，各人只知保守自己统辖的区域，对于邻省，已不与他相干，遑论远处。所以那时咸丰皇帝的上谕，犹同雪片般的飞至，只叫鄂赣汴的几省军队去救湖南；大家虽然奉到上谕，仍旧推说本省兵力单薄，只好顾着自己。倘因出兵之故，自己辖地有了疏虞，其咎谁负？咸丰皇帝听了这些说话，也只得再命湘省自行添招新兵而已。

那时的湘抚张亮基，全靠曾、左、彭、胡几个帮他的忙，一座长沙城池，始未失守。试问他还有什么兵力去顾鞭长不及马腹的岳州呢？这样一来，洪秀全的所有大军，真正地如入无人之境起来。于是首破岳州，次破汉阳，武昌省城，也是岌岌可危之势。城内两位督抚，明知湖南的地方有那曾、左、彭、胡四把好手，尚且把这外府地方统统失个干净，仅留长沙一个蟹脐罢了。此地既无良将，又没兵饷，还有何望？当下只好急将那位李枭台请去，对他说道："我们都知你的孟群世兄，金凤令媛，都是将门之子，文武全才；金凤小姐且有法术。总而言之一句，这座武昌的危城，可要交与老兄身上的了。"正是：

漫道姑娘能作法，
须知老父爱谈兵。

不知那位李枭台究竟能否担任这个大事，且阅下文。

第二十二回　宝石奇文显太平　鲁莽渡江逢劲敌

洪秀全既得岳州、汉阳等处，一鼓而下，直迫武昌。武昌的制台赫德、抚台常大淳，早已吓得呆若木鸡，只好去把李臬台请去商量，要他去把一子一女唤来，保那危城。

原来那位李臬台的名字，叫作声鉴，河南人氏。他的儿子名叫孟群，非但文武全才，且以候选道台的资格，在他原籍办理同善堂的事务，舆论极佳极桂。他的妹子，名叫金凤，幼年时候曾得异人传授，能知呼风唤雨之术、倒海移江之法。因奉师令，誓不嫁人，所以只在家中侍奉老母，平常是足不出闺门一步的。岂知那位李声鉴廉访也有几分武艺。虽然已有六十八岁的年纪，却还老当益壮，每每自己称能。平生最恨邪术，因此不甚喜欢他的那位千金。

这天一见制台、抚台二人要他去召他的子女，前来御敌，他就大不为然来。当下翘起胡子答道："二位大帅，要把这个守城退敌的责任交付司里身上；司里受国恩深，位至臬司，又蒙二位大帅如此相看，应负守土之责，若命司里办理此事，司里决不敢说一个不字。若是要命司里去召我那不肖女儿，来用她那邪术，司里誓死不为。"李臬台在他说话的时候，声如洪钟，目如急电，似乎还在气呼呼的样儿，大有怪着两位上司，只重他那女儿的邪术不重他的武艺之意。

当时的一督一抚，既见李臬台肯去负责，只要能够守城退敌，去不去召他的女儿前来都是一样。便去恭维了李臬台几句，立即会衔委他兼着全省营务处，以及水陆总统之责，连那本省的提台也得归他节制。李臬台至此，方才当面就谢了委，马上回到他的臬台衙门，即使文案写了一个招安的谕帖，命人送到洪秀全的军中，要取回话。

那时洪秀全的本人，还在汉阳。当下看了李臬台的谕帖，便一面交与李秀成去看，一面跟着对大家冷笑了一声道："这个姓李的，恐怕还在做他的梦呢。现在他们的这座武昌城池，不但仿佛已在我们手中一样，就是那座北京城，指日也要姓洪的了。这个姓李的可真有些老糊涂了。"大家听说，自然一齐附和几句。

李秀成等得看完了那个谕帖，方才叫着洪秀全道："千岁，我们此次的破岳州，占汉阳，虽是遵照钱军师的火攻之计，方始有此顺利，但也关乎天意。"

洪秀全听了，忙接口问道："什么天意，我怎么没有知道？"洪秀全问了这句，不待李秀成答话，他又忽然笑了起来道："大概就是我们天父的恩典吧。你说天意，似乎还觉有些含混。"

李秀成听说，连连也改口笑答道："我说的天意，正是我们天父之意。"

洪秀全点头道："这才对了。副军师快说你的说话。"

李秀成道："听说岳州地方，在一个月之前，那座城隍庙里，每夜必有数百野鬼的哭声。那里居民无不听见。直待我们得了岳州，封刀之后，方停哭声。此地汉阳城的一座关帝庙前本有一塔，也在我们入城的三天以前，忽然无缘无故地自陷下去。邻近居民掘出一块石碣，上有'辰火天明，金铁争鸣，越王过汉，东国太平'的十六个字样，可惜已被地方官吏藏过。既是我们的这位天父这般显灵，似乎稍免一些杀戮，以体天父好生之心才是。现在李臬台既来招安，也是他的先礼后兵之处。我们不妨也回一个谕帖，命他献城投降，免得涂炭生灵。"

洪秀全听了这话，并不赞成去回谕帖之事。单去急下一令，说是无论军民人等，能将那块石碣献上，立赏千金。

李秀成便自己做主，就在李臬台的那个谕帖之上，批上"三日之内献城，可饶尔命"十个大字，付与来人去讫。又对洪秀全说道："千岁快快下令，可命众将赶造浮桥的工具，我们三天之后要取武昌。"

洪秀全听了一愕道："怎么？还要搭浮桥不成。"李秀成道："我能预料我们的钱军师和杨秀清的两路人马，三天之后必到此地。武昌是长江的上游，城里纵没什么良将，也因地势关系，并不比长沙容易。"

洪秀全听说，方才传令众将，听命各人部下，限期预备浮桥工具。三天不成，军法从事。大家奉令，自然各自遵办。

哪知第二天的下午，钱江和杨秀清的两路人马果然到来。洪秀全一见钱、杨二人之面，急去一手一个，拉着钱江和杨秀清两个大笑道："我们弟兄几个，竟会在此相见，半是天父之恩，半是你们二位之功呢。"

钱江尚未开口，杨秀清因与洪秀全相别已久，急也紧握洪秀全的手道："千岁快快不必谬赞，我说天父固然有恩，众人固然有功，独有兄弟没有一点劳绩可言。此来正要向千岁谢罪。"洪秀全听了又大笑道："贤弟之功，岂让众人，快快不准谦虚。我们坐下，还是先谈正事要紧。"

等得大家坐下，李秀成便向钱杨二人报告近日的军情。钱江听毕，即对洪秀全道："千岁既已下令赶造浮桥工具，这是最好没有。此次我和秀清大哥两个，乃是丢下了向荣，日夜兼程赶来的。因为清廷已把向荣授为钦差大臣，张国梁也得了记名提督，江忠源也得了特旨道员。我料向荣既受清廷的殊恩，一定要和我们拼命。与其和他在那长沙城外只管恋战，不如赶来此地，先将武昌占下，再向下游杀去。总以先得南京，方能北伐。"

洪秀全听说，连连称是道："军师的调度我久钦佩。你既同了秀清兄弟各率大军赶来相助，还有何说？"

钱江、杨秀清二人听说，忙又一齐答道："话虽如此，总得千岁主持一切。"

洪秀全便稍稍把头一点，看了萧三娘一眼，又对杨秀清笑道："你们夫妻二人也算久别的了，快趁还有一两天耽搁的时候，你们可去仿佛新婚一下吧。"

此时的萧三娘，本是坐在下面，一听洪秀全忽说趣话起来，不觉将她那张粉脸一红。走至洪秀全的面前，微微地笑着道："我和他两个也是老夫老妻的了，千岁怎么说出新婚二字。倒是我有不少的军事，要和他去商量商量。"

萧三娘尚未说完，大家也来附和趣笑萧、杨二人。杨秀清因见萧三娘此时的颊泛桃花，腰摇杨柳，愈觉妩媚，当下就借萧三娘的说话，便同萧三娘两个手搀手地一同回他城外营里去了。

钱江一等杨、萧二人走后，始对洪宣娇微笑着道："此次此地的战争，更比长沙要紧。萧嫂子可将那面令旗、那柄宝剑交还与我，让我交还千岁，以便让他发号施令。"

第二十二回　宝石奇文显太平　鲁莽渡江逢劲敌

原来洪秀全行军，本极专制。每到要紧关头，百事都去推在天父身上。大家一则业已相信这位天父有灵，二则早已公认洪秀全是主，所以洪秀全即于金田出发之日，造上一面红绸的令旗：旗作方式，二尺长短。四周缘以白绫，上绣双龙双虎。左角之上，还有他的画像。中间的一个令字，亲笔书写。做成之后连同他那一柄家藏古剑，传知各军，凡见此旗此剑，和他亲到一般。若是见了旗剑，奉令行事，虽败有功，违令行事，虽胜有罪。他的军令，只有钱江、洪宣娇二人奉令之后，可以前去与他商量一次，第二次也得遵令办理，连那杨秀清都得遵令，其余将士更不必说了。

当下洪宣娇因见钱江要她缴出旗剑，她就走到钱江面前，咬上几句耳朵。钱江听毕，笑上一笑地答道："这样也罢。你就快去替你们的千岁哥哥做个凶人，免得因为此事，他们老兄弟两个失起和来，反而不妙。"洪宣娇听完，立即匆匆而去。

洪秀全及至洪宣娇走后，才问钱江道："她去究与何人为难？不要闹出事来。"钱江摇摇手道："千岁放心，停刻即有分晓。"

钱江说完这话，又对洪秀全笑道："兄弟此来，却替千岁带了几个要紧人来。第一个是名叫吴吉士的道士，他却有些邪术。我们行军，虽走正道，总以先得民意为要。但是天下很有能人，宁可备而不用。第二个是名叫獬面的狼兵头目。他手下有五百名狼兵，都是广西猎户，冲起锋来不顾性命。除了善食牛肉之外，一切名利二字都不知为何物，既易驾驭，又有大用，现在扎营城外。第三个是名叫曾天养的一位好汉，确是将才。"

洪秀全听了大喜道："快召吴吉士、曾天养、獬面三人，前来见我。"

钱江即命吴吉士、曾天养、獬面三人，见过洪秀全之后，洪秀全当面慰劳一番，便将吴吉士和曾天养派在将官之列，獬面作为各军冲锋之队。三人谢了退下。

洪秀全正待再和钱江商量军务，忽见洪宣娇手捧一块圆形的扁石笑嘻嘻地走来，把那石头呈给他道："这块石头，就是杨秀清此次在那长沙城下经过发现的，一天晚上瞧见一块地上无端发起火光，命人掘了下去，得此石。照理而论，一国有王，一家有主，秀清既得此石，应该献与千岁哥哥，他却秘而不宣，不知蓄了何意？这件事情，还是韦昌辉将军方才告知妹子的。他说他在路上始知此事，便去禀知军师。军师说是且到此地再说。妹子一听此话，就知此石必是国宝，所以特去指明，向他讨出。他起初不肯，我那姑娘劝他交出，他也不听。后来妹子不得已起来，只好用了旗剑，假意要把他先斩后奏。直到用了此法，他才交出此石的。"

洪秀全起初接了那块石头，还没来得及去瞧，已见他的妹子喳喳一连串地说了起来，只得一直听完。先将那块石头一看，只见那石约有五寸径圆，三寸厚薄。非但光莹似玉，而且正面像是天生成的"太平天国"四个大字，反面又有半个太极圆形。不待看毕，不觉离坐，高兴地跳了起来对着钱江笑道："难怪此地的关帝庙前，掘出一块石碣，也有'太平'二字之样。"

李秀成在旁瞧见洪秀全一边在说，一边看那块宝石，弄得无暇说话的样子。他便接口把那岳州以及汉阳地方的两桩怪事详详细细地述给钱江听了。

钱江听完，点点头道："此真天父显灵。但是我们大家，总要先顺民心为是。"

哪知洪秀全一见此石之后，要做皇帝的心理越加浓厚起来。当下即向他的妹子，收还旗、剑二事。但因她去领取此石，大有功劳，立即记上首功。洪宣娇谢了一声，方始退去。

这天洪秀全大排筵宴，算替钱、杨二人，以及各位天将、部将、裨将等接风。大家都到，独有杨秀清一个人推托事忙不到。洪秀全知他为了宝石之事不好意思前来，便也不去再请，即和大家畅畅快快地直吃到日落西山方始散席。

第二天一早，已据各军纷纷来报，说是奉令制造修造浮桥的工具，已经制成，只候命令，怎样搭法就是。洪秀全听说，即将钱江以及一班天将等人统统请到，开了一个军事会议。不防尚未斟酌妥当，忽据探子报到，说是向荣和张国梁的两路人马已经跟踪追到，并在洪山下寨。独有江忠源一路未见到来，不知逗留何处等语。

洪秀全不待探子说完，不觉大吃一惊，连说怎么来得这般神速。钱江接口道："我的初意，虽然料定向、张、江三人一定跟踪追来，但是没有防到这般快法。他们既是到了，我们对于武昌，只有暂缓进攻，且俟筹妥万全之计，方好行事。"

杨秀清不待钱江说罢，立即气哄哄地接口说道："武昌居长江上流，得之可以直撼江南，俯瞰江西。我军数十万之众，难道还怕向、张二只狗子不成！"

钱江微微地点着头道："秀清大哥之言，虽极有理，但是武昌这个地方，易攻难守。向荣老成有谋，张国梁百战不疲，江忠源不久即到，兄弟所以说要计出万全，并非不攻武昌，以及畏惧向、张、江三人也。"

杨秀清听了，又连摇其头地驳钱江道："军师每每称赞向荣那个老贼，很有能耐。但我见他每战必败，老成何在，有谋何在？我愿前去独挡此贼，你们此地可以腾出工夫，去攻武昌。"

钱江道："秀清大哥既是去挡向荣，须得仔细。"

杨秀清又愤愤地答道："军师难道真个瞧我不起不成，我与千岁大哥起义以来，一向未曾落于人后。"

洪秀全忙插嘴劝着杨秀清道："秀清贤弟，你却不可错怪军师，他也不过为了慎重起见，总是好意。你既要去独挡向荣，我命李副军师同你前去。"

杨秀清听说，方对洪秀全、钱江、李秀成三个狞笑一下，仿佛自认鲁莽的样子。李秀成瞧见杨秀清在笑，也不推辞，立即随同而去。

罗大纲眼看杨、李二人走后，便对钱江说道："方今隆冬时候，河水已涸，水面涨有巨砂，我们水军，难进内港；不如就用兵船架了浮梁，贯以钦索，由此地汉镇直达武昌省城，自较容易。"

钱江大拍其手地赞道："此计甚妙，但恐迟误日子。"

石达开接口道："这不碍事。我们一面不妨即用大纲兄弟之计行事，一面去与张国梁诱战，使他不防，免得乘机阻止我们的工作。"

钱江又点点头道："这样也好。准待本月月杪，那晚上一点没有月光，一夜架好浮梁，直捣武昌可也。"钱江刚刚说到此地，又有探子来报，说是江忠源一军，业由鲇鱼套地方，偷进武昌城中去了。

钱江听说，将他的衣袖一摆道："再探。"探子去后，钱江又接说道："江军既已入城，他一定去和李臬台会合，欲与洪山的向军成为掎角之势。我们可把水军，也是偷偷地渡过武昌东岸。彼军未备船只，城内之兵，用枪或箭，不能及远；用那土炮，又恐打着向军。我们正好借这投鼠忌器的便宜地方，以壮杨秀清一军的声势。"

洪秀全听了大喜，即命依计而行，大家散会不提。

单说杨秀清回营之后，认为受了钱江的欺侮，马上发令，正欲率了李开芳、林凤翔、李昭雪、邰云官、万大洪、范连德新旧六员大将，渡江去攻向荣的时候，李秀成慌忙上前阻止道："千岁拥了数十万之众，听了钱军师之议，不敢轻事渡江。秀清大哥若急渡江，胜则其功不小，败则不可收拾的了。"

杨秀清自恃他的位份在李秀成之上，便不听李秀成之计，径自渡江进攻洪山。李秀成只好急去报知洪秀全知道。洪秀全便令陈坤书、陆顺治二人，各率水师策应秀清。

及至钱江闻知其事，陈、陆二人早已出发。他急去见洪秀全道："三军之所以能用命者，全在军令。今杨秀清不遵军令，将来何以服众？我当用千岁的令旗前去止之。"钱江说着，即令洪宣娇拿了令旗去阻杨秀清渡江。及至洪宣娇赶到，杨秀清已经渡过江岸多时了。

洪宣娇急急回报钱江，钱江、石达开二人一齐说道："秀清这般鲁莽，真误大事。"石达开又单独说道："现在只有速将大军，统统都填浮梁而进，秀清一军方不至于全军覆没。"洪宣娇、韦昌辉两个也一同说道："秀清这人本是我们军中的害群之马，何不让他断送狗命，省得将来为他所制。"

钱江忙摇头道："这是因噎废食的政策，如何可以行于战争之际？"

洪秀全即下命令，即照石达开之计行事。

此时向荣已在洪山之上，瞧见杨秀清的人马已经渡江，便朝左右大笑道："洪秀全手下，虽有钱江、李秀成、石达开三个好手。但有杨秀清这人，夹在里面不听军令，擅自行动，也是我们朝廷的洪福。"

向荣说罢，即行传令，命敬修之弟张敬业引兵五千，靠江扎营，截断洪军水师。总兵汤贻汾、陈胜元、奚楚方、克钊四人分左右两翼，去敌杨军。再命张国梁督率大军押阵，若见洪、杨二军，何方有了弱点，即向何方进击；但须看见洪山之上的一杆大旗举起，方准进攻。

大家奉命去后，只见杨秀清安营既定，甚是性急，即命李开芳、李昭雪、邝云官、万大洪、范连德、林凤翔六员大将，一齐杀出。大家正待洪山举旗，方敢进击，就在此时，忽然听得西北风大起，吹得一面大旗呼呼的声音，远远地都会听见。各人抬头一望，果见洪山的山顶上面竖起一面奇大无比的旗帜来了。大家本已待久，此时自然即遵向荣的军令进攻。

谁知杨军那边只知顾着向荣一面，不防江忠源一军，竟从城内突然杀出。这样一来，杨军这边的六员大将便被前后左右围攻起来，真是只有招架之功，没有还兵之力的了。

幸亏钱江率了大军，直攻武昌。一则用的是围魏救赵之计，二则又见江忠源既由城内杀出，城内一定空虚。护理总督赫德、抚台常大淳二人都是木偶，李臬台虽然有些武艺，自然独木难支。所以下了一个奖令，谁能首先攻入省城，赏银二万。哪知那个獬面狼兵头目虽然不爱银子，却喜杀人玩耍。他一听了此令，立即率了五百狼兵，大声一吼，犹同天崩一般，正待杀入南门。不料斜刺里忽然杀出一员老将，倒也十分厉害，若非獬面有些特别本领，早已没有性命了。正是：

一片忠心虽贯日，
满城血水却成河。

不知獬面所遇的一员老将，究竟是谁，且阅下文。

第二十三回

獬面血战武昌城　秀全顺意封将王

獬面一闻钱江之令，他正想从那南门杀入，忽被斜刺里杀来一员老将，拦住去路不要命地就战。獬面本是广西的猎户，虽然是人，其实尚有一半野性。他的打仗无所谓之阵法，无所谓之军容，只凭他那天生蛮力，见人就杀，见马就砍。和他对阵之人，除非真有什么武艺，或用声东击西之法，或用左攻右突之法，或用深入浅出之法，或用进疾退徐之法，那种功妙功夫，和他厮杀，那还可以取胜。若讲气力二字，与他争胜，那就成了猫儿闻干鱼的俗彦，叫作嗅鲞。

当时在和獬面厮杀的那员老将非别，正是湖北按察使司按察使的那位李声鉴李廉访。他的为人，本已中了那个君忧臣辱、君辱臣死的专制之毒，再加赫制台、常抚台两个硬要命他去召他那会用邪术的金凤千金，他被公私两方一逼迫，早已抱了以身殉国的主意。前几天正在布置守城之事，未能率领少数之兵去攻汉阳。及至江忠源入城，向他说出洪、杨等人如何如何叛逆，手下将官如何如何厉害，一班兵士如何如何到一城屠一城、得一城杀一城的说话，他更一怒之下，正待去攻洪军。忽然得报，说是钱江已率大军杀过江来，他就马上带上一二十名最亲信的藤牌兵，即由偏门悄悄绕出，谁知兜头正遇那个獬面，率领五百狼兵犹同中了狂地带喊带跳地杀来。所以他也不去搭话，抢起一把大刀就砍，獬面因有蛮力，声鉴也有武艺，狼兵虽凶，藤牌兵也不辱没。

怎么叫作藤牌兵的呢？因为道光末叶，除了洪、杨之外，各省的土匪，早已蜂起。绿营兵勇，暮气已深，万万不是土匪对手。那些平时吃了重禄的什么统带、什么营官等，要保各人的前程起见，大家只好出了重饷，招募几名当时风行全国、绰号藤牌兵的敢死人士。这些藤牌兵，月饷至少七八十两，平时除了练练藤牌之外，不是前去赌钱，便是前去嫖妓，至于吸烟喝酒，还算花钱少的。非但日不归营、夜不归队，他们的上司偶说一句重话，他们马上就要告长假、开小差。上司要他们去打土匪，保前程，只好开眼闭眼，一任他们去犯营规。他们却有一样好处，平常时候不肯积蓄银钱，以为一死便了，打起仗来，所以个个不怕死的。一个人只要真的不怕死，对方怕死的敌人，当然被他打败。军心本无一定，只要一营之中，有了几名藤牌兵、敢死士，连那不是藤牌兵的兵勇，不是敢死士的兵勇，也会连带气旺起来。当时竟有一句童谣，叫作"不怕张、不怕刘，有了藤牌兵的官儿，就要吹牛"。

那时的李声鉴，他既预备尽忠，还要银钱何用？故而一招就是二十名的藤牌兵，和他一同前去拼命。藤牌兵既是所向无敌，那班狼兵也是所向无敌，当时双方的那阵血战，虽然不能称作绝后，总也可以称作空前的了。可惜不才的这支秃笔，没有施耐庵先生会得描写，只有简单地说上几个杀得，说上几个仍旧罢了。

当时那二十名的藤牌兵，虽被那五百名狼兵，杀得只有半个脑壳，杀得只有半个肚皮，杀得只在喷血，杀得只在放屁，仍旧不肯叫饶，仍旧不肯败退，仍旧不肯偷生，仍旧不肯怕死，直到与那清廷忠臣李声鉴廉访一共二十一个不全的尸体，掀唇露齿，直挺挺地躺在血泊之中，方始不动。

李声鉴和那二十名藤牌兵既死，那个獬面方才忙将他的脑壳向天一仰，双臂一伸，吁上一口极长极长的大气，也是乏力的表示。正待上前再行杀去，陡然听得他背后一阵人喊马嘶的声音，杀奔而来。

他急回头一瞧，只见石达开、韦昌辉、洪宣娇、陈素鹃、陈玉成、黄文金、谭绍洸、赖汉英、胡以晃、曾天养、罗大纲、洪仁发、洪仁达等，竟风驰电掣地转眼之间，已到他的跟前。他急一面手指地上躺着的那些死尸，一面大喊一声道："杀呀！"那个"呀"字的声音虽未把天震坍，可是已把南门守城的一个武官吓得直从城楼之上，一个倒栽葱跌将下来。城上的守城兵士，一见主将吓得坠城毙命，顿时一声发喊，先已逃散一半。

韦昌辉、陈玉成、曾天养、罗大纲等人就在此时，各人纵下马来，奔至城脚，抛上爬城软梯。大家一边在拔城上射下之箭，一边不要命地连爬带纵而上。及到城上，那班守城兵士复又一齐大喊一声，统统逃散。

韦、陈、曾、罗四个此时哪里顾得追杀兵士，先将堵着城门的沙袋，手忙脚乱地搬开几个，急忙打开一扇城门，放入大众。那个狮面，首先带着五百狼兵奔入，也不去和韦昌辉等人讲话，单是复又几声喊叫，直向城内杀去。可怜那时武昌百姓的遭殃，真比现在民国二十年汉口的水灾，还要厉害几分。石达开此时自然只顾城内的伏兵要紧，当下一面命各人各带几十名狼兵，分向四城搜杀，一面自己直向督抚两署奔来。等得他到抚署，那位常大淳中丞早和制台赫德、藩台梁星源、首道傅炳台，总算一同殉了难。

石达开正待入内，谕知一班官眷不必寻死之际，忽见探子赶来报告，说是大元帅千岁，已同钱军师等人在那制台衙门等候说话。石达开连忙出了抚署，来至制台衙门，一走进去，就被洪秀全一面一把执着他手，一面指着钱江说道："达开贤弟，我真险呀，方才不是军师仔细，我这个人，早被那个夏鸣盛的死贼剁为肉泥的了。"

石达开听说，不禁一吓道："这个夏鸣盛是谁，千岁又怎么险些儿被他所害？"钱江接口道："起先千岁据报，说是武昌城业已克复，便想约我一同入城。我因知道武昌城中不无几个清廷的忠臣，怕有什么埋伏，故命左先锋邓胜走在先头，我同千岁两个在后一步。谁知那个江夏县夏鸣盛竟敢率领数十名差役，埋伏城濠之内，要想乘机行刺千岁。幸亏邓先锋走在前头，我和千岁二人，方免于难。"

石达开不待钱江往下再说，急问："现在那个姓夏的呢？"

洪秀全恨恨地接口道："他能把邓先锋剁为肉泥，我们难道不会将他砍成血饼么。"石达开听说道："千岁乃是万金之躯，关乎全国非轻，以后须得千万慎重一点才好。"

洪秀全正待答话，忽见杨秀清竟将李秀成扭结一团地从外奔来。钱江忙与石达开二人先向杨秀清的手中，把那李秀成拖开。然后方问杨秀清究为何事。

杨秀清见问，便把他的脚一跺，大怒答道："我若不杀这个坐视不去救我的杂种，誓不为人！"

钱江、石达开两个刚刚听至此处，忽见萧三娘同了陈小鬓二人都是满头大汗地一同奔了前来，因见杨秀清已把李秀成放手，方在一边拭着各人头上的汗珠,一边同怪杨秀清不应去和李秀成动手。

杨秀清见他妻子和陈小鹃两个也来怪他,更是气上加气,便去向洪秀全突出眼珠子地说道:"千岁哥哥,本命秀成前去助我的,如何坐视不救?今天之事,倘若没有军师率了众位弟兄前去相救,请问一声,我这个人还有命么?"

洪秀全和钱江、石达开三个又一齐劝着杨秀清道:"秀成决无是心,况且他一见你的队伍已经渡江,连忙奔来请发大兵,这倒不可错怪人的。"

李秀成直至此时,始去向杨秀清打上一拱道:"秀清大哥,你怪小弟没有本领前去救你则可,怪着小弟存心不去救你则不可。快快不可生气,小弟这厢向你赔罪就是。"李秀成一边说着,一边又是深深一揖。

杨秀清因见有了下场,方始皱着双眉地答话道:"不是我在怪你,蝼蚁尚且贪生,谁不要命的呢?"

洪秀全、钱江、石达开、萧三娘、陈小鹃几个,一见杨、李二人已在说话,忙又一齐接口道:"好了好了,这件事本是小事,还是商量大事要紧。"

众人道言未已,忽见林凤翔等来报告道:"江忠源与向荣各军,已向黄州、兴国、大冶各县屯扎去了,我们应否穷追?"林凤翔尚未说完,又见李开芳也来报告,说是得着确信,清廷已派湖南的那个胡林翼率了大兵来此,不日可到等语。

洪秀全等得林、李二人相继说毕,急问杨秀清道:"你瞧我们怎么办法为是?"杨秀清见问,并不转商钱江等人,立即答道:"追杀向、江之事,尚在其次,现在最紧要的自然是进兵长安,倘若占领那个历古建都之地。我们就此坐了下来,然后分兵再取四川,还怕不成大业的么?"

李开芳、黄文金两个不待洪秀全答话,也一齐接口说道:"四川为天府之雄,汉高祖因此成业。后来的诸葛武侯,也劝刘备去取成都为急务的。方才秀清大哥的主张,很是不错,千岁应该立即允从。"

钱江至此,实在不能煞了,忙向洪秀全说道:"江南乃是国家的精华之地。进可直趋北京,退亦可以自立。千岁若舍如此良机,改兵西向,反使清廷得握膏腴之地,供给军饷,那就难了。"

洪秀全听说,不置可否,先问众将。谁知众将所答之话,都是附和杨秀清主张的居多,赞成钱江主张的,仅剩李秀成、石达开两个。洪秀全一时不能解决,便对大众说道:"此事关系太大,让我细斟酌再定。"说完各散。

钱江便去找着李秀成、石达开二人,微声叹道:"杨氏得志,我们三个从此完矣。"李秀成、石达开听说，也各连摇其头，又吁上一口气道："现在尚在未定之际，只有军师再向千岁细细陈明大势，或能挽回，也未可知。"

钱江点头称是，回到自己室内，连夜做成一本兴王之策。第二天一早，命人送到洪秀全那儿。

洪秀全正在心中无主，很是烦闷，一见"兴王策"三个字，便觉有些高兴起来。连忙展开一看，只见写着是：

一、方令中国大势：燕京如首，江浙如腹心，川陕闽粤如手足。断其手足，人尚可生；若取江南，即是椎其腹心，满清危矣。故以先取金陵，使彼南北隔截，然后分道用兵，一由湖北进取河南，一由江淮进取山东，会趋北京，以断其首。北京既定，何忧川陕不服耶。

二、我国创造伊始，患在财政不充，因关税不能遽设故也。当于已定之省分，向商家略抽税收，而任其保护。资本每两，抽其一厘，名曰厘金。商家所损极微，自无不愿，以此供给饷糈，足有馀也。唯不宜勒索苛民，而贻口实。

三、清室自道光以来，各国交通，商务业已大盛。盖商务为国家之本，应与各国先立通商条约，互派使臣负责，此乃世界大势，首先应为之事也。

四、我军既以财政为患，当于圜法，亟亟讲求。第一著不用清室银元，商民自必惶急。我国即铸银币，以代清室银元之需。单以六成银色而论，利莫大焉。次第再立银行，发行纸币，五千万可以立待。

五、百官制度，宜分等级，官位自官位，爵典自爵典。取任各官，论才不可论贵。故各国之亲王，亦不尽居高位掌大权也。

六、将来世界大势，必至趋重海权。今后若中国大定，应永远定都金陵。据江河之险，备舟师之事。水军本与陆军并重，不可偏废。

七、我国起义以来，急于战争，不遑注意制度，亟宜开科取士，选取人才。

八、清廷连战皆败，恐借外人之力，以扼我族。亟宜优待外人，以取世界一家大公之义。

九、我军速战虽胜，恐有疲乏之虞。可将现有之兵额，约二百万之数，加以训练，分为五班。待定江南以后，以两班北伐，以一班下闽浙，留两班驻守三江,以便轮流使战,则兵士人人可用矣。

十、中国本来膏腴,土地荒废已久,亟宜垦荒。地为公产,仿上古寓兵于农之制,或为屯田之法,按时更番抽练,可使人人皆兵、饷源不绝。

十一、中国人数虽多,而女子全付于淘汰之列,非是正办。亟宜兴办女学,或设女科女官,先以培植人才为本,继以鼓励人才为殿;并限制缠足之风,而进以须眉之气。男女一律平等,且定刑律,首先注意男子犯奸之条。

十二、矿源出于地理。中国本富,应仿各国矿务铁路等,国家人民两有利益之事为之。

以上管见,言其大略而已。其余应为之事甚多,容再相机而定。清廷以残酷,我国以仁慈。清廷专重宗室私人,我国则以大同平等主义行之。兴王之道,尽于斯矣。

洪秀全刚刚看毕,忽见洪宣娇面含怒色匆匆走入,一屁股就在他的对面坐下道:"哥哥,我们洪氏,现已到了成则为王、败则为寇的地步的了。王为万世之基,寇为一时之贼。杨氏本和哥哥在夺帝位,哥哥怎么还会相信他的主张呢?哥哥倘若不听钱军师的主张,自己要把机会让人。"洪宣娇说到这里,陡然向她腰间拔出一柄明晃晃的刀来,一面朝她胸前,悬空地试上两试,一面又跟着说道:"妹子就此先行死在哥哥面前,免得死在他人手上。"

洪秀全起先本在听一句点头一句的,此时又见宣娇把刀向她胸前试着,急去一把将刀夺到手中。先向门外望了一眼,见没外人,方始对着宣娇说道:"妹妹好意,为兄岂有不知。"说着便把钱江的十二条兴王之策,递给宣娇去,看她道:"妹妹放心,我们一定去取江南就是。"

宣娇听说,还紧问一句道:"哥哥不再改变么?"

洪秀全连连摆头道:"国家大事,怎好儿戏?"

宣娇听说,方才俯首去看那道《兴王策》。尚未看毕,忽见洪大全、洪仁发、洪仁达几个一同走入。宣娇先向大家说道:"哥哥已经赞成钱军师的主张了。你们放心罢。"大家听了方才大喜。

洪大全也把那本《兴王策》,拿去看毕道:"我们何不就此开科取士,也好镇定人心。"洪秀全点头道:"此事就交你去办理。"

洪大全正待答话,忽见洪秀全的随身卫士走来说道:"杨天将有事要见。"

洪秀全听说，忙朝众人将手向后一指道："你们可从后面出去。"

洪宣娇急随大众匆匆走出，她又一个人来至钱江那儿，报知她的哥哥看了《兴王策》之后，已允去取金陵之事。钱江听毕，一边先请宣娇坐下，一边面现喜色地答道："既是如此，大局便有望了。"

洪宣娇微蹙双蛾地接口道："军师早该听我说话，就让姓杨的死于向荣之手，岂不干净。"钱江笑上一笑道："我素以诚心待人，如何防到他会得寸进尺起来呢？"

洪宣娇又说道："他此时又去找我们哥哥，不知我们哥哥可会被他逼得改变宗旨。"钱江摇头道："此事关乎天意，也非人力一定能够勉强。"

钱江刚刚说到此地，只见李秀成慌慌张张走了进来，就将手上的一张名单，交给他看道："坏了坏了。"说着，又朝洪宣娇说道："千岁又被杨氏逼出这桩不妙的事情来了。"钱江不去插嘴，单把那张名单，去和宣娇一同去看。只见上面写着是：

天王洪秀全	东王杨秀清	故南王冯云山	故西王萧朝贵
北王韦昌辉	福王洪仁达	安王洪仁发	宜王洪大全
靖国王钱江	翼王石达开	忠王李秀成	英王陈玉成
燕王秦日纲	慕王谭绍洸	堵王黄文金	威王林凤翔
毅王李开芳	顺王吉文元	松王陈得风	比王伍文贵
辅王杨辅清	侍王李世贤	顾王吴汝孝	章王林绍章
赞王蒙得恩	豫王胡以晃	杨王妃萧三娘	萧王妃洪宣娇

洪宣娇一见她未封王，顿时把那名单撕得粉碎，大怒道："军师既已说过男女平权，难道我还没有大功不成？"洪宣娇的"成"字尚未离口，便往外奔。正是：

男儿有幸登天去，
女子无端逐队来。

不知洪宣娇要往何处，且阅下文。

第二十四回

李金凤代父复仇
彭玉麟寻师问难

钱江瞧见洪宣娇拔脚就走，似乎要去和她哥哥大闹去的样儿，赶忙追上拦了转来，仍旧请她坐下。劝着她道："萧王妃，你本是一位女中豪侠，难道连那小不忍而乱大谋的一句古话，都忘了不成？现在天王面前，只有你一个人还能说话；不要弄得生了意见，以后没有缓冲之人，岂不误了大事？况且此事我能料定，天王必定推说见逼杨氏，才有这个封王之举。其实呢，天王自己早有此意的了。至于你也要轧进一份王位，似尚不难，容我去与天王说知可也。"

洪宣娇本来还信服钱江这人的，此时听他这般说法，方始把气消了下去。

李秀成又问钱江道："开科取士，本是正理。但在这几天百忙之中行之，似乎稍觉太早一点吧。"钱江听了一愣道："怎么说法，天王马上就要开科取士了么？"

李秀成点头道："开科之事，已命大全办理去了。"

洪宣娇接口道："这件事情，我方才眼见天王交与大全哥哥去办的。"

洪宣娇还待再说，忽见她的随身侍婢来请，说是大众都已去向天王谢恩去了，王妃怎样？钱江、李秀成一齐说道："这事我们也得前去应个景儿。"

洪宣娇听说，先回房去换她衣服。原来洪秀全最恨清朝服装，又因军务倥偬之际，没有工夫，只好杀到哪里，就把哪里戏子的行头拿来应用。大众既穿戏子行头，洪宣娇便打扮得和那武旦一模一样。此刻既去谢恩，须得去换宫妆，方成体统。

这天天王很是高兴，大排筵席，赐宴群臣。他一个人穿了一件龙袍，坐在上面，大有赵匡胤那个陈桥兵变、黄袍加身之概。杨秀清既封东王，也和那出洪羊洞剧中的八贤王一般装束。各位王爷，都也相差无几。还有什么天官丞相、地官丞相，什么游击将军，什么巡查都使的名目，都是一班起义的老弟兄担任。

席散之后，吉文元一个人去向天王献殷勤道："臣有一妹，名唤珠儿，尚有几分姿首。因见天王身边没人侍奉，拟将臣妹献上，以备房中使用。"

天王听了大喜，立即召入，封为吉妃。这位吉妃样样都好，只有一双天足不好。平时每在怨她那位亡母，怎么幼小不将她好好地裹足，害她长大，不能步步生莲之雅。岂知她的一双天足，正合了天王的脾味。天王对于妇女，虽然也重颜色，也却有几个特别条件，第一个条件是身长玉立，第二个条件是瘦削肩膀，第三个条件是遍体无瑕，第四个条件是一双天足。这位吉妃珠儿，四样都能占齐，因此宠幸无比。

别人见了，倒还不怎么样，独有那位洪宣娇看在眼中，不觉想起她那萧王爷在日，何等情深伉俪，何等举案齐眉。一旦中途分飞，害她独守空房，好不凄楚。平时因在冲锋陷阵，无暇及此。又有一句古话，叫作眼不见为净。现在一见天王和吉妃珠儿两个同寝同食，同出同进，活像一对鸳鸯，她便不及等候钱江和她所说之话起来，忙去找着钱江问道："军师，你在湖南衡州时候，曾经与我咬着耳朵，所说的那句说话，现在可还记得了么？"

钱江见问，连摇其头地答道："决不忘。"

宣娇微微地将脸一红道："我已不能再待。请问军师，怎么办法呢？"

钱江听了微微一笑道："我从前本和你说过，原是两种办法：一种是再醮，一种是守节。再醮因有活着的天王、下世的西王，他们二位的关系，反而有些难办。守节呢，谁来管你闲事。你也博通经史的，难道汉朝的那位陈阿娇皇后之母陈太主的故事都不知道的么？"

洪宣娇听到此地，愈加绯红了脸答道："这个办法，我岂不知。我此刻来请教军师的意思，只怕因此舆论不好，天王未必饶恕，如何办法？"

钱江又答道："你只要对于国家大事，放出本领去替天王出力，闺房之事，我能包他不来干涉。"

洪宣娇听说，方始欣然而去。

第二十四回　李金凤代父复仇　彭玉麟寻师问难 ..165

又过几天，开科之事，业已完毕。大总裁就是放的宜王洪大全；考取的状元，名叫刘继盛，字赞震；榜眼名叫袁镕，字盖石，还是清朝的一个老举子；探花弥闲，字子都，非但年仅一十六岁，而且才貌双全。琼林宴的那一天，三鼎甲，一样地披红结彩，骑了高头大马，鼓乐鸣齐地游街。

哪知那位少年探花弥闲，竟被萧王妃洪宣娇瞧上。即于次日，宣娇特地打发心腹侍婢，将他请至，明为教习文学，暗则作了面首。从此以后，宣娇既有闺房之乐，对于国家大事，真的更加出力起来。

有一天，宣娇正和弥探花二人相对饮酒、十分有趣的当口，忽见她的侍婢大惊小怪匆匆地奔来报知道："婢子听说，清朝业已把胡林翼放了此地的藩司，署理巡抚；湖广总督，已由云贵总督吴文镕调补；江忠源也放了此地的臬司。还有那个死难的李声鉴李臬台之子李孟群，同他胞妹李金凤两个，口称要报父仇，已向河南抚台那里借兵五千，杀奔前来。……大家都在气不过东王，什么叫作假节钺专征伐。……天王命他率同林凤翔、李开芳、吉文元、陈玉成四人，前去讨伐向、张、江三路人马，又任那个道士吴吉士为冬官丞相，率兵三万，专敌李孟群、李金凤兄妹二人。"

那个侍婢一口气说到此地，又将宣娇望了一眼，接说道："王妃也封了什么艳王，兼女兵总指挥使，督同陈素鹃、陈小鹃两个接应各军。"洪宣娇听毕，把头点了两点，答声："我已知道，你们从速预备我的营装就是。"

侍婢退出，宣娇便对弥探花笑上一笑道："你莫替我害吓，我本是一个打仗的祖师。不过这场大战，不知杀到几时才能了结，此刻不能预定。你若胆小怕事，那么不用说它；你若想升官，或是发财，你就快去拜托钱军师保你一本，弄个我们军中的秘书监玩玩也好。"

弥探花听说，急去满斟了一大杯酒，递与宣娇去喝道："我先祝赞你一声，此去一定马到成功。"

宣娇笑着喝干，回敬了弥探花一杯道："你到底敢去不敢去？快说一声。"

弥探花急忙把酒咕嘟一声喝下之后，忽将他的衣袖一捋，装着要去打仗的样儿道："上马杀贼寇，下马做露布。这等盛事，男儿汉、大丈夫，谁不愿干？你放心，我立刻去托钱军师去。"

弥探花说完，正待出房，宣娇又对他说道："倘若钱军师见你文绉绉的样儿，不肯保你，你就老实对他说出，是我叫你去找他的。"

弥探花听了一愣道："怎么，此话可以对他讲的么？"

宣娇把眼一瞟道："我叫你去说，你只管大胆去说就是，谁来害你不成？"

弥探花生怕宣娇动气，连声应着"我去我去"，大踏步地走了。

宣娇一等弥探花走后，立即去见天王。及她走到，只见天王正据探子飞报，说是吴吉士丞相已被敌人李金凤用了妖术，杀得似要败阵的样子。天王一见宣娇，连连忙不迭地挥手，命她快去接应。宣娇见了，不好再管弥探花之事，只好返身退出，拿了兵器，飞身上马，杀出城去。

刚刚出城，兜头就遇见那个獬面抱头鼠窜地飞奔而来。宣娇忙将马缰勒住问道："你为什么这般狼狈，你可知道吴吉士吴丞相，现在战得怎样了。"

那个獬面见是萧王妃洪宣娇，只好连忙站定答道："我已中了那个李金凤妖妇的邪术了。吴丞相的法术，也非其敌。王妃若去接应，须得小心一二。"獬面说完，匆匆自去。

洪宣娇却不惧怕，只把她手上的马缰一紧，率领她的女兵，一脚冲至阵中。抬头一看，果见那个吴吉士已被那个李金凤口吐一团火焰，逼得正待败退。她也不去再和那个李金凤搭话，抢着一柄大刀，不管三七二十一，就向火焰之上拼命劈去。说也奇怪，洪宣娇这人并无什么法术，倒说那时她的一柄大刀，仿佛有了神助一般，只要劈到哪里，那团火焰就会熄到哪里。莫说那个李金凤一时不知来历，不免大吃一惊，就连宣娇本人也觉不懂起来。

此时的吴吉士，也当宣娇能用法术，顿时胆子一大，又将他的大口一张，吐出一团火球，直向李金凤的面前扑去。原来吴吉士在洪宣娇未到之先，业已吐过火球，因非李金凤的敌手，故而赶忙收回。此刻因见洪宣娇的大刀能够劈熄，所以重又吐出，以助宣娇。当下李金凤一见吴吉士又吐火球扑她，只得也把她的那火焰重行吐出。谁知这个火焰，一遇着洪宣娇的大刀劈着，竟同斗败的蟋蟀一般，依然无力可施，熄了下去。

李金凤的本身，总算还有法术可以自己防身。可怜她手下的一班兵士，无不烧得一个个焦头烂额。正待溃散之际，幸亏左有江忠源杀入，右有张国梁杀入，始将一班兵士稳住阵脚。起先李孟群也被吴吉士的火球伤了坐马，此刻方始换马杀至。于是双方又混战一阵，不分胜负，大家只好各自收兵。

吴吉士、洪宣娇两个一同回进城内，忙去见着天王禀知道："敌方的那个李金凤确有邪术。我们今天这仗，虽然未尝打败，以后各军出战，须得千万小心。"天王听说，立刻下令谕知众将去后，忽见东王杨秀清领着一个非常美貌的女子进来，天王便问东王，此是何人。

第二十四回　李金凤代父复仇　彭玉麟寻师问难 ..167

东王先命那个女子朝见天王之后，方才答道："她的老子就是前任的汉阳县知县桂越石。她的名字，叫作桂子秋。自幼就有一位仙人传授法术。因见她的老子藏过关帝庙前掘出的那块石碣，气愤不过。直到前几天，方将那块石碣寻着，特地携来贡献。并愿弃邪归正，投效我们。"

天王听了大喜，先将桂子秋这人奖励几句，命她呈上那块石碣。桂子秋即命从人抬上，天王下座，细细一瞧，果见石碣上面，镌有"辰火天明，金铁争鸣，越王过汉，东国太平"十六个大字。便对大众说道："如此说来，真是天父显灵了。我们国号，准定就取'太平天国'四字，才合天意人心。"

大众附和一阵，天王便命卫士，把那石碣抬入上房，交与吉妃，连同那块天生'太平天国'四字的宝石，一起收藏，卫士抬入……

此时洪宣娇因见桂子秋这人既有法术，又是长得比她标致，便对天王含笑地说道："臣妹愿随这位桂小姐学习法术，伏求天王允准。"

天王听说，笑上一笑道："我知法术之事，非得童身学习，方有效力，你现在恐怕不能了吧。"洪宣娇将脸一红，正待答话，忽见吴吉士已将她刀劈火焰之事，一五一十地说知天王听了。天王不待吴吉士说完，一面大喜，一面又称怪事不已。

桂子秋接口道："既是萧王妃要学小女子的法术，小女子很愿传授。"

天王更是欢喜，即任桂子秋为女兵副指挥使，就和宣娇一起办事。

桂子秋谢恩之后，即同洪宣娇两个携手来到宣娇室内，一同坐下。宣娇百事不提，第一句说话，就问桂子秋道，"我不懂法术，你该已经知道。今天我的刀劈那个火焰之事，倒底什么缘故？"

桂子秋见问，微笑了一笑道："王妃请把脉息，让我一按，或有分晓。"

洪宣娇真个把她的一双玉腕放在桌上。桂子秋一按之后，笑着哦了一声道："原来王妃今天转了癸，那个姓李的法术是被王妃的秽污所破。"

宣娇听毕，立即传令出去，只要是她手下女兵，以后每逢出战，必须各人身上都藏一点秽血，违令者斩。

桂子秋道："王妃应该也去禀知天王，不论兵将，凡遇妖法，都须带着秽物，方保无虞。"洪宣娇听了，一面命人禀知大王，一面便请桂子秋马上传授她的法术。

桂子秋道："王妃现在只能学法，不能学术。"

洪宣娇不解，桂子秋又说道："学法只要暂忌房事。学术第一要紧先须养气,一行房事,气即难合,术无进功,永远须避房事。所以法是外功,术是内功,不能混合而言。"

宣娇一听如此说法,连连说道:"请你快快帮我先取姓李的性命要紧;至于学习法术之事,我们往后慢慢再说便了。"所以后来洪宣娇,永不再提此事,因为不能避忌房事之故。

现在且将洪秀全这边的事情暂时按下,补叙湖南那边。

且说曾国藩自从委了彭玉麟充任那个水师指挥官之后,彭玉麟便将他的水军之学全行贡献出来。没有多天,已把水师一部分办得井井有条。再加那位左宗棠已入张亮基的幕中。张亮基信任有加,一切军务等事全交他去办理。这样一来,长沙城池竟同生铁铸就一般,无论洪军如何凶猛,休想动得分毫。洪秀全只好听了钱、江主张,放弃湖南,去攻湖北。照清廷方面说来,湖北虽然失守,湖南倒底保住。

咸丰皇帝闻知其事,即将胡林翼以布政使署理湖北巡抚;又调云贵总督吴文镕,实授两湖总督;又任旗人琦善为钦差大臣,督办湖北军务,限期收复城池;又命曾国藩大练水师,以作琦善的声援。

曾国藩一奉旨意,忙将彭玉麟请至,和他商酌道:"现在湖北业已失守,洪军之势愈大。此地虽然添了一个左季高,却少了一个胡润芝。朝廷既是责成我练水师,这件事情只有请你来帮我一个大忙。"

彭玉麟连连客气道:"只是我们那位杨载福同事,也是一位水师好手。"

曾国藩微摇其头道:"他是将才,你是帅才。你的责任自然比他重得多了。"

彭玉麟听了,方才答道:"既承这般知遇,标下虽是知无不言、言无不尽,不过一切大事,仍求大人主持。"彭玉麟说到此地,忽又站了起来道:"标下读书不多,阅历又少,久钦大人的德望,事事可为标下之师。标下要想拜在门下,务求大人答应。"

曾国藩听说,摇着手问道:"你是嘉庆哪年生的?"

彭玉麟答道:"标下是嘉庆二十年十二月生的。"

曾国藩听到这句,忽然大笑起来道:"我仅比你大了四五岁,怎么可以做你老师?"

彭玉麟又接口道:"学问之事,何在年龄。"说着,不待曾国藩答应,早已口称老师,恭恭敬敬地拜了下去。

彭玉麟拜完,又命人去将曾贞干请至,见过世叔。曾贞干略谈几句去后,这天曾国藩便和彭玉麟二人，一边对酌，一边问他家事。

彭玉麟一见问到他的家中，忽皱着眉头答道："门生生平这桩最不解的事情，此刻先求老师解释门生听了，方敢述及家事。"

曾国藩忙问："哪桩事情，还不明白？"

彭玉麟道："门生为人，素来抱定宗旨，无论何事，不肯欺人，谁知往往弄得不能不去欺人。难道门生前生做了恶事，要想做个好人，都不能够的么？"

曾国藩听说，笑上一笑道："前生之事，我最不信。这件事情，或是老弟的经历不够所致，弄得要好不能，也未可知。老弟且把事实说了出来，让我解释你听。"

彭玉麟听毕，果真老实对曾国藩说出道："先慈刻苦成家，始将门生抚养成人。门生所娶邹氏，人尚贤淑。不知进门之日，怎么一来，竟会不为先慈所喜。先慈每命门生将她大归，门生因为怜她罪不至此，只好常向先慈替她求情。

"有一次，先慈又发大怒，门生真的求不下来了。门生只得将她私下寄住家叔家中，竟骗先慈，说是已把邹氏大归。此是第一次欺骗先慈。当时先慈只知邹氏大归，且对人称门生尚未娶过。门生对于亲友面上，自然跟着先慈所说。此是第二次欺骗亲友。后来先慈和亡荆次第逝世。

"门生困于经济，不能立足，便到本县的那座石鼓书院，前去混混。又与一个萧满其人，竟以假事扶乩欺人。及到此地，忽又无端地遇见那座谦裕当铺里的女主宓夫人，因画梅花的情感，竟要嫁与门生。门生仍旧不肯违背亡亲之意，只好骗她未娶。那时她正有病。她有一天，因见病已危殆，要教门生替她书写遗嘱，说是家产全部归与门生，等她死后，但要当她元配待遇。门生倘若依她，如何对我亡妻，倘不依她，似乎又做负心之人，所以直到她死，门生尚未允她。话虽如此，她的家当，门生自然不要。她的遗嘱，门生又怎么办法呢？"

曾国藩一直听到此地，便去捻着他那新留的一点小须，连声称赞道："老弟存心如此，仰能不愧于天，俯能不怍于人，当然可敬。不过你方才所告诉我的，这些没有法子的欺人之言，似乎要怪老弟没有经历。"正是：

世事洞明毕学问，
人情练达即文章。

不知曾国藩还有何话，且阅下文。

第二十五回 谈理学实益人心 壮声威伪装狗眼

曾国藩本是一位理学儒宗，平时对于一个欺字，早认为是人们的蟊贼，所以他的家书之中，别样事事谦退，以备再加进益。独有理学二字，他却当仁不让，不肯再去和人客气。这天听了他那位新收门人彭玉麟请教他的说话，可巧对了他老人家的胃口。于是老老实实拿出老师排场，把那彭玉麟的居心无愧之处先行提出，大大地称赞几句。然后再去怪他没有经历，这正是教导人的良法。

当时彭玉麟一见他的老师果不将他当作外人，老实教导，不禁喜形于色地答道："门生也知经历不够，这总是学问不到之故，务求老师开我茅塞才好。"

曾国藩瞧见彭玉麟的脸色，忽现喜容，知是一个可造之才，将来必能成名。便又高高兴兴地说道："你的第一桩事情，单去注重一个孝顺的顺字，认题未免不清。你要明白同一父母之命，难免没有乱命。所以古人说过那句'小杖则受，大杖则走'的说话。这个意思，本是取那肤发身体、受之父母，不敢毁伤之义。既连毁伤都要逃走，大归之事，问题更大。单以姑媳二字说来，自然姑大。若以祖宗嗣续说来，父母之命便小于嗣续了。我们那位邹氏弟妹，当时不知为了何事，不得于姑。遇着这种事情，只有你去设法，调和她们姑媳之间的情分。就是一二连三的几谏，也该去做。真个到了万万不能再谏的时候，只有携了我们那位邹氏弟妹暂时远避的一法。如何可以私下寄于令叔家中,又去承认大归二字的名义呢?你的第二桩事情,对于一切亲友,大可恳托他们去向令堂面前求情,或是带着邹氏弟妹,去向婆婆赔礼。如何可以一口承认尚未娶过?"曾国藩说到这里,又问邹氏有无子女。

彭玉麟道:"亡荆生有一子一女。子名永钊,已将成人,女名永钿,年龄尚小。"曾国藩听了忙接口道:"既有子女,又无失德,老弟竟忍心令我们那位邹氏弟妹,去负大归之名的么?"

彭玉麟听到这句,早已凄凄楚楚地淌下泪来,于是一边拭泪,一边微微地叹气。曾国藩又摇手劝阻道:"这也不必伤感,现在只有赶紧教子成名,使她在那九泉之下能够心慰,也是一般。"

曾国藩说到此地,忽见一个家人捧了一包公事,前去请他批阅。他就忙同彭玉麟二人细细看毕公事,方始命那人拿去,仍又接说道:"老弟当时对于一切亲友,既已承认未娶,难道没人前去替你说亲的么?"

彭玉麟见问,便又蹙额地答道:"怎样没有?还有人因见门生不肯答应,以为必有外遇的呢?"曾国藩点点头道:"这些事情倒是流俗之见,不必理他。至于老弟的第三桩事情,那个神道设教,本是愚民政策。扶乩开方,也极危险。老弟当时以为陈茶老米不致吃坏,但须防到久病之人,全靠良药去救。倘若病家把这责任交与乩仙身上,不再去请名医,岂不因此误了日子,弄得即遇名医,也难医治么?说到捉妖一节,狐仙五通,南北两方,都有出现。老弟彼时因为那个马桶盖之故,一怒之下,拿出玉瓶,彼狐竟至毙命……"

曾国藩的"命"字犹未离嘴,忽见两旁伺候酒菜的那些家人都在别过头去掩口而笑。他就摆出庄严之色,而又和和蔼蔼地告诉一班家人道:"此事有何可笑。彭大人是不会怪你们的。倘若换一生客,便不成体统了。以后不可如此。"曾国藩说完这句,又对彭玉麟继续说道:"此是邪不胜正,非有他也。老弟当时虽和我那敝同年金公老实说出,但是不能前去执途人而尽告之,补救只有一半收成。再说到现在的这位宓夫人,也能任由老弟慨然出借如此巨款,当然是位极明大义的人物。她因看上老弟的人物,拟效文君之为,也是人情之中的事情,本也不可厚非。及至病入膏肓,欲以遗嘱要求老弟承认她为元配,这件事情仍要怪着老弟,未曾将你实话告诉她的缘故。"曾国藩说到此地,忽朝彭玉麟微微地一笑道:"老弟究竟和她有染没有呢?"

彭玉麟见问,陡把他的脸儿一红,假装咳嗽着地答不出来了。

曾国藩瞧见彭玉麟这般样儿，便把面前的一只酒杯端起朝着他一举道："快喝一口热酒再说。"

彭玉麟此时正在没法，忙去喝上口酒，壮了一壮胆子，方敢鼓勇地答道："门生本拟正式娶她。起初是一因手头拮据，诸事不便。二因那时的贼人围城正急，一时不及去顾此事。后来她又病了，更加耽搁下去。及至她有一天，陡然之间病势沉重起来，她也自知不起，所以有那遗嘱之举。那时门生若去答应了她，固是不好，不答应她，也觉不好的当口，忽被贼人攻坍两丈城墙，人民一个鼓噪，方始暂且打断话头。后来她的毛病仍旧时好时歹，门生已经来此供职。又有一天晚上，她忽然命人前来唤我。等我到她那儿，见了我面，又没什么紧要话头，不道言语之间，总在愁得她的病症难好。倒说这天晚上，竟是哀哀悲悲，死死活活，逼着门生和她苟且一次。当时只怪门生鉴理不明，居然做了名教罪人。"

曾国藩不待彭玉麟再往下说，便接口说道："如此说来，老弟只可以外妇待她的了。现在快去替她立一近族的嗣子；再助嗣子，替她夫妇二人合葬下土，于心也就安了。"

彭玉麟听说道："老师教诲甚是，门生一定照办。"彭玉麟丕待再说，忽见杨载福同了罗泽南两个急急忙忙地走了进来，叫着曾国藩说道："大人，安庆省城又被洪军攻破，如何是好？"

曾国藩听了这个消息，不觉长叹一声道："洪军如此猖獗，民无噍类矣。"

彭玉麟愤愤地接口道："胡润芝既已率兵前去，怎么还是这样？"

曾国藩摇摇头道："现在军权不一，你教润芝一个人又怎么样呢？况且新放的这位钦差大臣琦善既不十分知兵，又倚宗室之势，决不肯去与润芝和衷共济的。你们只要看他手握十万之众，至今犹在河南逗留，也可以窥测他的意思了。"

杨载福道："听说这次去攻安庆的，就是那个'四眼狗'陈玉成。"

彭玉麟笑问道："'四眼狗'三字，大概总是一个绰号吧。"

罗泽南连连摇手道："不是不是。我听得人说，说他真有四只眼睛。"

曾国藩道："不管他是'四眼狗'也罢，'五眼狗'也罢，总之安庆一失，江西便危。他既然从下游杀去，一定志在南京。不知那位陆制台可在预防没有呢？"彭、罗、杨三个一齐接口道："我们听说这位陆制台，只宠一个爱妾，一切政事，不甚过问。"曾国藩听说，连摇其头，没有说话。

第二十五回 谈理学实益人心 壮声威伪装狗眼 .. 173

彭玉麟道："老师今天可也讲得有些疲倦，请去休息一下。我们也得出去料理公事。"曾国藩站起来送出彭、罗、杨三个，大家各去办事，不提。

所说的那个"四眼狗"陈玉成，倒底是不是长了四只狗眼的呢？不是的。读者不必性急，听我慢慢说来。原来这个陈玉成，就是洪大全的朋友。自从投入洪秀全的部下，所立战功倒也不少，因此封为英王。有一天，同着林凤翔二人奉了东王之命，去攻蕲水、蕲州两处，他就当场对着东王说道："依我之意，我与威王两个，还是各攻一处为妙。"

东王听说道："这样也好，你们二人就在我的面前拈阄。"

当下陈玉成便拈了蕲州，立即率了二万大兵出发，将到蕲州，便于离城十里的所在扎下营来。当天晚上，他手下的部将都去向他请令，以便第二天一早好去攻城。陈玉成听说道："我常常听见我们正副两位军师说：我们起义，原为吊民伐罪而来。只要清国的官吏肯来投诚，便好免些杀戮。我既到此，应该谕知这个伍文元，叫他快快献上城池就是。"

众将听说，即请陈玉成快写谕单，陈玉成就命营中文案写上一张谕单，命人送入城中。

伍文元接到谕单，不觉大怒地说道："本州乃是朝廷的六品正印官，为何降贼？岂不辱没先人。"伍文元一面说着，一面即把来人斩首，挂上城头号令。

陈玉成据报，因见伍文元如此无理，方才大怒起来，连夜进兵，前去攻城。及到城下，抬头一望，非但满城黑暗，而且肃静无声，不觉一呆，忙暗忖道：难道这个妖头，因为知道不是我们的敌手，业已悄悄地带了百姓一齐逃走不成？陈玉成想到此地，即命他的部将范连德，不问空城实城，快快攻入再说。

谁知他的话尚未说完，陡闻一个信炮，就在黑暗之中城内杀出一支人马，左边杀出一支人马，右边杀来一支人马，竟把他们的队伍围在核心里了。亏他素负勇名，毫没慌张之状，提起一把大刀，耍着开四门的刀法，敌住官兵。那时范连德同了另外十几员裨将，生怕陈玉成有失，也是不要命地厮杀。当时陈玉成杀退了一阵，又是围上一阵。他虽一连杀了几阵，那班官兵毫不退后，只是像个潮涌杀上。不防就在此时，他的左额上面忽被一个清将伤了一刀。他更大怒起来，对着那个清将大吼一声，跟手也是一刀劈去。那个清官早已被他劈得翻身落马，顷刻之间已为乱兵踏作肉泥。此时那个范连德，也已一连杀死几个清将。那班官兵方才不能支持，撤围而退。

陈玉成同了众将怎么肯放，飞马就追。及他一马捎到城下，陡又听见一声炮声，城上的灯笼火把忽又照耀得如同白昼一般，所有的官兵早已退入城内去了。同时又见城头之上，那个伍文元指着他在大骂。他见城门已闭，又有乱箭射下，只好忍了气退回营去。一点人头，部将一个未伤。

他忙向范连德、高宏发两个道："这个姓伍的妖头，竟有一点布置。"

范连德不答这话，先问陈玉成的伤处怎样。陈玉成见问，方才觉得疼痛起来，急去用手一摸那个伤处，果有龙眼大小的一个窟窿。

他也不答这话，仍又对着范、高二将说道："我想此刻尚未天亮，那个姓伍的妖头瞧见我已受伤，一定不再防备。你们快快跟我就此杀去，包你得手。"

范、高二人听说道："我们也是暗中杀去，使他更加不防。"陈玉成想上一想道："我从东门暗中杀去，你们也是暗中的，悄悄绕到西门杀入，不得误事。"

陈玉成说完，即和众将分头发出。等他到蕲州城下，守城兵士果然因为打了胜仗，疏于防范，一个不留心，早被陈玉成爬上城楼，杀开城门，放入他的兵将，一直就向知州衙门奔去。哪知他还未到衙门，早被范连德、高宏发二人果从西门杀入，一脚杀到知州衙门，已和伍文元等人在那儿巷战起来了。

伍文元本是一位文官，因为稍有一点调度的能力，所以陈玉成第一仗没有占着便宜。此时既已杀到衙门，伍文元手下的军队早已逃散，虽有城守汪得胜、本城团防局长贵荫庭、保安队长黄得贵、汛地官魏冲霄等人，只有蟹脐，没有蟹脚，自然成了强弩之末，无济于事。没有多久，自伍文元以下，统统同归于尽，都做清朝的殉难忠臣了。

陈玉成既见伍文元等人都已阵亡，他便一面先入衙门，注重钱粮等物，一面出示安民。那时天已大亮，陈玉成草草部署一下，即命范连德率兵五千镇守这个蕲州，他就班师回到武昌。

天王、东王见他得胜而回，自然大喜。钱江正在替陈玉成记功的当口，忽见他的左额上面有个龙眼大小的窟窿，还在淌血，忙问可是受伤。陈玉成点点头道："不碍事的，砍了脑壳，也不过碗大一个疤儿。"

钱江因见陈玉成临阵受伤，便是勇敢的招牌，复又替他加上一功。陈玉成向着天王谢恩之后，便又问起此地的军情，以及威王林凤翔去到蕲水等之事。

天王告诉他道："此地连日都有战事。敌人方面，现在又加上琦善和胡林翼的两支人马，倒还罢了；只是那个妖妇李金凤的邪术很是厉害，连郅桂子秋也奈她不何。威王林凤翔已有报来，即日可下蕲水。"

陈玉成听罢，暗忖他和林凤翔同日出发，他已占了城池，回来缴令。林凤

第二十五回　谈理学实益人心　壮声威伪装狗眼 ‥175

翔虽说即日可下那个蕲水，总已迟了一步，心下一个高兴，不由得大笑起来。

大家见他笑声未已，忽又哎哟一声道："痛死我也。"急把双手紧捧脑壳。

天王、东王、北王、钱江、石达开、萧三娘、李秀成、李世贤、桂子秋、洪宣娇、陈素鹃、陈小鹃、秦日纲、吴吉士、刘继盛等都一齐围了上去，要想拉开陈玉成的双手，问他怎么了。

陈玉成仍是捧了脑壳答道："伤痕破裂，痛不可忍。"

天王听说，即命吴吉士和桂子秋二人扶着陈玉成回他营去。如有法术可医，赶紧替他医治。吴、桂二人扶着陈玉成去了未久，林凤翔又派人来报功，说是已得蕲水，即日班师。天王便命钱江传令嘉奖。

等得来人去后，弥探花忽然走来，先朝洪宣娇暗暗做上一个手势，洪宣娇乘人不备，也是暗暗答还一个眼色。弥探花方至天王面前，行上一礼，朗声说道："臣蒙天王委充女兵总指挥使宫中的秘书监之后，时经匝月，毫无功绩可言，很觉惭愧。现有一本奏章，伏乞天王御览施行。"天王接到手中展开一看，只见上面写着是：

　　臣弥闲奏为速取金陵，以定天京事：

　　伏查北有北京，南有南京，唯从地理而言，南京负天堑之险，具赋贡之区，堪谓龙盘虎踞，形势非常；即文物衣冠，已胜于北京之闭塞多多矣。目今北京之为世人所重视者，以其为胡虏之宫殿在彼之故也。若我天王，定都金陵之后，北京即日可成废壤。现在我方之不急急兴我王师者，无非为向荣、为张国梁、为江忠源、为吴文镕、为胡林翼、为琦善，以及为妖妇李金凤暨妖妇之兄李孟群等之队伍所阻而已。臣闲不敏，意为不如即用军师钱江放弃湖南之故策：一面饬派劲旅，连环与以上等等敌军鏖战，使其无力分兵南顾；一面宜遣英王陈玉成速攻皖省；皖省一得，赣省即可连带而定。皖赣乃为金陵之门户；门户无可掩蔽，内室岂不赤露，唾手可得之物，乌可不作最要之图。若与以上敌军无端恋战，坐失良机，使北廷有所准备，臣为天王危矣。愚昧之见，是否可行，伏乞当机立断。天下幸甚，臣亦幸甚。

天王看毕，一面递与东王、钱江、李秀成三个去看，一面便对弥探花说道："弥卿之奏，正合孤心。但是英王陈玉成此次行军受伤，不知何日能愈？"

弥探花尚未答言，钱江已将奏本看完，忙来接口向天王奏道："英王之伤，尚非要害，大概三五日内必可告痊。我们赶紧预备起来，也得几天。"

天王听了点头说道："既是如此，军师可与东王商酌办理。英王要调何人何队，命他自行奏陈便了。"

东王听说，忽向天王奏道："东征之事，臣当与军师下去斟酌办理，不必天王操心。天王乃是万金之躯，现在日理万机，恐劳圣虑，反贻群臣之忧。臣拟请天王将那天父临身一事，不妨恳求天父，改临臣身，由臣代为宣传就是。"

原来洪秀全假借天父临身，在那花县原籍，以及桂平、金田等处，尚不过以坚教民之信仰为意旨。及至起义以后，又借此事镇慑将士之心。其实本属虚无缥缈，何尝有甚天父。不过他的手下，明白此事是假借的人物，仅有钱江、李秀成、石达开、杨秀清四人而已。连他妹子宣娇，以及仁发、仁达、大全等都不知道，其余的将士当然更加不必说了。但是钱江、石达开、李秀成三个本来忠于天王，自然代为宣扬，不去说破。

独有东王杨秀清这人，因为洪秀全从前替他看过风水，曾经许过他有九五之尊。照他意思，恨不得此时就与洪秀全易位，他做天王、洪秀全去做东王才好。只因钱江、石达开、李秀全三个都有奇谋；洪宣娇、韦昌辉、洪大全、洪仁发、洪仁达等人都有武艺。他与洪秀全两个，各人手下的心腹将士，人数虽然相差无几，可是起义的名义，却是洪秀全为首的。此时既有种种关系，不能居然谋夺大位，只好先将这件天父临身、最能镇慑人心的秘诀，先去攫到手中再说。

谁知这位洪秀全天王果为杨秀清所制，一闻此奏，心里虽不愿意，面上不能不允。天王既允此事，东王方始大喜而退。

没有几天，钱江的粮饷等项刚刚预备妥当，陈玉成的伤处却也好了，好虽好了起来，不过却成为一只"四眼狗"了。正是：

欲占龙庭原不妥，
任呼犬号也称奇。

不知陈玉成怎么会成"四眼狗"的，且阅下文。

第二十六回

制台携姬援小舅
营官冒死抢尸首

天王洪秀全既准弥探花之奏，即令军师钱江预备一切，以便陈玉成率兵去攻安庆。等得钱江的军械粮饷刚刚办齐，陈玉成却变成一只"四眼狗"了。

原来陈玉成这人，武艺虽好，性子太急。平时打仗，每因性急之故弄得美中不足，常有之事。此次既由弥探花保他去攻安庆，当时他就逼着吴吉士和桂子秋两个用尽了各人的本事，急切之间，不能将那伤疤治得收口，陈玉成便急得双脚乱跳起来。

忽然被他想出一个法子，问着吴桂二人道："这个伤疤既是不能马上收口，我想索性把我右额上面，也弄一个同样大小的窟窿。两个窟窿里头，统统嵌上一粒黑的棋子，使人看去，完全像个四只眼睛一般，大不了人家喊我一声'四眼狗'罢了。"

吴、桂二人只好依他办理。及至办好，说也奇怪，那个窟窿里头的血肉竟将棋子四面包住，宛同天生一样。陈玉成自去照照镜子，不禁大喜道："我的脸儿，本来长得难看，这样一来，倒也成了一个怪相。"

吴、桂二人随便附和几句，便同陈玉成去见天王。那时天王正与钱江在谈军务，一见陈玉成那种相儿，不禁大笑起来道："古时候有三只眼睛的二郎神杨戳，现在我们太平天国里头，又有一个四只眼睛的英王了。"

陈玉成听了，也就大笑道："我本来望我多生两眼睛，好替天王查察奸细。"

天王点首问道："现在你已痊愈，你要带着哪些将官同去呢？"

陈玉成道："獭面这人，第一须得带去，第二是还得多带船舶，因为安庆省城是沿着长江的。至于将官一层，我的部下已经够用的了，不必再要帮手。"

天王和钱江两个因见陈玉成对于水陆两方均在注意，即令獭面率着五百狼兵，去替陈玉成冲锋；又命苏招生、吴定彩二人带领本部水兵，各率船舶一千艘，都归陈玉成节制。陈玉成正待退出，又见钱江对他说道："英王此去，若得安庆，最要紧的是须将那里筹饷局总办、名叫张彦良的那厮乩擒过来，我有用处。"陈玉成忽把他的脑壳一侧，想上一想道："此人似乎不是什么名将，军师要他怎甚？"

钱江道："此人虽非什么名将，却是江督陆建瀛的宠妾张氏之兄。"钱江说了这句，又对陈玉成道："英王不必管我，你只杀奔安庆。我当另派大将在你背后去攻九江。要使清军不能联络，包你有益便了。"

陈玉成本来是很信服钱江的，当下只把他的脑壳连点几下，辞了天王，立即督队出发。

那时琦善本人尚在河南，单命一个名叫贵富的参领率兵一万，来到湖北，帮助胡林翼而已。向荣见着钦差琦善只知自己，不顾国家，早就对着江忠源说过。他说琦善以十万之众，只在湖南按兵观望，真是贻误大局不小。倘能率着大军，迅速来到此地，以掇洪军之背；我们再击洪军之面，且有李孟群、李金凤兄妹二人在助我们，此地自然不难立下，现在他却逗留不进。眼看洪军这般猖獗，倘若洪军一面与我们在此厮杀，一面再用两支奇兵，一取九江，一取安庆，那就使我们不能首尾兼顾了呢。

江忠源本在防得此着，一被向荣说中心事，不觉长叹一声，便对向荣说道："老师所说，正与江某所虑相同。要么让我率了我的本部人马，去到太湖、宿松两处驻扎。那里乃是安徽省的第一重门户，若是单靠那位蒋中丞去保守城池，我就很不放心。"

向荣慢慢地捻着长髯，又跟着摇首道："安徽省份乃是江督陆制军的辖境。廉访擅自前去驻扎队伍，不免削了他的面子，恐怕他不甚为然吧。"

江忠源听了，只气得把他的双脚一顿道："朝廷派了这班颟顸的人物来做封疆，真正地自己要失江山。"

江忠源正待再说,忽据探子来报,说是洪军那边业已派了英王陈玉成率领水陆军队一二十万,打算偷过九江,去袭安庆。江忠源犹未听完,顿时把他的牙关一咬,双袖一勒道:"我现在只有不要这命,就去先和洪军拼了再说。""说"字未已,早已头也不回地走了。

向荣眼看江忠源去后,暗自忖道:他还是位文官,都要前去拼命;我乃身为钦差大人,怎好不去杀贼。向荣想到这里,急急下令,会同张国梁两个轮流着去和洪军厮杀。

洪军方面,本有东王率领大军专敌他们的。他们如用军队攻击,东王就命队抵御。他们如用李金凤的法术攻击,东王就命吴吉士、桂子秋两个也用法术抵御。这样一来,直弄得向、张二人真正无力可施。

哪知钱江真有奇谋。一等英王陈玉成出发之后,他就去向天王献计道:"此次英王去攻安庆,当然越过九江那边关口。依臣之意,不如就命东王在此牵制向张、江、李四支人马,天王却暗暗地亲率水陆大军,杀往下游。既可乘那江西军队未曾防备,取之不难;又可去做英王的后援。弥探花奏请三攻安庆,也无非取这急进之策而已。我们若没大军去随英王之后,英王孤军深入,也很危险的吧。"

天王连连点首大赞道:"军师言之有理,快请军师下令就是。"

钱江便请东王同了吴吉士、桂子秋、萧三娘、陈小鹍,统兵十万,在与湖北的官军厮杀。又命胡以晃、秦日纲二人统兵十万,镇守汉阳,接应东王。又命忠王李秀成,率同新从广东来的那个牢头禁子陈开,以及广西土匪首领,名叫林启荣的两个带了二十万人马,径取九江。

自己便与天王统率大军百万,分作两路:一路由蕲水取道太湖,沿潜山趋三桥,直进安庆。一路由宿松沿荆桥,入石碑,会攻安庆。又以石达开为前部先锋;以林凤翔、李开芳二人为左右护卫。并将百万大军,分为五队:第一队是北王韦昌辉、谭绍洸二人,第二队是李世贤、黄文金二人,第三队是罗大纲、曾天养二人,第四队是洪仁发、洪仁达二人,第五队是洪宣娇、陈素鹃二人。又以状元刘继盛和榜眼二人,充全军的秘书监;探花弥闲充女兵营中的秘书监;万大洪、林彩新二人充运粮官;赖汉英、洪大全二人充辎重运输官。钱江发令既毕,大家各去部署人马。

天王便谨择于太平天国三年正月初十壬寅日出师,就是咸丰三年。出师之日,又因此去最重水军,除命萧三娘兼统船舶二千艘守护汉口之外,又令陈坤书率领大小船舶八千艘，沿江进发。当时第一队第三队的人马，号称左军，直进宿松。第二队第四队的人马，号称右军，直进太湖。第五队作为左右两路的接应。

岂知钱江同了天王的大军正在浩浩荡荡地进发之际，半路上忽见一个探子飞马来报，说是英王陈玉成连用妙计，已经克复安庆。天王洪秀全一听这个捷报，不禁又惊又喜，弄得一时不及问话。钱江在旁，急命探子快快说来。

探子便详详细细地禀说道："英王爷一等出发之后，即令心腹密探，分头去探安徽抚台蒋文庆和南京制台陆建瀛二人的举动，嗣据密探回报，说是蒋抚台自从得了湖北失守之信，早已手忙足乱，一无办法。及知英王爷去攻安庆的消息，只得一面急将各处的镇台统统调到省垣，保守城池；一面飞报南京陆制台那里，请他立发大兵援救。

"谁知那位陆制台的身边有位宠妾张氏，一听安庆危急，她就披头散发，大哭大闹地对着陆制台说着，她有一位胞兄张彦良，现在安庆省里当差。安庆省垣若被我们这边夺来，还算小事。她的胞兄乃是世代单传，倘有疏虞，就是陆制台去抵他命，她也不能答应。陆制台本也在想，亲到安庆一走，又见那位宠妾张氏闹得厉害，当下便带同张氏统率十万大兵，就向安庆开拔。

"英王爷一得此信，立命前部先锋尤大海将军率领五千人马，改了清兵的旗号服式，去到安庆城下，叫开城门冒充陆制台的前站到了。那时那位蒋抚台正在盼望援兵，一见陆制台的头站已到，怎么会防假冒？当即放入，命在义仓驻扎。英王爷得着蒋抚台已中他的妙计，于是一面又用一个奇计。暗派奚英、袁豪两员大将领兵三千，去到集贤关外埋伏，一面马上自率大兵，杀到城下。就令獬面将军率着五百狼兵，放起信炮；城里的那位尤大海将军，也是一个信炮，立即杀到城下，大开四门，獬面将军同着五百狼兵，首先冲入，英王爷的大兵，随后跟入。

"当时那位蒋抚台，一见已中敌军之计，只得叫苦连天，随着那个寿春镇总兵名叫李占鳌的，一同急急忙忙地逃出北门，想向桐城奔去。谁知刚出集贤关不远，走到那座龙山的林木深处，陡然之间，听得一个信炮一响，两边突出一彪人马，口中齐声大喊一声：'蒋文庆快来纳命。'喊声未已，奚、袁二位将军早已杀出，就要活擒蒋抚台和李总兵二人。当时蒋抚台一想，逃也是死，不逃也是死，顿时自刎而亡。那个李占鳌总兵虽有一点本领，可是寡不敌众，战了一阵，也被奚、袁二将斩于马下。所有随从的清兵，没有逃走一个。

"英王爷既占安庆，复又下令，不论军民人等，能够生擒那个张彦良献上的，赏银三千。第二天大早，就有一二十个卫队模样的人物，果把张彦良献上。英王爷给过赏银，已把张彦良拘进一室。至于那位陆制台同了他的宠妾，是否退回南京，因为探子急于要来禀报，尚未前去探明。"

探子一直说到这里，钱江大喜地对着天王说道："恭喜天王，贺喜天王。安庆一得，那座南京，指日即入我们掌握，固然可喜。就是这位英王，素来乃是一个有勇无谋之人，此次竟会连用二计，一得城池，一斩清吏，这真正地可为天王贺了。"

天王听说，忙把手向钱江一拱，道："这场大功，虽为英王所有，总逃不出军师调度之力。"钱江连连摇头，不答这话，单命从人，重赏这个探子。奖他探得仔细，讲得清楚。探子谢了退去。

钱江又对天王说道："英王虽得省垣，四面的外府州县不能一时传檄而定，须得宿松、太湖两处的人马都有捷报到来，方能放心。现在快快前进再说。"

天王听了，于是下令前进。刚走一程，又接探子报到，说是湖北的向荣、张国梁、江忠源的三路人马已得安庆失守之信，弃了湖北，都已间道地分向宿松、太湖一带去了。

钱江即命从速再探，忙对天王说道："如此说来，果然不出臣弟所料。"钱江一面在说，一面侧头似在想计，没有多大时候，忽然笑对天王道："臣弟已有一计，必定可擒江忠源那厮了。"

天王问是什么计策，钱江接口答道："臣弟料定江忠源那厮，一定去守潜山。我们赶快选出一个貌似蒋文庆的人物，命他假扮了蒋文庆，暗令黄文金率领本部人马，也是打着清军的旗号，假说蒋文庆已从重围逃出，要与江忠源会合同保庐州，再行谋复省垣。江忠源未必识破此计，那时便好活捉那厮。"

天王听了大喜，立即下令照办。

及至黄文金同了那个假蒋文庆，由碎石岭、沿三桥直趋潜山到达城下，已是三更时分。急忙抬头一望城上，果然是江忠源的旗号，忙暗忖道：我们军师，真神算也。当下便命兵士叫城，说是蒋抚台到了，快快开城，江忠源那时尚未知道蒋文庆的噩耗，一听蒋文庆连夜到来，慌忙亲自上城观看，至见那假蒋文庆在那火光之中请他快快开城，又见都是清兵旗号，自然不防洪军再去用计，便一面传令开开城门，一面又对假蒋文庆说道："此城太小，不便再容多军，可请中丞二人入城，所有队伍统统暂扎城外。"

哪知江忠源的道声未已，城门已经大开。说时迟，那时快，当下只听得一声大吼,就见突然地闪出一员敌将,杀入城来。清军匆促之间,不能抵御。又在深夜,不知敌人究有多少,人心无不大乱。江忠源至此,始知他也中了敌人之计,只好急领本部人马,直出北门而去。黄文金进城之后,一边下令安民,一边连夜飞报天王那里。

天王和钱江二人直至次日傍晚,始率大军赶到。钱江问知江忠源已逃,便仰天大笑道:"姓江的果有能耐。但是我已早防到此着的了。"

黄文金不及去问此话,单说:"大军既到,可让我去追赶姓江的那厮。"

钱江点首道:"你去追赶也好,倘若追到姓江的,只要死尸,不必生擒。因为姓江的乃是一只猛虎,他能早死一刻就好一刻。"

黄文金奉命,飞身上马,即向北门追了上去,沿途打听乡民,都说去得不远。哪知赶了半天,仍旧没有赶上。黄文金方在马上自叹道:"清军之中,确有人才,可惜没有一个好好的知兵统帅。不然,我们真正地还得大费一番手脚呢。"黄文金一边在转念头,一边仍向前面追去。

那个江忠源,究竟又到哪儿去了呢?

原来江忠源自从逃出北门,看看手下的兵士已经逃散一半。虽然有万人,但是个个已同丧家之犬、漏网之鱼一般,此时万难再战。只得率了残兵,直向前奔。及到青草桥的地方,回头侧耳一听,幸没追兵之声。又见兵士们个个都已人困马乏,万难再走。只得下令,暂且休歇一下。哪知那班兵士不去休歇,倒也罢了,这一休歇,竟大都要瘫痪起来。江忠源一见此种情状,连说,不好不好,这种样儿,追兵一到,还有生理不成?立刻急又下令,逼着兵士前进。兵士无法,只得暗暗怨声载道地再向前走。未走多时,前站的兵士忽又突然鼓噪起来。江忠源忙去攫刀在手,一马冲上前去,查看究竟。谁知不看也罢,这一看,连他自己也会叫起苦来。

你道为何?原来见是一条大河,阻住去路。既无舟楫可渡,又没他路可走。江忠源至此,陡把他的双眼珠子一突,跟着吁了一口长气道:"此乃天亡我也。"

江忠源的道声未已,只见他的军中匆匆地闪出一员猛将,奔到他的面前,双手先向他自己的脸上一撑,厉声地说道:"主将所负勇名,此刻怎么作此自馁之态?要战就战,要走就走。"

江忠源急将这人一看,乃是他手下的后营营官鲍超。江忠源又摇着头答道:"春霆,我自从将你向胡润芝中丞那里调来之后,你也助我立功不少。但是此时进不能进、退不能退,请问一声,叫我怎么办法?"

鲍超道："我军虽败，大概还有万人。主将只管快请沿河前进，我来挡后。追兵果到，且看他们把我老鲍怎样！"

江忠源听了这句壮语，真就沿河走去。不防就在那时，陡又起了一片喊杀之声。非但岸上斜刺里冲出一彪洪军人马，就是水上，也有无数船舶都从小港之中杀了出来。此时鲍超的一营人马又在殿后，急切之间，不能赶到前面。江忠源一见事已至此，生怕被那敌人活捆了去，于是也不再与鲍超一别，立时自刎，殉了清国。

水陆两方的洪军既见江忠源已经自尽，都来争抢尸首，要去献功。幸亏鲍超一马飞到面前，一边提起江忠源的尸首，负在肩上，一边飞身下马，凫水渡河，如履平地，一种使人不敢正视的样儿，竟把洪军水陆两方的兵将无不看得呆了。大家呆看一阵，方才醒了过来，渡河追赶。可是早已不见鲍超影子了。大家只得把那江忠源未曾逃完的兵士乱杀一阵，杀杀水气。

现在不讲洪军会同黄文金回报钱江，先把鲍超个人之事叙他一叙，好使读者明白。

原来鲍超自从充发出去，被人救出之后，转辗地到了湖南，几乎又至流落。后来还亏杨载福招募水师的机会，他就投了进去。先充兵士，继作什长，旋升哨官；复又从战岳州、金口有功，保了守备；再战武昌、汉阳两役，升了都司，改隶胡林翼部下。那时江忠源正驻兴国一带，因见鲍超每战皆捷，即向胡林翼咨调过来，任为后营营官。初意无非爱他骁勇，可作臂助，何尝防到日后他的尸首，全亏他来背去。

当时鲍超背着江忠源的尸首既脱险地，一脚来到金陵。但是他的上司已经全军覆没，一时无可投奔。正在左右为难之际，忽见一位长官骑着一匹高头大马向他擦身而过，一见了他，慌忙驻马问道："春霆何以只身到此？背上又是何人？"正是：

尸体又能全个返，
英雄何惧出身微。

不知那个长官何以认识鲍超，且阅下文。

第二十七回 防心腹深谋远虑 借天象洋人中计

鲍超背着江忠源的尸首，正在进退维谷之际，忽见那位长官驻马问他说话，赶紧定睛一看，方知那位长官，就是和他上司最投机的钦差大臣向荣，不禁心里一个酸楚，忙把江忠源的尸首一指道："回老帅的话，江公兵败自刎，这就是他老人家的尸首。"

向荣急向江忠源的尸首一望，见他面色如生，那种忠心报国之气仿佛在他的嘴里吁出，不觉拭着泪，命他随从接过江忠源的尸去，方对鲍超说道："春霆如此忠义，也不枉江公以国士待你一场。且到我的行营，慢慢儿细谈吧。"

及到营内，向荣一面吩咐随从，去把江忠源的尸首暂且丰棺殓，然后奏报请恤，一面细问鲍超此次失败的细情。

鲍超忙从头至尾，一句不漏地述了一遍。向荣听毕又欷歔地说道："这般说来，江公却也疏忽一点。话虽如此，国家又折一栋梁了。"

鲍超也问道："老帅既已来此，可曾知道陆制台究有什么办法没有呢？"

向荣见问，却把手向着鲍超用力一扬："他有屁的办法，不过只在大怪人家罢了。"鲍超听了不懂。向荣又接说道："安庆地方，本是他的辖境。岂知他一接了蒋提台的告急文书，就把他那一个姓张的宠妾带着同走。不料未到安庆，已得失守之信。他的这个张彦良小舅子，也被敌方掳去，逼他拿这南京城池去换。磋商几天，没有结果。他就托故回来，一见了我，口口声声地怪我在那武昌没有扑灭敌人，以致养痈成患，带累了他。"

鲍超听到此处，直气得跺脚地答道："老帅也是钦差，何必去与这个糊涂虫商议，理应自己做主杀贼，以复国土才是。"

向荣连连摇头道："不容易，不容易。春霆莫非还没有知道，吴文镕制军也在黄州阵亡了么？"鲍超大惊道："怎么，难道那个伪东王杨贼一等我们走后，他就猖獗起来不成？"

向荣摇摇头答道："这也并非是杨贼忽然猖獗起来。一因我们的几路人马一走。二因琦善钦差天天有公事到吴制军那儿，说是他的大军即到，岂知终于不到。三因那个女贼桂子秋的邪术，真也厉害。可巧李金凤小姐又患痢疾，没人去抵邪术。所以吴制军有此不幸之事。"

鲍超忙问道："鄂督一缺，是不是我那老上司胡润芝中丞升补了呢？"

向荣摇手道："不是。已由荆州将军官文调补，湖南巡抚也换了骆秉章骆中丞去了。"

鲍超道："张亮基中丞呢？"

向荣道："他也升了云贵总督。皇上一得吴文镕制军阵亡之信，不胜震悼。除一连调动了几个疆吏之外，又命曾涤生侍郎大练水师，以便出击长江之贼。"

向荣说到此地，又朝鲍超望了一眼道："现在政权不一，春霆教我怎么做主？"鲍超道："现在我们一军既已全军覆没，标下无处投奔，怎么办法？"

向荣想上一想道："你是一员虎将，怎好让你闲着。现在我暂拨五个粮子给你统带，你就先去帮打安庆，我和张国梁军门的两路人马随后即到。"

鲍超谢了一声，马上下去接统粮子，就向安庆奔去。尚在半路，已接探子报称，说是伪天王洪秀全、伪军师钱江，已由宿松、太湖两路进驻安庆，现下正和上海道台吴来吴大人，以及洋人的大炮队伍，在那芜湖以上沿江一带厮杀。鲍超听毕，急又改道芜湖，去助吴军去了。

原来那位吴来吴道台本是一个书生，平日因爱看看兵书，肚子里头多少装了几部进去，便以诸葛复生、孙吴再世地自诩起来。后来不知怎么一来，被他得了上海道缺。因与洋人接近，他就向洋人商借了几百尊西洋大炮，并请洋人统带。复将广东、福建两省的大小拖舵一口气招集了数千艘，马上飞禀江督陆建瀛那里，自告奋勇，愿去克复安庆。

那时陆制台回到南京未久，正在外受钱江之逼，要他把那南京去换张彦良其人；内受张氏之闹，也要他把那南京换回张彦良其人。兼之催他恢复失地的上谕，又同雪片般地飞至。方在左右为难、上下见迫的当口，忽见吴来这个公事，险把他的牙齿笑掉下来。当下马上亲笔批准，先发饷银十万，命他克日出发。功成之日，准定奏请署理皖抚。

吴来奉批之后，自然喜出望外，正待出发，忽见一位督署里的文巡捕到来，说是奉了姨太太面谕，特地差他来此，一同去到安庆。因为姨太太的老兄张彦良舅大人现在被贼掳去，以备克城之日，便好护送返回。又说姨太太还带信给吴来，先以夺回她的老兄为要，安庆城池尚在其次。吴来听说，忙不迭地连连答应。出发那天，又奉江督公事，命他兼了全省营务处的衔头。此时的吴来因感江督两夫妇的知遇，除了上海道缺关系很大，不能立即以身殉国之外，其余无不甘愿。

哪知事为洪军的探子探知，漏夜飞报钱江。

钱江据报，即在天王面前开了一个紧急会议，报告此事。

大众听毕，石达开首先发言道："照平时的国际公法，或是战时的国际公法，甲国内战之事，乙国不得干预。如今洋人竟允吴某私人之情，帮助官兵，来扼我们，我们大可照会彼国外陆两部，令他一面迅速自行唤回这些无赖洋人，一面正式书面道歉。"

钱江不待石达开说完，连连乱摇其手地说道："翼王之言，虽是按照公法而言，可是远水难救近火。洋人既敢倚仗炮火厉害，胆敢附助胡虏来压我们；翼王勿忧，且看看区区略用一个小计，管教他们片帆不回就是。"

天王听了大喜，忙问钱江计将安出。钱江笑而不答，先去对着北王韦昌辉咬着耳朵，如此如此、这般这般地说了一阵。北王听毕，立即退出。

钱江又对石达开说道："翼王谋勇兼备，上次担任前部先锋之职，行军大利，这回还得烦劳一行，不可推却。"

石达开慌忙笑答道："军师本有神出鬼没之计，石某奉命出师，无非奉行军师之命而已。既不敢言功，也不敢推却。"

钱江听罢，即命洪仁发、赖汉英、洪宣娇、陈素鹃、陈坤书、陆顺海、赖文鸿、曾天养八人，各率五百艘船舶，悉听石达开、韦昌辉二人调遣。

大众奉命去后，钱江方对天王说道："行军之事，最重机密。天王暂勿性急，且看臣弟三天之内杀退洋人，再与天王贺喜。"天王听说，始不再问。刚待

第二十七回　防心腹深谋远虑　借天象洋人中计　187

散会，忽见李秀成专人送信前来，天王拆开一看，只见写着是：

> 天王殿下：臣弟奉命来取九江，连番大战，直至前日，始将九江克复。现在一面安民，一面分兵进攻南昌。微闻城中之文吏武将，均属谋勇兼全者，即能攻克，似非旦夕事也。然此间究属腹地，无关清国之死命。伏祈天王迅取金陵，俾得定都其间，以定亿兆人民之望。倚马匆禀，容俟详报。
>
> 忠王李秀成谨上

天王看毕，不胜大喜，一面将书交与钱江，答复忠王。一面又命洪仁达携银十万，去到九江，犒赏兵将，方才散会。

当天晚上，石达开连夜去见钱江道："军师，白天有些说话，不肯宣布，究是怕的哪个？"钱江望了一望窗外，方始答话道："我的计策，本来也没什么奇突之处，不过取其人所不防者我乃为之。今天会上因见人多口杂，难免没有东王的心腹在内。倘知我的计策，虽然不致前去私通外国，但是恨我竭力附助天王，恐怕乘隙败我之谋，不可不防。"

石达开拜服道："军师真细心人也。从前诸葛武侯的行军，他也不过一生谨慎而已。"

钱江谦逊几句，便谈别样。石达开瞧见钱江不谈军事，坐了一会，也就退出。直至第三天的早上，钱江始命人去相请。石达开慌忙跟着来人去见钱江，及至入内，只见韦昌辉、洪仁发、洪宣娇、陈素鹃四人已经先在那里。大家见他进去，一齐离座招呼。

钱江就请石达开与大众一同坐下，单对石达开说道："现在正是仲春天气，雨水必多。今天此刻已是阴云密布，晚上必有大雾。"

钱江说到此地，又问韦昌辉道："北王所造的假人假船，今天傍晚一准可以完工？"韦昌辉忙答道："不必等到傍晚，午后即可完工。"

钱江又对石达开道："我已请北王亲去监工，造了五千只假人假船。船乃一块木板，板上都是皮包草人，皮人手上各挂明角风灯一盏。灯内点着用我那秘制的火毯，见风愈明，过水不灭。洋人远远望来，必定误认真人真船，必定在那大雾之中拼命放炮。炮弹到水，即没效力。只费半夜工夫，洋人的弹子必绝。那时我们再以水师放出，一定大获全胜。"

钱江的一个"胜"字尚未离嘴，洪宣娇早已咯咯地笑了起来道："好军师。好妙计。我此刻虽未临阵，也能料到洋人必中我们此计。军师在那三天之前，就能算到今天晚上必有大雾，恐怕桂子秋也没这个本领吧。"

大众不待宣娇说完，一齐去问钱江道："军师之计，只要洋人肯来上当，还有何说。我们所防的，只怕洋人因见大雾，不肯发炮，那就白费心思了。"

钱江连摇双手地笑道："诸位放心，今晚上倘没大雾，我们前去搦战，洋人用那以逸待劳之计，不肯应战，或者难说。若有大雾，因为一时看不清楚，如何还敢不放他的大炮，以保自身。"洪仁发接口道："这样说来，我明白了。从前三国时候，孔明去向曹兵借箭，即用此法。"钱江笑着点头道："福王讲得不错。"

陈素鹃也来向着钱江道："军师，今天晚上的大雾，何时才止？"

钱江道："素鹃将军，不必愁此，不是钱某说句狂语：大概今晚上，洋人那边的炮弹已经放完，这个大雾还没有退呢。"大众听说，方才放心。

石达开便同大众退出，各去布置晚上出战之事。谁知尚未傍晚，真的大雾迷天起来。各人心下暗暗欢喜。一到酉刻，石达开发令已毕，六员大将各乘战艇，即将所有假人假船，直向吴军那边驶去。

那时吴来正在他的坐船，和那洋兵统带商议军事。陡见江心一派火光，顺流而下，只当洪军水师大至，再加又是黑夜又是大雾，果然不辨真假，急与洋兵统带，同出船头一看。

吴来正在心惊胆战，却不防那个洋兵统带忽然大笑不止。吴来忙问所笑何事？洋兵统带道："洪军只能陆地称雄，并不懂得水上行军之法也。"

吴来又问："何以见得？"洋兵统带道："乘雾进兵，实犯军家大忌。观察无须着慌，今天晚上，定教洪军那边，来一个死一个、来一双死一双就是。"

吴来仍不放心，又问："计将安出？"洋兵统带道："彼军枪多炮少，不能近前攻我。我们既多大炮，可从远处击之。"

吴来听说，方始下令，吩咐水兵，快快开炮轰击来船。水兵一声得令，一连开上二三百发大炮。那种隆隆之声几乎把天都要震下来的样子。洋兵统带忙又取出一架千里镜，去望洪军。因为那时西洋的科学发明未久，还没探海灯的这样东西，只仗千里镜能够望远，已经便宜不少。

当时吴来便在旁问道："敌人那面，打坏多少船只了？"

洋兵统带一边眼里在望，一边口上答道："坏得很多，坏得很多。"

吴来听说大喜道："这样说来，不必半夜，便好轰尽敌人了。"

洋兵统带又点点头道："何必半夜？"

谁知他的"夜"字刚才出口，忽又大惊失色地连说："不好不好，我们中了敌人之计了。"吴来正待问话，又见洋兵统带慌里慌张地在问他的手下："炮弹还有若干？"

又见他的手下答道："再待半小时，不能击退敌人，我们便没炮弹再发。"

又见洋兵统带连连挥手道："不管一时半时，快快再发。"

吴来此时不能再待，忙问道："中了敌人什么计策，快快说给我听。"

洋人统带不答吴来，已在东张西望，要想逃走的样儿。吴来瞧出苗头，连忙道声不好。也正在想设法逃走的当口，说时迟，那时快，陡听得敌军在那大雾之中一时金鼓齐鸣，人喊马嘶得似有无数船只，杀奔前来。

那时洪军的船舶已由陈坤书督率，早把吴军船只团团围住，箭似飞蝗地发出。洋兵统带既因炮弹发完，黔驴之技已尽。吴来本来不知武器，试问怎样抵御？幸亏洋兵统带还有一个急救之方，赶紧竖起白旗投降。陈坤书虽知西洋有此例子，但是事关重大，不敢擅自做主，一面暂时停攻，一面命人飞报石达开，候令办理。

不到半刻，已见石达开率了众将亲自坐船前来。此时陈坤书已把洋兵统带和吴来等人拿下，便将二人押到石达开跟前。石达开即命洋兵统带缴出大炮，订明以后不准再助清国，洋兵统带当然唯唯如命。

石达开一面命人护送洋兵统带回他上海，一面又命陈坤书督同部下把那所有大炮，以及船只，检查呈报天王。自己即将吴来押见钱江。

那时天已大明，雾也退尽，一轮红日照着吴来的那种縠觫之状，使人见了，又是可怜，又是可气。

当下钱江便质问吴来道："吴观察，你我都是汉人，我们天王此次起义，也无非为了种族关系。谁知你这位吴观察非但帮着胡虏前来厮杀，还要去请洋人，携此无情大炮，来伤同胞。"钱江说到这里，又朝吴来的脸上望了一望道："我也知道那个引狼入室的吴三桂，定是你们祖上。他借清兵，你借洋兵，你真是好称得起一个跨灶的子孙呢。"

吴来一直等得钱江说完，方才红了脸求饶道："吴某一时糊涂，忘了种族问题。现被你这位军师提醒，始知不是。"

钱江道："你既知错，我可放你回去，带信给你们的那位陆制军。限他三天之内，即献南京城池，赎他那个小舅子回去。否则大军一到，玉石俱焚，人民多伤性命。叫他快快放些天良出来，不要为了他一个人的前程，便令百姓遭殃。"

吴来听说，慌忙跪下，磕上几十响头道："吴某回去，一定将这好意的口信，带给陆制台便了。"

钱江放走吴来。又将各人之功记下。

此时天王亲自赶来慰劳将士，大众也极高兴，独有钱江一个人支颐深思，反有不乐之色。天王忙问道："军师昨晚上的这条妙计打了一个胜仗，还是小事。我们这里无端地得了几百尊的西洋大炮，以及数千艘拖船，真是大喜之事。军师此刻似有不悦之色，却是为何？"

钱江微微地摇着头道："天王有所不知，向荣、张国梁等人都是我们的劲敌。他们只是按兵不动，定在取那以逸待劳之策。我们若攻南京，大大地还有几场厮杀呢。"

天王正待答话，忽见探子飞报，说是那个陈小鹞亲由武昌赶到安庆，因见天王在此慰劳将士，已在后面赶来。

天王听说，急问探子道："莫非武昌有变不成？"

探子答道："据陈小鹞将军说，吴吉士丞相与桂子秋副指挥使统统阵亡。"

天王听了，不觉大惊道："这样说来，武昌一定难保了。"钱江不来插嘴，单在下令，快快退兵。

韦昌辉忙来阻止道："军师深明大势，现在乘胜去攻南京，一鼓可下。以韦某之见，宁可失去十个武昌，不可失去一个南京呢。"

天王接口道："武昌乃是长江上游，上可入川，下可窥宁。况且我军得此武昌，也非容易。军师主张退兵回援，深合我意。"钱江连连点首道："天王之言是也。"

韦昌辉不便再说，只好眼看着失此机会，去让钱江退兵。

这天晚上，韦昌辉哪能睡觉，忙去问石达开道："军师退兵去援武昌，翼王何不一谏？"石达开道："谏也无益，故而不言。"

韦昌辉听说，便气得涨红了脸地说道："这样说来，翼王不是有意在看我们天王的冷眼了么？"韦昌辉说了这句，又叹着气地说道："唉，人人瞧见东王势大，都去巴结。我以为你是我们一党，谁知真失眼了。可是我姓韦的，自从跟着天王哥哥起义以来，不问冲锋陷阵，不管出生入死，只知辅助天王而已。待我明天自领一军，直攻南京。继吃败仗，我也甘愿。"

第二十七回　防心腹深谋远虑　借天象洋人中计　..191

石达开听到此地,知道韦昌辉这人是个能说能行的,不要因此破了钱江之计,急将韦昌辉一把拖至跟前,和他咬上一阵耳朵。韦昌辉听毕,方始大喜而去。正是:

　　　　　　计中有计才真大,
　　　　　　谋上加谋事亦奇。

不知钱江究是何计,且阅下文。

第二十八回 冯兆炳别母投军 陆建瀛诵经退敌

钱江退了一二十里，还不见官兵的动静，正待下令再退的当口，那个陈小鹃已由水路赶到。钱江命陈素鹃导她上船，引见天王之后，命她坐下问道："吴吉士、桂子秋二人都有法术，怎么竟至失利？其中必有缘故。"

陈小鹃见问，皱了双眉地答道："此话很长，容我详详细细地禀告军师。此次东王因见大军东征，敌军里向荣、张国梁、江忠源的三支人马跟踪追下，东王便想趁此机会，先把胡林翼那路官兵除去，武昌地方方能高枕无忧。所以第一仗，即把那个鄂督吴文镕杀得一直退到黄州，全军覆没。东王急又回兵去攻胡林翼的一路。谁知那个胡林翼可没有吴文镕好打发了。当时一连打上三天三夜，我们这边儿几乎要吃败仗，幸亏吴丞相和桂副指挥使两个一同使出法术，才将胡军杀退。那时那个李金凤因在患病，不能出战，不然吴文镕还不至于一定阵亡的。我在胡林翼那路人马刚被吴丞相、桂副指挥使杀退的时候，就去献计东王。我说最好去把吴军死兵身上的军服剥下，就叫我们的兵士穿上，冒充新任鄂督官文的军队，连夜去哄胡林翼，胡林翼一定上当。"

陈小鹃说到此地，陈素鹃、洪宣娇两个一同拍着手插嘴道："此计就好。"

二人一边说着一边望了一望天王和钱江说道："此次英王占领安庆，不是就用此法的么？"

钱江忙摇手阻止陈、洪二人道："你们快莫打岔，且让小鹃将军说完再说。"

陈小鹃便又接着说道："谁知东王不以为然，因为第二天正是他的小生日，庆寿赏功要紧，连他的王妃萧三娘都不能够阻止。不料就在庆寿赏功的那天晚上，大家个个吃得烂醉、都去好睡的当口，胡林翼却把他的队伍统统穿了我们洪军的军服，冒充是李忠王的军队，从九江败退回来的。"

陈小鹃说到这句，又站了一站起来，先向钱江告罪道："那时连我也在醉梦之中，未曾防到此着。东王当然更是糊里糊涂地愈加不防。这天晚上，非但被胡军杀得大败特败，且被那个李金凤扶了病的和她哥哥两个拼命杀到，口口声声地喊着，定要活捉东王和吴丞相、桂副指挥使几个，去替那个吴文镕祭灵。当时幸亏吴、桂二人和我与王妃萧三娘等，一面保护东王，一面拼命抵御，始将我军的阵脚稳住，没有溃散。后来李金凤兄妹两个定要去和吴、桂二人斗法，吴、桂两人那时本在醉中，不知怎么一来，他们三个懂得法术的人竟会一起死去。

"现在官文、胡林翼、琦善的三路人马，已将武昌围得水泄不通。我虽奉了东王之令连夜挂出城去，去到汉阳送信，岂知汉阳城池也被胡林翼的一军所占。城内的人马是否逃出，一时不能探知底细。我就兼程奔来报信，此时武昌究竟失守与否，沿途未据探子报知。"

陈小鹃一直到说此处，钱江尚未接嘴，韦昌辉素与东王不睦，他就先来接口道："照小鹃将军所说，东王就该问斩。"石达开正在有话要说，忽见飞探报知，说是清国新放的安徽布政使李孟群，已由武穴杀来，安徽按察使张熙宇、江宁藩司李本任，也由六安一带杀来，那个曾充江忠源部下的鲍超，又由芜湖杀来，张国梁又由潜山一带杀来，统统会攻安庆。

天王听了大惊道："李孟群那厮既离湖北，又放安徽藩司，我们的武昌一定难保了。"钱江点首道："自然难保，何消说得。"

天王道："快快分兵，一援武昌，一保安庆。"钱江道："此时进则得生，退则必死。只有直取金陵，不顾皖了。"

钱江说着，又去望着石达开说道："我们已经战胜吴来一军。我们的退兵，明明是诱那向、张二人出战之计，以便乘那金陵空虚，取之较为容易。现在张国梁既已去攻安庆，正是我们所求不得的事情。翼王以为如何？"

石达开连连地答道："此乃擒贼擒王之策，我与军师的意见相同。"

石达开说了这句，又对天王说道："此等看去虽觉有些冒险，其实极其稳当。天王不必疑虑，快请下令进兵。"天王听说石达开也是如此在说，方始答应。钱江还怕天王多疑不决，误了机会。他就忙对石达开道："此去向南三十五里，有座小山，翼王赶快率兵三千，埋伏那里。倘若张国梁的一军到来，翼王可与一战，但是须作佯败，让那张国梁还当埋伏之兵，已经被他杀退，便好中我们之计也。"石达开奉令领兵去讫。

钱江又对韦昌辉、曾天养二人说道："你们二位一同率兵一万，速从怀宁绕道，超出张国梁的后方，尽力攻之，不可误事。"韦、曾二人领命去讫。

钱江又对洪仁发、洪仁达、李世贤、李昭寿、李开芳、林凤翔道："你们六位各率精兵五千，一俟翼王佯败之后，赶紧一同连环出击，纵不能生擒张国梁那厮，也得杀他一个片甲不回。"六人奉令去讫。

钱江又对洪宣娇、陈素鹃、陈小鹏三个道："你们各率精兵五千，直趋安庆。沿途如遇由安庆回救金陵的官兵，只管拦着厮杀。他们都是心慌之辈，包能大胜。"三人奉令去讫。

钱江又命陈坤书等水军人员，各率新得旧有的一万五千只船舶，由新州直下七里州，会攻南京。自己即同天王统领大军，直向南京杀去。

大军起程的时候，忽有一个白袍小将跟跄地趋入军中，一见天王，就伏地泣说道："我乃南王冯云山之子，冯兆炳是也。"

天王见是南王之子，一时想起南王，不禁泪下如雨地扶起冯兆炳道："你的父亲死得太早。我正惦记他的家属。贤侄今天来此，我心慰矣。"

冯兆炳站起道："先父逝世，小侄随母隐居深山，也算小心的了。谁知清廷出了重赏，拿我母子二人，甚至已把先父的坟墓掘平。"冯兆炳说着，复又掩面大哭。钱江插嘴道："我们的队伍所过之处，不准去动民间一草一木。现在清廷如此残忍，不亡何待？"

冯兆炳忙又见过各位世伯世叔，大家劝慰一阵。

天王又问冯兆炳道："自我出兵之后，现在的广东又是什么样子的了？"

冯兆炳答道："广东百姓，却想前来投奔天王伯父，无奈清廷的官吏盘查太严。若遇数人成群的过关，便要搜检。"

天王听说，叹息一会，即命一员将官亲送冯兆炳去到武昌，帮同东王办事，自己仍率大军迅速前进。

钱江初意，也防南京不比他省。就是陆建瀛形同木偶，究竟文有文官、武

第二十八回　冯兆炳别母投军　陆建瀛诵经退敌 ·· 195

有武官，沿途定有清兵阻挡。谁知他们的大军直到南京相近，一路之上并没一兵一卒把守，不觉喜出望外地对着天王说道："我们已到此地，沿途未费一兵一矢，虽是天王洪福，但也要怪清廷没有一个人才也。"

天王忽把手向天一指道："此是天父之命，所以不必军师操心，唾手可得南京。"钱江含糊应了一句，即命从人将那张彦良押上，天王见了一惊道："此人押在安庆，什么时候前去取来的？"钱江微笑道："臣弟在那安庆出发的时候，早已打定主意，不再回去，定要杀至此地方休，所以把他带来。"

钱江说完，回头对着张彦良道："我念你那妹婿陆建瀛一路不设守备，似乎有意让我们至此，故而放你回去。不过你回去见着你那妹婿，可以带一个口信给他，说是南京城内已有二十万洪军埋伏在那儿。叫他快快献城，免得生灵涂炭。"张彦良听说，忙不迭叩头如捣蒜地谢了而去。

天王一等张彦良走后，就想立即攻城。

钱江道："此城异常坚固，与别处不同。我们成败在此一举，自应谨慎。"天王听了连说："怪我性急。"

钱江即在仪凤门外，连筑栅垒三十六座。每座之上架起西洋大炮十尊，准备攻械，又筑营盘数十座，全用土墙遮蔽，并用通水之器，以防敌人私断水道。

钱江布置既毕，城内的官民人等见着那些连营数十里，夜间灯火，耀同白昼，无不叫苦连天，竟有一班百姓去向陆建瀛那里跪香，求他开城纳降，以保一城生灵。此时陆建瀛早已吓得心惊肉跳，终日喃喃自语，形同白痴，毫无办法。还是他的那个宠妾张氏，见她老爷身居两江总督，手下兵将也还不少，既不出去迎敌督战，又不奏报朝廷请求援救，长此因循下去，一待城破，真的不免石玉俱焚，她就去向陆制台，一把眼泪一把鼻涕地说是做做好事，放她一命逃生吧。

当下陆制台一见他那宠妾哭得如此模样，急去一把将她抱到怀内。一边用他袖子替她拭去泪痕，一边又忙不迭地安慰她道："我的爱人，快勿着慌，只要再过一天，我自有退兵之策也。"

张氏听说忽又一喜，忙问："什么法子？"

陆建瀛正拟答话，忽见张彦良急急忙忙地抢步而入。一见陆制台到了此时，还在把他妹子拥在怀里作乐，不禁大怒地说道："我在安庆，为贼抢去，你们不去献城救我。此刻贼已到了仪凤门外，还亏你们两个在此这般情形。"

张氏起初一见她的哥哥忽从天降，欢喜得莫可言喻。正待前去慰藉几句，不料她的哥哥已在发话，而且语带讽刺，也就恼着成怒起来，当下噗的一声，跳入陆建瀛的怀内，指着她的哥哥骂道："天下怎有你这个丧尽天良的东西。老娘自你被掳之后，哪一天不在求神拜佛，望你生还？哪一天不在逼着我们老爷设法救你？你倒不感我们的好意，此刻竟敢……"张氏说到这句，觉得底下说话有些不便出口，急又一头向着陆建瀛撞去道："都是你这老贼害人。"

那时陆建瀛本在怔怔地看着她们兄妹二人斗口，却不防他的这位爱人一时说不过她的老兄起来，竟会拿他出气，当下一个不留心，险被张氏撞到地上，跌个中风。此时张彦良也怕闹了人命出来，自然不妙。只好一面赶去扶着陆建瀛这人，一面向他妹子含含糊糊地认了几句不是。张氏至此，方始消气。

陆建瀛就请张彦良坐下，却不问城外洪军的情形，反在哼哼叨叨地问起张彦良以前在那安徽被掳的旧话。张氏在旁又是好气，又是好笑，忙去阻住陆建瀛的话头道："我的好老爷，你此刻哪有这个工夫再问已过之事。还是赶快和我哥哥商量商量大事，或是打仗，或是逃走。若不是趁此打定主意，一等城破，我这身子就要被长毛糟蹋的了呢。"

陆建瀛听说，方去把那一本万年历一翻，看上一会道："你们莫急，明天便是太岁冲破甲子的日子，正与洪秀全这厮相克。那时让我斋戒沐浴，亲自焚香念经，求着我佛慈悲，保佑我们一门的性命便了。"

张彦良听了似信不信，张氏听了竟会大喜起来。

第二天的黎明，陆建瀛果然斋戒沐浴之后，亲在大堂之上跪地诵经，以乞神灵保佑。一直念到上午，并未稍停一停。谁知陆建瀛念得愈是起劲，城外的大炮之声，也是愈加起劲。

还是那个都统富明阿，因为究和皇帝一块土上的人，不免有些休戚相关，便自做主，急去会同将军都兴阿，藩司祁宿藻，江宁府知府高荫霖，上元县知县刘同缨，候补道员舒怀仁、阮恭思、林永周，候补参将袁芳、督标中军余冠军，城守魏得标，汛地官丰桂、永积庆等，以及前任将军祥厚、前任浙江乐清协副将汤贻汾、前任天津海关道黎明的几位绅士，各人带了两三营人马，去和洪军大杀一场。

岂知那些洪军本是人称老长毛的、自称老万营的人物，个个骁勇善战，再加那些西洋大炮真能落地开花，何等厉害。这位富明阿都统虽有忠心，却没勇力，只好同了大众，打一阵败一阵，一直败进城内。将军都兴阿等人明知大势已去，除了准备城破殉难而已。

这位富明阿，他却不肯死心，又一个人一脚闯至总督衙门。刚刚跨上大台的阶沿石上，就见那位两江总督都堂建瀛陆制台，衣冠楚楚地正在那儿伏地念经。大堂之上的一派香烛烟味，熏入人们鼻孔，很是难受。富明阿顿时大怒，急忙奔到陆建瀛的跟前，一把将他拖了起来，埋怨他道："我们城里的奸细就是和尚，大帅怎么还在此地求助无知的佛像呢？"

陆建瀛听罢一愣道："什么和尚就是奸细？我不明白。现在城外究竟怎么样了？难道我佛如来因我匆促念经，不甚诚虔，尚未显灵前去降祸于那些长毛不成么？"

富明阿连连地跺脚道："大帅平时最信佛教，对于一班和尚总是另眼看待。我和都将军两个也曾奉劝大帅过的，大帅偏偏忠言逆耳。现在仪凤门已破，大帅或降或死，请自做主。我的来意，本来还想和大帅亲去背城一战，今见大帅至死不悟，还有何说？"

富明阿说完，返身就走。陆建瀛慌忙跌跌冲冲，抢上几步，追着富明阿这人一把拉住衣裳道："此刻还有地方可逃么？这件事情，只有请你老兄救我一救。"

正说话间，忽听隆隆隆的大炮之声渐渐近来。再加逃难百姓的一片哭喊声浪，使人听了，真觉汗毛凛凛起来。陆建瀛到了此时，还要不忍抛弃他的爱妾，连忙跑了进去，要想携着张氏一同逃走。不料张氏以为她的老爷既在念经求佛，必能阻住长毛，她就把心一放，于是先去梳头，继又裹脚。此时正在床沿之上，把她的右脚搁在左腿上面，细摩细向，缠裹她那一双三寸金莲的当口，一见她的老爷满面变色，气喘喘地奔入，便知大事不妙，长毛必已进城，自然不管三七二十一地只得赤了一只小脚，扭着陆建瀛的肩胛，跌跌冲冲地跟着富明阿一同逃出衙门。正拟杂入逃难的人们队里，忽又想起她的哥哥在吃燕窝，急对陆建瀛上气不接下气地说道："还……还……还有……有……有我们的哥哥，没有逃出，如何是好？"

她的语未说完，忽见张彦良双手各提一个重而且大的锦绣包袱，由内奔出。张氏恨得逼着张彦良丢下包袱，方始同走。

当下只见无数居民逃难，有些认识她那老爷的人，都在指着骂道："断送两江土地的，就是这个老贼。"又见她的老爷明明听见这些说话，只好向前紧走几步，似乎尚知良心发现，满脸现出羞惭的样子。哪知她的老爷走到哪边，仍旧有人跟着骂到哪边。她又忽然生起气来，急去把她老爷的身子狠命向前一推道：

"快走快走。不必去理这些闲言闲语。一座南京,又不是只有我们一家在吃大清朝的俸禄。"陆建瀛听见张氏如此在说,仿佛真的轻了他一半责任,心里稍觉一宽,便大踏步地向前逃走。

那时的洪军正从南门杀入,向荣又被洪军牵住,不能分兵来救,只往丹阳一路败退。没有多时,陆建瀛已经奔到,一见向荣之面,掩面大哭道:"我也料不到我与总戎二人,尚在此地相见也。"

向荣道:"不是到了此刻,我还在怪着大帅。当时倘能早听我的一句说话,或者还不至于到此田地呢。"陆建瀛听说,只得诿过兵将,守城不力。

向荣又说道:"三军之令,本来系于元帅。向某虽然兵败,却不肯诿过手下将士。但可惜的是,如此一座金陵城池,没有几时,竟至沦于敌人之手。"

陆建瀛自知不能再辩,只得双眼注视张氏,并不再言。

又过一会,只见将军都兴阿、都统富明阿、提督余万清、藩司李本仁,先后赶至,大家相见,各诉兵败之事。

向荣道:"为今之计,此刻万难立即恢复城池,不如大家一同退守丹阳,一面飞奏朝廷,请饬湖南、河南的人马,各路齐进,使贼不能首尾相顾,大江以东,或可恢复。一面再用全力,克复金陵。"李本仁接口道:"从前各处兵败,都由一路孤军,与敌厮杀,别路统兵大员,观望不进。倘若琦善之兵,早从河南进抚武昌之背,或者不至猖獗如此,得以直下江南也。"

向荣道:"方伯之言甚是。但是金陵城池何等坚固,实为各省之冠。竟被洪军唾手而得,我们之罪大矣。"向荣说罢,不觉痛哭起来。诸将无不下泪。陆建瀛只是忧形于色,低头不语。他的爱妾张氏,忽又痛心她的老爷起来。一个情不自禁,陡然将她那双赤脚一伸,冒出一句说话,弄得大众起先一愕,后又无不匿笑。正是:

姬人虽是多情种,
大将曾无制敌谋。

不知张氏所说何话,大众到了此时尚要发笑。且阅下文。

第二十八回　冯兆炳别母投军　陆建瀛诵经退敌 .. 199

第二十九回 城破日和尚得利 定金陵天皇奢靡

张氏为人，本来不知天高地厚，她因嫁着一位总督，平时不把各官放在眼内。此时又见她的老爷忧形于色，低头不语，不觉一时心疼起来。突然把她那只赤着的小脚，向她老爷一伸道："老爷快看我的脚呀！我本是金枝玉叶，平常出衙烧香，或赴宴会，都是前呼后拥，谁能见我肉体。今天却赤着脚跑了多少路程，只因要顾老爷这人，方才这般的忍辱偷生，否则是，我早一头碰死得了。"

陆建瀛忽见他的这位如君，在此众官面前伸出她的一只赤脚，真是情形恶劣，极不雅观，也将脸臊得通红的，忙去拦着张氏说话道："快莫多说。我有要紧说话，要问向钦差呢。"

陆建瀛这话说完之后，他就朝着向荣拱拱手道："总戎既要退守丹阳，那里也是兄弟的辖境。兄弟且随总戎到了那里，再行奏报。"

大众也都说到丹阳再议。向荣便一面奏报自己兵败之事，一面退到丹阳。

刚才扎好营盘，忽据探子报称，说是镇江早被洪秀全的妹子洪宣娇所占。洪秀全的大军也已进入南京，就在总督衙门做了伪天皇府。向荣一听镇江已先失守，慌忙传令手下将士紧守丹阳城池，要防敌人乘袭。

原来洪宣娇奉了钱江的将令，同着陈素鹃、陈小鹃姊妹二人率兵去截想回救南京的那些官兵。及她赶到那里，江宁藩司李本仁因见张国梁的一支人马也向上游杀去，生怕南京空虚，他已间道返宁。所以那个富明阿都统去敌洪秀全军队的时候，他也是一份子。

当下洪宣娇一见李本仁已回南京，便与陈氏姊妹二人商议道："我们奉了军师之令，来此腰截官兵。李本仁那厮既已先回南京，其余的未必一定来此。我们三个与其在此空费时光，我想不如去攻镇江。因为先父在日，曾经贩米那里，因而娶了先母。我们先母的祖籍就是镇江。镇江地方，我听先母说过，倒也有些熟悉。"

陈素鹃先答道："王妃既于镇江地方很是熟悉，当然去攻镇江，比较此地要紧。"陈小鹃接口道："违了将令，又怎么样呢？"

洪宣娇道："这回的将令，乃是军师的主张。不是天王的令旗命令。不然，劳而无功，我也不干。"陈小鹃道："如此便不要紧，我们快快出发。能够早克镇江，可替大军去攻南京，壮些声威。"

洪宣娇听说，马上一面直趋镇江，一面请弥探花写禀禀知钱江。及到镇江相近，扎下营头，急命探子去探，有无准备，探子去讫。陈小鹃道："我在武昌时候，听说清军的统帅，一个是琦善，一个是向荣。向荣和张国梁两军现驻太湖、宿松等处，单在注重恢复安庆。此地乃是陆建瀛的辖境，我料必无重兵把守。"

洪宣娇也以为然，等得探子回报，说是城内仅有邓禹松率兵二千在彼，果丝毫无准备。宣娇立即下令，迅速攻城。城中的邓禹松参将得报，不禁大惊道："我只当此地乃是南京的下游，洪军即使来攻南京，也未必先顾此地。今天既有人来攻此，我却没有算到此着，以致未曾禀请上司添发人马，不免误事。"

他的文案王良献策道："向钦差以数十万之众，尚且不能抵御洪军。我们何不早早献城，也好博个反正的名誉。"

邓参将听了大怒道："你吃大清朝的俸禄，竟敢口出此言，必与敌军私通。"邓参将说了这句，即把王良推出问斩。王良至死神色不变，单在自悔，应该早去献城，便不致死于恶奴之手。邓参将明明听见，也不理睬。等得见了王良的首级，方才后悔起来，暗自寻思道：我虽斩了王良，究于军事何补。但是事已至此，只有一边飞报上司乞援，一边出去御敌。及上城楼一看，不禁又是一呆。

你道为何？原来他所看见排山倒海而来的洪军都是女兵，并没有一个男子。邓参将又暗忖道："此地镇江，就是从前那位梁夫人的升桅击鼓之处。梁夫人仅不过一个女子，已经传为千古佳话。如今洪军之中的女子，何止数万。"邓参将想至此地，又见敌军之中闪出三员极美貌的女将。中间那员年龄较大的，也不过二十三四岁的模样。左右两个形似姊妹的，更不满二十岁的年纪。原来邓参将瞧见的三员美貌女将，正是洪宣娇、陈素鹃、陈小鹃三个。

当时陈小鹃一眼望见城上有位中年将官，只把一双乌溜溜的眼珠盯着她们三个凝望，急对洪宣娇说道："王妃瞧见城上的那厮没有，尽将一双贼眼在望我们。"洪宣娇急忙抬头一望，果见一个戴着亮蓝顶子的将官，目不转睛地在看她们。她就指着那个将官，对着陈氏姊妹二人说道："你们看我，一箭射死这个戴着亮蓝顶子的东西。"谁知洪宣娇的一个"西"字甫经出口，只听得她的雕弓响处，那个将军早已应声而倒。

都司李守义一见他们的主将忽被敌阵中的一员女将射死，便知此城难守，正待逃走，已见三员女将飞身登城，一连杀了二三十个守城兵士。其余兵士顿时一声吆喝，逃个罄尽。李守义不及逃走，倒也伶俐，他忙高声大叫道："本将李守义，愿降天兵。"

洪宣娇听叫，就紧步上前，用她手上的那柄马刀，向那李守义的红缨大帽子上一敲道："快下去开城，饶你这个狗官。"谁知洪宣娇的手势太重。她虽随便敲上一下，可是李守义的那顶红缨帽子，已经被她敲得挂在项颈之上。因为前清的大帽上面本有一个绊子，否则李守义的脑袋只管保住，那顶大帽子一定滚在城下殉难去了。

当时李守义慌忙去开城，放入全部女兵。及至洪宣娇、陈素鹃、陈小鹃、弥探花四个赶到道台衙门，那个新任常镇道吴来早已逃得无影无踪，不知去向。原来这个常镇道吴来，正是率了洋人去打洪军的那位老兄。因他打了一个大大败仗，回省禀报，苏州抚台便要将他军法从事。幸亏他去走了陆制台如夫人张氏的路子，始得调署常镇。洪宣娇见他已走，倒也一笑了事。及同弥探花盘查道库，竟有现银九十五万五千余两。洪宣娇不禁大喜。查毕封存之后，始行派人奏报天王。那时天王正与钱江在那仪凤门外攻打南京，据报连声赞好。仍命宣娇暂驻镇江，以待后命。

钱江也说道："镇江既得，我有办法了。"便命石达开率兵五万，去取太平府城，以作攻打金陵的屏护，又说："此城若得，我们这边攻破金陵，当然更加容易了。"

石达开奉令，立即起程。大军未抵太平，太平府的知府李思齐已经晓得屁滚尿流,连叫"我命休矣,我命休矣"。叫闹一会,不能不上城去观看。等他挨死挨活地到了城上,恰巧石达开的大军刚刚赶到。李思齐一见敌军中旌旗蔽日,炮火连天,更加吓得苦胆破碎,面色青黄,跟着大叫一声,倒在城上,气绝而死。手下几个残兵,自然逃之夭夭。石达开远远望见那座城楼之上,起先慌乱一阵,旋又鸦鹊无声,情知城中有变,急命兵士爬城而上,果没人来阻挡。

那时城里的一班老百姓,都知翼王石达开的军纪素严,从没奸淫掳掠之事,一听他到,非但无人逃难,胆大的还去争献牛酒。石达开下马抚慰民众一番,始进府衙,一面命人厚葬李知府的尸首,一面回见天王报捷。

天王因见石达开去取太平府城,连去连来不到二十四个小时,不觉又惊又喜地问道:"翼王贤弟,怎么如此神速?莫非天助不成。"

石达开答道:"我军出发之时,沿途就听人传说,说是李知府为人素来胆小如鼠。一听我们大军来攻南京,他就急得要死,连连飞禀陆制台那里,自请开缺。岂知遇见那个浑蛋的陆制台,既不批准开缺,又不发兵援救。我就料到,这位李知府必在战栗之中,故以我的军威吓之,总算未动干戈,得了太平。"

钱江未曾插嘴,先向天王拱手贺喜。天王和石达开两个都觉不解。

钱江笑上一笑,方说道:"我们的国号,本号太平天国。刚才翼王在说,未动干戈,得了太平。这就是天王稳占南京的预兆。"天王听说,方才大乐。

钱江又对石达开说道:"翼王既已得了太平,我又思得一计,可以稳破南京了。"石达开忙问:"计将安出?"钱江即与石达开咬着耳朵,如此如此、这般这般地说了几句。

石达开会意,立即回转太平府衙下了一道命令道:"有人密报,据称本城各寺的和尚暗有谋为不轨情事,按照军法,尽该问斩。现因本军初到此地,自应法外施仁,三日之内,各寺的和尚全部离城。倘有逾限不去者,准予兵士格杀勿论。"那些和尚一见此令,谁人不要性命?大家便不约而同地齐向南京逃去。石达开既见和尚中计,又命手下兵士,假扮和尚模样杂在逃难的和尚里头,一齐混进南京。

可巧那个陆制台平时最重和尚,闻说太平失守,所有和尚逃难来此,即令守城官吏开城纳入。那班守城官吏正在心惊胆战之中,瞧见那些和尚个个肩挑背驮,连人带物,如潮般的一拥而入,哪里还有工夫再去检查真伪。只等大众走完,马上关闭城门,免吃西洋炮弹。

石军既入南京城内,马上放起信炮,先向四城放火,然后杀开城门,前去

第二十九回　城破日和尚得利　定金陵天皇奢靡　203

接应石军。石达开算定时间,此时刚刚杀到城下。钱江那儿,也已得了石达开的飞报,便同天王统率大军杀至。林彩新所统的水军,也已上岸助战。南京城内的官府,只有都统富明阿还算来得,他就约同众官去与洪军抵敌一阵。正在不能支持之际,忽见城里的一班和尚都是洪军奸细,料知此城难保。一脚奔到制台的衙门,所以见着陆建瀛的时候,便说和尚都是奸细。陆建瀛同了众官,随着向荣逃到丹阳的时候,正是那些假装和尚的石军接应大队洪军、杀入南京的时候。可怜当时遭难的人民、尽忠的官绅,一时也难数计。

　　南京城破之日,正是太平天国三年三月,就是咸丰三年。洪军入城的当日,北王韦昌辉杀人最多,而功最大。钱江一时不及制止,生怕韦昌辉误杀石军假扮的和尚,忙又下令,凡是和尚,不得杀戮。所以南京失守的时候,民间有句口号,叫作"天不怕、地不怕,只怕和尚会打卦"。当时那班真正的和尚因赖石军冒充他们,难以分辨,总算万分便宜,一个没有遭殃,可是所有的尼姑,却比其他人民受害更凶。

　　原来那时的洪军不下百万,一破南京,正是兴高采烈之际,忽见军师传下令来,不准杀戮和尚。大家虽然不知底细,但是见着和尚只好留手。起初的百姓,大家瞧见洪军不杀和尚,很是奇怪,后见非但不杀和尚,连那同着和尚逃难的老百姓,也可由那和尚代为求饶,得保生命,于是聪明一点的人物便把各人的头发统统剃去,也做和尚。洪军见着这些新剃头的和尚,虽也有些疑心,但因军师的将令之中并未分出新旧字样,只好一概免杀。嗣见各处的和尚越来越多,心里也觉有些气愤,所以一见尼姑,他们即不客气。当时民间也有一句口号,叫作"天不爱,地不爱,只爱尼姑把花戴"。这些洪军,这样地大闹几天,天王允了钱江之奏,方始出示封刀安民。又将两江总督衙门,改作天王府第。状元刘继盛首先奏上一本贺章,内中的警句是:

　　　　　　剧战三年,甫定偏安之局;
　　　　　　戡平半壁,应成正统之基。

　　天王见了大喜,即升刘继盛为尚书,仍兼秘书总监。靖国王军师钱江,实授大司马领尚书事。东王杨秀清,翼王石达开,均假节钺得专征伐。又因宣娇克复镇江之事,知道女才不能轻弃,传旨试立女官,任洪宣娇、萧三娘二人为女官正副总监,弥探花闲为女官总教习,其余将士,各有封赏。又以南京作为国都，国号太平天国。即以天生"太平天国"四字的宝石，做了御玺。又发官币五十万两，赈济受灾人民。三年之内，一概免纳钱粮。于是国内大悦，附近州县都来宾服。

大致既定，北王韦昌辉首先上本，恭请天王就此登基，改称天皇。天王允奏，即称太平天国龙飞三年。钱江得信，忙去谏阻。天皇大笑道："相国何以如此迂执，试问从前武王伐纣，他也即位做了天子。"

钱江还待再说，忽见北王韦昌辉站在一旁，怒目而视。钱江至此，知不可谏，退下之后，私下对着石达开叹息道："夺洪氏天下的人，虽为东王；误洪氏前途的人，必为北王也。"石达开不解道："军师辅弼天皇，已至精力交瘁，难道这个现成帝位，反坏人么？"

钱江乱摇其头道："君主制度，已成废物；民主制度，方在振新。请问翼王，现在地球上，还是君主之国多呢，民主之国多呀？"

石达开听说，方始恍然钱江之意，正待再说，忽奉天皇传旨，着他与钱江二人次晨陪同去祭明太祖的寝陵。钱江接旨之后，又对石达开说道："天皇事事在做皇帝之事，吾无言矣。"石达开听说，也没话好说。

等得第二天，随同天皇祭陵既毕，回到京城。忽见旅居上海的一位名叫克勒的美国人，来到京城，求他引见天皇。石达开问过钱江，钱江答道："外人悦服，怎好不见？"石达开即将那位克勒引见天皇。

天皇问其来意，克勒答道："吾见陛下，所施政治，无处不合西洋各国，钦服已极。因以私人资格，来谒天皇陛下。陛下有意睦邻，不妨遣使敝国，先通和好。"

天皇听了大喜，即与钱江商定，乃派族弟洪仁玕使美大臣。呈与美国总统的国书是：

　　大汉太平天国天皇洪　敬问大美国民主安好。敝国已于满人二百余年矣。今我国人，崇拜贵国之独立精神，谋复宗社，幸赖人民响应，东南各省，次第戡定，建立太平天国。特遣族弟仁玕出使贵国。此后永与贵国共敦睦谊，互保侨民，及兴商务，为世界和平之倡，朕有厚望也！

洪仁玕素习西国的语言文字，钱江因此保他任第一任的出使大臣。及至洪仁玕赍了国书，同着克勒，到达美国。美国总统因见洪天皇的举动文明，不胜惊讶，便也派遣使臣报聘。自此两国，果通和好。

又过月余，天皇皇宫，以及诸王王府、军师府，均已分别造就。钱江连连主张不可糜费库款，已经不及。单是天皇皇宫，那种富丽堂皇的气象，已比那时北京的皇宫还要考究。中间一殿，名叫太平殿，左殿名叫求贤殿，右殿名叫勤政殿。各殿之旁，都有十座便殿，都以孝悌忠信、礼义廉耻的等字样为名。殿后寝宫，分为三十六座，除正宫为皇后所居、东宫为东妃所居、西宫为西妃所居外，其余散宫，各居妃子四人至十人不等。同食同寝，不得有拈酸吃醋情事。

所定服式，仿照明制。大概和戏剧上的相似。其中最奇突的是妇女裤制。皇后各妃，穿一品至二品的裤制，名叫散裳。散裳即是仅长一尺有半的围裙，形似西国妇女的褒裳。天皇自从登基以后，一变从前守身如玉的习气，不但非常淫乱，而且喜怒无常，杀戮无度。一二品的服制，就是不穿裤子，单以长袍遮身而已。三品至四品的裤制，叫作开裳。裤脚极短，仅有一尺八寸。裆中开缝，就与小孩的开裆裤子一般。五品至六品的裤制，叫作钮裳。裤长二尺，裆用纽扣，前后相同。七品至九品的裤制，叫作包裳，即与常人相似。品级愈大的外服愈长，品级愈小的外服愈短。因为裤制关系，否则后妃的下体，难道真被臣民见了去么？天皇宫中的种种奇异服制，本书不能备载，仅记一端，余可类推。

只有左右两殿的楹联还觉典雅。左为状元刘继盛所撰，联语是：

拨云雾而见青天，重整大明新气象。
扫蛮氛以光祖国，挽回皇汉旧山河。

右为探花弥闳所撰。联语是：

虎贲三千，直扫幽燕之地。
龙飞九五，重开尧舜之天。

那时榜眼早已病殁，所以只让状元、探花二人大出风头。

大家都在兴高采烈的当口，独有新任大司马的那位钱江称病不朝，天皇起初也不觉着。

有一天，因为要立一位掳来的美妇徐氏为后，拟与钱江商量。连请几次不到。去请的人，都说军师面无病容，且在观看汉朝三杰之一张良的《道经》。天皇至此，方才吃惊起来，急命北王、翼王两个同去相请。正是：

　　　　张良将隐功先谢，
　　　　韩信遭诛罪未成。

不知韦、石二人前去相请钱江，究肯来否？且阅下文。

第三十回

享乐洪主取中策
无知徐后遭鞭笞

石达开同着北王韦昌辉二人，奉了天皇之命，去到军师府中，去请钱江，一路行来，有意试问韦昌辉道："北王可知道钱军师的不出之意么？"韦昌辉连连点首道："有甚不知！"

石达开又问道："北王所知何事？"韦昌辉道："必为天皇太觉畏惧东王之事。"

石达开又说道："东王在武昌时本已假节钺得专征伐的了。此次天皇命我和他一般，所以不能不一提的。如此说来，恐怕钱军师未必为他吧。"韦昌辉听说，即把石达开瞪了一眼道："你莫戏我，你和钱军师最说得来的，岂有疑你之理。我说一定为的是东王。"

石达开又说道："东王为人，虽然可防，但是此时正在用人之际，似乎太早。"韦昌辉便愤愤地答道："这种跋扈之人，留着何用？就是天皇惧他，我姓韦的却不惧他。"

石达开默默不答。一时到达军师府里，先令守门军士报了进去。钱江得报，早知来意，便请韦、石二王内室相见。

茶罢之后，钱江因见北王面带愤怒之色，却先开口道："二位驾临，有何见教。"韦昌辉答道："奉了天皇旨意，来请军师入朝议事。"

钱江接口道："如此有劳二位了。但是兄弟适有小恙，不可以风。奈何？"

石达开此时已见韦昌辉的余怒未退，恐他说出路上所谈之话，急忙警示以目。哪知韦昌辉只作不见，顿时勒着袖子对着钱江说道："军师何必推病，定是为那区区的一个杨贼吧。此人何足道哉。倘若真的为他，立可除去。不要等得闹出噬脐之祸，那就迟了。"

钱江大惊道："我无此意，北王何出此言？"韦昌辉仍是愤然地说道："彼无大功，却要以势要挟天皇。军师就无此意，我当图之。"

钱江忙向韦昌辉低声说道："隔墙有耳，北王留意。"

韦昌辉又大声地说道："除一竖子，也不繁难。军师怎么这般胆小起来？我当请求天皇，去守武昌，乘隙一定除他。"韦昌辉说完这话，独自悻悻而去。

钱江挽留不及，便跺着足地向石达开说道："东王虽然可杀，但非其时。不知何人饶舌，竟将我的意思告知北王。"石达开听说，只好老实说出道："一路之上，我曾用言试他，事则有之。并未和他有甚说话。"

钱江道："如此，快快请兄同我入朝，前去阻止北王离京。现在大家同心协力，以对敌人，尚虞不足。怎么能够再加兄弟阅墙之事！"钱江说着，草草地一整衣冠，即同石达开两个匆匆入朝。

天皇一见钱江到来，慌忙下座执着钱江的手道："一日不见军师，使朕如患大疾。"钱江急接口道："陛下切勿如此，恐怕千载以下，一定有人要说臣弟要君矣。"

天皇听说，方始放手。又请钱江、石达开二人一同坐下道："现在金陵已定，湖北方面久无消息，不知何故？刚才北王来此要求，他要率了重兵去守武昌，我还没有答应。"石达开也接口道："军师确有小恙。此刻同着臣匆匆趋朝，来见陛下，正为要阻北王赴鄂之事。"

天皇点首道："北王到湖北，尚非大事。现既定鼎南京，应该早图大举，须和军师商量。其次是朕的元配已殁，朕却看中一位名叫徐文艳的女子，要想立她为后。"钱江忙向天皇拱拱手道："此乃陛下家事，可缓则缓。若不能缓，就是办了也没大碍。最重大的是，留下北王，以备大用。至于陛下刚才说，金陵已定，欲图大举。臣弟已有办法，但怕陛下不肯照办，也是枉然。"

天皇听了一愕道："朕信任军师，也算无微不至，谁不知道。快请说出，无不照办。"钱江道："臣弟早已说过，北京地方，最为重要，南方尚在其次。从前

第三十回　享乐洪主取中策　无知徐后遭鞭笞　..209

留下重兵，分守武昌、汉阳两处，无非防那琦善去蹑我军之后，就是命忠王去取九江，也是要他隔断清兵联络之意。今幸已得南京，若不乘胜直取北京，岂非坐失良机？现在只有速命东王进兵汴梁，不必再顾武昌。一面再将忠王撤回，以固金陵。臣弟当率倾国之师，杀入北方，敢包陛下，三月之内，必蹀胡庭也。"

天皇听说，沉吟了一会道："武昌为长江上游，地当要冲，取之非易，军师何故轻言弃之？除此以外，尚有其他的良策么？"钱江又郑重其事地答道："刚才臣弟所说，便是上策。若是添兵去守湖北，再分兵力去攻汴梁，并派一位能事者以趋山东，是为中策。抚定江苏闽浙，由江西再出湖南，牵制曾国藩的一路人马，是为下策。"

天皇立即答话道："朕觉上策太急，下策太缓，中策适得其宜。从前诸葛武侯去取成都，也向刘备献的是上中下三策，刘备也取中策。我们现在准行中策吧。"石达开一见天皇不取上策，忙进言道："军师这个上策，真是一种能知大势的良谋。陛下若不照准，将来恐致后悔。"天皇听了，摇头无语。

石达开便同钱江退出，私下又问钱江道："军师方才拟令东王进取汴梁，究是何意？"钱江低声道："东王久后必有二心，他也不肯长守武昌。我使他去攻琦善，不问胜败，都于天皇有益。"石达开会意，相与钱江一笑而散。

第二天，天皇却不先办军情大事，单是传旨册立徐文艳为后，同时又将吉妃封为东妃，并纳陈小鹃为西妃。其他三十余宫，统统派定妃子居住。

原来这位徐后，现年二十四岁，生得确是万分美丽，又是一双天足。她的祖父父亲两代曾任清朝大官，都被清主问斩，所以这位徐后对于清主，抱有不共戴天之仇。后来逃难被掳，洪军中的一班王卿丞相个个都想染指，不料她却守身如玉，情愿死于刀下，不肯允从。大家无奈，方去献与天皇。徐文艳起初也还不愿，后来天皇许她将来捉到清主，让她亲自斩杀，以泄深仇，她才应允。及至册立之后，倒也会得献媚。天王见她浑身上下真与羊脂无异，因此定出那个散裳。她也要想借此显她的颜色，并不反对。其余妃子因她是位正宫，又为皇帝所宠，谁敢和她说她不是。

独有那个陈小鹃西妃，她恃她有大功，又加西妃地位，仅与正宫只差一级，因此不甚把这徐后放在眼内。徐后既系初至，又见陈小鹃的才貌都很出众，只得暂时放在肚里，不与计较。此等暗潮，天皇并未知道。

一混半月，尚未提及发兵之事。那时北王韦昌辉日日去催天皇，他要率兵赴鄂，以代东王。天王被逼无法，正待允准的时候，忽见状元刘继盛匆匆入奏道："启奏陛下，顷得密报，湖北汉阳两处同时失守。胡王爷以晃，阵亡汉阳，东王同了萧三娘等人狼狈逃出重围，即日可到。"

天皇听说，不觉大惊失色地说道："这件事情，我们这位军师多少有些误事，若是依了北王，早率大军赴鄂，湖北何致失守？胡贤弟何致阵亡？"

天皇正待去召钱江、石达开、韦昌辉、林凤翔、洪仁发、洪仁达等人，拟开一个御前军事会议的时候，又据英王陈玉成饬人来京报捷。天皇急将英王的奏折展开一看，只见上面写着是：

  天皇陛下，臣英王陈玉成，奏为各路清兵围城甚急，业由臣督率将士杀退，乞拨巨款，以奖士卒事：

  窃臣自守安庆以来，为日虽然无多，确已饱经恶战。第一次，系江忠源之旧部，现归向荣节制之鲍超，率兵五营，暗袭安庆东门，血战数日，始行败蹿而去。第二次，系张国梁率兵六万，先用火攻，次用水淹，臣又血战四昼夜，将张军杀退。第三次，系不知姓名之清官多人，各率兵士三四万，或六七万不等，竟将安庆省垣，围至水泄不通。窥其用意，拟断城中粮食。嗣为獭面将军，率领狼兵，拼命冲破彼军阵脚，方才同时溃散。

  臣守此间，先后两月，大小三十余战，陛下尚无一兵一卒遣来相功。今幸不辱君命，得以保守此座四面无援之孤城，固为陛下之天威所慑，然亦未始非众将士血搏所致也。可否立拨巨款，以励军心，不胜盼祷之至。

  再者臣之伪眼，本欲壮臣威仪而设，今外间起有一种口号，无不呼臣为"四眼狗"矣。凡为臣所杀到之处，虽小儿妇女，亦无不识我之"四眼狗"，且有当面呼臣者。臣得此种奇名，不以为嫌，且以为荣，陛下幸勿视为卑鄙之词，而窃笑之也。

  传闻湖北业已失守，东王夫妇，不知下落。忠王李秀成，才堪大用，不比常人。现亦株守九江，并未进展。不知钱军师，究有万全之策否？臣违陛下，倏将三月，甚欲入觐，以伸积想。谨奏。

天皇阅毕，总算抵去湖北失守的一半之忧，便将此折交与刘继盛、洪大全二人分别办理。

不料就在此时，天皇忽被殿上的那道夕阳光线照着两旁盘有金龙的柱子上，反射他的眼内，以致不能睁开，陡的想起徐后和他一句戏言，早把要开御前军事会议的那桩问题丢在脑后，赶忙把手一挥，吩咐众臣退去，他就回到正宫。一脚跨进房门，忽被两个宫娥跪地阻拦道："娘娘现在浴室沐浴，请陛下就在外房稍坐，容婢子去拿娘娘手制的贵重点心送上。"天皇挥手令去，即在外房独自坐下。

两个宫娥去了不久，各捧一杯羹汤，匆匆走来跪地献上。天皇先取一杯在手，见是形似豆腐之物，也不细问，随意喝上一口，只觉又香又甜，又柔又润，不但异常鲜美，而且到口即酥，不知究是何物。便笑问头一个宫娥道："此是什么东西，这般可口。"头一个宫娥也微笑地奏答道："此是羊脂白玉。娘娘用了稍许骨皮，连同一样秘制药料，和玉炖好，即成此味。"

天皇听说，赞美不置。吃完之后，又向第二个宫娥手上所捧的杯子细细一看，似莲心，又似米仁，便笑问第二个宫娥道："这又是什么东西呢？"第二个宫娥也含笑地奏答道："此是娘娘捡出顶大顶圆的珍珠，嵌在豆腐里头，复用柳木为柴，炖一小时即熟。"

天皇失惊道："如此靡费，岂不糟蹋东西？"第二个宫娥又奏答道："娘娘说的，陛下日理万机，现已近了中年，应该滋补龙体。而且珠子的味道，更胜白玉。"

天皇听说，即取一试，果然比玉还要味美，于是笑着吩咐两个宫娥道："既是珠玉也能滋补身体，往后即由你们二人承办此事，若不误事，自有重赏。"两个宫娥连连谢恩，方始接了杯子出去。

天皇又坐了半刻，还不见徐后浴毕出来。他便走至一座雕窗底下，站定身子，由那窗缝之中，朝内窥望。就见徐后一个人坐在一只白玉浴缸里头，轻轻洗涤，宛像一树带雨梨花，顿时引动他的春心，急把窗子一推道："娘娘快快开门，朕要进房沐浴。"徐后不敢拒绝，只好承旨开门纳入。

那时两个宫娥已把杯子送出，回进房来，满房一看，一位真命天子，不知何往。正待出房去找，忽然听得她们娘娘一个人在那浴室里面，扑哧扑哧地发笑。不觉奇怪起来，各自腹中寻思道：娘娘一个人沐浴，为何这般开心？不料她们二人尚未转完念头，忽又听得天皇的声音也在浴室之中发笑。这样一来，便把她们二人顿时臊得满脸通红，心中小鹿儿乱撞。正拟暂避出外，已见那扇室门，呀的一声打开。她们娘娘同了天皇两个，衣冠楚楚手挽手地走将出来。

两个宫娥忙又跪着奏问道："请陛下和娘娘的示，今天晚上的御膳，摆在哪儿?"徐后含笑地答道:"万岁刚才吃了珠玉二汤,此时不饿。你们二人速去传旨,东西两宫皇妃都到御花园中,秋千架下,去候圣驾。"

两个宫娥应声去后,徐后急将脸儿一红,复又瞟上天皇一眼道:"陛下怎么这般刁钻,竟把贱妾昨晚一句戏言当起真来。难道不知道贱妾和东西两妃,都是穿的散裳,不能去打秋千的么?"

天皇因见徐后此时似有反悔之意,便去先把徐后的一只玉臂抓来辫在他的腋窝之下,然后一面笑着逼迫徐后同他去到御花园,一面还在徐后的耳边轻轻说道:"朕正为你们穿着散裳,打起秋千起来,方才有趣。"

徐后弄得没法,只得跟着天皇而行。一时到了御园,跨进园门,远远望去,果见东妃吉珠儿、西妃陈小鹃二人已在秋千架下,含笑等在那里了。天皇见了吉、陈二人,方才放开所辫徐后之手,一同走上前去。

吉、陈二妃双双请过圣安,又向徐后行礼之后,方问天皇道:"不知陛下命奴等二人在此候着,有何谕旨?"天皇只是傻笑,未及答话。徐后就先向两妃,悄悄地咬上几句耳朵,两妃不待徐后说完,一同都把两张粉脸各罩一朵红云道:"我们全穿散裳,如何上秋千架子?"

天皇至此,方始笑着指指徐后,对着吉、陈二妃说道:"娘娘都已答应,你们二人,竟敢违朕旨意不成?"

陈小鹃向在千军万马之中出入惯的,她的胆子自然比较吉妃大些。她就含笑地先接口奏答道:"现在虽是只有陛下、娘娘和我等一共四人,无论怎么玩法,谅不碍事。但怕传到宫外,岂不被那民间当作话柄?就是我的姊姊,知道此事,也要责备我的。"

天皇听说,如何就肯罢休,于是也不管三七二十一地先送徐后去上秋千架子,还笑着说道:"以身作则,本是正宫娘娘的教化呢。"

徐后要得天皇欢心,只好依了天皇之命,首先跳上秋千架子,也同古时候的那位赵飞燕皇后做那掌上舞的一般,忽而双足高举,忽而一身临空,忽而宫衣倒挂,忽而彩袖分飘。

她们后妃三个正在轮流打着秋千、乐不可支的当口,忽见两个宫娥慌慌张张地报入,说是东王和他王妃两个已在殿上候驾。

天皇只因曾替东王看过风水,许他日后定有九五之尊的一句话,现在自坐龙庭,似乎对于东王有些食言之处,所以平时对于东王这人,事事万分迁就。连那天父临身一件笼络人心的秘密,也让给了他,足见也是无可奈何。

第三十回　享乐洪主取中策　无知徐后遭鞭笞 .. 213

此时一听东王已到，只得同了一后二妃来到求贤殿上，想去安慰东王。岂知天皇犹未开口，东王一见了他，早已跳得百丈高地质问他道："陛下真好快活，自己在此安坐龙庭，南面称王，却让我姓杨的，在那湖北送死。"

天皇瞧见东王的来意不善，吓得不敢再提湖北失守之事，只得拦了东王的话头，笑脸答道："东王贤弟何必如此生气？我们老兄弟两个，难道还有不可说的话不成么？"天皇说到这里，不待东王答话，急将徐后一把拖至东王跟前道："你且快快见过你的东王叔叔，再谈别的。"

徐后为人，本极伶俐，此刻已知天皇要她前去消那东王之气，连忙就向东王嫣然一笑地拜了下去道："东王叔叔，快先受你不懂事的嫂子一拜。"

东王此来，本想要和天皇大闹一场，免得天皇加他失守湖北之罪，此刻一见这位徐后，异常美貌异常殷勤，不觉别有怀抱起来，连忙一面跪下还礼，一面也和徐后客气道："嫂子请起，方才我对天皇哥哥的话，不过一时之气，不禁冲口而出。皇嫂千万不要笑我性子暴躁。"

徐后不知东王别有用意，以为买她面子，心里十分高兴，忙率吉、陈二妃，先与萧三娘见礼之后，又吩咐宫娥等人，就把接风酒筵摆在这座殿上，方去答着东王的说话道："你们天皇哥哥，虽然坐了龙庭，自然都是东王叔叔的大功。此时且请先饮几杯水酒，将来还要劳烦东王叔叔的事情很多呢。"

东王此时已被徐后的美色、徐后的言词，弄得淫心大炽，反去向着天皇认错道："方才臣弟不检，冒犯了天皇哥哥，还求恕宥。"天皇听说，方才把心一放，连连笑着答道："东王贤弟，我们坐至席上再说。"说着，就请东王坐了首座，萧三娘坐了二座，徐后坐了三座，吉妃坐了四座，陈妃坐了五座，自己坐了主座。

酒过三巡，徐后还怕天皇再提湖北之事，又要引出东王的怨恨。她便有一搭没一搭地去和东王谈些风花雪月的闲文，要想混了过去。谁知东王错会了徐后之意，当作有意于他，马上就在席间，去与徐后暗暗地调起情来。徐后起初只好假作不知，后来东王又假酒三分醉地竟用他的脚在那桌子底下去踢徐后的脚起来。徐后至此，方才忍无可忍地变脸道："东王，你当我什么人看待？竟敢调戏你的嫂子。真正是个禽兽！"

东王忽见徐后骂他禽兽，暗暗一想，也知自己荒唐。但是一时无可转圜，居然被他想出一个法子。这个法子，不但可以当场威慑徐后，将来还能随他心愿，且可以此挟制天皇，不怕天皇再以天子之威压他。

东王既是想出这个法子,马上噗的一声站了起来,双手向上直伸,打上一个呵欠道:"赶快焚香,天父临身矣。"说着,他就奔到龙位之上,盘膝坐下,紧闭双目,假作天父的口气喝着徐后道:"我已来此,是我的媳妇,还不跪下。"

徐后初到未久,不知什么叫作天父,但见东王忽去坐在龙位之上,那种低眉闭目的神气,很是奇怪。此时天皇却在一旁,暗叫一声不好,只得一面命人烧起大香,一面急命徐后去朝东王跪下,自己也率众人跪在徐后背后,连连合十膜拜。当下又见东王指着徐后骂道:"我们教旨,只知孝敬二字,今尔初做皇后,就敢不敬我这天父,以后怎能再教天下人民信我之教。快快重笞四十大板,以为大不敬者儆。"

天皇尚待去替徐后求情,东王早命他的随从把那徐后掀翻在地,倒剥凤袍,好在徐后本是穿着散裳,无须再剥小衣,也算她的不幸,一个粉装玉琢的玉臀之上,竟被无情行板笞了四十。正是:

　　　　欺人欺己今方悔,
　　　　无法无天后更多。

不知徐后被笞之后,还有何事,且阅下文。

第三十一回

塔齐布选拔营官
李续宜诱杀敌帅

徐后被笞之时，因见天皇如此的威权，尚不敢去向天父替她乞怜，方知东王这人无论怎样，总可假借几分天父之命以压他人，只好自认晦气，挨痛无声、流红有血罢了。及至笞毕，天皇同了吉、陈二妃，方去扶起徐后，复又领她去向天父谢罪。东王至此，忽又一连打上几个呵欠，算是天父业已离身。他才睁开双眼，走下座来，假作不知其事的样儿，问着天皇、徐后二人道："刚才天父降临，不知所谕何事？"此时天皇正在哑巴吃黄连，说不出来的苦，哪儿还能答话？徐后呢，正在双股似裂、痛得哎唷哎唷地呼号不止，已由吉、陈二妃扶至一旁。萧三娘也不知道天父临身是件欺人之事，她就急将天父怪着徐后不敬，把她责了四十大板的事情，告知东王。

东王不待萧三娘说毕，仍又装出很觉不过意地走到徐后跟前，安慰她道："皇嫂初到我们此地，对于天父的教规，不甚明白，本也难怪。不过天父训诫他的下代极严，皇嫂不必介意。常言说得好，叫作'官打民不羞，父打子不羞'。皇嫂只要能够常存敬畏天父的心理，以后倘遇天父和我个人问答说话的时候，我当替皇嫂多说好话便了。"

徐后听说，心里好气，面子上只得点头答应。从此以后，徐后畏惧东王，竟比天皇还要厉害,所以后来东王又假天父之命,把她召至东王府内,去听天父讲教,乘机调戏。徐后不敢抗拒,因而失节。此是后话,此也说过不提。

单讲这天,天皇先命徐后向东王告了病,饬人扶至寝宫。自己再和东王、萧三娘、吉陈二妃,重行入席。东王才将湖北失守的详细情形,告知天皇。

原来当时的咸丰皇帝,因见洪秀全、杨秀清等人造反,都是汉人,所以不肯将那兵权全部付与汉官。虽然派了胡林翼去署湖北巡抚,又放琦善为钦差大臣,率了十万之众,跟在胡林翼的后面。明说前去帮助胡林翼的,其实却是前去监督胡林翼的。甚至得了鄂督吴文镕殉难之信,还不放心汉人,又调荆州将军官文,补授湖广总督。

后来连得安庆、九江、南京相继失守的信息,方始知道满人实不中用,于是方用六百里的牌单,把一份极要紧的廷寄,寄给湖南巡抚张亮基,转致曾国藩,命他大练水师,赶紧出兵江西,腰击安庆、九江等地的洪军,以作琦善、官文、胡林翼那边的声援。又因张亮基保守长沙有功,将他升为云贵总督。即以花县人骆秉章补授湖南巡抚,并以旗人胜保为钦差大臣,率着七八万旗兵南下,专为接应去攻鄂皖赣湘的官兵之需。又将曾国藩之弟曾贞干以知府用,彭玉麟以兵部郎中用,罗泽南以同知直隶州用,杨载福、塔齐布二人以都司用,张玉良以守备用,连那曾大成其人,也加了级。

照咸丰皇帝之意,以为重赏之下必有勇夫。岂知那时的曾国藩、胡林翼、彭玉麟等人用力去攻洪军,倒也不是功名心重,确是完全为的百姓。他们因见凡是洪军到过之地,无处没有奸杀焚掠之惨。所以洪军这边的钱江、李秀成、石达开三人眼光比较别人远大,总是异口同声地劝着天皇下令。带兵将官,要能够安抚百姓,方为第一,至于斩将掠地,尚在第二。又说官兵虽多,无非都是会走之尸。只有湖南的曾氏一军,却要留心。

曾国藩既为洪军所忌,又是道光皇帝在日所信任的。咸丰皇帝因有令他督练水师以出江西之命。那时骆秉章初到任,事事都去请教曾国藩的。一天得了一个信息,说是洪秀全纳了钱江之策,似有北进之举,急去告知曾国藩。曾国藩听说,不觉惊出一身大汗地答道:"敌军倘真北进,那就完了。"

骆秉章道:"晚生所以特来和前辈商酌。"

曾国藩想了一想道:"中丞赶快替我筹划军饷,我当命舍弟贞干,同着泽南的两个弟子,李续宾续宜兄弟二人,由岳州杀出,直取汉阳,再以彭雪琴的水师以附之。一面移知鄂抚胡润芝,请他约期进攻武昌。再请琦善钦差、胜保胜钦差派兵接应。我知守武昌的为杨秀清，守汉阳的为胡以晃。杨氏刚愎无用，胡氏勇而无谋。只要二人之中能败一个，武昌、汉阳两处便有克复之望了。"

骆秉章听说，很是钦佩。

后来又谈到幕府人才之事。骆秉章又说道："晚生幕府中的那位左季翁很是一位将才。难怪张制军将他移交于晚生的时候，再三叮嘱晚生，说他才大如海，不可以寻常幕僚视之。晚生近来能够腾出工夫筹划军饷，真正亏他帮忙。"

曾国藩连连点首地答道："季高之才，我的朋友之中，除了郭意诚可以和他抗衡之外，其余诚不多见。像他这等人才，最好让他独当一面。"骆秉章连忙乱摇其首地接口道："且慢且慢。他一出去，岂非苦杀晚生了么？"

曾国藩见着骆秉章如此着急，不禁大笑起来道："中丞勿用着慌。季高这人才高气傲，试问现在的督抚之中，哪个在他眼中？他助中丞，一半固感中丞的信任，一半还为本地面上呢。"

骆秉章听说，便又"是是是"地应了几声，方才告退。

曾国藩一等骆秉章走后，即命人去传罗泽南、彭玉麟、杨载福、塔齐布、张玉良、曾大成、李续宾、李续宜以及他的兄弟贞干。大家还未传到，曾国藩忽见一个家人送上一件公事。随手拆开马封一看，见是塔齐布所上前去攻打汉阳、武昌的一个条陈。未曾展开去看，心里已在暗赞道：这到巧的。此人尚觉骁勇，他的条陈必定大有可观。

曾国藩一边赞着，一边赶忙翻开那个手折，尚未看到两行，不禁狂笑起来。又因笑得太急，喉咙一呛，竟至大咳特咳的，一时不能止住。旁边走上一个家人，慌忙替他捶上几下背心，复又送上一杯开水。因为曾国藩平时不喝茶叶，说是茶叶为物，除了只会明目一样外，其余对于人的身体都有坏处。这句话曾载他的家书。当时曾国藩喝了几口开水，咳才止住。还要忍了笑地再看那个折子，已见所传之人统统到齐。他就先请大家坐下，第一句就去问着塔齐布道："刚才塔大哥所上的那个条陈，到底讲些什么？我却看不明白，塔大哥还是口头说了吧。"

塔齐布一听曾国藩如此在说，顿时把脸涨得绯红，嚅嚅嗫嗫地一时答不出来。彭玉麟和罗泽南两个对于曾国藩，一个是得意门生，一个是多年朋友，平常相见，素来不用上司下属的仪注。那时他们二人一听见塔齐布竟会上起条陈来，都觉一奇，忙将那本条陈折子一同拿起一看。只见白字连篇，没有一句句子可以连贯的。但是二人素钦塔齐布的骁勇，自然原谅他的笔墨，即把那个折子送还桌上，单去听塔齐布和曾国藩讲些什么。

当下已听得曾国藩在向塔齐布说道："你那条陈上所说的去攻汉阳之策，我已知道，且不说它。我见还有一条拔识撰任荣官的事情，可是拔帜选任营官么？你倒说说看。"塔齐布忙将他的腰骨一挺道："标下要用五面大旗分插东南西北中的五处地方，不管哪个，只拣能抢大旗的那人，去充营官。"

曾国藩听了，微微地笑着道："现在的一班营官，骁勇善战的确也很少。你这办法倒也奇突。你就下去照办，不过将来你所选中的营官，你须代负全责。"塔齐布一听曾国藩赞成了他这一条，不禁高兴地站了起来，大声地说道："我的部下，自然该我负责。"

曾国藩又笑着命他坐下道："你去办好之后，随我进驻瑞州。湖北的事情，让贞干、希庵、雪琴三个前去。"

李续宾却来插口道："卑职愿与舍弟同去，恢复湖北。"

曾国藩听说，便与李续宾咬上几句耳朵。李续宾听完，面有喜色，方才不言。曾国藩又和彭玉麟低声说了一会，彭玉麟连连点头称是。曾国藩又对他的兄弟贞干说道："你此次出去，百事可与希庵斟酌行之，不可太觉自信。"

曾贞干答道："希庵大哥，才胜弟十倍。兄弟平时，就是文学之事也在请教他的。"李续宜正待谦虚，曾国藩摇手阻止。又去对着罗泽南、杨载福、张玉良几个道："我拟即日进驻瑞州，似乎可以照应皖赣湘鄂几处，你们以为怎样？"

大家一齐道："瑞州可守可攻，那里原是要道。"

曾国藩就一面打发李续宜和曾贞干，同着彭玉麟的水师前去攻鄂，一面自己率了大军，进驻瑞州。时在咸丰三年四月，这就是湘军出境之始。

那时东王和胡以晃等人，正因吴吉士、桂子秋两个同时阵亡，犹同失去两只臂膀一般。不防还要火上添油，雪上加霜。有一天，时已深夜，忽据四处的探马报到：一是湘军李续宜、曾贞干、彭玉麟杀出岳州，已过汀泗桥了。二是胡林翼、官文两军，从公安、石首方面杀至。三是胜保和琦善两处，各派旗兵几万，从汴梁杀下。四是江忠源之弟江忠济，奉了向荣之命，从武穴杀上。五是新任安徽巡抚李孟群，从安徽边境杀至。六是几股捻匪，乘机杀来，想得渔翁之利等语。

胡以晃听了此等消息，尚能点齐人马出战。独有东王一得此信，吓得就想弃了武昌，率兵东下。还是那个已故南王冯云山之子冯兆炳进谏道："现在天皇已占南京，长江一带，都已入了我们范围。湖北地方虽为四面受敌之处，却也

第三十一回　塔齐布选拔营官　李续宜诱杀敌帅　..219

是一个四面杀敌之处，万万不可轻弃。小侄不敏，愿领五千人马，出当头阵。"

东王听了，心中虽不愿意，面子上不好不允，只得拨给三千老弱残兵，以及数员不中用的偏将，其余大军留作自卫之用。萧三娘瞧不过去，便把自己所统的二千水师交与冯兆炳统带。萧三娘这样一办，冯兆炳方能去与清兵在那洪山之外血战了两场，把洪山夺了过来。

辅王杨辅清便去撺掇东王，说是武昌本已四面包围，现幸冯兆炳夺回洪山，我们何不趁此杀了出去；胜则再回武昌不迟，败则就向下游退去，管他妈的湖北。

东王听了大喜，正待下令照办。事为萧三娘知道，忙去谏阻道："王爷若纳辅王叔叔之计，纵能到了南京，还有什么脸去见人？"

东王听了恨恨地说道："姓洪的坐了江山，却教我们替他拼命。他是乖人，我们都是傻子不成？况且他从前替我看过风水，本来说过这个皇帝归我做的。"

萧三娘知不可谏，只得愤愤退去。

谁知东王这边刚在商议逃走的时候，就是胡以晃正在汉阳殉难的时候。

原来彭玉麟奉了曾国藩之计，又知胡以晃是个有勇无谋的人物，他就先让李续宜和贞干二人自去攻打汉阳。他却用瞒天过海之策，把他所统水师全行冒充商舶，去向胡以晃的粮台那里，假做纳税的样子，与之争持数日，牵延工夫。那个粮台官不知是计，又见船舶甚多，税数不少，所以只在争多论少，不知其他。这样一来，如何还有工夫前去检查真伪。当下彭玉麟瞧见敌方没有准备，又见大队船舶已被冯兆炳带至洪山那边去了，即出其不意，陡把粮台中的粮草先行抢到手中，然后就将汉阳城外的要隘统统占下。

胡以晃得报，知道大势已去。但是奉了天皇之命，把那汉阳交与他的，不敢弃城逃走，只得一面飞报东王那里求发救兵，一面率兵出城，去与李续宜、曾贞干二人拼命厮杀。不料曾贞干、李续宜两个虽是文人出身，不知什么武艺，可是少年好胜，一般勇气，只知上前，不肯退后。胡以晃已经难得取胜，再加粮台一失，军心大乱，打仗的兵士还是逃走的兵士多了。只好战一阵败一阵，一直败入城内，紧闭四门，还望东王去救。

那时东王同了辅王杨辅清，早已经率着亲信将官，假说出城前去杀敌，便往下地一溜。胡以晃求救的文书，当然没处投递。胡以晃一得此信，正在踌躇，那个李续宜却已首先登城杀将起来。胡以晃仍旧不肯就逃，又和李续宜前去厮杀。李续宜要夺头功，他就想出一个奇计，忙把手上的一把马刀，用力先向胡以晃的脑门钉去。胡以晃一边偏身避过，一边暗忖，这是什么战法。岂知说时迟，那时快，李续宜一把马刀钉出之后，顺手将他马后那个掌旗官手上所擎着的一扇大旗拔到手中，陡向胡以晃这人呼呼呼地几下卷去。说也奇怪，胡以晃总算是个力大无穷的，竟会被那旗子卷入里头。李续宜手下的兵士，一见他们主将用旗卷了敌帅，顿时一拥而上，乱刀齐下，早将胡以晃这人连旗带马地剁成一团肉饼。曾贞干连忙跟着登城，于是收复汉阳。等得李续宜会同彭玉麟要想乘胜去取武昌，可是早被胡林翼捷足先登地得了去。

武昌、汉阳两处既是同时已为官兵所得，所有洪军方面未曾逃出的兵士真也死了不少。因为洪秀全纳了钱江、李秀成、石达开三人之请，虽已下令前敌兵将不准奸淫焚掠，哪知此等命令偏没效力。再加东王、辅王等人本反对洪秀全的，他们驻军武昌，连头搭尾虽只四五个月，却把一座武昌城内的老百姓少说些也杀死一半。那时一班老百姓既见官事打胜，岂有不去打落水狗之理？所以当时的洪军死伤之数，也和所死的老百姓相仿。推原祸首，东王应该对天皇所说的话，自然一笔抹杀实情。

当时天皇一见事已至此，责也无益，况且还不敢责他。单是问了东王一句："兆炳这人倒是可用之人，现在是否同来？"东王、萧三娘一同答道："他大概要和后面的大军一齐到。"

天皇听说，也没什么好讲，心中只在惦记徐后。一等吃毕，即命几位大臣亲送东王夫妇去到预建的那座东王府邸。自己便同吉、陈二妃入内，前去安慰徐后。徐后先命吉、陈二妃退去，方才哭诉天皇，硬要逼着天皇设法除去东王，天皇当然满口答应。

第二天一早，天皇也不去与钱江、石达开二人商酌，自作主张，一同下了几道圣旨。一道是命北王韦昌辉安抚江苏各郡。一道是拜林凤翔为平北大都督，但在粮饷军械未曾筹备齐楚以前，先行去取扬州，以便与镇江连成一片。一道是命刘状元、弥探花二人整理内政：一开男女二科，二设男女储才二馆。一道是命李秀成进取南昌。一道是命陈玉成，以安庆之兵，再去恢复湖北。

钱江一见这几道圣旨，便向石达开大为叹息道："林凤翔虽属一时名将，然而临机应变，不及李秀成。这个北伐的大责任，重于南方万倍。天皇用人，怎么这般颠倒了？"

石达开听说，无言可对。又把东王答责徐后之事，说知钱江听了。

钱江因东王日见跋扈，难免阋墙之祸，终将由此瓦解。从此以后，不觉灰心起来。

一天忽按李秀成之信，展开一看，见是李秀成前来责备他的。说是弟驻兵九江，原望天皇调京，会同北伐。如今不图北方，且命弟进兵去取南昌，南昌纵得，于大局何补？威王林凤翔之才，虽然胜弟，但不及军师多多，何以令他单独去行如此大事？近见朝中所出政令，往往颠倒百出，究是何故云云。

钱江看罢，本想详细复信。后来一想，便不回复。因为东王自从回京之后，四处城门派人检查，恐怕被其查出不便。李秀成候了许久，不见钱江的回信，只好进兵。出发之际，因闻曾国藩业已驻兵瑞州，他就先攻南康。

他的一个心腹将官，名叫袁圆的问他道："王爷何故先攻南康？"

李秀成笑答道："南康若为我得，东至饶州，西至武宁，皆为我们所有矣。"

袁圆听说，方始拜服，即行出发。

及到南康相近地方，忽据探子报到，说是官兵方面已由前任江苏提督余万清前来应战。李秀成听了微笑道："若是他来，南康地方，不必厮杀可为我有。"

李秀成刚刚说完，正在吃饭。又据探子报称，说是曾国藩那边又派李续宾、罗泽南二人，各率精兵五千，来助余万清提督。李秀成不待探子说完，惊得投箸于地，汗下不止。正是：

强中自有强中手，
理外偏多理外人。

不知李秀成如何惊慌至此，且阅下文。

第三十二回 为母祝寿遭斥责 面上增辉认义母

李秀成的部将袁圆,忽见李秀成一听见罗泽南、李续宾二人来助余万清之信,不禁吓得投箸于地,满头大汗起来,甚为不解,忙去问着李秀成道:"王爷久经战阵,何故一闻罗、李二人赶来助敌,即现这般惊慌之状?"

李秀成见问,一边俯身拾起地上的筷子,一边拭着额上之汗答道:"罗、李二人本是师生。曾国藩都把他们当作五虎大将看待。他们二人既来助战,我已难得对付。再加曾国藩驻兵瑞州,本在做那赣皖湘鄂四省声援约,如何不授他们的奇计?我仅一旅之师,怎么不惊?"

袁圆听了不服道:"王爷不必这般长他人的威风,灭自己的锐气。末将不敏,倒要和他们见个高下。"

李秀成乱摇其手地答道:"这件事情,不是可以赌气的。我此刻限你率同你的将士,扮作平民模样,赶在罗、李二人之先,混入南康城中。一俟那个余万清出城和我接触之际,你们就在城内据了城池。只要你能赶在罗、李二人之先,不论胜败,就记你的首功。"

袁圆听说大喜道:"王爷既用这个调虎离出之计,末将一定漏夜赶去就是。"

李秀成挥手道:"事不宜迟,愈速愈妙。"

袁圆立即回队，下令衔枚疾奔。等他赶到，混入城内，罗、李二人果尚未至。李秀成一等袁圆走后，连饭也没心思再吃，忙即率大军兼程前进。

那个余万清自从在南京战败之后，总算走了琦善的路子，朝廷方才将他调到南昌，戴罪立功。此次奉了抚台之命，来敌李秀成一路人马，生怕罗、李二人抢了他的头功，所以不等他们到达，他就带了所部出城迎了上来。要想由他的队伍单独击走李秀成之军，便好将功赎罪。他还没有走到名叫十字坡的地方，已与李秀成的队伍相遇。

李秀成一见余万清这般轻进，不顾后方。算定袁圆，此时谅已据了南康城池，也不再和余万清前去搭话，立即催动人马，就和余万清厮杀起来。双方正在杀得难解难分之际，余万清的后队忽接探报，说是南康城池已被李秀成的部下所占。后队一听城池失守，顿时慌忙，不战自溃。余万清陡见这种形状，料知后方有变，只好连战连退，直向南昌省垣逃去。李秀成并不追赶，单是一脚进城，即命袁圆乘胜收复武宁、饶州等处。

那么罗泽南、李续宾二人既是两员文武全才的将官，怎么如此误事呢？内中自有道理。原来曾国藩自从打发他的兄弟贞干和彭玉麟、李续宜几个前去攻鄂之后，他就奉报移驻瑞州，即日起程。刚才到达，就接江西抚台的移文，请他发兵去援南康。他知李秀成是个谋勇兼备的人物，不好怠慢。就派罗泽南、李续宾二人，各率本部人马，兼程进发，去助余军。

哪知罗、李二人刚才走至半路，一连接到南昌抚台的几封公事，命他们二人迅速救援省垣，并有宁弃南康之语。那时外间的谣传，确有翼王石达开亲统十万大兵、攻夺南昌的说话。罗泽南也认为省垣地方，自比外县重要。李续宾更有一点私心：那天他在曾国藩会议军情的座上，曾国藩曾经劝他不必赴鄂，要他同到瑞州，一有机会便好保署理赣抚之说。所以他在那时忽然面有喜色，不过他的喜欢，并不是喜欢去做抚台。他是喜欢一做抚台，便有兵权在手，无非取那学优而仕、好展他的抱负之意。后来他虽未得赣抚，却得了皖抚，也是一样。只要看他能够殉难三河之事，便可相信他的宗旨了。此是后话，现在不必先叙。

单说当时他们师生两个计议之后，即去保守南昌。及见余万清败退到省，便去问明战况。余万清自然推在寡不敌众面上，掩去自己轻敌失地之罪。好在抚台本有宁弃南康的一句说话，不便怪他。罗、李二人即将此事经过，详细地禀明曾国藩那儿。

那时曾国藩正接克复汉阳、武昌两处的喜信。一个回信令他们师生二人，且在南昌驻扎候命，一面会同官文、胡林翼等人，保奏李续宜署理湖北藩台。因为彭玉麟早有说话在先，志在平贼，誓不做官。贞干又是他的胞弟，不肯援那内举不避亲、外举不避仇的例子，保举自己兄弟。李续宜既署鄂藩，就别了曾贞干、彭玉麟两个，去到武昌。当面谢过官、胡两位上司，即日到任。

胡林翼见有李续宜做了他的帮手，自然很是满意。正想放手做事，会同曾国藩、彭玉麟、向荣、张国梁以及沿长江一带的几位督抚，没法克复南京的时候，岂知那个官文自恃皇帝乡亲，事事掣他之肘。照前清的本制，本来和总督同职的巡抚，最没做头。官文既极颟顸，咸丰皇帝又信他的说话，胡林翼至此，自然弄得无事可为起来。

一天忽接家报，写了一封回信致他枫弟道：

近来粤匪弃武昌，下金陵，掠江西，往来无定，有类流寇。前吴帅奏调兄入鄂办事，帮理军务，兄即带领黔员数千人，逐来湖北，不再回里。太夫人因路途跋涉，故令黄安护送返益。兄抵鄂境未久，复蒙圣恩高厚，又拜署理鄂抚之命，现正部署一切。仍拟命黄安回益，迎接太夫人及汝嫂来鄂奉养。来函谓是非至无一定，唯视势力之强弱为标准，语亦稍嫌偏激。大概是非不当求之于人，而当返问于己。悠悠之口，肆其鼓簧以颠倒曲直，确为数见之事，衰世尤甚。然清夜以思，曲则顾影自惭，此心正忐忑不能安放得下耳。

胡林翼发了家信之后，仍是闷闷不乐。又过月余，他的太夫人同了媳妇陶夫人已由益阳原籍到来。胡林翼便将太夫人婆媳二人迎入抚署。瞧着太夫人很觉精神健旺，陶夫人身体也好，心里方才开怀一半。

及至第二年的二月下旬，因知三月初一，就是他的太夫人六旬大庆，暗思太夫人守节多年，自己已经位居疆吏，应该替太夫人好好闹热一天。此信犹未传出，所有属员已来纷纷送礼。事为太夫人所知，立即把胡林翼叫上去，含怒地责备他道："现在什么时候！为娘想来，正是为臣子的卧薪尝胆之秋。你也曾念过几句诗书，难道连这一点点的大道理都不知道么？"

胡林翼忽见太夫人已在发怒，吓得连忙跪下，委屈地辩明道："母亲方才的教训，自然都是天经地义之言。不过儿子仰蒙母亲教育成人，现在也是一位封疆大臣。母亲辛勤半世,现当六十大寿,儿子要替母亲祝寿,也无非取那圣人所说,父母之年,不可不知也,一则以喜、一则以惧的古训。"

太夫人听她儿子说得还近道理,方始将她的脸色和缓下来,便把手一挥道:"既是如此,你且起来,为娘还有话说。"胡林翼站起之后,不敢云坐,仍旧恭恭敬敬地立在一旁,听他太夫人的教训。

太夫人又接着说道:"君忧臣辱,君辱臣死,这是你们做大臣应该知道的事情。譬如太平无事之际,家庭之中做个生日,本是例所不禁。但是现在大敌当前,国难未艾,虽是你的一点孝心,为娘心里终觉不安。你可快快传话出去,第一要禁止送礼。且到初一那天办桌祭菜,祭祭祖先,再下几碗素面,为娘就算领了你的孝心了。"

胡林翼听说,只得遵照太夫人的意思办理。到了初一的那天大早,胡林翼同了陶夫人两个先向太夫人磕头祝寿。拜完起来,胡林翼又呈上十部亲自书写的《金刚经》。陶夫人也呈上亲手制成的一张绣花饭单、一双绣花鞋子、一幅绣花喜容、一幅绣就郑陕流民图的帐檐,算是莱衣舞彩的意思。太夫人先将《金刚经》一看,见是用朱笔写就、一式灵飞经的蝇头小楷,比当时殿试的白折子还要工整,心里已是一个高兴。及见陶夫人那幅郑陕流民图的帐檐,更加喜得一把去将陶夫人的双手握住,笑容满面地称赞道:"贤媳的绣工,本已很是出众,至于这幅图意,尤其使我触目惊心,不能忘记民间的灾难。"

原来这位陶夫人,乃是已故两江总督陶澍陶文毅公的女公子。幼而聪慧,长而贤淑。非但是才堪咏絮,而且是貌可羞花。只是久未生育,稍有一点缺憾。从前胡林翼不得志的时候,常借妇人醇酒,糟蹋身子,可以速死。陶夫人便常常打起精神劝他,说是一个人的才不才、遇不遇,本来不可同日而语。尝观有才而埋没于世的人物,不过十之一二,有才而见用于世的人物,总是十之八九。倘若少年时候不检,糟蹋坏了身子,等得日后发达之时,做起事来,精神不济,那就悔之晚矣。胡林翼当时听说,自然毫不在意。及至做到湖北巡抚,果感精力衰弱,方知他的这位夫人才学识见,事事胜过于他。因此凡遇大事,无不商诸夫人。

太夫人也常对胡林翼说着,我儿昔日恃才傲物,自己弄坏身体。现在还算祖上有德,为娘替你拣了这位贤德内助,否则更加忙不过来了的。那些说话,胡林翼虽是敬谨受教,于事可是无补。

这天,太夫人当场称赞了陶夫人一会,方才率领儿媳两个去祭祖先。祭毕之后，复去拿出一千两银子的私房，命胡林翼发出去，抚恤贫民。贫民得着好处，无不祝贺太夫人早早抱孙。

又过几天，这天胡林翼正和陶夫人两个，又在谈及官文对于他的公事，十件之中倒有九件驳过来的。陶夫人正待劝慰几句，忽见一个丫鬟来报，说是府县有事禀见。胡林翼一面接口答声请，一面就让陶夫人亲自替他冠带，出去会客。府县二人回完公事，忽又禀说道："听说本月十五，就是制军夫人的生日。"首府说到此处，又稍稍放低了喉咙接说道："卑府，和制军手下的那位李锦堂，带着一点亲戚。据他对卑府说，制军早已预备花上一二万两银子，那天要替夫人大乐一天。大帅这边，倘要采办什么礼物，卑府好去办理。"

胡林翼听了微笑一笑道："这件事情，兄弟须与家慈斟酌一下。果要采办什么，那时再行奉托贵府就是。"

首府听说，忙将背脊一挺，连连地答应了几个"是"，才同首县退去。

胡林翼送走府县，回进上房，便将此事禀知太夫人听了。

太夫人道："国家现至如此田地，何必为做生日闹这排场。依为娘的主意，到了那天正日，你亲自去走一趟，也算礼节到了，送礼之事，殊可不必。"

胡林翼听说，当然没甚说话。府县出了抚台衙门，又去禀知藩臬两司以及首道。大家听说，都也主张不必送礼，免得言官知道，彼此都有不是。

等到十五那日，天亮了未久，制台衙门所有的几座官厅早已挤得满坑满谷。藩台到得最后，也在八点钟以前。当时李续宜在那司道官厅之中等上一会，饬人打听，说是制军夫人尚未升帐。

李续宜听了，心里已经有些不甚耐烦。恰巧内中有个名叫王硕平的候补道，头几天刚刚拿到以军机大臣肃顺的一封八行，正想拜恳李续宜替他转呈官制台，帮讨要差，此时见有机会，便去敷衍李续宜道："方伯本来极忙，今天到得很早。"李续宜蹙额道："兄弟衙门里很有几件紧要的公事要办。原想早些过来，拜过制军夫人之寿，便好先走，谁知尚未升帐，只好在此等候。"

王硕平道："此刻还不到八点半钟，这位寿星婆婆，大概也要升帐快了。"

王硕平说到此处，又笑上一笑道："这位寿星婆婆，今天还只二十岁的整生日，福气真好。"李续宜听了一惊道："怎么，这位寿星婆婆，难道是制军的填房不成？"

王硕平微微地摇了一摇头，低声地说道："方伯难道还不知道这位阃夫人，不是制军的原配么？"李续宜更吃一惊道："莫非这位阃夫人，乃是偏房不成？"

王硕平连连点头道："制军的大夫人，还在奉天。"

李续宜不待王硕平说完，他就气得把坑几一拍，对着臬司、运台、首道几个发话道："我们这位制军，未免太把我们这些监司大员瞧轻了。一个房里的姨太太，也犯不着闹得这般大惊小怪。"

大众都含笑答道："方伯何必如此认真？我们总之是敷衍制台的。"

李续宜噗的一声站了起来，对着大众一拱手道："诸位尽管在此敷衍制台。我姓李的只知抱着一部《大清会典》行事，不敢随声附和。"

李续宜说着，他就大踏步地出了司道官厅，正待一个人回他衙门，忽听头门外面一连三声炮响，就见他的管家飞奔进来说是抚台到了。李续宜听见抚台到了，只好同了大家照例前去站胡林翼的班。

原来满清的官制，制台是从一品，抚台是正二品，藩台是从二品。抚台比较制台虽差一级，官阶小得有限。藩台比较抚台也差一级，官阶却小得多了。所以藩台要替抚台站班，这是守他司里的仪注。但是抚台对于藩台的站班，总是不敢当的。每逢藩台替他站班，都是极客气地和他讲话。

那时的胡林翼与李续宜更有私人交情。见李续宜同了司道前去替他站班，慌忙连连拱手道："何必拘此形迹？"

胡林翼的"迹"字刚刚出口，早见那两扇麒麟门大开，一个制台的管家，手上高高举起他递进去的那个侍生帖子，嘴上高声喊着一个拖长声音的"请"字，已在相请。胡林翼即将他的腰向着大众一呵，先在头里大摇大摆地走了进去。李续宜一见胡林翼身居抚台，居然比他圆通，也只得忍了气地跟着胡林翼走入，去到寿堂拜寿。拜完之后，自然不好先走。

原来官制台起先已经得着李续宜发话之信，因为此是私事，不好去和李续宜打官话的。正在急得没人转圜之际，忽见胡林翼已将侍生帖子送入，这一喜还当了得，赶忙亲至寿堂门口迎接。及见李续宜也在后面跟着，心里更加感激胡林翼不置。于是殷殷勤勤地回礼之后，即同大家去到花厅入席。席上已在向着胡林翼大事敷衍，不过未提此话罢了。

席散之后，又亲自送出大众。回到上房内，忽见他的那位阚氏姨太太，一个人独坐房中，正在那儿流泪，心知自然为了李续宜扫她面子之事。忙去立在阚姨太太的身旁，一面替她拭着眼泪，一面赔了笑脸地说道："你快不必生气。方才的那李浑蛋，自然大大地不是，好在有了胡抚台替你抓回面子。我们还是商量商量，怎么谢谢人家才好。"

阚姨太太听说，方才一边去让官制台替她拭去泪痕，一迄又怨苦连天地说道："我说胡抚台真是好人。今天若没他来赏我面子，我早被那个姓李的小子，气得一索子吊死的了。"阚姨太太说到这句，又把她那双水汪汪的眼珠子，死命地盯上官制台几眼道："亏你还是一位湖广总督，一位皇亲国戚。你若不把那个姓李的小子参他妈的，我就前去告他御状。"

官制台皱眉道："事有缓急，你不可混在一起。要参那个李浑蛋，尽管慢慢地参了。现在先得想出一个法子，怎么前去谢谢胡抚台呢？"

阚姨太太想了半天道："要不让我去认胡抚台的太夫人做个干娘。"

官制台忙接口道："这样也好。不过不好自己就去，总得有人出来拉拢，不然没有面子。"阚姨太太听了不禁大怒起来，马上啐了官制台一口道："你是在讲梦话呢，还是在讲酒话？那个姓李的小子，这般糟蹋他的祖奶奶，你倒不说没有面子。我要去认胡抚台的太夫人做干娘，倒反说没有面子！"

官制台连连地把他身子一让，忙告饶道："算我说错，算我说错。你明天就去，好不好呢？"阚姨太太听见官制台这样答她，方始没话。

第二天一早官制台尚未醒来，阚姨太太早已打扮得像个花旦似的，由着一班丫头，将她簇拥着，坐上官制台那个八抬八扳的绿呢大轿，一直来到抚台衙门，递进名帖进去。太夫人和陶夫人两个传谕升炮迎接。及至入内，这位阚姨太太先以侄媳之礼，拜见了太夫人，又以弟媳之礼，见了陶夫人。刚才坐定，就将头一天受了李续宜之气，幸亏胡林翼给她面子的事情，告知太夫人和陶夫人两个听了。

太夫人含笑地先答道："官太太，老身倒要奉劝你，不必去记李方伯之恨，因为他是一位军功出身，多少总未免有些武气。"

阚姨太太刚待答话，忽见胡抚台不由通报，自己走了进来。正是：

国事萦怀轻小节，
军情顺手赖多娇。

不知胡林翼进来有何要事，且阅下文。

第三十三回

胡林翼左右逢源
左宗棠因祸得福

阚姨太太一见胡抚台自顾自地走将进来，稍稍地将脸一红，便去和他招呼，二人行了一个常礼。太夫人笑问胡林翼道："我们婆媳两个正在和官太太谈心，你夹忙之中，进来何事？"

胡林翼也笑上一笑地答道："儿子特来叩见官家嫂子。"阚姨太太先答了一声不敢，又去对着太夫人说道："此地中丞，能够瞧得起侄媳，益见伯母的盛德。今天侄媳斗胆，要想拜认伯母做个干娘，以便时常好讨教训。"

太夫人听说，正待谦虚，哪知阚姨太太早已不由分说，就向太夫人倒金挂玉口称干娘地拜了下去。太夫人只好连忙亲自扶起，客气几句。阚姨太太又向胡林翼、陶夫人拜了下去，胡林翼、陶夫人两个也忙还礼。

大家忙乱一会。胡林翼始将他的心事，悄悄告知陶夫人。

陶夫人点头会意，便命丫鬟吩咐出去，从速摆上席来。

胡林翼向着阚姨太太笑说道："愚兄尚有公事要办，大妹可与家慈和内人在此多饮几杯。愚兄就把此事，命人前去禀知制军。"太夫人忙来岔口道："快去告知制军，说是我要留下我们这位干小姊好好地玩一天呢。"

胡林翼奉命去后，她们母女姑嫂三个方始入席，低斟浅酌地吃了起来。陶夫人即在席上乘间说道："姑娘,你可知道我们大哥方才进来何事?"

阚姨太太一愣道："这倒不知,想是大哥有什么说话,要和我讲么?"

陶夫人点点头道："你们大哥方才对我说,叫我转致姑娘,现在我们既是一家人了,湖北的内政,他想和制军两个把他办好,以便腾出身子,全力去对敌人。"阚姨太太连连拍着胸脯地笑答道："嫂子,我敢包定你们妹婿以后无论什么公事,统统让与我们大哥做主办理。"

阚姨太太说了这句,又朝太夫人笑着说道："干娘,从前你的子婿,他因不知我们大哥是个正直君子,所以有些地方要和大哥争执。"

太夫人至此,方知她儿子的苦心,便也含笑接口道："大小姐,话虽如此。我们这位子婿制军,他到底是位总督。以后只要大家商量办理,你们大哥得能不致尸位素餐,也就好了。"

阚姨太太忽正色地答道："干娘不必这般说法,你的子婿懂得什么?做你女儿的,再老实和你说一声。他是在旗的,斗大西瓜般的汉字,也不过认识半篮罢了。"

陶夫人听说,抿嘴一笑道："这也难怪,他们旗人,怎比我们汉人。"

阚姨太太边说边吃,又将干娘长的嫂子短的,说了一大堆的恭维讨好说话,方才请求赏饭散席。

太夫人因为她们衙内却有一座极大的花园,陪着她的这位新认干女儿前去游玩。这天,阚姨太太真的有说有笑,直到吃过晚饭方始回去。

从此以后,那位官制台果然事事去与胡林翼商量办理。偶有意见不能一致的时候,都是阚姨太太出场,死死活活地逼着官制台依了胡林翼的主意方休。胡林翼直到此时,方算达到他要放手做事的目的。

胡林翼虽在湖北渐渐顺手,可是那位左宗棠左师爷却在湖南闹了一个大乱子,自己弄得归了奏案。被人通缉犹在其次,连那位最信任他的骆秉章骆抚台也被带累,因为此事革职。

原来左宗棠的才气本大,性子就未免骄傲一点。幸亏骆秉章素有爱才之名,他聘请左宗棠去做幕府,原不以寻常幕僚看视,所以左宗棠和他相处,总算是宾主尽东南之美了。哪知左宗棠正因骆秉章信任过专,不能不事事负责,以报知己。有一天晚上,骆秉章业已睡下,忽然听得头门外面连放三声大炮,连连问他的夫人道："外边何事升炮?"

他的夫人笑答道："大概又是左师爷在那里拜奏折吧。"骆秉章听说,并不

第三十三回　胡林翼左右逢源　左宗棠因祸得福 .. 231

命人去取奏折底稿来看，单是微微地蹙了一蹙眉头道："他所拟的奏稿，本来不用增减一个字的。但是究竟又在奏些什么事情，应该让我知道一知道才是。"

夫人听说道："我知道有句古话，叫作用人莫疑，疑人莫用。现在外边妒忌左师爷的人，谁不说他权柄太大。老爷既是信任他了，何故又说此话？"

骆秉章迂腐腾腾地点头道："夫人之言是也。"

又过月余，骆秉章因事前去巡阅岳州，忽见汉阳府知府黄文琛到他行旅禀见。见面之后，黄文琛先谈几句例话，然后即在身边摸出一颗府印，呈与骆秉章道："卑府近来委实有些精力不济。屡次上禀官胡两帅，请求开缺，以让贤路，官胡两帅总是不肯批准。所以卑府特地带印来见大帅，拟求大帅委人前去接替。"

骆秉章听说，笑上一笑道："老兄是做湖北的官，怎么来向湖南巡抚辞职起来？"黄文琛又说道："这是军务时代，大帅本可委代的。况且卑府实有做不下去的苦衷，务求大帅成全了卑府吧。"

骆秉章听了不解道："贵府有何苦衷，这倒不妨大家谈谈。"

黄文琛见问，忽又不肯说出。骆秉章没有法子，只好随便慰藉几句，请他回去。及至巡毕回省，就把黄文琛的事情当作笑话讲给左宗棠听了。

左宗棠道："晚生虽和这位黄太尊素昧平生，但是听人传说，他做知府一闻寇事危急，常常一天到晚地前去守城。或者真正精力不济，也未可知。"

骆秉章听说，便笑着摇手道："不管他的精力济不济，我们湖南的事情还忙不了，怎么去问湖北的事情？"左宗棠也就一笑不谈。

哪知有人无意之中，把这件事情传给永州协副将樊燮听了。樊燮不觉大吃一惊，暗忖道：黄文琛那厮，他本和我不睦，一定在骆抚台那里告了我的消息。我又因为酗酒狎娼的那件事情，此地汉阳绅士没有一个和我对的。这样一来，我的前程可不能够保了。樊燮一个人忖了一阵，后来愈想愈怕，急把他一个名叫魏龙怀的文案师爷请至，告知此事，要他想法。

魏龙怀想上一想，忽带笑容地说道："晚生有计策了。现在骆抚台的幕府左宗堂左师爷，他是湖南湘阴县的一个举人。少年时候，曾与曾涤帅、胡润帅、郭昆焘数人都是密友。后来大家连捷的连捷，做官的做官，只有他依然还是一位老举人。直到前年，已经四十六岁，方才知道没有鼎甲的福命，只好前去寻着我们这里的那位胡大帅。那时胡大帅尚在张亮基抚台的衙门里参赞军机，便把他荐与张抚台去做幕友。那时曾涤帅还在长沙督办团练，大家都说他是一位磐磐大才，所以张抚台十分信任。及至张抚台升云贵总督，又将他移交与现在的骆抚台的。不料这位骆抚台，比较张抚台还要相信他，所以人家都称他做二巡抚的。大人何不前去见见他，只要他肯帮忙，莫说一个姓黄的不能奈何大人，就是一百个、一千个姓黄的也不中用。"

樊燮一直听到这里，连连称是，马上去至长沙谒见左宗棠左师爷。左宗棠那时方握湖南全省的军务大权，常有外省官吏前去和他商量公事。那天瞧见这位现任永州协台前去拜他，自然不能不见。不过左宗棠的为人，心直口快，胆大才长，固是他的长处；恃才傲物，不能匿情虚貌，与人虚与委蛇，又是他的短处。当时一见那个樊协台脑后见腮、未语先笑，定是一个小人。礼貌之间，不肯假借，等得樊协台朝他磕下头去，他只长揖不拜。

可巧这个樊协台，又是一个十足加二的大大浑蛋，既是夹走门路，自应忍耐几分。他竟忘其所以，一见左宗棠直受他拜，不禁老羞成怒起来，当场就发话道："樊某身居现任协台，顶子已红。你不过是一个小小的举子，除了前去捐官、可抵几两例银外，其余还赶不上我的一个差官。"

左宗棠既是一个著名盛气的人，如何肯受这些恶话。当场就和樊协台对骂了一阵，及至他的同事将樊协台劝走之后，他还是怒气未消，立即面告骆抚台。骆抚台自从见过黄文琛之后，每逢汉阳绅衿来见，常常地问起黄、樊二人的政声。那班绅士本在恨那樊协台酗饮狎娼、军纪不整的，一见问及，当然就同灶司菩萨直奏天庭一样，还要添油加醋。所以骆秉章早已知道樊协台不是好官。只因隔省官吏，不去管他。此刻一听左宗棠说他不好，一时记起绅衿之言，立即一道移文去到湖北，那位樊协台便得了革职处分。

樊协台既是闹得求荣反辱，自然不肯了事，他就花了一笔银子，孝敬了官文的门下李锦堂。那时李锦堂已由官文保了知县，极有权力，乘便进言官文，也是加油加酱的，硬说左宗棠是个劣幕。

官文正和骆秉章因为一件公事有些意见，便不去和胡林翼商酌，即将此事暗奏一本。旨意下来，就命骆秉章迅将劣幕左宗棠驱逐出境。

骆秉章接旨之后，又认为官文有意和他为难，并不和人商量，立刻也奏一本，不但力保左宗棠不是劣幕，而且牵及官文。

那时官文正在走红。咸丰皇帝不禁龙心大怒，一面将骆秉章革职，一面命官文将左宗棠拿案讯办。

左宗棠一见这个青天霹雳，直把他的胡子气得根根翘起，口口声声要告御状,去和官文拼命。他的朋友个个劝他不可负气。若告御状,简直是以卵敌石,自寻大祸。那时曾国藩业已移驻祁门,一则军事正急,无暇顾此,二则远在他省,不知内容,因见皇上如此严旨,不敢去碰钉子。左宗棠既没帮手,只好先行离开长沙。

一个人怅怅无所之时,一走两走,走到湖北,又值胡林翼正丁内艰。虽然圣眷甚隆,夺情留任湖北,照例不见客的。左宗棠一时无法,只得写信说明来意。胡林翼一听左宗棠到来,幼年朋友不能置之不理,正想暗暗派人前去请来相见,还是陶夫人劝阻道:"季高性子偏激,人所共知。此刻又遭横祸,他一定疑老爷祖护制军,若是面见,怕防激出事来。"胡林翼听了也以为然,便写信给襄阳道台毛鸿宾,命他亲去劝阻左宗棠。说是小人网罗四布,果去京师,必坠术中。只有暂时容忍,以待机会出来。左宗棠听了此话,却也灭了几分盛气,趑趄不前起来。但是两手空空,身无长物,几乎要流落荆襄一带的了。幸亏无意之中,遇见一个监利县里的绅士王柏心,见他虽然落魄,还有国士的气度,于是将他留到家中,十分款待。但因此事已成奏案,一时无能为力罢了。

左宗棠住了一向,一天忽去向王柏心说道:"左某身受奇冤,已至流落。老兄解衣推食,如此相待,无异骨肉。但我年四十有八,两鬓已丝,纵不上京叩阍,以伸三字之狱,可是一个通缉人员长住府上,恐累老兄。我想去投涤生,弄个粮子带带,好去杀贼。就是死于贼手,犹比死于小人之手好得多呢。"

王柏心听说道:"涤帅现在祁门,此地至彼不是旦夕可到,况且四处都是长毛,还有捻匪夹在里头,似乎不宜冒险。依我愚见,最好请李翁还是通信与涤帅、润帅、几位老友,他们都是封疆大臣,或有疏通法子可想。"

左宗棠听说,慌忙向着王柏心一揖道:"兄弟神经错乱,竟至思不及此。不是老兄指教,竟至一筹莫展的了。"

左宗棠说完这话,便去委委屈屈写了两封信,分寄曾、胡二人。

胡林翼近在咫尺,自然得了信较早。因见官文正是遵旨要将左宗棠归案讯办通缉的公事竟同雪片般的飞了出去,一时不便去向官文说话。后来却是陶夫人拿出一笔私房钱,置了几样贵重首饰,去托阃姨太太疏通官文。虽然没有办到奏请销案,但也缓了不少下去。

胡林翼这边有了一点颜色。他就一面函复左宗棠,一面函致曾国藩去托肃顺设法。因为那时的肃顺已以户部尚书兼军机大臣,很得咸丰皇帝的圣眷。

曾国藩本已接到左宗棠的信,及见胡林翼之信,自然忙去照办。嗣得肃顺的回信，说是这件钦案由他先去奏请，未免易启皇上之疑；最好是先托一位京官奏上一本，皇上必去问他，他就有话回奏。又说与其单办销案之事，不如办那起用之事，费事是一般样的。曾国藩一见肃顺如此热心帮忙，便知大有希望。急又函托郭昆焘之哥，现任军机处章京的那位郭嵩焘。

原来这位郭嵩焘，自从写信给他弟弟去教曾国藩遵旨创办团练之后，循资按格地已经升到翰林院侍读学士，不久又新得小军机的差使。本与曾国藩在通信息的。既得曾国藩的嘱托之信，他就转托两个同乡御史，各奏一本：一个是洗刷左宗棠之罪，一个是保举左宗棠之才。

咸丰皇帝遽见两本折子，一因官文并未再提此事，二因洪天皇定都南京，浙江、福建等省复又相继失守，正在求贤若渴之际，果被那个肃顺一口料到，真是一天召对已毕，忽然问起左宗棠这人，到底有无才干。肃顺自然竭力保奏。咸丰皇帝即下一道上谕：举人左宗棠，着以郎中职衔统率湘军，前去克敌。暂归曾国藩调遣。曾国藩一得这道上谕，马上奏保上去。说是左宗棠可以独当一面，若交臣部调遣，未免屈折其才等语。胡林翼、张亮基两个也先后奏保进去。那时李续宾已由皖藩代理皖抚，不过皖省尚在洪军手中。李续宾的巡抚行辕只好暂设庐州。他也奏上一本，说是左宗棠之才胜他十倍。京师各科道中，也有几个奏保左宗棠的。咸丰皇帝一见京外各官纷纷疏荐左某，此人才必可用。复下一道上谕道：左宗棠着以四品京堂，帮办浙江军务。这个官衔，便是钦差体制。既可与督抚并行，又可专折奏报军情。

当时左宗棠一得此信，方始仰天吁了一口极长的气道："我左老三也有今天这一日么。"于是一面分别函谢京外疏荐之人，一面招练湘军，以便去浙江。

现在且将他按下，又来接说向荣那边。

向荣自从驻兵丹阳之后，朝廷因见失守南京土地，全是陆建瀛一人之罪，与他无干，单将陆建瀛办过。便放了何桂清继任江督也驻丹阳。这位何江督，字平翰，那时还只四十余岁。他由少年科第起家，一直做到江苏布政使。在任时候，欢喜谈论理财之事，常向清廷上上条陈。后来升了浙抚。

咸丰皇帝因恨陆建瀛太不济事，竟把一座万分坚固的南京城池替他送人，所以对于继任人员颇费踌躇。当下有一位军机大臣奏称道："现在南京尚未克复，最要紧的事情，只要能够筹饷便好。浙江巡抚何某，前在苏藩任上，现在浙抚任上，都能筹出巨额饷项，不如叫他前去试试。"咸丰皇帝准奏，何桂清始膺此命。

他到丹阳之后，一日到夜，只知和他幕友等饮酒赋诗，抹牌唱曲。对于一切军务，样样推在向荣身上。向荣没有法子，只好力负责任，因见那个威王林凤翔杀到扬州，十天之内竟下九郡，急得只像雪片般的公文，去请曾国藩赶快杀出江西，以捣南京之背。

曾国藩接到公文，正拟命彭玉麟、杨载福等人率了全部水师先去克复九江的时候，忽见探子报称，说是贼方的东王杨秀清，已被北王韦昌辉自相残杀毙命。曾国藩听了一乐。那时罗泽南、李续宾师生二人早由南昌调回，李续宾已得安徽巡抚，驻扎庐州。罗泽南尚在他的身边，参与一切重要军事。他就去问罗泽南，说是贼方既有内乱，我们计将安出。

罗泽南答道："只有速从江西杀出，见机行事，或有胜算。不过人才，都不够用。"曾国藩刚想答话，忽见他那国华、国荃两个兄弟一同携了家书，来到大营投效。曾国藩先将家书看过，方始对着两个兄弟皱着双眉地说道："二位贤弟，怎么一齐出来？为兄身已许国，自然难顾家事，正因为有了几位兄弟在家，可以代我定省之职。"

曾国藩说到这句，又去问罗泽南道："萝山，你倒说说看，我的说话可错。"

萝山犹未接口，国华、国荃两个一同说道："父亲现在身体十分康健。侍奉一节，既有嫂嫂和几个弟媳在家，也是一样。我们二人奉了父亲之命，来此投效。况且大哥正在出兵之际，难道我们二人真正地一无可取的地方不成？"罗泽南在旁听得清楚，生怕他们兄弟三位闹，大家本是好意，不要闹出恶意出来，反而不妙。慌忙接口对着曾国藩说道："既是二位令弟，奉了堂上之命出来的，要替国家效力，移孝作忠，我说也是一样。"

曾国藩听说，方才答应下来。即命国华去到李续宾那里投效，留下国荃在营办事。正是：

　　　　　　朋从说项原多益，
　　　　　　兄弟阋墙本可危。

不知曾国藩留下国荃之后，究竟何时出发，且阅下文。

第三十四回 妇人多言遭身戮 兄弟远道示军谋

曾国藩刚将国荃留下，忽然接到皖抚李续宾、鄂藩李续宜兄弟二人之信。展开一看，都说贼方既有内乱，正是我们报国之时；不过贼据沿江一带，非借水师之力不为功，务乞克日出发水师，以便水陆夹攻，定能得手。曾国藩看完了信，忙将彭玉麟、罗泽南、杨载福、塔齐布、张玉良、曾大成、曾国荃、曾贞干以及一切文官武将统统传至大营，开上一个军事会议。

当下杨载福先开口道："洪军之中只有伪军师钱江、伪忠王李秀成、伪翼王石达开三个，确是有些才具。余如韦昌辉、林凤翔、黄文金、罗大纲、陈开、李世贤、赖汉英、洪宣娇以及那个'四眼狗'陈玉成等人，也有一点武艺。现在既有内乱，我们这边应该分路杀出，不可同在一起，分而效大，合而效小。不知大帅以为怎样？"

曾国藩单把头点了几点。又听得张玉良已在接着说道："厚庵，既在称赞贼中的钱、李、石三个，标下愿领本部人马，独自去取九江。"

曾国藩听说，也把头连点几下。彭玉麟也岔口道："我们的船舶，从前郭意诚曾经说过，应该分开大小数十队，不可合而为一。若是合而为一，一旦有警，便至不可收拾。方才厚庵之言，可见英雄所见相同。门生愿统本部水师，去守湖口门户。"

曾国藩点头道："雪琴能够去守湖口，自然放心。前几天萝山已愁得人才不敷分配，雪琴和厚庵都是主张分路杀出，这又怎么办呢？"

曾国荃接口道："一军人众，只在将帅得人。我们此地，至多也不过分出几路，兄弟之见，我们人数，足敷分配。况且外边各军的将士大都愿意来归大哥节制。大哥拣中哪个，即可咨调哪个。为军之道，本来变化无穷，似乎不可拘执一端。"

曾国荃刚刚说至此地，忽见国华专人送信到来。曾国藩拆开一看，只见长篇大页地写上二三十张信纸，便命国荃去看。国荃接到手中只见写着是：

大哥大人手足：

弟到庐州，闻皖抚行辕，已进驻桐城，追踪赶至，李中丞极为优待。次日即下札子，委弟统领五营，作为游击队伍。弟虽不才，既出报国，性命已置度外。常观军兴以来，各路军队，不能即制贼人死命者，皆由将帅不肯以死报国耳。近闻胡润芝中丞，以藤牌兵编入抚标，重其月饷，倡励敢死。于是凡统将营官，莫不求敢死者，以作亲兵。现在此种藤牌兵，已遍全鄂矣。出战之时，确有效力，大哥似宜仿照办理。

弟之所部后营营官庞得魁，方自南京侦探归来，所言伪东王为伪北王戕毙之事甚详，特录以奉告。先是伪东王杨秀清，自鄂败归，即假彼中伪教，以天父临身一事，挟制伪天皇。既裸笞伪皇后徐氏，徐氏畏其凶焰，竟至与之通奸。杨氏复乘机纳伪天皇西妃陈小鹃之姊陈素娟为妃。复令男科状元朱维新为其秘书，女科状元傅善祥为其书记。有女皆奸，无男不犯，淫乱之声，通国皆知，甚至伪天皇之寡妹洪宣娇，亦被奸占。又自称九千岁，几欲逐驱伪天皇自登大位之势。伪北王韦昌辉，本为接近天皇派人物。见杨氏跋扈，每向伪天皇献策，欲将杨氏诱而杀之。伪天皇不敢即允。伪北王遂与徐后、洪宣娇等人计议。徐、洪二人，虽非贞妇，然为杨氏所污，心有不甘，即令伪北王瞒过伪天皇速行其事。伪北王布置未妥之际，适接伪东王之公文，下盖九千岁之印章，而不书名。伪北王询其左右，左右答以此即东王之官衔也。

伪北王闻言大怒，撕毁公文曰："东王者天皇所封也。此九千岁之名，谁赐之耶。此贼虽有王莽篡汉之志，奈有我北王在，必有以惩之。"

事为伪北王王妃吉宝儿所闻，宝儿之姊妹儿，即伪天皇之东妃。吉妃既有所闻，乃托故归宁。其母伍氏，为伪比王兼第四十七天将伍文贵之姑，尚识大体。是日睹女归，即设盛筵为之接风。时吉妃之兄吉文元，方为伪东王遣出犯我。席间仅有其嫂吉夫人陪座。吉妃猝然问其母曰："父母与丈夫孰亲？"伍氏答以未嫁亲父母，已嫁亲丈夫。吉妃闻言，默然无语。席散，吉夫人约吉妃偕至其私室，意欲探其底蕴。吉妃复猝然问曰："兄妹与夫妻孰亲？"吉夫人即答以兄妹同姓，夫妻不同姓，当然兄妹较亲也，吉妃又问曰："吾兄非靠东王为活者乎？"吉夫人曰："然。"吉妃又曰："如是吾兄危矣。"吉夫人大惊，方欲再询，吉妃已辞出。吉夫人甚疑惧，以夫外出，无可告者。次日适伪东王王妃萧氏过彼，吉夫人即以吉妃之语，告诸萧氏。萧氏曰："北王欲杀吾东王久矣。东王虽有可杀之道，然杀之者为北王，非正理也。"吉夫人骇然曰："如是，唯有请东王善为防范。"萧氏曰："请夫人早晚为我再探吉妃，我自有计防之。唯嘱吉妃缜密行事，否则彼亦危殆。"吉夫人允诺。次日，即赴伪北王府访其姑，告知伪东王王妃萧氏所嘱之语。吉妃感萧氏之德，遂将伪北王欲谋伪东王之事，令行告之吉夫人。

语尚未完，适伪北王经过窗外，略闻其语，不觉骇然曰："吾之事机不密，险些为此二妇人所败。唯有速行，迟则吾必先受祸矣。"是夕伪北王归寝室，有意谓吉妃曰："东王将杀我，为之奈何？"吉妃不知是计，大惊曰："此事妾实未闻，东王妃为妾言及。妾当于明日往东王府，托名问候东王妃，侦探其情，回报王爷何如？"伪北王冷笑曰："在下仅有你这痴妇，不识轻重。人家妇人，孰不爱其丈夫，岂肯将其丈夫之秘密告尔耶？"吉妃大笑曰："王爷真痴耶，谁敢将王爷之秘密，前去泄诸外人。王爷休冤妾也。"伪北王大怒曰："韦某唯知有国，不知有家。杀一婆娘，只当儿戏事，尔岂不知桂平之事耶！"吉妃战栗答曰："妾实未泄王爷之事，王爷可以调查。"伪北王又问曰："连日汝回家，汝嫂复来探汝，汝二人鬼鬼祟祟，究干何事？"吉妃曰："吾母有疾，归家探候耳。"伪北王曰："待我明日亲去看来，汝母究有病否？"吉妃战抖，哀求其夫恕彼。伪北王不答。

次日，伪北王先将吉妃锁于寝室，并令其弟韦昌祚把守室门。无论何人，不准入见吉妃。及谒伍氏，见伍氏无甚病容，稍坐即出。归语吉妃曰："本藩已见令堂，果已病笃。"吉妃明知反语，惧至面无人色。

伪北王亦无他语，即伏刀斧手于两廊下，始至伪朝堂，俟伪东王退

第三十四回　妇人多言遭身戮　兄弟远道示军谋

出,上前握手相见。伪东王笑问伪北王曰:"吾弟何来?"伪北王曰:"顷闻威王林凤翔兵败淮安,已溃退徐州府矣。"伪东王失惊曰:"吾弟此信何处得来,恐非事实。"伪北王曰:"现有威王手下之部将杜某尚在敝府。"伪东王曰:"吾甚愿一见此人。吾弟回府,可令此人速赴吾邸,候吾问话。"伪北王答曰:"此人现惧仇家,不敢出大门一步。王兄如愿问彼言语,不妨屈驾随小弟至敝府,与之一见,可也。"伪东王不妨伪北王有诈;复因威王果退徐州,金陵即危。急欲探信,即与伪北王偕至北王府邸。及入大堂,伪东王复问曰:"此人何在?"伪北王曰:"犹在内室。"

遂同伪东王入内。路经廊下,伪北王突然喝令伪东王站住曰:"你这老贼,欲登大宝,想作操莽事耶。"伪东王大惊曰:"吾无是心,贤弟勿听他人挑拨之言。"伪北王又喝问曰:"然则九千岁之称,是谁封尔者。况大局未定,遽怀异心,多结党羽,擅发号令,奸污嫂妹,淫乱男女状元,阻天皇北征,梗军师调度,其罪大矣。我与你虽为弟兄,然不肯以私废公。"伪东王急问曰:"汝忽言此,意欲何为?岂汝已奉天皇之命,欲杀本藩耶。"

伪北王大声应之曰:"吾非奉天皇之命,乃奉全国人民之命。"伪北王言已,将手一挥,预伏之刀斧手全出。伪东王至此,始知生命难保,立即跪地向天大呼曰:"天父速临吾身,迟则吾将为小人害也。"伪东王未言毕,其时已乱刀齐下,伪东王一身被砍数十刀。结果伪东王之性命者,为伪北王之死士、广东人拳师温大贺也。当伪东王为众刀斧手尚未砍毙时,大声求救。彼之卫士,屡欲冲入,悉为伪北王之卫士杀毙,竟无一生还者。

伪北王既见伪东王已死,即匆匆入伪朝堂。时伪天皇方与伪军师商议军事,见伪北王至,即问曰:"贤弟匆匆来此,有何大事语朕。"伪北王曰:"特来请罪。"伪天皇又问曰:"贤弟何事有罪。即使有罪,朕当念手足之情赦尔也。"伪北王曰:"东王自称九千岁,非欲造反而何?臣弟不能再忍,已为天皇诛之矣。"伪天皇一闻已诛伪东王,不禁大变其色曰:"贤弟未免太鲁莽矣。东王所行所为,诚不可赦。唯现今大局未定,遽兴内乱,岂非自授外人以柄。况东王之羽党,如李秀成、林凤翔、李开芳、杨辅清辈,各拥重兵,一旦有变,岂不危殆。"伪天皇言已,目视伪军师钱江。钱江故作不见,顾视他处。

伪北王乃厉声谓伪天皇曰:"小不忍则乱大谋,古有明训。臣弟之杀东王，非私也，实为公也。然擅杀大臣，自知不合，故特来自首，请天皇治我之罪，以明国法可也。"伪天皇曰："朕非无情之人，况贤弟此为，也是为公。朕此时所惧者，东王手下羽党太多，若有变事，不能制之耳。"伪天皇言罢，复目视伪军师钱江，似在望其为伪北王解围然。

伪军师钱江至此，始答伪天皇曰："东王有应杀之罪，北王无擅杀之权，两言尽之矣。至于陛下所虑东王之党羽作乱，尚无足惧。盖李秀成为沉机广识之英雄，非党于东王者。即林凤翔、李开芳，亦老成持重，明于大体，毋须顾虑。余只吉文元、杨辅清数人而已。今吉文元统兵在外，可速选一心腹将士，统兵前往，明日助战，实则监视，以防其变。"伪天皇听毕，即召入罗大纲告知此事，命其率兵五万，立刻起程。罗大纲领命，方欲退出，伪军师钱江又叮嘱道："吉氏如有变意，汝即自由处治可也。"

罗大纲去后，钱江复问伪天皇曰："倘有近畿东王手下之将士，来逼陛下处治北王，以偿东王之命。陛下何以答之？"伪天皇凄然曰："朕决不为同室操戈之事，能以善言劝散众人则已。否则唯有偕北王披发入山，以让贤路。"伪军师钱江太息曰："此妇人之仁也，臣实不敢赞同。为北王计，不如暂避数日，且俟东王党羽镇定之后，再行入朝未晚。"伪北王奋然曰："韦某杀东王之时，已存抵偿之心。方才军师说得极是，东王有应杀之道，韦某无擅杀之权。韦某知所处矣。"

伪北王言至此，方欲退出，忽见伪翼王石达开已汗流满颊，飞奔而至。喘息问伪天皇曰："杀东王之命，可是陛下降者。若然，当速录东王之罪状，布告天下，无令民心疑惧也。"伪天王未及置答，伪北王挺身而出曰："杀东王者，乃韦某之意，不敢推于天皇身上。"伪翼王即怒责伪北王曰："东王即使有罪，其家人何罪，乃一并戮之耶。"伪北王急答曰："焉有此事，韦某一杀东王之后，立即入朝，岂有分身之术耶。翼王必误听谣言矣！"伪翼王又言曰："城中已传遍矣，此等大事，哪得误听。"

伪天皇曰："二位贤弟，毋庸争论，赶快命人一探，自然明白。"伪天皇言已，即派人探听。不半刻，即据回报曰："北王入朝后，北王之弟韦昌祚将军，恐防东王家人谋报复，私矫北王之命，亲率卫士数百人，奔入东王府中，即将东王全家老小八十余口，一并杀戮。除女状元傅善祥跪地哀求，保全一命外，即萧王妃、陈素鹃均已遇难。现在城中人心惶惶，不可

第三十四回　妇人多言遭身戮　兄弟远道示军谋　..241

终日。东王党羽,即将生变。"伪天皇不待听毕,早已双泪交流,噎至不能言语。伪翼王复质问伪北王曰:"此非石某说谎。北王肇此大祸,害了自己,其事犹小,倘误国家,如何是好?"伪北王闻言,大叫一声,晕倒地上。众人将其救醒,彼尚昏昏沉沉。伪天皇命人送回,生死未知。此即伪东王被杀之详细情形也。

弟因此事关乎我方之进攻战略不少,务乞大哥速与雪琴兄,以及诸将一商,迅速出兵,不可失此机会。余俟后述,敬请时安。

国荃细细地一直看完,始将信中大略择要说与曾国藩听了。曾国藩听毕,立即发令,一是命彭玉麟统率船舶二千艘,出守江西湖口。二是命张玉良率兵五千,去攻九江。三是命罗泽南率兵五千,助守湖北。四是命曾国荃率兵五千,助攻安庆。五是命杨载福,统带船舶一千艘,助攻安庆。六是命塔齐布率兵五千,策应湘鄂皖赣四省官兵。七是命曾贞干调查各地义仓,每百抽五,以充军粮。八是命曾大成率兵一千,押运各路湘军的军粮。九是命四川试用知府大营文案委员冯卓怀,拟出厘金制度的详细章程,以便奏请权时设立,以裕军饷。十是命大营文案委员程学启,拟出各营冠以本军统带的名字作为营名,以便认识。大众奉命去讫。

曾国藩即在大营坐候捷报。又因国华能于军务倥偬之际,写来如此详细之信,很觉高兴。但防国华少读兵书,军谋不够,急写回信示以军谋道:

来信俱悉。李中丞一见,即待之甚优,委以统领,此非为弟之才具,实为弟之家世也。弟既受此知遇,第一须不负此知遇,方对得起李中丞,亦对得起吾家之家世也。统领五营,已是古时之旅将;五营兵士之性命,名誉、道德、风纪,全在吾弟一身之处置。来书谓既出报国,性命置诸度外,义固如斯,事宜斟酌。此即古人所谓死有轻于鸿毛、重于泰山者也。应死而死,死得有名。不应死而死,死得无谓。为将之道,亦非随便一死,即尽责任也。

兄将军谋之大略,择要告之。凡用兵主客要正,夫人而能言之,未必果能知之也。守城者为主,攻者为客。守营垒者为主,攻者为客。中途相遇,先至战地者为主,后至者为客。两军相持,先呐喊放枪者为客,后呐喊放枪者为主。两人持矛相格斗,先动手戳第一下者为客,后动手即格开而即戳者为主。中间排队迎敌为正兵，左右两旁抄出为奇兵。屯宿重兵，坚扎老营，与贼相持者为正兵。分出游兵，飘忽无常，伺隙狙击者为奇兵。意有专向，吾所恃以御寇者为正兵。多张疑阵，示人以不可测者为奇兵。旌旗鲜明，使敌不敢犯者为正兵。羸马疲卒，偃旗息鼓，本强而故示以弱者为奇兵。建旗鸣鼓，屹然不轻动者为正兵。佯败佯退，设伏而诱敌者为奇兵。忽主忽客，忽正忽奇，变动无定时，转移无定势，能一一区而别之，则于用兵之道，思过半矣。吾弟须注意之。

又将平日记于笔记中者，择其切要者，摘录数条：一、约期打仗，最易误事；然期不可约，信则不可不通也。二、治军之道，以勤字为先。身勤则强，佚则病；家勤则兴，懒则衰；国勤则治，怠则乱；军勤则胜，惰则败。惰者暮气也，常常提其朝气为要。三、凡打仗，一鼓再鼓而人不动者，则气必衰减。凡攻垒一扑再扑而人不动者，则气必衰减。四、守城煞非易事。银米子药油盐，有一不备，不可言守；备矣，又须得一谋勇兼优者为一城之主。五、军中须得好统领营官，统领营官须得好真心实肠，是第一义；算路程之远近，算粮仗之缺乏，算彼己之强弱，是第二义；二者若有把握，方能作仗。此外良法虽多，调度虽善，有效有不效，尽人事以听天命而已。六、兵者不得已而用之。常存一不敢为先之心。须人打第一下，我打第二下。七、近年从事戎行，每驻扎之处，周历城乡，所见无不毁之屋，无不伐之树，无不破之富家，无不叹之贫民。大抵受害于贼者十之七八，受害于兵者十之二三。以上数条，尤其不可忽略。匆匆手复，俟复再述。

曾国藩发出此信之后，仅过月余，忽接探子来报，说是汉阳、武昌复又失守。曾国藩不待听毕，顿时吐出一口鲜血，晕了过去。正是：

运筹帷幄书才去，
失守城池报又来。

不知曾国华性命如何，且阅下文。

第三十四回　妇人多言遭身戮　兄弟远道示军谋　　243

第三十五回

林翼修书悲将佐
国藩洗脚戏门生

曾国藩的爱国心思本比别人浓厚,一闻湖北复又失守之信,罗泽南又在那边,一急之下,顿时热血攻心,口吐鲜红,晕倒地上。左右慌忙将他救醒,他始长叹一声道:"唉,天心犹未厌乱,吾民无噍类矣。"

左右因见曾国藩的面色惨白,又在叹声叹气,恐出什么乱子,正待去请程学启师爷进来劝慰,程学启业已得信赶入。曾国藩便一面请程学启坐下,一面说道:"湖北忽又失守。不知萝山可有什么危险?"程学启忙接口道:"萝山异常勇敢,大帅何必惦记。"曾国藩连连皱着眉头道:"我正为他勇敢,在此担心。"程学启道:"现在路途梗塞,寄信为难。就是本军的探报,也没从前详细。最好派个要人前去一趟。"曾国藩点头道:"所以舍弟国华上次报告伪东王杨秀清被杀的内容,我觉很是详细。业已去信赞他。"

曾国藩刚刚说到此地,又见一个戈什哈匆匆地呈上一封急信,接到手中一看,见是胡林翼写给他的。赶忙一面拆信,一面用他嘴唇指指信道:"润芝都有信来,萝山怎么没有信给我?这更奇了。"程学启道:"或者因为军务倥偬,没有工夫,也未可知。"

程学启说着,即与曾国藩一同看信。只见上面写着是:

244 ..晚清三杰·上部·战天京

涤帅勋鉴：

　　此次粤贼复陷武汉，人心大震。因武汉地居天下之户心，扼长江之冲要。贼得之，足以上窜豫直，摇动畿辅；下屏苏省，负回金陵。决难听其沦落。乃率众仍与死战。唯是贼众临满两举，其势甚张。弟以孤军支撑其间，人数既远非敌比，饷糈又筹措艰难。官帅自与弟通好以后，鄂省军事，全交弟一人主持。前者愁其掣肘，无权不能办事；今则又愁责任太重矣！虽在勉强与贼对抗，已觉煞费经营，上月大尽日之战，若非萝山与尊派水师拼力相援，不堪问矣。唯李迪庵中丞素渊韬略，复勇于进攻，亦为近今良好之将才。坛角一役，殊足以寒贼人之胆。盖该处屋宇鳞次，墙垣至为坚固，自广粤州至于城下十里，旧为市廛，最易藏坚。迪庵中丞察度地形，料贼众必有埋伏，预先戒饬军士严阵徐行。贼众果以数千人伏于草埠堤上民房，暗施枪炮，以击我军。

　　迪庵中丞当即令赵克彰、刘胜鸿二参戎，分路攻入。火器初举，先将茅屋焚烧数处。渐渐逼近，烟焰弥漫。贼众见火光大起，所烧之屋，系堆积粮物之所，伏贼既不能久匿而不起；而城中之贼，复出七八千人，冒烟冲突。

　　我兵用枪炮轮流攻击，继之以刀矛，纵横出入。伏贼因火烈而自乱，城中援贼，气为之夺。我兵因而乘之。贼大败。经此大创，坚闭不复敢出。其后萝山营于洪山，以防宾汤山之贼。双方鏖战，而我军殊效命，冲锋数次，贼众头目之丧元者，几有二百余人之多。尸横遍地，见之心酸。忽宾汤山之贼，约二万人，出而接应，并欲直扑我军洪山大营，以图一逞。萝山当自洪山驰下时，弟犹阻之云："贼众我寡，君毋撄其锋锐。"萝山似有怪弟藐视意，置不答，即奋勇上前，兜头迎剿，贼又大溃。萝山乘胜穷追，贼已大半退入城中，萝山紧追不舍，若欲尾之而入。贼众惶急之余，陡然放下闸板，以致闭于城外之贼众，尽为我军队伍所歼，约计不下千余人数。而城上枪炮，密如雨点，萝山立马城外，左额突中枪子，血流被面，衣带尽赤，然犹驻一时许，强立不移，贼亦不敢再出。萝山虽荡城受伤，然退驻营中，照常视事。弟亲往视其伤，伤深二寸余，子弹入脑不出，急延医为之诊治，而卒不救。伤哉！弟知萝山以诸生随兄办理团练，忠义至性，感动乡里。嗣则率其亲邻，转辗湖南江西湖北，大小三百余

第三十五回　林翼修书悲将佐　国藩洗脚戏门生　　245

战，所至之处，贼众骤闻风而溃，克大城四十余处，确称神勇。非特为兄所恃为心腹者，即弟亦钦佩至五体投地也。当萝山驰马下洪山时，弟之阻彼者，非谓彼无勇杀贼也，实重其才，遂不觉爱之深言之切耳。今竟受伤而殁，弟为痛哭之恸者再。易箦之时，坚握弟手，犹谓危急时，站得定，不畏死，才算有用之学。

又叮嘱寄语我兄，非将大敌杀尽，彼不瞑目。又谓奈何武汉未克，江西复危，力薄兵单，不能两顾，死何足惜，事未了耳等语。特此详报经过，希冀会同将其殉难情形，奏请优恤。路途梗塞，此函到达之日，务望赐复为念。

               弟胡林翼　顿首
               六年四月初二日

曾国藩一直看完，方将那信放在桌上，拭泪地对着程学启道："果然不出我料。现在赶快回信润芝，须将萝山棺木先为保护。今奏请恤的奏稿，稍迟不妨。"程学启不解道："大帅对于萝山，明虽上司下属，实则仍是故旧看待。未得他的噩耗之先，大帅本在十分惦记；此刻既然知道他已为国捐躯，为何不把他奏请恤典的公事先办，以慰死者的英灵呢。"

曾国藩见问，忽朝程学启望了一眼道："怎么，你在当的文案差使，连这个过节儿还不懂么？萝山现在虽然殉难，可是他的官阶不大，所得恤典，哪能优厚？况且皇上正在因为湖北复又失守、心里大不高兴的当口，如何还有这种心思来顾此等小事？我的意思，无非且俟湖北克复之后，将来再奏上去，自然好得多了。不是如此办法，我怎么对得起我们这位殉难的故人呢？"程学启听毕，便微笑了一笑道："这个过节，晚生未习《大清会典》，确实不懂。"

曾国藩竟被程学启说得笑了起来，道："你真不脱书生本色，这是揣摩风气的陋习。《大清会典》之上何常载有此条。但是我为故人计，不得不学点世故。从前胡润芝也因官制军把持湖北政事，害得他一件事情也办不动。若不是用了那个侍生帖子，去拜那位阃姨太太的生日，官制军卖了交情，恐怕早就干不下去了呢。"程学启听到此地，忽也望上曾国藩一眼，似乎有句话想说，又像一时说不出口的样儿。曾国藩已知其意，便问他道："有何话说，尽说不妨。"程学启方始说道："晚生因见现在带粮子的，并非全是武官。晚生不才，也想求大帅赏个粮子带带。晚生总觉得马上杀贼，反比这个捧笔杆儿的差使，来得爽快一些。"

曾国藩听说，不知怎样一来，竟会去和程学启说着玩话起来道："你要带粮子，难道还不怕做萝山的第二么？"程学启正色地答道："马革裹尸，本是英雄事业。疆场授首，原为豪杰生涯。照大帅所说，莫非反怪萝山死得不是了么？"

曾国藩知道自己失言，不该说这玩话，不禁红了脸，慌忙句着程学启拱拱手道："老兄驳得极是。兄弟向无戏言。况且萝山为国尽忠，是桩万人敬仰的事情，兄弟怎么竟以游戏出之。"

程学启此时也觉他说得太过，又见曾国藩红着一张老脸，只在认错不休。急去搁了曾国藩的话头道："晚生何敢反驳大帅，只因一时想着萝山为人可敬，方才之话，不觉脱口而出。"

曾国藩听说，始把他的愧色褪去道："请你快去写润芝的回信。至于老兄要带粮子，那还不容易么。"程学启一见如了他的志愿，立即欣然而去。

又过几天，曾国藩先后接到彭玉麟、杨载福、塔齐布、张玉良、曾大成以及他那国华、国荃、贞干三个兄弟，各人上的公事：也有打胜仗的，也有打败仗的；也有办事顺手的，也有办事不甚顺手的；个个据实而言，没有一句诳话。曾国藩分别批札去后，又见统领韩字营参将韩进春奉委招募新勇，另立营寨，回来销差之禀。即批其上道：

  新募之勇，全在立营时认真训练。训有二，训作人之道，训打仗之法。训打仗则专尚严明。须令临阵之际，兵勇畏主将之法令，甚于畏贼之炮子。训作人，则全要真诚。如父母教子，有殷殷望其成立之意，庶人人易于感动。练有二，练队伍，练技艺。练技艺，则欲一人足御数百人。练队伍，则欲数百人如一人。该将自立之道，勤字严字为本，庶几磨炼勤忍渐成名。勉之，此批。

曾国藩批了此禀，又接到江西抚台的救文，说是"贼围南昌甚急，请派援兵，迟则不保"等语。曾国藩阅毕，不禁一呆，便暗自思忖道：我所练的湘军，人数本来不多。只因统兵将官还算得人，湘军之名，已为各省督抚争相欢迎。贼人方面，倒也有些惧惮。此时王抚台又来请发援兵，教我派谁去呢？曾国藩想到此地，忽然被他想到一人，便命文案委员，札饬驻扎万安县的那个礼前营营官、候选同知王鑫，速率本营去到南昌，听候王抚台调遣。

札子去了未久，就接王鑫的禀复，说是"贼营驻扎万安，先后五阅月来，贼兵不敢相犯。以致地方安谧，商贾不绝于途，厘金税收有着。且万安地处重要，不可一日无兵，可否免调到省，仍留原防，以免敌人窜入"等语。末后又声明的是：久履行间，不得静养，并请于军务稍闲之际，准予长假云云。

曾国藩阅毕，一面另调礼后营营官梅德福往助南昌，一面即批王鑫的禀上道：

据禀已悉。札调之后，旋有札止之，想日内早经奉到。该县不可一日无兵，自属实在情形。现在既不调防，仍驻原地。无事之际，仍应认真操练，并须讲求分合之法。千变万化，行伍不乱，乃可以少胜多，以静制动。该丞纪律素明，颇近程不识之刁斗，而士卒乐为尽力，亦有古人遗意。唯以久履行间，不得静养为虑，则尚有所未达。须知千军万马，食鼓喧阗之中，未始非宁静致远、精思神通之地。昔诸葛武侯暨王文成之气象，至今宛然在人心内。彼辈何尝以劳乏自泪其神哉？此间往援南昌之湘勇，全扎永利门外，因便附及。此批。

曾国藩连日在他大营亲自批札各处公文，颇形忙碌；兼之满身癣疥，忽又大发。有一天下午，稍觉公事消闲一点，正在签押房内洗脚的当口，忽见一个戈什哈入报，说是李鸿章李大人禀见。曾国藩听了一喜道："他来了么？"说着，即吩咐戈什哈道："请在花厅相见。"戈什哈正待回出，曾国藩忽又想着一件事情，忙止住戈什哈道："你就把李大人请来此地吧。"戈什哈听说，脸上似乎一呆，心里踌躇道："我们大帅在此洗脚，怎么好将外客请到这里。"曾国藩已知戈什哈之意，便笑着对他说道："李大人是我门生。师生之间还有什么避讳。你只去把李大人请来便了。"戈什哈只好去请。

原来这位李鸿章，号叫少荃。合肥人氏，原籍江西湖口。其父文安公，官刑部郎中。本由许姓归宗，娶李姓女为室。俗传后来李鸿章大拜时，清慈禧太后因见李鸿章之太夫人为李李氏，即提御笔将第二个李字添上一笔，成为季氏。此说毫不可靠。因为文安公未曾归宗时候，本是姓许。以许娶李，原无问题。既归宗后，虽没更改之法，但是慈禧太后何致管及此事。后来李鸿章之侄李经迈刻了一块私章，叫作叔重后人，可以证明是由许姓归宗的。文安公生四子，李鸿章行二，号叫少荃。长兄翰章，号叫小荃。三弟鹤章，号叫幼荃。四弟焕章，号叫季荃，都有才干。尤以李鸿章为出类拔萃的人物。进学时候的名字，叫作章铜。及赴乡试，因见名字不甚雅驯，方改今名。罹于道光二十七年成进士，入词林，寄居贤良寺。

那时曾国藩方任礼部侍郎，正在讲那理学。京师人士，不分满汉，咸重其人。李鸿章即以师事之。曾国藩每对人说：此人将来，必是相辅之器。后来李鸿章外放福建延郡道台，还只三十多岁。丁艰回籍，即与同乡刘铭传、程学启二人为密友。尝戏谓二人道："君等出任，可至督抚提镇。"二人还问，微笑不答。因他已经自居外交人才了。

没有几时，程学启出外游学，因充曾国藩的文案委员，李鸿章却不知道。他也曾经一度为皖抚吕贤基的幕府。因为每上条陈，不为所用，只得怅怅而归。及闻曾国藩导湘团出境，先驻瑞州，继移祁门，便暗自打算道：现在军兴之际，只有军营之中升迁较快。他是我的老师。而且上自朝廷，下至督抚，谁不尊他是位理学儒宗。我何不就往投军，难道他好推却我这门生不成？

李鸿章想到此，立即束装，去到都门大营，谒见他的老师。名帖递入，瞧见一个戈什哈，进去了好久好久，方来将他引导进去。他便一面跟着在走，一面暗在转念道：我们这位老师，未免太搭架子，怎么不在花厅请见？居然将我引入便室。

哪知他的转念未完，已见那个戈什哈忽在一间书房门口立定下来。手上搴起门帘，口上就在向里面高报道："李大人到。"同时又听见他那老师的口音，在房里答话道："叫他进来。"又见那个戈什哈即将他引入书房。

他一跨进门槛，瞧见他的老师尚在洗脚。见他进去，并不以礼相迎，只是向他淡淡地一点首，便将嘴向旁边一张椅子上一歪道："少荃且坐。"说完这句，仍去俯首洗脚不休。那一种轻慢人的样儿，真要使人气死。李鸿章至此，万难再忍，顿时火高千丈，也不去坐，单向他的老师厉声地说道："门生远道而至，方才在那间房已经候了好久好久，怎么老师还在洗脚？"

谁知曾国藩虽见李鸿章已在发火，仍旧淡淡地说道："少荃在京，和我相处，不算不久。难道还不知我的脾气么？我于平时，每函乡中诸弟子，都教他们勤于洗脚。因为洗脚这桩事情，非徒可以祛病，而且还可以延寿的呢。"

李鸿章听得如此说，已在气愤不过，又见门外的一班戈什哈、差官们，都在互作耳语，大有轻薄之态，更加面红耳赤起来。当下也不丑言，单是自己冷笑了一声，拂袖径出。等得走到门外，犹闻曾国藩笑声。笑声之中，还夹着一句"如此少年盛气,怎好出来做事"。

李鸿章既听见这句说话,又想着刚才曾国藩对待他的神气,真如万箭攒心一般,一时把那酸甜苦辣麻的五味一同堆上心来。只好赶紧走出那座大营,跳上牲口,抓辔在手就走。偶尔回头看看营门口的那些将弁,各人仍在指着他不知说些什么。李鸿章不愿再看,策马向前走去。

走了一会儿,忽又转念道:我在京中时候,他也相待不薄,今天何故如此?难道一个人一经得志,便要改样子的不成?李鸿章想到此地,陡又一呆道:难道我有什么劣迹被他知道,所以如此相待的么?但是我姓李的,虽是不才,平生并没什么不好的声名。

李鸿章一个人在那马上自问自答,且行且愤。看看天已傍晚,肚里已在打起饥荒来了。赶忙抬头一望,只见远远里有一个农夫站在那儿。他就加上一鞭,奔到农夫面前道:"请问一声,此地可有投宿之处没有?"那个农夫答道:"曾帅有令在先,无论哪家,不准留宿生人。因为防着贼人的奸细。"

李鸿章听到这句,不禁暗暗叫起苦来。正在进退维谷之际,陡闻后面来了一阵快马的铃声。回头一看,不禁大喜。你道为何?原来后面来的那人,不是别人,正是李鸿章的密友,那位程学启便是。李鸿章一见是他故人,正待问程学启,可是也来投效这个势利小人的当口,已见程学启一马奔近他的身边,双手拉着马缰,向他连连地笑着拱手道:"少荃真被涤帅猜中。"李鸿章一听话中有话,忙问程学启道:"此话怎讲?"

程学启便同李鸿章下马,站在地上,先将他离开家乡、出门游学,后被涤帅聘入幕府之事,简单地告知李鸿章听了之后,方又笑着道:"方才涤帅一等你走,他就亲自出去找我,说你才大如海,可惜稍有少年盛气。若将这点除去,便是一位全才。故以骄傲之态戏你。"程学启说到这句,又指指李鸿章大笑起来道:"少荃竟会堕他术中,也是奇事。"正是:

棋高一着诚难敌,
才大千般也易欺。

不知李鸿章听了此话,又是怎样,且阅下文。

第三十六回 论人才述文王卦 练侦探抄敌国书

李鸿章听到程学启说他堕入曾国藩的术中，尚张目说道："我说老师对于门人，只管大大方方地教诲就是。何必故作如此的态度，相戏后辈呢？"程学启又笑说道："凡是天下盛气之人，谁也可以相戏。至于你们老师的戏你，更是对症下药。"程学启说到这里，又正色问李鸿章道："少荃兄，你自己平心而论，你的目中还有人么？我在家乡的时候，就想劝过你的。因知我们几个顽皮惯了，与其让你忠言逆耳，不如不说，保全平日的交情为妙。"李鸿章听说，方始有些懊悔起来，低头无语。

程学启此时料定李鸿章已经心服，便又将手向着李鸿章一挡道："快请上马，同我回去见你老师去。我本是奉着他老人家命令，追了上来请你这位会要脾气的大爷的。"李鸿章至此，竟被程学启正喻夹写、庄谐并出地闹了一阵，只得尴尬其面地强颜一笑。始同程学启两个，各自跳上马去，仍向原路回转。及至复又走过那个农夫之前，只见那个农夫似乎因他忽和大营里的师爷同在一起，脸上现出惊慌样子，急急忙忙地避了开去。

李鸿章此刻哪有工夫再管这等事情，单同程学启一直来到大营。尚未进门，已见他的那位老师，衣冠楚楚、笑容可掬地站在甬道之上候他。李鸿章一见他的老师如此盛礼相待，更加相信程学启的话非假，慌忙跳下马来，奔至曾国藩的面前，行礼下去。

曾国藩一面连哈腰还礼，一面又含笑地扶起他道："少荃得毋谓我是个前倨后恭者乎？"曾国藩说了这句，又朝程学启一笑道："请你去办公。我们师生两个不去破费你的光阴了。"

李鸿章也道："我们停刻再行细谈。"说着，即随曾国藩入内。

曾国藩便同李鸿章去到花厅之中，一样请他升坑，一样向他送茶。李鸿章到了此刻，也就心平气和地对着曾国藩谢过道："门生年轻，没多阅历，刚才盛气冒犯了老师，还求老师毋怪。"曾国藩笑着道："我方待才而用。岂有才如贤契之人，反加白眼不成？只是大丈夫须要能屈能伸，器量尤比才干为重。有才干者，有时还不免为人所用，有器量者，方能用人呢。"李鸿章微红其脸地答道："老师好意，门生已经全知。以后仍望耳提面命，也不枉门生前来投效一场。"

曾国藩点点头，方说别话道："从前我闻贤契在那吕贤基中丞的幕中，本想前去函约，嗣因那里军务紧急，不敢夺人所好。不料转眼之间，又一年多了。贤契此来，可曾知道那边的军务。"李鸿章道："门生前年，果一度入吕中丞的幕府。只因屡次献策，未曾一用，既不见信，门生只好洁身以退。回到家乡，一混就是年余。听说现在换了李迪帅之后，仍是那个'四眼狗'陈玉成守住安庆。上次李迪帅因见湖北复又失守，曾经亲率精兵去到湖北。那个坛角一战，虽然足寒贼人一时之胆，可是也伤了一员姓罗的大将。"

曾国藩一听李鸿章提到他的死友，不禁把他眼圈一红，急问道："贤契也知道我那萝山亡友，是位大将么？"李鸿章接口道："现在的人才，本是寥若晨星。无论哪省，只要稍有一点名望的将官，谁不知道？况且这位罗公，更是屡克名城、每战必胜的呢。"

曾国藩道："贤契的心目中，可知道还有像我们萝山一般的人物没有？"李鸿章答道："以门生所知，武的只有那个绰号刘六麻子的、敝友刘铭传；文的只有刘秉璋编修的那个得意门人徐春荣[①]，似乎都能及他。"

曾国藩听说，侧了头想上一想道："这位徐公的大号，可是叫作杏林二字？"李鸿章忙问道："老师何以知道？"曾国藩道："我曾听见那位萧孚泗总戎说他善卜文王卦的，不知此话确否？"

---

① 徐公春荣即本书作者父亲。

李鸿章便郑重其事地答道:"怎么不确?让门生细细地告诉老师。这位徐公,原籍浙江嵊县。奉事祖母甚孝。平时因见他的母亲童氏对于她的婆婆,稍觉厌恶。他的祖母,既是一位瞽目,家况又不丰裕,老年人的一切饮食起居,只好由徐公亲去侍奉,还得瞒着他的母亲童氏。有一次,他的母亲忽见这位徐公从她的婆婆房里出来,一手缩在长衫里面,走路之时,不免有些蹒跚,便去揭起一看,忽见这位徐公手上提了一把便壶。"

曾国藩听了这句,顿时大笑起来问道:"莫非嵊县的乡风,连妇女们也用便壶不成?这倒有点奇怪。"李鸿章也笑答道:"听说那里的妇女确是都用便壶的。徐公当时因为要替祖母代倒便壶,只好缩了走路。"曾国藩道:"这样说来,这位徐公,那时处于他们婆媳两人之间,不是很为难的么?"李鸿章点点头道:"所以一乡之中,人人都称他作孝子。"

曾国藩又问道:"后来又怎么样认识刘仲良的呢?"李鸿章道:"那时常熟的孙祝堂观察正在白峰岭地方带兵。因闻这位徐公是个孝子,就聘他为营中的文案。岂知这位徐公非特是个孝子,而且很有运筹帷幄之才,并能卜文王卦的。"曾国藩连连点着头地说道:"古来孝子,本是有才学的为多。"

李鸿章又接说道:"后来孙观察丁艰回去。可巧正遇刘秉璋,被那江督何平帅,硬要委他统领江苏的江防全军。"李鸿章说到此地,便笑问曾国藩道:"这位刘秉璋编修,他是一个忠厚有余、才干不足的人。老师总该知道。"曾国藩点头答应,不去插嘴。

李鸿章又继续说道:"刘秉璋一得委札之后,自知没甚才干,赶忙四处地搜罗人才起来。孙观察得了这个消息,便将这位徐公荐给了他。也是他的运气,这位徐公子,见他待人诚恳,没有官场恶习,不久即拜在他的门下。

"去年的冬天,那个伪比王伍文贵攻打六合县城甚急。何平帅又与向钦差不甚投机,便命刘秉璋率领所部去救六合。有一天的半夜,伪比王伍文贵那边又添上一支生力军来,要想就在那天晚上攻破县城。六合县知县温令绍原恐怕孤城难守,漏夜命他亲信人员偷出县城,去请刘秉璋里外夹攻。

"刘秉璋当然答应。正待亲自出战的时候,这位徐公急阻止他道:'今夜万万不可出战,出则必败。'当时刘秉璋就问他道:'我们坐视不援,倘有失守城池之事,其咎谁归?'徐公答称:'今夜月犯太岁,只主伤人,不主失地。'刘秉璋平时对于徐公虽是言听计从,那天晚上见事太急,只好请他那位帮统王蛮子引兵出击。哪知那座六合县城虽然保住,那位王蛮子可已当场阵亡。刘秉璋一得那个消息,竟会吓得满头大汗,神色大变地前去执着这位徐公的手道:'真好险呀,方才不是贤契见阻,我还有命不成?'徐公又献计道:'明天七时至十时,必有大雪,又是太阴下行之时。老师可于这三点钟内,亲出击敌,非特能够大获全胜,而且还可得着利器不少。'刘秉璋听了自然大喜,便去调度人马,准备届时杀出。及到六点五十分的时候,天上并没一点雪意,便问徐公道:'此刻还是天气清朗,我防十分钟里头,未必有雪。倘不下雪,我们可要出战呢?'徐公笑而不答。没有多久,刘秉璋忽听钟上刚打七下,天上果就飞下雪来。那时刘秉璋又惊又喜,立即率领队伍杀进敌营。贼军方面,因为头一天晚上杀死一员清将,打了一个大胜仗,回营之后正在大吃大嚼,未曾防备。忽见官兵杀到,果然溃败。刘秉璋便得了无数枪炮子弹。"

曾国藩一直听到此处,始问李鸿章道:"难道这位徐公也和李金凤小姐一样,懂得一些法术的么?"李鸿章忙答道:"老师所说的这位李金凤小姐,可是李孟群中丞的令姊,小名叫作五姐的么?"曾国藩点头道:"正是此人。"李鸿章听了摇头道:"李五姐的法术,乃是旁门左道。这位徐公的学术,乃是全凭文王卦中的爻辞。一正一邪,不能同日而语的。"曾国藩又失惊地问道:"这样说来,这位徐公简直参透易理,明白天地阴阳之学的了。"

李鸿章又说道:"那个文王卦上的爻辞,真有奇突的事情。听说有一次,徐公的一位粮台同事。他的府上,就在丹阳。因为母亲在家害病,本人又在军务紧急之际,不能请假回家。便去拜恳徐公,替他卜上一卦,以问病状凶吉。哪知当时卜出来的爻辞是:

春无人日星无生,
莱衣颜色变成白。

李鸿章说到此地,又将那个爻辞,解释给曾国藩听道:"春字没有人日二字,是不是一个三字?星字没有生字,是不是一个日字?莱衣变白,自然是说那回事。三日之中,要穿孝了。那个爻辞,连儿子替父母问病都能预知,岂不是十分奇突?"

曾国藩听说,不答此话,单在连连地自语道:"快叫文案上去办资调的公事。"李鸿章笑着阻止道:"老师殊可不必。刘秉璋本是一位书生本色,无其他长。每次对人老实说着,他的带兵打仗,全亏这位徐公相助。老师果真去把这位徐公调来，岂不是使他为难。况且现在大敌当前，办理军务的人才，宜分不宜合的。"曾国藩听到这句，方始颔首说道："贤契之言是也。"

不才做书做到此地，却有一件事情，急于敬告读者诸君。先严杏林公的战功，《清史·平逆卷》中已有记载。只有文王卦一事，《清史》上面仅有布政使衔徐某某，善卜文王卦，恒有奇验的数语，余未详载。先严杏林公于逊清光绪十九年九月初一日，病殁原籍。那时不才年仅十龄。童子无知，除了只知悲从中来之外，没有去问先严文王卦之事。

先严易箦之际，却执着不才之手，歔欷地说着遗嘱道："吾年五十有九，病殁家中，亦无遗憾。惜汝年幼，不能继述吾之卦学耳。"因为先严于光绪十七年，在那四川提督任上忽患重疾，急卜一卦，爻辞上有"生于秦而死于楚"的一句。当时先严一见爻辞，知道不祥。以有老母少妻幼子等人在籍，不愿死于异地。一俟病体小愈，即请不才的刘仲良太夫子，代为奏请归省。当时不才的太夫子，忽听见先严要走，不禁极懊丧地执了先严的手说道："某人，你真忍心舍我而去，回乡归隐么？"先严听得如此说法，只好老实说出爻辞，不才的太夫子方始应允代奏。先严是光绪十八年三月由四川省起程的，直至当年六月，才抵家乡。次年正月，旧恙复发，至九月初一，即弃不才而逝。

转瞬四十年来，回忆此事，犹在眼前。而不才既不能传下先人之学术，复又不能光宗耀祖，只落得编撰小说为活，已是愧对亡亲的了。倘若读者诸君，再认不才述及先人之事，有所标榜，岂不更使不才无处诉苦了么？话既声明，即接正传。

当时曾国藩又对李鸿章说道："现在人才，半为洪氏，如何是好？"李鸿章听了摇首答道："洪氏那边，也不过仅有伪军师钱江、伪忠王李秀成、伪翼王石达开三个。"

曾国藩道："贤契怎么这般说法，难道有了这三个劲敌，还不够么？"李鸿章道："照门生说来，我们这边，有老师和彭雪琴、左季高三位，不见得还惧他们。"曾国藩连连自谦道："老朽何足挂齿！倒是雪琴、季高两位，将来或能成名。贤契既已来此，你倒说说看，现在若要消灭洪氏，究取何计为先。"

李鸿章道："向荣驭下太宽。胜保、琦善、僧格林沁的三个旗人驭下太严。所以各拥重兵，不能克敌。若说知人善任，总揽全局，要让老师。调度水师，公正廉明，要让雪琴。料敌而进，决断不疑，要让季高。他如胡润芝、李迪庵、骆秉章等辈，只能坐一省，奉令照行，似乎犹未能称作全才也。现在通盘的大计,不如以重兵围困金陵,使其不能施发号令。然后再在各省,次第地削其翼羽。至多三年,不怕那个百足之虫、死而不僵的了。"

曾国藩听说道:"贤契此论,颇与亡友萝山、舍弟国荃二人的意见相同。就请贤契,姑在此地参预戎机,一有机会,我当保你独当一面就是。"

李鸿章称谢而出,即去与程学启二人叙旧去了。

过了月余,曾国藩因见李鸿章的才气磅礴,不再让他充作幕僚,即下一道公事,命他带同程学启、刘铭传二人去练淮军。练成之日,由他统领,程、刘二人分统,自成一军,前去独当一面。淮军名义,即自此始。当时曾国藩仍旧自统湘军,又有李鸿章的淮军相助。军队愈多,声名愈大。各省督抚凡遇军情大事,都去与他商酌,他便隐作盟主起来。

有一天,曾国荃忽由防地来到大营。曾国藩问过那边军事,又问他道:"伪东王杨氏既被伪北王所杀,难道他手下的部队,没有变乱不成?"

曾国荃见问,赶忙答他老兄道:"兄弟正为此事,来和大哥商议。兄弟因见现在各处的探子,没有一个可靠。特地出了重饷,专练了一队侦探,方才能得敌方的真情。

"日前据报,说是伪天皇自见伪北王杀了伪东王之后,伪东王的部下无不蠢蠢欲动。全城人心惶惶,谣言大盛,只好再与伪军师钱江商议,要他设法平靖内乱。当时钱江即答他道:'为今之计,只有一面速下上谕,宣布东王之罪,使他部下无所借口,此乃釜底抽薪之策。一面再夺北王官爵,再将北王之弟韦昌祚问斩,以平众怒。能将北王同问罪,更易消灭此事。

"哪知伪天皇优柔寡断,既不肯宣布伪东王杨氏之罪,又不肯将那韦昌祚问斩。一日到晚,不是口中喃喃自语,求着什么天父显灵,欲以教旨,劝化伪东王部下作乱之心,就是取那醇酒妇人之法,去与伪徐后东西二妃,以及众妃,一同裸逐伪宫,希冀早死。

"不防伪北王因见伪天皇没有办法,他又迁怒伪翼王石氏起来。先将他那吉妃乱刀砍为肉酱,并把他的岳母伍氏、舅嫂吉氏,统统杀害。又命其弟韦昌祚,率领王府卫士去杀石氏全家。石氏匆匆之间,不及调兵自卫,只好单身逃出后门,离开金陵,即行召集所部,一直杀往四川去了。

"当时韦昌祚搜获不着石氏,就将石氏一个七十余岁的老母,连同妻子儿女,统统杀死。韦昌祚返报伪北王,说是虽将石氏全家八十八口斩杀无遗,可惜走了石氏。伪北王忙入朝,硬说石氏要替东王报仇,日内就要造反,杀入皇宫。他为平乱计,已将石氏全家老小除去,还要逼着伪天皇下令通缉石氏。伪天皇一得此信,只是急得双脚乱蹦,仍没什么办法。伪北王也就回他府去。

"伪军师钱江闻得伪北王又将伪翼王的全家杀害,伪翼王单身走出,重行召集所部,杀往四川去了。他就写信一封,命人追上送与伪翼王去。"

曾国荃一直说到这里,就在身上摸出一张稿子,一面递给曾国藩去看,一面又说道:"兄弟那边有个探子,混入伪翼王石氏的行营,居然被他抄得此信。"曾国藩不及答话,先去看那稿子,只见写的是:

弟钱江敬候翼王将军麾下:

  弟闻足下大举入川,欲图不事之业,雄才伟志,钦佩何如。然当武昌既定,弟曾屡以入川之举为不可者,诚以天下大势,削其肢爪,不如死其腹心也。川省道途辽远,万里行军,粮秣转运匪易,军中以粮为主,岂其攫诸民间乎?且定一川省,满人不过成为少去一手或一足之人耳,于其生命,仍无妨碍。而我国内,徒分兵力,岂非大害。足下遽以一时之愤,罔顾国家大计,诚为足下不取也。

  忆自金陵定鼎后,东王归缴兵符,弟与足下寥落南京,已不能若曩时之得行其志。然郁郁宁居此处者,无非皆为大局着想,留而有待者也。今东王已为北韦杀害,彼之所部,虽在声势汹涌,并不难于立时抚定。北韦之杀东王,犹可谓之公也。今无端杀害足下全家,罪则不可逭矣。弟因天皇,迩来颇存患得患失之心,以致优柔寡断,每为妇人之仁所误。弟曾苦谏,其奈不听何。然非有意不卫足下,造成此出痛剧耳。为今之计,唯望足下,以天下为重,私人为轻,迅速返师,以助京国,是为上策。否则亦宜绕道武汉,进取汴梁,方为国家之福。方寸已乱,言未尽意。

  足下之才,胜弟十倍,当能善善恶恶,有以自处耳。

曾国藩一看完了信,连连说了两句:"大事不妙,大事不妙。"正是:

江山破碎通身病,
兄弟商量毕世才。

不知曾国藩连说两句不妙,究是何指,且阅下文。

第三十七回 林威王称兵进谏 易太守举室全忠

曾国荃忽见他的老兄，连说两句不妙，倒也吃了一惊起来，忙问道："大哥何事惊慌？"曾国藩道："石达开乃是一员虎将。他若杀到河南，那位琦钦差不是他的对手。僧王和胜保两个又在注重捻匪，教我怎么不急？"

曾国荃道："大哥不必着急，且听兄弟说完再讲。"曾国藩连连地挥手道："快说快说。"

曾国荃又说道："据说那个伪军师钱江当时送出信后，便去质问伪天皇道：'翼王何罪，北王又将他的全家杀害？'伪天皇答他道：'朕据刘状元奏称，说是翼王果有谋反之事，北王似乎办得不错。'伪军师钱江即对伪天皇叹息道：'陛下如此以耳为目，亡无日矣。'伪天皇正待答辩，忽见罗大纲持了那个吉文元的首级，已去向他报功道：'臣弟奉旨前往，此贼正拟回兵杀进京来。劝之不听，只好将他办了。他的队伍也已收编，特来缴旨。'伪天王一见罗大纲，人既忠心，兵力又强，似乎已有所恃，便去对那伪军师说道：'朕有罗将军保驾，现在不怕谁了。'伪军师钱江不好再讲什么，只好怅怅然地回去。

"岂知刚才到家，就接伪威王林凤翔的书信，说是三小时之内，不见北韦的首级悬诸城门，就要立即攻入天京，不能怪他无礼。伪军师钱江只好又将伪威王之信，送给伪天皇去看。那时伪天皇已经得着信息，正在急得要死的当口，忽见钱江走到，忙不迭地口称"军师救朕"。钱江一面给他看信，一面冷冷地说道：'陛下何不就遣罗大纲前去征讨威王呢？'伪天皇蹙了他的双眉，答他军师道：'朕早已经下过上谕，无奈他说不是威王对手。不敢奉此旨意。'当时伪天皇的话尚未说完，就听得城外炮火连天、喊声大震，伪宫中的房门窗户都全震动起来，吓得没有法子，只好慌慌张张下了一道伪谕：赐那伪北王韦昌辉自尽。北韦到了那时，也就大哭一场，自刎毕命。林凤翔还不甘休，定要再杀韦昌祚的全家。伪天皇又只得照办。

"林凤翔瞧见韦氏兄弟已死，始把他们二人的首级拿去祭奠伪东王之后，才去向伪天皇谢罪道：'臣的威逼天皇，罪在不赦。不过要替东王伸冤，也没法子的事情。现在臣弟已将扬州的九郡统统克复。此次班师回朝，一则来替旧主东王伸冤。二则拟就大都督之职，杀往北方。倘能如愿，那时来请天皇北上。倘不如愿，臣弟也决不生回天京的了。'伪军师钱江忙去阻止伪威王道：'孤军深入，恐难如意。不如另作别图，公私有益。'那时伪天皇对着林凤翔这人，仿佛老鼠见着猫一般，况且北犯之令，本是他自己下的，当下不纳伪军师之谏，即命林凤翔克日进兵。"

曾国藩一直听到此地，复又一惊道："如此讲来，畿辅岂不震动。我们带兵大员，究竟所司何事？"

曾国荃接口道："大哥如此说法，未免太把林逆看重了。他们伪军师的话，倒是不错。林逆北上，真正叫作孤军深入。这件事情我们且不管他。兄弟又料定石逆既恨他们的天皇，未必肯向汴梁进兵。兄弟此次来见大哥，打算就趁洪逆有了内乱之际，率领重兵前去围困南京。限我三年，若是不能攻破，我当提头来见大哥。"

曾国藩见他这位兄弟说话甚壮，不禁暗喜地答着道："你的此计，也和少荃主张相同。既是须带重兵，非得请旨不可。现在你可去到湖北，会同润帅，先将那里克复再说。"曾国荃听说，也知这个计划，确非奏明不可。当下即遵他那老兄的嘱咐，径向湖北去了。

曾国藩一俟国荃走后，正想将那围困南京之策分函去向彭玉麟、左宗棠、胡林翼、何桂清、向荣、张国梁、李续宾、李鸿章、刘秉璋、僧王、琦善、胜保等人，大家商量之后，再行入奏的当口，忽然奉到一件六百里加紧的廷寄。赶忙拆开一看，只见写着是：

据湖北巡抚胡林翼奏称：鄂省失守已久，未能迅速克复，应请交部严加议处。并称历年寄身疆场，心力不免交瘁，伏乞恩赐开缺，俾得回籍养病，一俟痊可，仍当出为国家效力等语。查洪逆起事以来，对于湖北地方，非常注重，该抚未能即日克复，尚非其他贻误军情者可比，交部议处一节，着毋庸议。唯其沥陈下情，历年寄身疆场，心力交瘁，亦属实情。湖北巡抚胡林翼着赏假六月，准其回籍调养，病体稍痊，迅速回任。所遗湖北巡抚一缺，着在籍侍郎曾国藩署理。该抚既膺疆寄，所部水师，交兵部郎中彭玉麟办理。至所有之湘兵，系属该抚一手训练，似未便交与他人督办，应仍由该抚照旧办理。朝廷屡次加恩该抚，该抚亦应有以仰答朝廷之处也。现在军务紧急，毋庸来京陛见，迅即驰赴新任可也。钦此。

曾国藩看完这道廷寄，不禁大为踌躇起来。一个人想上一阵，方去自己拟上一个奏复稿子。大意是说，"胡林翼久任鄂抚，未便遽易生手。有病一节，军中亦可静养。应请收回成命，毋庸开去该抚之缺"。又说"自己屡受殊恩，感激无涯，仍拟督带湘军，克日出兵，力图报称。至水师一部，兵部郎中彭玉麟足能独当一面，自应遵旨移交"云云。曾国藩奏出之后，即将水师移交彭玉麟办理。

那时彭玉麟正守江西湖口一带，前去攻打南昌的敌军，都被水师击退，连那忠王李秀成也没办法。彭玉麟既接到曾国藩的移交公事，因为不知内容，赶忙亲自去到祁门。曾国藩一面迎入，一面朝他道喜道："贤契的才干，已经简在帝心了。"

彭玉麟道："门生不才，总是老师的栽培。"曾国藩笑着答道："非也，此是皇上的圣明，我不敢向你居功的。"说着便将那道廷寄拿给彭玉麟去看。

彭玉麟看毕道："这件事情，虽属圣恩高厚，到底总是老师的提携。"曾国藩听说，谦上几句，然后方把他们师生二人别后之事，详详细细地告知彭玉麟听了。

彭玉麟听到别的事情，倒还罢了。及听见罗泽南死得如此悲惨，不禁伤感起来。曾国藩也欷歔地道："萝山请恤之事，至今犹未办理呢。"

彭玉麟接口道："迟早一点，倒还不碍。总得克复武昌，恤典方能优厚。"曾国藩连连点首答道："对啰，对啰。我的意思，也是这样。"

彭玉麟道："今天春上，门生在那樟树镇地方大破贼船之时，险和萝山一样。第二次夺那临安的贼垒，也极危险。第三次率林恩源等人，去攻九江，伪忠王李秀成率着三万悍贼，五千艘船舶，亲自和门生打上七天七夜，当时虽被门生将他杀退，不防安吉又陷贼手。周玉衡廉访，死得还比萝山惨酷。"

彭玉麟说到此地，曾国藩忽插嘴问道："今年三月里，你扼扎吴城镇的时候，贼攻抚州，你不是同着林恩源、邓辅纶、毕金科、周凤山等人一起进剿去的么？"彭玉麟答道："是的。"曾国藩又说道："那场战事，听说你曾经受着一些微伤，可有此事？"彭玉麟听到这句，不觉恨恨地答道："门生和林、邓、毕几个险被周凤山所误，都和周廉访一样战死的了。"

曾国藩侧着头想上一想道："周凤山的军队，不是在那樟树镇上，被李世贤、吴彩新等人的贼船击溃的么？"彭玉麟点头道："谁说不是呢？门生和林、邓、毕几个正在前方进剿抚州，倒说周凤山的后队，竟在后方溃得一塌糊涂。"曾国藩道："照军法而论，周凤山这人早该问斩，大概赣抚因正在用人之际，所以没有办他。"彭玉麟又说道："这是六月间贼将袁圆攻陷饶州府的时候，也是周凤山行军迟误之故。"

彭玉麟说着，忽又盛赞曾国华的本领道："温甫真是一位名将。那时他的手下仅不过五六千人马。他从安徽杀到湖北，一连克复咸宁、蒲圻、崇阳、通城四县，复又从湖北转战而东，连克新昌、上高各城，直抵瑞州。他若迟到一天，瑞州一定难保。"

曾国藩点点头道："总算还有一点勇气。就是我那沅甫舍弟，他只带了自己所练的吉字一军，到处击贼，打败仗的时候倒少。安庆的那个'四眼狗'，他的强悍，凡他所到之处，甚至小儿不敢夜啼，独有见着沅甫舍弟的那杆吉字旗号，他就骂着奔逃。说是老子要把这个脑袋，留着吃喝，不和你这个曾家小子闹着玩儿。"

彭玉麟笑着接口道："说起九世叔来，外面舆论极好。门生正要禀知老师。"曾国藩道："舆论讲些什么？"彭玉麟道："那时九世叔还在安徽地方杀贼。舆论是，江忠源手下的鲍超、向荣手下的张国梁、老师手下的罗萝山、李鸿章手下的刘铭传、刘秉璋手下的徐春荣、胡林翼手下的易容之，以及李续宾手下的九世叔、门生手下的杨厚庵，都是现在的赵子龙。"曾国藩也笑着说道："其余的几个我都知道，确还不错。只有润芝手下的那个易容之，我怎么不知道呢？"

彭玉麟失惊道："易容之就是此次湖北失守时候，自率妻子儿女一百多人与

第三十七回　林威王称兵进谏　易太守举室全忠　　261

贼厮杀，殉难在德安府任的那位易太尊呀。"曾国藩听说，方才微微地点首道："噢，就是他么，我虽听人说过此事，但是不甚详细。"彭玉麟道："他的令坦，就是刘馨石观察之子刘小馨太守，现充门生的幕府。他的历史，很有趣味。他的殉难，很是可惨。"曾国藩道："你就讲给我听听看。"

彭玉麟道："这位易容之太尊，原籍广东。家里很穷。父母早故。他在十一岁的那一年上，就在广东驻防汉军刘馨石家里看马。年纪虽小，生性廉介。除了应得的佣工钱三五千文之外，真可称得起一文不取的了。刘观察见他很有品行，本来存心想把刘夫人一个陪房丫头给他为妻。谁知他到了二十岁以外，有一天忽然不辞而别。刘观察派人四出寻觅，渺不可得。

"又过年余，刘仆某忽见他在南城城下，摆着旧货摊子，并没什么交易。刘仆仍旧叫着他的小名，笑问他道：'小容，你在此地干什么？主人待你不薄，为何不辞而去？'他却笑而不答。刘仆又说道："自你走后，主人就命我们大家四处地找你，后因见找不着，主人很是惦记你的。我此刻看看你这旧货摊子，也没什么生意。还是同我回去吧。'"他听说，方才摇头答道：'我的志向，不是常人可测。'刘仆又问他是什么志向。他又答道：'我在主人家里，虽是衣食温饱，但觉人生在世，最好是能够显亲扬名。次之也该自立门户。寄人篱下，终究可耻。所以我决计拿了我所积的工资四十余千，来此摆这摊子。我的不辞而别，也非不情。实因主人待我太好，我若说明，恐怕不肯放我。请你回去，替我谢谢主人。将来我若得意，一定前来相报。倘若终此而已，那就不必说了。'

"刘仆听说，见他志向坚决，不便相强，只好回报主人。主人一听他有着落，第二天再命仆人前去唤他。等得仆人再去，已经不知去向。仆人回报主人，主人也没法子。他自遇见那个仆人之后，恐怕再去啰嗦，他又搬了一个更加冷僻的地方，仍去摆他旧货摊子。

"有一年，忽然有一个外国人，去到他的摊上买东西。一面在买东西，一面在看他相貌。及至买毕东西，便问他的姓氏籍贯。他怪那个外国人有些唐突，随便敷衍几句。那个外国人仍旧很诚恳地对他说道：'我来贵国多年，曾读你们的麻衣相书，颇得一点真诀。我见你的相貌，天庭饱满，地角方圆，确是一位大富大贵之相；还有一股忠勇之气，直透泥丸。何必在此做这生涯？'他当时听了那个外国人之言，益觉语无伦次，不觉冷笑地答道：'我所有的资本，只能做此生涯。这就是俗语说的量布为衣、量米为炊是也。我们风马牛不相及的，何劳见笑。'那个外国人又说道：'我非笑你，我因你的相貌，实在奇突。千万人中，恐难找出一个。我在大街开了一爿洋行，你如瞧得起我，可到我的行中去拿货色。一转移间，岂非胜此千百倍么！'他又说道：'承你善意，自然可感。但我拿了你的货色，倘卖不去，反而多得累赘，与其将来两不讨好，还是过我这个清苦生涯为妙。'外国人听他之言，大赞他道：'你真正是位诚实君子。我能料定你数年之内，必定大富，将来还要大贵，好自为之。'外国人说完那话，方才叮咛而别。

"又过几月，那个外国人又去买他东西。他却厌恶那个外国人言语絮聒，不甚为礼。那个外国人仍又殷殷勤勤地握着他的手说道：'你还记得我的说话么？'他仍恨恨地说道：'君究为何，我没如此福命，请勿再言。'那个外国人却笑着说道：'我在此地已经二三十年，我见此地可以立时致富的人，只有你一个。我也与你有缘。我自那天回去之后，竟至一日不能忘你。所以又来与你相商，你肯听我的说话么？'他答道：'君且说说看。'外国人道：'我那行门之前很多空地。你可去到那里摆摊。我把我的货色发给你去转售，所有余利，全行归你，我仅收回其本就是。'他听了此话，方才相信那个外国人是真心的。稍稍谦虚一会儿，也就答应。那个外国人一见他已答应，很觉高兴。

"原来广东地方，一共只有十三家洋行。那个外国人的洋行，要算居首。及他摆摊洋行门口，生涯居然极盛。每月结账，并未短欠分文。那个外国人更加相信，甚至一切珍宝，也交他卖。一混五六年，竟多了二三十万银子。他因没有妻小，便把银子存于洋行。

"忽有一天，那个外国人办上一桌酒席，请他坐了首位，对他说道：'我因你十分至诚，敢将心腹相告。我族丁单，自高曾而下，仅得四人，只我有二子，其余三人为我叔伯行，年纪都大，各拥巨资，不可计算。现在要我回去，以便承继。我因到此三十年来，所获利息，不下二千多万，要想回国，行中之事，没人可托。如今得着你这个诚实可靠的人了，我想托你照管。'他听了此话，因见那个外国人如此信他，倒也不好推托，只得答应下来。外国人即把所有的账簿钥匙，统统交给了他。又去吩咐行员道：'这位易先生，就是我的代理人。我走之后，你们见他就算见我。如有不听调度，他就有权歇去你们生意。'大众听了，自然唯唯称是。

"外国人临走之际，又对他说：'三年之内，我若再来，那就不说。我若不来，所有一切财产，归你所有便了。'他初不肯，及至外国人再三叮嘱，方才应允。三年之后又接外国人的来信，说是他已拥有数万万的财产，不能再到贵国。

行中财产，准定归君承袭就是。

"他既得了二千多万的巨资，所有行员都去替他做媒。他就定出一个条件：一要年已及笄的处女；二要聪明识字；三要不准拈酸吃醋，任他多娶人数；四要不分嫡庶，都是姊妹相称。他的行员当然照办。不到一年，他竟娶了四十个识字的女子。每夜当夕，必先令她们教他识字若干，以及律例数条。那些女郎倒也柔顺承意。十年之中共举男子八十余人，女子五十余人。

"那年正值四十大庆，他将所有的行员统统召至，每人分给一万，令大家自去营生。又将家财分给妻子、儿女，各人五万，各立门户。所余之数，悉作善举。并将长女许与刘馨石之子为妻，以报旧主之恩。自己仅提十万，赴京纳粟郡守，后来铨得我们湖南的常海府知府。在任爱民如子，极有政声。润芝中丞知他贤德，便将他奏调湖北，补了德安府知府，此次贼攻湖北省城，又分兵去扰德安。那时他的妻子儿女统统来到任所。适值城破，他还带着兵丁，与贼厮杀。及见兵丁溃散，他又率领妻子儿女一百多人，再去与贼巷战，因而满门殉难。他虽死了一百多口亲丁，可是贼人方面却死了三千多人。

"当时那个外国人说他一股忠勇之气，透于泥丸，难道那个外国人真的得了麻衣相书的真诀不成么？"

彭玉麟一口气在讲的时候，曾国藩却在闭目而听。及至听完，方始睁眼说道："此事真正有些奇突。这位易太守，一发财就发了二千多万；一生子就生了一百多个，还能如此英勇，举室尽忠，真是可以入那无双谱了。"

彭玉麟正待答话，忽听一个探子报了几句说话，他们师生两个顿时相视而笑起来。正是：

    无才不用推元老，
    有饷堪筹笑此公。

不知彭玉麟和曾国藩两个所笑为何，且阅下文。

第三十八回 钱军师遗书归隐 曾大帅奏报丁艰

彭玉麟正和他的老师谈那易容之的故事。谈得刚在起劲的时候，忽见一个探子报了几句说话，不禁将他们师生二人喜得相视而笑起来。你道为何？

原来探子所报的乃是太平天国之中的军师钱江，因见天皇洪秀全自从定鼎之后，所行所为，竟与金田起义之际先后判若两人，非但把他所献之策，因循不用；而且只知颠倒朝纲，污乱宫闱。倘若再像这样闹下去，连他恐要不保。于是打定一个主意，即去奏知天皇，说是"国家不幸，死亡频仍：第一批死了东王杨秀清、萧三娘、陈素鹃以及全家等。第二批死了吉文元、吉夫人、伍氏，以及全家等。第三批死了北王韦昌辉、韦昌祚、吉妃以及全家等。第四批除了翼王石达开本人，全家都死。天朝至此，东南西北四王都已逝世。他的目中，现在所有的全才只有忠王李秀成、翼王石达开两个了。翼王虽是杀入四川，到底有无把握尚未可知。如此说来，只剩忠王一个，还可靠他保定江山。从速下旨，去把忠王调回京来"云云。

天皇听了，自然照办。

等得李秀成一到，先去拜谒钱江。钱江便将朝中之事，一情一节地统统讲给李秀成听了。李秀成不等听毕，已在唉声叹气；及至听毕，便怪钱江道："我在江西这几年，哪一天不望军师调我回京。就好腾出军师这个人来统率大兵，前去北伐。谁知军师竟命林威王独当如此重大之任，军师难道还不知道他是一个将才，不是一个帅才不成？"

钱江听说，先叹上一口大气道："你所说的话，就是我向天皇说过的话。无奈我已讲得舌敝唇焦，天皇一句不听。我又把他怎样呢？"

李秀成一惊道："如此说来，恐怕我国的国运是不长久了。现在姑且让我进宫，再去苦谏一番。若能被我谏醒，乃是天下人民之福，否则我和军师二人一同归隐，要保首领才好。"钱江听说，暗中已定主意，嘴上连连称是。

哪知李秀成去见天皇的时候，天皇正同徐后以及东西二妃在那御花园中大打秋千。一见李秀成前去陛见，慌忙停下秋千，就命李秀成连同后妃等人一起坐下道："忠王贤弟，你在外边多年，可知朝中之事，简直闹得不成模样了么。"

李秀成点着头道："臣弟略有所闻，因此臣弟初回京来，就来进谏陛下。陛下倘能事事依照军师施政，臣弟敢保不致多出乱子。"

天皇忙不迭地摇手道："不对不对。军师在朕起义之时确有一点机谋，现在怕是江郎才尽了吧。朕只要单提一件事情，你就知道他的计划，与朕相左。"

李秀成忙问："哪件事情？"天皇道："第一次，我们得了湖北的时候，后来官兵打得厉害，军师就主张放弃湖北。"

李秀成一见天皇不以钱江为然，不待天皇说完，忙顺其意地答道："此事自然是军师稍有失算之处。好在现在湖北又归我们手中，已过之事，不必再谈。"

天皇听说，连连地奖谕李秀成道："忠王贤弟，你的才干，朕早已说过，胜于军师十倍。你既回京，朕无忧矣。"

此时的李秀成还想凭他的忠心、凭他的力量，要把天国弄好，因此不肯拂逆天皇之意。一见天皇当面夸他，只好答道："臣弟怎及军师，不过以后每事奏明天王，大家商酌而行，或者不致误事。"

徐后大喜，接口道："忠王叔叔能够每事来和我们万岁商酌而行，我说不怕那班满贼不走。"徐后说至此处，忽又冒冒失失地问李秀成道："忠王叔叔，你可知道东王一死，我们天父现在又临我们万岁的身上了么？"

李秀成虽然知道天父临身之事是假，但亦顺口道："我们天皇，本是天子。天父应该只临他一个人身上的。"天皇岔口道："现在天父已经对朕说过，满清皇室不久即灭，洪氏一定可以一统天下。"

李秀成便向天皇贺喜道："但愿如此，臣弟死也甘心。"天皇点点头道："朕能一统天下，贤弟就是开国元勋。"

李秀成谢恩道："臣弟之意，要请陛下迅速调回数人。"天皇急问："调回何人？"李秀成道："洪太主守在镇江已久，不妨将她调回。"天皇连说："应该应该。"李秀成又说道："曾天养、冯兆炳、黄文金、罗大纲四人之中，请择一个就是。"天皇道："曾天养太会杀人，名誉不好。冯兆炳年纪太轻，没有阅历。罗大纲是朕的保驾先锋，不能离开天京。要么还是叫黄文金去吧。"

李秀成因见天皇对于他的说话尚能采纳，急又奏上一本道："臣弟听说东王对于男科状元朱维新、女科状元傅善祥二人，都有不甚名誉之事。就是现设的几处女馆，各位王爷也常常进去游玩。臣弟之意，拟请陛下遣散女馆。"

徐后、东妃吉珠儿和西妃陈小鹊三个一齐接口道："忠王叔叔之言甚是。我们本在奏阻万岁，不可以万乘之尊，长到女馆问事。无奈万岁不肯准奏。"天皇也忙接口道："此等小事，容后再商。忠王贤弟沿途辛苦，朕当给假三天，可去休养。一俟假满，再行入朝办事。"

李秀成听说，只好辞别天皇以及后妃等人，退出园去。尚未走远，忽听得徐后的笑声似在半空之中送下。正在不解，可是兜头碰见刘状元走来。李秀成忙与其寒暄几句之后，就笑着问道："我听徐后笑声，忽由半空而下，却是何故？"刘状元见问，先将左右一望，见没闲人，方敢低声答道："天皇的春秋虽高，尚有少年之心。这种笑声，大概又在打那秋千了。"李秀成听说，不禁紧皱双眉地说道："服制已经不合情理，怎么还好去打秋千的呢？"

刘状元不答这话，单是说道："忠王既然回京，我们办事的人就有头绪可寻了。忠王如没什么公事，我们一同去找军师去。"李秀成点头道："我正要去找他，我们准定一同前去便了。"说着，即同刘状元两个，直向军师府第而来。

及到门口，忽有一个老军见他去到，一边向他请上一安，一边即在怀内取出一信，呈给他道："军师刚将此信付与小人，命小人送与忠王的。"李秀成接信到手，不及拆看，先问道："你们军师呢？"老军道："军师交信之后，已将府中历年所积的俸银统统分给小人，等等。他老人家却一个人走出后门去了。"李秀成听说，方才大吃一惊地问那老军道："你待怎讲？"

老军又将起先说话重了一遍。李秀成听完，急叫一声不好，忙把手上之信拆开一看，只见信上并无别话。单写着是：

北伐之军，虽胜亦败；金陵之业，虽安亦危。

第三十八回　钱军师遗书归隐　曾大帅奏报丁艰 ..267

黄河水决木鸡啼，鼠窜山林各东西；孤儿寡妇各提携，十二英雄撒手归。

李秀成一面看，一面已经泪如雨下，及至看毕，更加大哭起来。刘状元此时已将李秀成手中的信词看毕，心里料定钱江已走，忙劝李秀成道："军师既走，此事关乎天国命运。王爷现在已非哭的时候，快快回转宫去，奏明天皇，倒是要紧。"李秀成听说，方才拭着泪道："军师乃是天人，他既脱身以去，大局一定不妙。"

刘状元道："军师词所说的十二英雄一句，倒与前两年的童谣相合。莫非应在正副十二丞相身上，也未可知。"李秀成乱摇其头道："未必未必。此言当应天皇身上。"

刘状元道："句上明说十二英雄，又与天皇何干？我却不解。"李秀成沉吟了一会道："或在年份上言之，也未可定。"李秀成说到此地，忽又把他头上的那块黄巾一掀道："世界茫茫不可预知。我姓李的只知'谋事在人、成事在天'两句。倘若人不去谋，天也难成。军师既去，国家之事，只有我与总监二人任之的了。"刘状元听了，为之欷歔不已。

李秀成急同刘状元二人，回见天皇。那时天皇不知又为何事，正在朝堂要杀一员文官。一见李秀成和刘状元两个匆匆去，面色慌张，忙问二人："外边出了何事？"李秀成便将钱江归隐之事奏知天皇。刘状元又将信上句子一起奏知天皇。天皇至此也懊悔起来，顿时泪流满面地说道："军师从前确立大功。现在意见，稍稍和朕相左，但也没甚大碍，怎么忽然走了呢？"

天皇尚未说完，看看满朝文武都在各自流泪，忙去吩咐大众道："快快分头去追，哪个追到军师，赏钱二十万串。"

李秀成急摇手阻止大家道："不必不必。军师何人，怎会被诸位追着？"李秀成说了这句，又朝天皇说道："臣弟此时方寸已乱，暂且出朝。倘若想到应办之事，再来奏知便了。"天皇听说，只好命刘状元护送忠王出朝。

天皇一等李、刘二人走后，急于要将钱江私走之事回宫告知后妃。所以那员文官居然保下性命，总算是钱江的一走，便宜他的。

以上所叙，就是那个探子报告曾国藩的话。

曾国藩和彭玉麟二人喜得相视而笑。因为洪氏方面既是走了一位顶天立地的人才，以后行军，无非省力一点之意。

当下曾国藩即命彭玉麟，次日遄返防地。彭玉麟走后没有几天，便接到曾国荃由湖北发来的捷报，说是他已帮同胡林翼等人，连克武昌、黄州、兴国、大冶、蕲州、广济、黄梅各城，摆兵九江。那时正是咸丰六年十二月下旬。曾国藩一见此报，自然大喜，即刻亲到九江劳师。曾国荃见他的老兄到去，又将一切战情告知一番，并留曾国藩在营过年。曾国藩不允道："我还得趁这年底，去到南昌、瑞州等处巡视一次，不能在此耽搁。"

　　曾国荃不便强留，单是叮嘱了几句：贼方的伪军师钱江已经遁走；湖北又被我方克复；安庆的悍贼"四眼狗"又被伪天皇调回，换上一个不中用的黄文金前去把守。这些事情都是我们朝廷之福。能够再将围困金陵之策奏准下来，平定大乱之功，恐怕不难奏了。

　　曾国藩满口答应，就离九江，先到南昌巡视，次到瑞州巡视，正待回转祁门的当口，忽见总兵刘腾鸿同着曾大成两个进帐阻止道："连日河水结冻，舟行不便。标下两个之意，拟请帅座暂驻节此地。"

　　曾国藩听说，也就领首允诺，刘、曾二人退下……曾国藩正在批札各处的公文，忽见一个戈什哈报入，说是张天师亲由龙虎山来此，有事要见大帅。曾国藩便问道："他有何事，要来见我。"那个戈什哈又答道："沐恩见他，似有紧要事情要来告诉大帅的样子。"

　　曾国藩听见戈什哈如此答他，方命请见。相见之下，照例是升坑送茶，始叙寒暄。哪知张天师一得坐下，就问曾国藩道："大帅近来可接府报没有？"曾国藩一愕道："久未得到家信，天师问此，莫非知道舍下出了什么事情不成？"

　　张天师见问，不答这话，先请曾国藩除去大帽，要看他的气色。曾国藩忙将大帽除去。张天师站起身子，走近曾国藩面前，细细地看了一看，又去掐指一算之后，方才坐下道："还不要紧，今天乃是正月十七，大帅还能赶回府上。"

　　曾国藩忙接口问道："可是舍下有了病人，到底是谁？"张天师点头道："晚生连日夜观天象，将星发生黑晕，大概尊大人竹亭封翁必有贵恙。"

　　曾国藩本是一个孝子，一听此话，只吓得抖凛凛地说道："现在四处河冻，不能行船。旱路又有贼阻，万难越过。怎么是好？"张天师立即答道："晚生早知此事，所以特地赶来。"曾国藩道："天师既能预知一切，又是法术无边，务请替我想一法子。兄弟此时方寸已乱，要么只好单身偷过贼营，奔回家去。"

　　张天师摇手道："不可不可。大帅的一举一动，贼方在留意，万万不能越过贼营。若是厮杀也非旦夕之功。只有晚生且逆天行事一次，用下法术，可将尊大人的寿命延留三月便了。"

张天师说着，先在他的口中念念有词，又将那茶碗取到手中，忽向空中抛去。说也奇怪，那只茶碗非但被他抛得不知去向，而且竟没一点水点飞下。曾国藩慌忙站起，奔出庭外去看，并没什么形迹。急又回进，正拟去问张天师的话，已见张天师又把他的那杯白水杯子急急取到手中，仍向空中抛去。跟着奔出庭心朝天一望，似现一惊之色。忙又镇定下来。对着曾国藩说道："晚生已将两杯茶汁，抛至府上空中，泼散阴气。大概可以保得尊大人的三月寿命。大帅一遇冻消，速速赶回便了。"

曾国藩听说，稍觉心上一安，当下谢过了张天师，正待设筵款待。张天师已向曾国藩告辞道："晚生尚须他处捉妖，不能久留。"

曾国藩亲自送出，又命曾大成护送一程。回进里面，赶忙分函通知国华、国荃二人去讫。正在写着家信，把那张天师用法留命之事、告知竹亭封翁的当口，忽见那曾大成单独走入，垂手侍立一旁。曾国藩便问他道："送至何地，你才回来的。"曾大成答道："送至板桥寺外，标下还待再送，张天师再三不肯，标下只好回转。"

曾国藩微微点头问道："天师可曾和你讲什么话？"曾大成道："什么说话？"曾国藩因为急于要写家信，便将手一扬道："你且退去，小心稽查全营。"曾大成答应了几个"是"，方才退了出去。

原来他和张天师两个走在路上大谈一阵。他因希望张天师的法术显灵，便去问张天师道："天师既有如此法术，何不将我敝上的老大人，多留几个月的寿命呢？"张天师摇着头答他道："三个月已是逆天行事，怎么可以再事多留。"曾大成听说又问道："三个月总靠得住了。"

张天师又摇摇头道："我的说话，你回去不可禀知你们大帅，害他多着急。我此刻就老实地告诉你吧。我此次专诚来此，原因你们的大帅，能够对于国家，尽他的忠心，对于家庭，尽他的孝道。所以情愿逆天行事一次，保留他那封翁三月寿命。谁知一个人的寿命已尽，任你有何法术之人，也难与天宣战。照我的法术，只要同时用茶两杯，便可击散他们病人房外的阴气。岂知真有凑巧不巧的事情。你们大帅的那一杯却是开水。水的效力，不能抵茶。因此不能将那阴气击散。归根说来，就是上天不准我用法术留他寿命。我料半月之外，恐有凶信到来。我当时不敢和你们大帅说明，恐怕急坏他的身子。你此刻既是这般问我，可见你对你们大帅也有忠心。所以告诉你听。"

当时曾大成听见张天师说得如此神奇，又想到曾国藩的不喜喝茶，无非卫生起见。不防竟在此时，造成此种现象，方才明白，人生在世，一饮一啄都有前定，自然还是依照张天师的叮嘱，不漏风声为妙。曾大成既是打定这个主意，所以回到营中，并未去说与曾国藩听。曾国藩还当真已保留三月，只望河水迅速开冻，便好回家。

当时发出家信之后，没有多天，忽接他那叔父来信，连忙拆开一看，只见信上，起先说他父亲生病之事。后来说到正月十七那天，病人已在床上不知人事，陡见半空之中，落下多少黑水。说它下雨，不像下雨。说它是水，内中又有不少的茶叶。外边正在闹那雨水之事，里边病人居然好起一半，现在大概无碍等语。

曾国藩知道张天师果有法术，心里自然十分感激。哪知直到二月十一那天，河中犹未解冻。曾国藩虽在着急，但听张天师曾经说过可留三月，那时还没半月，稍稍好过一点。正在吩咐左右备马，要想出城巡视，忽见那个曾大成亲自急急忙忙地送入一件东西。忙去接在手中一看，乃竹亭封翁的讣文，急忙抖凛凛地拆开一看，方知他的老父已于二月初四逝世。不待看完，早已掩面大号起来。左右人等知道他们大帅丁了外艰，一齐上前，劝着节哀办事。

可巧曾国华已从安徽赶至，他们兄弟二人就从瑞州奔丧。所喜阻路的那些贼营，适值奉命去攻南昌，沿途并无阻碍。及至他们二人到家，曾国荃也由吉安绕道奔丧回来，反比他们早到半天。于是一面成服，一面奏报丁艰。

不久奉到上谕，给假三月，所遗职务，着令杨载福就近代理。那时杨载福因有战功，朝廷迭加升擢，已经以提督衔署理湖北郧阳镇总兵多时了。

当年四月，曾国藩因见假期将满，复又奏请在籍终制。正是：

阎王教你三更死，
定不留人至五更。

不知朝廷能否允许在籍终制，且阅下文。

第三十九回　刘丽川兴兵上海　曾国华遇险三河

曾国藩奏出在籍终制之折，正在料理竹亭封翁的葬事。一天奉到批折，不允所请，并且催促假满回营视事，曾国藩哪里就肯遵旨办理。五月里葬过竹亭封翁，六月又上一折，仍旧力请终制。批回之折，仍不允请，且有移孝作忠之语。曾国藩到了九月，因见江西军务渐有起色，复又委委曲曲地奏上一本。说他父亡至今，方寸犹乱，就是勉强遵旨回营，对军务也难尽心调度，与其遗误于后，不如声明在前。朝廷见他说得十分恳切，方才允准；并命将曾国荃的吉字一军，交与旗人文翼和陈湜人分统。曾国华的统领职务，交与王鑫代统。

王鑫本为曾国藩一手提拔之人。对于作战计划，颇有一点特别长处，广昌一役，倒也大打几次胜仗。不防驻扎乐安的敌军率了大队，回窜吉安，官兵寡不敌众，周凤山的一军，首先溃败，于是王鑫、刘腾鸿的两军不能立足，两人一同阵亡。那时江西巡抚，又擢旗人耆龄署理。耆抚台因见连丧湘军几员健将，派人面请曾国藩以国事为重，请他命他兄弟曾国荃担任总统一职，以救江西生灵。曾国藩也念国事方艰，便命曾国荃速行就任。曾国荃方始进驻吉安，仍以他那吉字一军，做他坐营。

没有多久，忠王李秀成已命赖汉英、洪宣娇、陈玉成、冯兆炳四个，各率精兵一二十万，合计五六十万之众，从那饶州、抚州两路，直趋吉安。曾国荃亲打头阵，即于咸丰七年十二月中旬，首先克复临江府城。同时杨载福、张运兰、王开化、赵文群等人，先后杀退赖汉英、洪宣娇、陈玉成、冯兆炳等的四路人马。赖、洪、陈、冯四人因见江西不能立足，即向浙江窜去。

此时左宗棠因丁内艰，已回原籍守制。咸丰皇帝只得亲自书写一道廷寄，飞递曾国藩那里，命他驰驿浙江，督办军务。曾国藩到此，只好墨经从戎，即日治装，先到长沙，奏报起程日期。又由武昌经过九江，直达南昌。救援浙江的一切军队，都集河口镇上。彭玉麟听得曾国藩到了南昌，亲从朝口前去迎接。曾国藩仅在湖口小住几天，八月下旬，即到河口大营。又因驻守福建的敌军陈开、李世贤、陈国瑞、苗沛霖、李昭寿各带重兵，进陷广丰、玉山两县；江西又极紧张。曾国藩指挥各路人马，与敌作战，未能驰往浙江。后接安徽巡抚李续宾的公文，也要曾国藩前去相助。曾国藩只得命国华兼程前往。曾国华去了未久，又接李鸿章、刘秉璋二人的公文，都说情愿各率大队淮军，去克江苏。曾国藩知道李鸿章手下有那刘铭传、程学启，刘秉璋手下有那徐春荣、同弟徐春台，都很可靠。当即回文允诺。

李鸿章、刘秉璋两个淮军首领，当时各接曾国藩的回文之后，先行会合一起，再向上海方面进发。原来上海地方，乃是中西人们荟萃之处，商贾云集，财源富厚。天皇见了早已眼红。从前钱江未走的时候，常常地逼着钱江派人去取上海。钱江生怕惹起外人交涉，反为清廷借口，所以一直并未派兵。及至钱江走后，忠王李秀成接掌兵权，天皇又命李秀成派人进取上海。李秀成要顺天皇之意，只好遵旨办理。但是他也知道钱江的意思，所以只主计取，不主力敌。

当下即令他的心腹、粤人刘丽川，潜往上海，运动华商举事。成则自然有益，败则无关他们。刘丽川到了上海，又约一个福建朋友，名叫陈连的和他共事。陈连在申已久，即将满清政府如何如何不好、天国政府如何如何好法，暗中讲给人听。没有几时，上海地方的人士无不知道此事。谁知举义的主体人物尚未得着一个，反被上海道台吴建章知道其事，马上奔到江督何桂清那里献功。

那时何桂清尚驻常州，虽然只与幕僚等人饮酒赋诗，做他的名士生涯，到底上海是他属境。听到这个消息，何如不吓？于是一面出上一张极严厉的告示；一面移知向荣，要他派兵去到上海捕捉刘丽川、陈连二人。向荣接到公文，也知上海不是作战之地，不肯发兵。何桂清大怒之下，暗暗奏上一本，拟清朝旨斥退向荣。幸亏朝廷知道向荣为人，老谋深算，不是轻举妄动之辈，只将原折发给向荣去看，命他加意防范而已。

向荣接到此旨，倒还不什么样，却把那副钦差张国梁气得三尸暴躁、七孔生烟起来。立即奔到向荣那儿，对着向荣厉声说道："姓何的身居两江总督。问他自从到任以来，究竟做过哪件事情。我同老帅两个，虽然没有即破南京，这两年来，大小也打上一二百仗的了。不是我和老帅把守这个丹阳，恐怕姓何的早已不能驻扎江苏之地了呢。"

原来那时江苏省垣，已为天国所得。守将汪大成日日夜夜地只想冲击向氏大营，就好和南京地方连成一片。只因向荣既能调度军机，张国梁复能冲锋陷阵，所以一座大营，竟把苏州、南京两处隔断。

平心而论，向、张二人之功似也不可埋没。张国梁在向荣面前大发脾气，也是应该。当时，向荣虽也怪着何桂清不是督抚之才，既为朝廷放来，不好把他怎样，心里却已打定主意，预备上海失守，好教何桂清为难为难。便和张国梁悄悄地耳语一会儿，张国梁方才含怒而去。

向荣这边既然不肯派兵，汪大成那边居然派了一支队伍，帮助刘丽川行事。刘丽川本在深恨上海吴建章是个汉奸，一见汪大成派了队伍给他，他就打听得八月二十七的那天，上海城内凡是清官都要前往孔圣庙中上祭，即命所有队伍，统统扮作平民，各携军械，暗伏圣庙两边，以便那天戕官起事。及到那天，江督何桂清可巧有事来到上海；既到上海，不能不去主祭。刘丽川、陈连二人一听此信，自然更加欢喜。一等江督何桂清、上海道吴建章、上海县袁梓材等正在衣冠楚楚、一同上祭的时候，马上一声发喊，杀了进去。当下附和的民众，也是不少。只把那位何桂清，第一个吓得屁滚尿流。上海道吴建章、上海县袁梓材两个胆子较大，还在口里打着官腔，大喊"拿人"。后来瞧见他们手下的差役，反而前去帮助刘丽川那边居多，方知大事不妙，不是官威可以吓得退的，只好保护着两江总督先行逃走。

刘、陈二人如何肯放他们几个！当下又是大吼一声，一齐追了上去。何桂清因为老天派他后来要受清廷正法之罪，此时只好让他当场逃脱。倘若被刘丽川等人拿住，将他杀害，岂非反而成全他得着殉国的好名声了么？于是何桂清逃回常州，袁梓材逃回上海县衙；吴建章吴观察最为刘丽川、陈连二人所恨，当场竟被二人捉下。照刘丽川之意，当场就要结束吴建章的性命。后来还是汪大成派去一位队长，主张将他留下性命，以便去易清国城池。刘丽川听说，也以为然，始把吴建章看守起来。

那些上海的民众，都说刘丽川、陈连二人为祖国复仇，使人可敬。大家都去劝他一不做二不休，只有先据城池，以作立足之点。不然，若何桂清那边的大军一到，二位就难幸免了呢。刘、陈二人自然赞成此议，忙又率领队伍，以及几千民众，立刻杀到上海县衙，逼着袁梓材献出印信，准他投顺天国。

哪知那个袁梓材却是一位书生，不知什么利害，到了此时，还在口中大骂道："本县世受国恩，曾中两榜进士，十年寒窗，方才博得这个上海县官，如何肯投你们这班无父无君的叛逆。"

刘、陈二人当场眼睁睁地被骂，怎能忍受，立刻把手向那队伍一挥道："快快杀了这个汉贼，好办别事。"大众听说，一齐动手，早把这一位清朝的两榜进士、上海县官袁梓材袁大令其人顷刻之间，剁成一个肉饼。

刘丽川、陈连二人既踞县衙，急又分出队伍，去守四城。尚未布置妥当，驻沪的美国领事马遐氏忽去向刘丽川要求保释吴建章。又说吴建章虽然反抗天国，却是政治犯，外人应该保护的。刘丽川听说，甚为不悦，当场就驳马遐氏道："此人乃是我们敌人，军中俘虏，只有军法从事。况且贵大总统，自从和我们天国通员以来，彼此已有交谊，怎么贵领事竟向我们保释起俘虏来？"

马遐氏听说，无言可辩，只好退去。不过又去暗中设法，买通看守吴建章之人，吴建章竟得逃入马遐氏的领事馆中。不久又逃到常州。

何桂清恐怕清廷见责，只得拨给吴建章一千兵士，命他规复上海。吴建章虽然领兵，如何敢去攻打上海，只好驻扎仪征，算在相持罢了。

刘丽川也知吴建章无力去攻上海，便将经过事实禀知李秀成那里。李秀成忽见上海竟为天国所有，不禁大喜，一面重赏刘丽川、陈连二人，并令小心把守城池，一面派兵收复江苏各处小县。刘丽川奉命之下，认为清国官场，都是和吴建章、袁梓材一般人物，未免有些骄气。以致没有几时，复被李鸿章、刘秉璋两路人马夺了过去。

因为李鸿章这人平时欢喜看看西洋的历史书籍，知道他们的炮火厉害，便想一到上海，先练外国人统带的洋枪队，以制敌人，便在路上即将此意去和刘秉璋商酌。刘秉璋忙笑答道："兄弟每事不肯自己做主，非得问过我这门人徐某。"李鸿章听了大笑起来道："仲良，你未免太觉忠厚老实了。"

李鸿章说着不与刘秉璋再说，便自己做主，吩咐刘秉璋的左右道："快将徐参赞请来。"左右奉命去后好久，刘秉璋尚在自语道："这样最好，就让他来替我做主。"

李鸿章笑上一笑道:"如此说来,你若没有这位贵高足,你又怎样?"

刘秉璋也大笑道:"不过仍去做我翰林,或竟回家吃老米饭去。"刘秉璋说话未完,即指着外边道:"你来你来,快快替我出个主意。"

李鸿章站起往外一看,只见徐公已经飘然而入。李鸿章忙请徐公坐下,即将他想去到上海、先练外国人统带洋枪队的意思,说给徐公听了。

徐公想上一想道:"照晚生之意,殊可不必。因为太平天国方面,虽在和清朝争夺天下;他的宗旨确极正大,谁也不能说他不是。不过手下的那班悍将狼兵,一破城池,就是奸焚杀掠,这便是大大的不是。话虽如此,我们国内的战事,只好视作一家人的兄弟争吵,似乎不必请教外人。"徐公说到这里,更加将他的声音放重了一些,继续说道:"从前吴三桂的前车可鉴呢。"

李鸿章听说,忙又辩说:"洋人文明,颇讲公理,何致步那吴三桂的后尘。"

徐公又说道:"就算不步吴三桂的后尘,这些洋枪大炮,未免多伤生命。公岂不知这班兵士,每月仅吃几两银子的饷银。战胜的犒赏,每人也不过派到几两银子。一经战败,尸骨即填沟壑。古人所说那句'仁不掌兵、义不掌财'的话,只可说在三代以前,不可说在三代以后。况且同时还有那句'杀一不仁而得天下,吾不为也'之语。晚生总以炮火太觉残忍。"

李鸿章听到此地,知道徐公乃是刘秉璋的灵魂。一见灵魂不甚赞成此举,那个躯壳当然也不赞同的了。当下暗打一个主意,即向徐公拱拱手道:"兄弟正为此举是否可行,来与你们贵师生二位商酌。此刻杏翁既不赞成此举,我们将来再谈吧。"说着便即告退。刘秉璋却在一旁,不知李鸿章之意,还在叫着李鸿章的名字道:"少荃,这件事情,关系非小。我们准定从长商议吧。"哪知刘秉璋的说话未完,李鸿章早已走得不知去向。

刘秉璋始问他的这位门人道:"少荃乃是一位奇才,你怎么反对他的计策?"徐公微笑道:"门人的意见,已经表示他听。既来商量,当然要得我们这边同意的。门生此刻料定李公必定不肯放弃他的主张,不久就有公文前来,要和我们分道扬镳的了。"

刘秉璋听了大惊道:"如此怎么好呢?"徐公道:"没有什么道理,就是各干各的也好。"刘秉璋忙又说道:"你何不卜卜文王卦呢?"徐公笑着摇头道:"门生偶尔卜卦,无非得它一点先机而已,哪能事事卜卦。"

刘秉璋听了,连连点头称是道:"不错不错。杀一不仁的说话,本是武王的事情。文王本是武王之父,岂有赞成用那炮火之理乎!"

谁知没有几天，果接李鸿章的公事。说是彼此意见相左，不便合在一起行军，敝军自赴上海练那洋枪队云云。刘秉璋便问徐公怎样办。徐公道："复他一道移文，准定各自进兵。"刘秉璋甚以为然。

后来李鸿章果然走到上海，用了几个洋人，统带手枪队。上海被他克复，竟得署理江苏巡抚。当时的刘秉璋既与李鸿章分道而行，他便进兵皖境，仍由徐公调度，一连打上几个胜仗。

天国方面深怕安庆有失，急命"四眼狗"英王陈玉成遥领安徽。陈玉成便派他的大将顾王吴汝孝率领五万老万营的人马，扼守舒城。老万营乃是广西起义之军，世人称为老长毛的。人既骁勇精干，见阵又多，因此老万营的兵士，一个可以抵百。他们一到舒城，天国方面的军威又是一振。

皖抚李续宾急与部将曾国华、刘锦堂、邹玉堂、赵国栋等人商议道："敌军既派重兵扼守舒城，我们只好撤围庐州，以待援兵如何？"大家都说："只好如此。"李续宾便下一命令，着即缓缓退行以养兵力。顾王吴汝孝忽见李续宾撤围而去，不知是何计策，不敢追赶。李续宾行五十余里，已抵三河镇上，因见天色已晚，下令扎营。大家正吃晚膳之际，忽据探子报到，说是"四眼狗"陈玉成忽把他的大营，移驻金牛堡地方。

李续宾急把手中的饭碗一放，对着众将道："我们何不就在今天晚上，去劫'四眼狗'的大营，以作先发制人之计。"大家听说，无不鼓掌称善，只有曾国华一个人，仍在自顾自地吃饭。

李续宾一见曾国华似有不甚赞成之意，忙问道："温甫当此生死关头，怎么这般冷冷？"曾国华见问，方始放下饭碗道："你在问我意思么？我也不过想留这个脑袋，再在世上吃几年饭而已。"李续宾一惊道："温甫何故说此愤话？"

曾国华道："卑职自从跟随大帅以来，哪一场战事落在人后？既来为国出力，战死本是应该。不过家兄曾经告诫过的，死有泰山鸿毛之分。今夜如去劫营，仿佛以蛾扑火，万难幸免。"李续宾接口道："这是温甫太把这'只四眼'狗看重了。我们前去劫营，顶多空走一趟，决不会吃败仗的。"

曾国华知道拗不过他这上司，只好允诺。李续宾方始大喜，忙忙下了一令，三更造饭，五更进兵，不得有误，违者军法从事。一到五更，李续宾又命三军，人衔枚，马勒口，就此杀奔金牛堡上，去扑陈玉成的坐营。

哪知陈玉成本是一员战将。这天白天，因见天有大雾，恐怕有人前去劫营，他就急下一令，赶快杀到三河镇上，好叫官兵不防。所以陈玉成竟和李续宾的军队走了岔路。陈玉成对于安徽地界又极熟悉，于是竟被他抄到李续宾的后面。那时李续宾的军队还离三河未远。一听后面忽有喊杀之声，始知反而中了敌人之计，慌忙下令，前队改后队，后队改作前队，赶紧杀了回来。

众将因有大雾，人人都有难色。曾国华到了此时，陡地睁大双眼，对着众将发话道："兵法有云，置之死地而后生。诸君若不拼力杀贼，这是难免全军覆没的了。"

众将听说，只好杀奔上前。未走几步，正与陈玉成的大队相遇。原来陈玉成的队伍平生未曾败过一次。只有在那二郎河地方，曾与曾国华的军队战过一场，吃过一个败仗，所以一见有了曾国华的旗号在内，要报旧仇，自然不要命地直扑上来。幸亏李续宾手下除了曾国华之外，其余也是一班战将；双方这场大战可称空前之举。不防李秀成又命李昭寿、苗沛霖两路人马，沿着白石山而进，来作陈玉成的后援。一听前边已有大战，即向官军的后路抄去。如此一来，李续宾的军队顿时围在核心。正是：

一门忠义诸人赞，
盖世英雄一命休。

不知李续宾与众将有无性命之忧，且阅下文。

第四十回 不欺邪人欺正士 无可责父责娇儿

曾国华一见他们自己的队伍，都被天国之兵围在核心，急把马缰一紧，奔至李续宾的身边说道："大帅不必着慌，我们此地现在十几员战将，还好与敌人拼死一战。能够杀出重围，一天之喜。倘若不能，也有自处之法。"

李续宾带着惨音问道："可是大家自尽么？"

曾国华点头道："自尽总比被敌人生擒好些。"

李续宾听说，连连点头答道："自尽甚是，准定如此。"说着，急命中军统领副将彭友胜、参将胡廷槐，去敌那个"四眼狗"；又命邹玉堂、刘锦堂，去敌苗沛霖、李昭寿二人；自己率领诸将，同着曾国华，连喊带杀，往来接应。

常言道，一人拼命，万夫难当。况且李续宾本是一员大将，曾国华更是年少英勇，竟把陈玉成、李昭寿、苗沛霖的几路人马杀得不能一时围合拢来，只把土铳飞箭，如蝗虫般的打进。

这样又战了半天，李昭寿忽一个人大喊道："我们数万之众，难道真的还战不过官军一千多人不成！"李昭寿喊了这句，即命他的小儿队直扑曾国华一个。

原来李昭寿所用的小儿队，尽挑十三岁以上、十七岁以下的童子，训练成军。上起阵来，专门滚到敌军阵前，去砍敌将的马足。马足既被砍断，任你如何骁勇的将官，也要跌到地上。一个不及，必被土铳打死。这个法子，百发百中。当时曾国华一见敌方又用此法，只好赶紧先行纵下马来，对着那班小儿队，大吼一声，立即一口气杀死了二三十个。小儿队顿时也起了一阵哄声，飞奔地退了开去。

曾国华此时已经杀开一条血路，正待保着李续宾逃出重围的当口，陡见李续宾在他马上，忽把身子摇了两摇，只见向后一仰，早已摔下马去。曾国华至此，始知李续宾定是中了子弹，赶忙飞步奔到李续宾的跟前，把他一把拖起。哪知李续宾可已不能站立，一连吐出几口鲜红，只把眼睛望了一望四处道："我……我们快快自尽了吧，我已不能再走……"

曾国华凄然地点首道："卑职就此伺候大帅走路吧。"曾国华的"吧"字刚刚出口，顺手把刀向他咽喉之上一抹，砰的一声，倒于地上，殉了清廷之忠。李续宾一见曾国华已经自刎，他也就将牙关一咬，跟着自刎。

他们二人已经殉难多时，他们的那班将官还在和敌人厮杀，毫不知情。但因寡不敌众，万无胜理，于是也有自尽的，也有被敌人斩杀的。这场战争的结果，完全全军覆没，并未剩下一兵一卒、一人一马。

陈玉成、李昭寿、苗沛霖等虽见清军已经全军覆没，忽又想到那个曾国华曾经杀开一条血路，恐怕在逃。大家忙去把那戴有顶子的尸首，一个个地翻掀开来看过。后来看见曾国华果同李续宾两个自刎在一起，始把他们二人的首级割下带去献功。

李续宾、曾国华同着大众将士既已殉难，曾国藩那里首先得报。一听他的兄弟阵亡，并且不能归元，顿时大叫一声，晕了过去。左右慌忙救醒。曾国藩又一面以手捶他胸膛，一面垂泪地点首道："这也算是死得重于泰山了。"急命文案，用了六百里加紧的牌单，飞奏朝廷。

咸丰九年二月，奉到上谕是：

> 升用知府候选同知皖军统领曾国华，三河殉难，可怜可嘉，着以道员从优议恤。其父曾骥云教子有方，赏给继二品封典，以示优异。

同日又有一道上谕是：

> 署安徽巡抚李续宾历年带兵，转战湘鄂皖赣等省，旋署今职；虽未即

日克复防地，既能为国捐躯，忠勇殊觉可嘉。所有生前一切处分，应即撤销。着礼部妥拟谥法，并将一生事迹，付国史馆立传。殉难地方，准立专祠，以示笃念已故勋臣之至意。所遗皖抚一缺，即着该故抚之胞弟、湖北布政使李续宜升署。此次阵亡将士，除曾国华一人，业有明谕交部办理外，其余统着新任巡抚迅速查明分别奏知，一体从优议恤，钦此。

曾国藩自从他那国华兄弟殉难以后，对于克敌之志，愈加浓厚。一天接到李鸿章已克上海之信，赶忙回书，命他迅速肃清江苏的残敌，再行帮同进复浙江。过了几天，又接刘秉璋克复三河镇之信，说是业将李续宾、曾国华两个无头的尸体觅得，分别棺殓殡于近侧。请即移知李故抚家属，以及迅速派人去搬曾国华的灵柩。曾国藩回书照办之后，又知朝廷已派旗人和春为钦差大臣，会同向荣、张国梁二人规复南京。因思朝廷既有上谕命和春、向荣、张国梁三人规复南京，国荃所上那个围困南京之计，暂时不便再奏。现在最要紧的事情，第一是筹军饷。各处厘金局的委员，贤能者固属不少，贪墨者未必无人。若要厘金办得不致病国殃民，只有严行考察属吏。曾国藩想至此处，立下一道手谕：说是凡有洁身自好、怀才不遇之士，准其来营投效。果有真才实学，由本大臣考察言行相符者，得以量才录用，以明为国求贤之意。

没有几天，就有一个自称嘉兴秀才，名叫王若华的，来到大营，上了一个理财的条陈，曾国藩拿起一看，只见那个条陈折上，非特写得一笔灵飞经的字迹，美秀齐整，而且说得头头是道，确非人云亦云之谈。曾国藩未曾看毕，先就一喜，一等看毕，赶忙吩咐传见。戈什哈导入签押房内，曾国藩见是一位年约三十多岁、眉清目秀的文士，便将他的手向那个王若华一指道："随便请坐。"

那个王若华听了，连忙恭恭敬敬地先向曾国藩请了一个安，方才朗声说道："大人乃是国家柱石，位极人臣，名重遐迩。若华不过一个秀才，就当大人是我宗师，也没位子好坐。"曾国藩听了此话，又觉此人声清似凤，谦谦有礼，心中又加一个高兴，便对他微微地一笑道："有话长谈，哪有不坐之理？"

那个王若华只好谢了坐下，其实不过半个屁股搭在椅上罢了。曾国藩先去和王若华照例寒暄几句，方始提到理财之事。王若华就口若悬河、舌灿莲花地说了一阵。曾国藩边听边在捻他胡子，及至听毕，含笑地大赞道："足下少年英俊，又是一位饱学之士，人才难得，兄弟一定借重。"

王若华听说，他的脸上并无一点喜色，反而现出栗栗危惧之容，答道："若华的来意，原想投效门下，以供驱策。谁知方才在营外，瞧见此地的军容；此刻一进来，又见大人的谈吐，早把若华的向上之心吓了回去。实在不是自谦，真的有些自馁起来。"曾国藩不待王若华说毕，忙接口问道："怎么你见我的军容，莫非胜于别处不成？"曾国藩说到这句，忽又呵呵地自笑起来道："恐怕足下有心谬赞老朽的吧。"

王若华一见曾国藩这般说法，连忙将他的腰骨一挺，朗声答道："非也。若华不敏，平时在家，除了悉心研究理财之学外，也曾翻阅几部兵书。虽然未知其中奥妙，却也懂得一些皮毛。此次浙江失守，天国方面的队伍每日来来往往路过敝县，简直没有一天断过。伪忠王李秀成的队伍还算天国之中的模范军队，固然不及此地的军容。就是若华沿途来此，第一次瞧见李鸿章的军队，一式全是外国服式、外国枪炮，亮光可以迷人之目，巨声可以破人之胆；然而都是外军，实无足道。第二次瞧见向荣、张国梁的军队，所有兵士个个摩拳擦掌，雄赳赳地也可吓人；按其实际，只可称为野蛮军人。第三次瞧见那个人称鲍老虎鲍超的军队，青天白日，大营之中，杂有妇女嬉笑的声音，真正不成体统。第四次瞧见和春的旗兵，个个兵士，提着鸟笼，个个将官，吸着旱烟，只有使人发笑。说到大人的军容，非但是严肃之中，含着雍穆之气；而且所有的军装，虽敝而洁；所有的军器，虽旧而利。小至一个伙夫，吐属都极斯文；大至一位将官，对人亦极和蔼。所以能够战无不胜、攻无不克。就是所有的水师船舶，别样不胜夸，单看它的船板，可以光鉴毛发。一个勤字，已足见在上训练有方、教导有法了。"

王若华一口气，犹同黄河决了口一般说个不休。曾国藩却在听一句把头点一下，一直听毕，不禁捻须微笑道："足下如此留心军事，实属可嘉。虽在谬赞敝营兵将，也还不离边儿。"

曾国藩说着，又问王若华道："足下只见我军外表，尚未瞧见内容。好在此刻无事，我就陪你前去仔细一看。果有应该改良之处，足下须要实说，不妨为我指陈。此是国家的军队，凡为士民的，应有供献之责也。"王若华连忙先站了起来道："若华极愿一瞻内幕，也好学点王者之师的法度。"

曾国藩一面连说"过奖过奖"，一面已满面春风地站了起来，陪同王若华去到外面，内自军需，外至粮军，上自参赞，下至兵士，没有一处，不陪着王若华细细看过。王若华自然看一片，竭力赞扬一处。不过所有赞扬的话，都是有凭有据，不是空口虚誉，即有句把供献之言，也是贬中带褒，极有分寸。

曾国藩这天十分高兴，等得回进里边，有人送进紧要公事。请他立即书行，以便发行，他却双手乱摇道："有客在此，你们怎么这般不分缓急的呢？"说着，将手一挥道："拿去请文案上代我书行就是。"曾国藩刚说了这句，又忙阻止那人道："彭大人不是来了么？你们就去请他发了吧。"

那人捧了公事出去，王若华便问道："大人方才所说的这位彭大人可是天下闻名、水师之中的好手彭雪琴彭大人么？"曾国藩点点头道："正是此人。他是兄弟的门人。足下也知道他有水师之学么？"

王若华忙答道："怎么不知，现在天下的人才，尽出大人门下，谁不知道？"

曾国藩道："那么足下不妨随便论论现在一班带兵的人才呢。"

王若华即答道："若华不敏，哪敢谬发狂论，以论天下人才。不过平时所知道的几位，姑且说给大人听听。左季高左京堂，才气磅礴，勇于负责，人不敢欺；胡润芝胡中丞，精明强干，攻守兼优，人不能欺；彭雪琴彭京卿，廉明公正，嫉恶如仇，人不肯欺；杨厚庵杨军门，进战有法，退守有度，人不可欺；李少荃李观察，学贯中西，文武兼备，人不得欺；刘仲良刘编修，忠厚待人，和平接物，人不必欺；骆秉章骆中丞，心细如丝，才大如海，人不容欺；官文官大人，办事颟顸，用人不明，人不屑欺；胜保胜大人，飞扬跋扈，喜怒无常，人不爱欺；至于大人，爱民如子，爱才如命，公正无私，道德高尚，知国不知有家，为人不知为己，人不忍欺。"

曾国藩听到这句，忽然大笑起来道："如此说来，兄弟可以不必防人了！"说至此处，忽又笑道："足下所论甚是。现在安徽太和镇的厘金局、江西景德镇的厘金局，一同需人前去接替。不过太和镇的税少事闲，景德镇的税多事忙，足下初入仕途，兄弟想请足下去办较为清闲一点的太和镇吧。"

王若华慌忙接口道："若华虽然初入仕途，但是年纪尚轻，应该去做稍忙一点的事情。若要偷懒，何必出来做事。如此存心，真是狗彘之不若矣。"

国藩那时何尝防到这位王若华茂才要想选择优差，以达他的目的，当下还在和他客气，连连地答道："言重言重，足下既肯去吃辛苦，更是使人可敬的了。且请就在文案房里，随便耽搁一宵。兄弟明天就下委札，足下好去到差。"

王若华又问道："厘金局的解款，不知几时一解？"

曾国藩道："照兄弟初定的章程，每月一解，谁知现在都弄得拖到两三月一解。"

若华道："如去接差之后，一定有款即解，不定时期。"

第四十回　不欺邪人欺正士　无可责父责娇儿

曾国藩又答道："足下去做模范，兄弟更加佩服。"王若华至此，已经如愿以偿，当即告退。

曾国藩送出王若华之后，还在一个人背了双手、踱着方步自语道："十步之内，必有芳草；十室之邑，必有忠信。何地无才，只在为上者有以求之耳。"

曾国藩一边口上念着，一边脚下踱着，忽然抬头看见一个戈什哈站在门外，似要回话的样子，急问何事。那个戈什哈方敢走入回话道："回老帅的话，彭大人有事禀见，已在外边候了多时了。"

曾国藩听说道："快请快请。"

等得彭玉麟走入，曾国藩一面请他坐下，一面笑着说道："方才因会一位嘉兴秀才，谈久一点，贤契已将我的公事代为看过发出了么？"

彭玉麟也笑答道："早已发出。不过现在世风不古，人心难测，老师怎么拟委一位不相识的去掌财政起来呢？"

曾国藩微摇其头道："你话虽是。不过我们身为大臣，只知才不才，不问识不识。而且不可以小人之心，去度君子之腹。"

曾国藩说到这句，恐怕彭玉麟再去和他辩驳，忙接着问道："贤契此次前来见我，有何要公？"彭玉麟已知其意，便也不提此事，单答着道："门人此次来见老师，倒非公事，乃是一桩私事。"

曾国藩听了，很关切地问道："什么私事？快快说出，我好帮你斟酌。"

彭玉麟蹙额地说道："小犬永钊，虽承家叔替他娶妇生子，无奈久离门生，未曾受着家教。家叔呢，溺爱不明一点，也是有之。如今竟闹得出入县衙，包揽讼事。家乡一带，早弄得怨声载道。门生屡次去信训斥，仍是怙恶不悛。门生将他责无可责，特来请教老师。"

彭玉麟说到此地，忙在身边摸出一大包家信稿子，呈给曾国藩去看。曾国藩先将上面的一张拿起一看，只见是：

荣儿入目：

闻家中修葺补过斋旧屋，用钱共二十千串，不知可以浩费若斯，深为骇叹。余生平崇尚清廉慎勤，对于买山置屋，每大不为然。见名公钜宦之初，独惜一敝袍，而常御之，渠寻见余，辄骇叱何贫窭如此。余非矫饰，特不敢于建功立业享受大名之外，一味求田问舍，私图家室之殷实；常思谦退，留些有余不尽之福分，待子孙享受，莫为我一人占尽耳。对于开支用度，亦不肯浪费多金；是以起屋买田，视作仕宦之恶习，己身誓不为之。不料汝并未请示于我，遽兴土木；既兴土木之后，又不料汝奢靡若此也。外人不知，谓余反常，不能实践，则将何颜见人！今小民居舍被焚，无足蔽风雨者，都露宿郊原，卧草荐上，官员亦多贫乏，兵丁久缺饷银，而余居高位，食厚禄，乃犹有余资以逞奢，是示人以盗廉俭之虚名，非所以同甘苦者矣。小子狂妄，使余愧赧。

　　窃念汝祖母汝母在日，必不能任汝妄为。此亦汝叔祖溺爱之故也。

父字

曾国藩一面在看，一面连连点头。等得看完，又向中间抽出一张，拿起一看，见是彭玉麟给他叔父的信稿。上面写着：

叔父大人尊前：

　　侄最恨者，倚势以凌人。我家既幸显达，人所共知，则当代地方上谋安宁。见穷厄，则量力资助以银钱；见疾苦，则温谕周恤无盛颜。荣儿年日长，书不读，乃出入衙署作何事？恐其频数，而受人之请托以枉法，或恐官长，以侄位居其上，心焉鄙之，而佯示以亲善。总觉惹人背后讥评。请大人默察其为。

曾国藩看完这张稿子，又去抽出一张，只见写着：

荣儿入目：

　　汝能以余切责之缄，痛自养晦；蹈危机而知慎，闻善言而刻守；自思进德修业，不长傲，不多言，则终身载福之道，而余家之望也。汇观名公钜卿，或以神色凌人者，或以言语凌人者，辄遭倾覆。汝目恃英发，吐语尖刻，易为人所畏忌。余少时，颇病机械，见事之不平者，辄心有所恃，片语面折。如此未尝不可振衰纲，伸士气，然多因是遭尤怨，官场更险途也。余非贪仕禄而屈节自抑，所以保身也。汝宜慎之！

曾国藩又看完这封，方对彭玉麟笑道："我们这位小门生，娇养惯了，或者有之。但是父子之间，不必客气用事，只要贤契善为教之，必能成人的。"

彭玉麟听说，却气哄哄地答道："如此劣子，只有将他召至门生身边，施以严教。"

曾国藩点点头道："这个办法最好。"

曾国藩刚刚说到此地，忽见探子来报，说是伪忠王李秀成又有窥视武昌之意，业调"四眼狗"一军，进攻胜保胜钦差去了。曾国藩、彭玉麟二人顿时一同大惊起来。正是：

三次家书方看毕，
一场大战又将临。

不知他们师生听见此信，又有何计，且阅下文。

第四十一回 曾大帅口吞上谕 鲍将军画圈求救

彭玉麟一听探子探报,急对曾国藩道:"小犬之事,不过关乎门生一家;武昌之事,真是关乎全国。门生此刻就别老师,赶回防地,调齐船舶,听候调遣。"曾国藩连连点首道:"快去快去。候我信息。"曾国藩一等彭玉麟走后,一面连办了札子,命那王若华前去到差,连收税款,解到大营候用,一面飞调霆字军鲍超、淮军第二军刘秉璋一同去援湖北。自己移驻抚州,办理军务。

谁知还没接到鲍、刘两路的回报,又接探子报到:说是武昌已经失守,代理巡抚陶恩培被那敌军中的李昭寿砍去脑袋。总兵王国材以下,二十四员将士一同阵亡。所有武昌的溃兵,统为李昭寿、赖文鸿、谭绍洸三叉人马所收。官文、胡林翼、都兴阿、多隆阿、李孟群等人,仅以身免,退守汉阳。

曾国藩一得此信,连连跌脚道:"我当天国之中的钱江遁走、石达开入川,仅剩李秀成一个,或者不致再会猖獗。岂知竟是如此厉害!"

曾国藩发急一会儿,正待发信去调曾国荃、曾贞干的当口,忽接曾国荃的详报,方才知道此次事变内容。

原来忠王李秀成本来十分重视北伐,起初连接威王林凤翔的捷报。不到两月,已经杀到大名府境。听他口气,即日便可杀入北京。李秀成听说,虽然欢喜，但怕孤军深入，没有后路援兵，必致偾事。乃派赖汉英、洪宣娇二人，作为北伐的后援队长。犹未起程，忽又得到林凤翔的捷报，说是业已杀进天津府城。守天津的长芦盐通使杨霈、天津知府石赞清、天津知县谢子澄等人仅以身免，逃出城去。数日之内，必可杀入北京，千万不可再派援兵，以分其功。

李秀成因知大将在外，君命有所不受，只好吩咐赖、洪二人暂缓北上。于是天天盼望捷音。

哪知直过一月，并无捷报。

李秀成至此，情知不妙，赶忙派探打听，据报说是清国初见威王如此厉害、正拟迁都的时候，忽纳僧格林沁僧亲王的计策。即由僧王去攻威王正面；胜保回兵去攻威王的后面。首断粮道，次用火攻，威王竟至全军覆没。照清国之意，就要乘胜别以满洲的铁骑兵，直攻南京。因闻英、法两国的洋兵似有北进之意，方才去防洋兵，没有派兵南下。

李秀成得此噩耗，吓得昏厥过去。左右将他救醒，想了一想，始命李昭寿、谭绍洸、赖文鸿、冯兆炳、曾天养等人去取武昌。

那时官文、胡林翼、多隆阿、李孟群几个，也知英、法两国为了广东方面的交涉，一拖几年，没有解决；一同照会北主，严词诘质，大有开战之意。都在急得走投无路的时候，官文又是宗室，就想提兵勤王。无奈湖北方面自顾已是不暇，怎有兵力可分？官文因此又与胡林翼争吵一场。胡林翼气得吐血，卧病在床。军事之权，暂归官文处理。

李昭寿即用一支奇兵，诱出陶恩培，将他杀死，取了首级。赖文鸿、谭绍洸等人乘胜而进，占了武昌。官文、胡林翼只好退守汉阳。官文至此，始知军务事情他干不下，忙又全权托付胡林翼去办。胡林翼因见事已到了如此地步，埋怨也是空，反只得带了病的，再去遣兵调将，以备恢复武昌。岂知天国的兵将守得犹同铁桶一般，万难攻入。只好飞向僧王那儿乞援。接到僧王回文，说是已檄胜保南下，指日可到。

胡林翼等了许久，毫没影信，急再命人探听胜保的行踪。得到回报，说是胜保有恃战胜林凤翔之功，竟在天津一带横行不法。他的兵士已是奸焚杀掠，甚于敌军。他自己的恶迹，书不胜书。单讲他竟敢把一位休致在家、前任礼部尚书林和灵的儿媳朱氏抢到营内，逼她裸体陪酒。朱氏要保性命，只得依从。胜保还要不畅所欲，凡是妓女相公所不肯为的把戏，都要逼着朱氏去干。朱氏没法，方才一头撞死阶下。胜保仅将尸身安埋了事。现在仍在演戏饮酒，没有行期。胡林翼得到此信，再向僧王那儿催迫。僧王严檄胜保南下，且有"若再不行，按军法从事"之语。同时胜保的胞姊文殊保，也去逼他动身，否则要去奏知皇上，因为文殊保和咸丰皇帝的一个妃子有点瓜葛，时常进宫去的。胜保至此，方才南下。但是一到湖北边境，仍旧按兵不进。

后来总算是驻扎河南的那位琦善琦钦差，因见僧王、胜保、和春等人都在拼命打仗，一时鼓起兴致，率领所部来到汉阳。到达之日，硬要官文、胡林翼开城迎接。官、胡二人派上一个能言的将官，前去对他说道："现在四面都是贼兵。日夜守城，还怕贼兵攻入，怎么可以开城。就是都兴阿、多隆阿等将官出城有事，也由城上挂下。钦差最好驻兵城外，以作掎角之势。或者单身进城，只能也照各将士的办法，挂城而上，其余别无办法。"

琦善听说，便同那个将官亲到城下一看，见是一只大篮。若坐进去，简直像个小儿坐了摇篮一般。不禁大怒地说道："本钦差以大学士奉旨兼作钦差大臣，若坐此篮，岂非失了体统？不行不行！"行字未完，已先飞奔回营。那个将官没有法子，只好回禀官、胡二人。

胡林翼即出一个主意，又命那个将官带上一千串的钱票，前去孝敬琦善。琦善果然笑纳，并无言语，马上跟了那个将官坐篮上城。后来汉阳城中，竟有一句笑话，叫作"出将入相，出将者就是将官挂城而出，入相者就是琦善挂城而入"。琦善入城之后，清国方面，总算军威稍稍一振。

哪知天国方面一闻汉阳这边到了旗兵，恐怕武昌有失，即由忠王李秀成亲自同了燕王秦日纲，率领大兵到来。胡林翼急请李孟群同了多隆阿、都兴阿等人，各率大兵，出击李秀成新到之军。双方鏖战了四天四夜。清国方面，李孟群阵亡，后来赐谥忠武。天国方面，曾天养阵亡，后来追封悯王。

李秀成因失一员大将，便令暂停进攻。照他之意，料知河南空虚，正想分兵进取河南。忽见天京派了林彩新亲来湖北，说是清将德兴阿、刘芳官、萧泗孚、向荣、张国梁、和春，一齐围攻京城。城内虽有洪仁发、洪宣娇、罗大纲、赖汉英各率部队抵御，伤兵已经不少。又加清国命李鸿章署理苏抚，率了洋枪队进窥苏州，很是可危，快请忠王回兵，去援天京。

李秀成一吓道："驻扎淙水的辅王杨辅清、驻扎镇江的吉志元两军，为何坐视不救？"

林彩新答道："杨、吉二人，都推兵单将少，不肯出兵。"李秀成听了，叹上一口气道："唉，时局如此，我一个人恐怕走遍东南西北，也来不及了。"李秀

第四十一回　曾大帅口吞上谕　鲍将军画圈求救　..289

成说完这话，先令林彩新返京，自己即日回兵，以援天京。

以上之事，都是补叙的笔墨。

曾国藩现见他的国荃兄弟报告得如此详细，知他才情胜过国华。立即发信，命他单身来到抚州，商量军事。此信发后，方接鲍超、刘秉璋二人已经到达鄂省的公事。曾国藩既知李秀成业已回援南京，琦善、鲍超、刘秉璋都又先到了湖北，方始稍稍放心一点。

不料跟着又得一件急报，却是那个王若华其人，卷了二万多两的税款，逃之夭夭。曾国藩一得此信，不禁连连地摇头，嘴上频频自语道："不忍欺，不忍欺。"左右请示怎样对付，曾国藩微抬其眼地答道："不必追究。由我认了晦气，变产赔垫便了。"左右退下，大家都在窃笑，曾国藩明明听见，只作不知。

没有几天，又接一道六百里加紧的上谕，慌忙拆开一看，只见写着是：

英法洋兵，业占天津。不日进攻京畿，甚为可危。着曾国藩迅带队伍，限期入都勤王。毋稍延缓，钦此。

曾国藩看完那道上谕，连连地叫着皇天道："天呀，天呀，教我曾某怎么办法？此地万无一兵可分。各处调动，既来不及，且又不能移动。"

曾国藩一个人发愁一会，感叹一会，只在房内打转，一直转到深夜，并未想出一个两全之计。看看东方业已发白，被他想出一个主意，急把那道上谕撕得粉碎，放入口中，又去呷了一口开水，竟将那道上谕吞入腹内，当作半夜点心吃了。

曾国藩吞下那道上谕，莫非急得发疯不成。不是发疯，因为一时委实无兵可调，若一调动，天下便归太平天国去了。天下为天下百姓的天下，前去勤王，不过关乎皇帝一人。皇帝果有不幸，还有太子接位。皇帝比较天下，自然皇帝为轻、天下为重。况且看透英、法两国，进兵北京，也不过威吓而已，决不敢瓜分中国的。但是这个道理，虽是这般，曾国藩究是一个大臣，断难把这个道理老老实实地去奏咸丰皇帝的。索性吞了上谕，作为没有接到，将来皇帝便没什么话好说他了。

这个办法真是曾国藩的经天纬地之才，一发千钧之责。此等眼光，当时只有彭玉麟、左宗棠两个或者能有此种见识。其余是连合那胡林翼、李鸿章、骆秉章、刘秉璋、向荣等都没如此伟大魄力的。读者静心看了下去，便会知道。

当时曾国藩吞下那道上谕之后，心里便觉一安。稍稍打上一瞌睡，天已大亮。曾国藩起身下床，用脚去套鞋子，觉得鞋底极薄，不是他平日所穿的那双。忙将老家人曾贵唤入道："我的鞋子，怎么不见？"曾贵忙去一看，微笑地说道："大人脚上所套的鞋子，就是昨天穿的那一双，怎么又说不见？"

曾国藩听说，方去拿到手上，仔细一看，不禁也就失笑起来道："这样说来，昨天晚上，还没有将我急死，真算便宜。"

曾贵这人，还是竹亭封翁手上用下来的，曾国藩因此另眼相看。曾贵也敢在曾国藩面前，随便问话。当下一听曾国藩如此说法，又笑问道："家人往常看见大人，国事劳心，从没昨天晚上那么厉害。不知什么大事？"

此时曾国藩已把鞋子穿上，听见曾贵如此问他，他便翘起一双脚来，去给曾贵看道："什么大事，我的鞋底被我转了一夜，竟至踏薄一层。此事之大可知。但是不能告诉你听。就是告诉你听，你也没有法子助我。"曾贵听说，也就一笑而出。

曾国藩便到签押房里前去批札公事。原来那时曾国藩的官阶虽然仍是一个礼部侍郎，湖北巡抚且未到任，无非也与琦善、胜保、和春、句荣等几个钦差相仿。但是各处的统兵将帅，不是他的门生，即是他的故吏；再加他的学问、品行、名望、调度，没有一个不是心悦诚服的，所以虽无总揽兵权之名，却有总揽兵权之实。每日各处的到文，紧要的，平常的，至少也有一二百件。那时他的大营之中，文案师爷、折奏师爷、墨笔师爷、书启师爷、写马封的师爷，也可编成一营。曾国藩总算精神还好，对付得这些公事下来。倘若换上别个，断难如此井井有条的了。

曾国藩一连忙了几天，这天稍稍清闲一点，正想命人打水洗脚，又见戈什哈报入道："彭玉麟彭大人，家里九大人，一同到来。请在哪里相见？"曾国藩一听彭玉麟和他的国荃兄弟到了，不禁大喜，早将洗脚之事忘记得干干净净，忙道："赶快请到此地相见。"

等得彭玉麟、曾国荃二人一同走入。曾国藩站起相迎道："你们二人，怎会遇在一起？"彭玉麟先答道："九世叔因事去到门生那里，门生便同他老人家一起来的。"

曾国藩连说："那末快快坐下，快快坐下。"

三人坐下之后，曾国荃忙问道："大哥此地，可曾接到鲍春霆、胜钦差两个大败的军报么？"曾国藩大吃一惊道："没有呀，九弟是什么地方得来的消息？"

曾国荃道："贞干哥哥自从此次由籍出来，总是没有离开兄弟。这回去到三河镇上，搬取温甫哥哥灵柩，沿途听人纷纷传说此事。他就索性命人运回灵柩，

第四十一回　曾大帅口吞上谕　鲍将军画圈求救

他一个人去了汉阳一趟,因此打听得清清楚楚的。"曾国藩听了忙不迭地问道:"胜钦差且不说他。春霆乃是我最心爱的名将,大概没有性命之虞吧。"

曾国荃又说道:"春霆这人,何至于有性命之虞。他虽打了几个败仗,手下死了四五百人,认为平生大辱。其实敌军那边,早伤亡了四五千呢。"

曾国荃刚刚说到这句,忽见戈什哈送进一大包公文进来。面上第一封公事,就是霆字军的官印。急将话头停下,顺手拿起拆开一看:只见公事纸上并没半个字迹,仅有中间一个极大的"鲍"字,四面都是画着圈圈。那个鲍字,写得只好意会,不禁大笑起来,递给曾国藩和彭玉麟二人一同去看道:"这是什么公事?"

彭玉麟也失笑地说道:"我们知道,大概是春霆又被人围着了。因恶文案办理忒慢,所以他就自己大笔一挥。可又不能写字,所以弄成这种怪状。话虽如此,这道告急公文恐怕比六百里加紧的廷寄还要着急呢。"

曾国藩听说,也是笑着点头道:"且莫谈天。现在快拣哪一路和他最近的军队,拨兵救他。"曾国荃接口道:"要么只有张玉良、塔齐布的两军,都驻武穴,让兄弟就去拿大哥的令箭,派了飞探前去调拨。"

曾国藩乱挥其手地答道:"快去快去。稍迟一点,便误大事。"

曾国荃出去之后,彭玉麟便在身上摸出一张诗稿,呈与曾国藩道:"这是胜保做的诗,被贞干世叔抄来的。老师请看。"

曾国藩接到手中一看,只见写着是:

战罢归来日未迟,连营暮霭绕鞭丝;
满腔儿女苍生意,说与如云将士知。

妙曼年华二十时,如花如玉好丰姿;
三杯饭后娇无力,又读杨妃出浴诗。

曾国藩看完许久,犹在口上低哦。彭玉麟料定他的这位老师,一定不知胜保蹂躏朱氏之事。便有意问道:"老师既在低声吟哦,大概此诗,还有可诵之处么?不知老师可曾看出是咏什么的。"曾国藩不假思索地答道:"第一首当然是诩他战功,第二首或是题画。"彭玉麟听说,连摇其手地道:"老师把第二首看错了。"曾国藩不解道:"怎么看错,此诗颇觉风雅。武人而能作此,也算难得。不能因他别样不好,连这题画诗也说它不好了。"

彭玉麟听至此处，始把胜保在津不法、逼迫朱氏裸体陪酒之事，大略告知曾国藩听了。曾国藩犹未听毕，早用双手将他耳朵掩住道："天底下真有此类禽兽行为不成。如此说来，这位胜钦差岂非也和长毛一般了么。"

彭玉麟正待接嘴，只见曾国荃已经一路走来，一路说道："飞探业已派出，春霆谅可保住了。"彭玉麟接口道："世侄已将胜保的两首诗呈现给老师看了。"

曾国荃微微地摇头道："这种狗彘不食的东西，难道还好当他人类看待不成？"曾国藩道："他的行为，照我之意，立即可以把他军法从事。不过旗人之中，竟能做出这几句句子，总是亏他。因为辞藻是辞藻，品行是品行。"曾国荃接口道："只是他的胞姊文殊保，文学品行，样样比他好得多呢？"

曾国藩忽然笑了起来道："我们此刻，无端地谈起词章起来，真正所谓是'商女不知亡国恨，隔江犹唱后庭花'了。"

曾国荃正待接口，忽见一位名叫章维藩、号叫价人的文案师爷，急急忙忙捧着一大包到文进来。曾国荃忙在章价人的手上一望，只见有封公事是官文、胡林翼那里发来，请他老兄会衔出奏的。急去拆开一看，只见内中几句是：据霆字军统领鲍超，自称"屡战屡败，应乞宪台奏请严加议处，以为应战无方，督兵无能者儆"等语前来，据此相应会衔请旨办理云云。

曾国荃不禁一吓道："这样一奏，春霆不是完了么？"

曾国藩接去一看，也在摇头道："这个公事，奏得不好。春霆自请处分，乃是照例之事。但是现在大敌当前，人才难得，官、胡二帅，应该将他这个屡战屡败四字删去才是。"

彭玉麟接口道："大概官、胡二帅，因为军务倥偬之际，一时想不到此，也未可知。"彭玉麟说了这句，忽又忙不迭地说道："门生想出一个法子，可以相救春霆了。"

曾国藩、曾国荃两个听说，不觉同时一喜起来，正是：

> 幕府人才推折奏，
> 朝廷赏罚视文辞。

不知彭玉麟究是何法，且阅下文。

第四十二回 李秀成神机妙算 曾国藩惨遭溃败

曾国藩、曾国荃兄弟两个一听彭玉麟说出有救鲍超之法，忙问何法救之。彭玉麟道："门生的愚见，可把屡战屡败的'战''败'两字，颠倒一下，包无处分。"曾国藩、曾国荃两个，不待彭玉麟说完，早已一同鼓掌大笑起来，又连连地赞称彭玉麟道："这一颠倒，便成为'屡败屡战'的句子。只觉可嘉，不觉可罪。"那时章价人尚未退出，不禁也在一旁点首赞好道："彭大人的心思，真正敏捷。可惜现在督带水师，没有工夫来替我们老师办理奏折。"

彭玉麟略略谦虚几句，便请章价人拿去改正。

章价人退出之后，曾国藩又把所有的公事统统看毕。内中只有新任四川总督骆秉章的一件公事，颇有斟酌之处。便交彭玉麟、曾国荃二人一同看过道："骆制军因见伪翼王石达开入川的军队已过巴东，他来和我商量，可否用抚的一法。我想自从逆军肇事以来，此例尚未开过。莫说奏了上去，朝廷未必准许。就算准许，恐怕石氏这人，也是故军之中的一位人才，哪肯就此投顺。"

彭玉麟答道："老师所说，乃是公事之话。门生所说，石氏确是一位人才，果能受着招抚，也断天国之中的一只臂膀。"

曾国荃摇头道："我和大哥的意见相同，石氏虽然负气入川，要他归顺我朝，似乎决难办到。既难办到，何必示人以弱。况且石氏入川，也与那个林凤翔北进一般，孤军深入，后无援兵，最犯兵家所忌。我料石氏必难得到四川，不过时间问题而已。"

彭玉麟接口道："九世叔所论极是。世侄方才的主张，本是一偏之见。不过念他也是一位人才，未免有些可惜。现为九世叔说破，他若真肯归顺我朝，他在南京、全家被杀之际，还不早早反正了么？既是如此，老师赶快回个公事，给那骆制军去，让他也好趁早布置。"

曾国藩听说，即去提笔在那公事背后，批上"主剿"二字。

等得公事发出，曾国荃又问曾国藩道："大哥，季高现在还是丁外艰在籍。我们和胡中丞两家，都是夺情起用。皇上就算忘了季高这人。难道一班王公大臣们，也会忘记不成？"

彭玉麟接口道："这个道理，我们知道一点。因为曾、胡两家带兵已久，火热地忽然丁艰起来，皇上自然夺情任用。季高向办幕府之事，尚未著有什么战功。再加官中堂和他总有一点芥蒂。王公大臣，谁不左袒官中堂呢？所以季高那里永远没有外臣奏保，永远不会起开他的。"

曾国藩点头称是道："雪琴此言，很中时弊。照此说来，只有我去保他的了。"曾国荃道："何妨就命文案上前去拟稿。"

曾国藩即将保奏左宗棠的考语亲自拟好，交给曾国荃、彭玉麟二人去看。彭玉麟见是"刚明耐苦，晓畅兵机"八字。便对曾国藩笑着道："季高对于这八个字，只有明字，不甚切贴。"曾国藩、曾国荃一同问道："应改何字？"彭玉麟又笑上一笑道："可以改一'愎'字。"

曾国藩听说，点头微笑道："雪琴可谓夫人不言，言必有中矣。"曾国藩说着，又问彭玉麟道："现在我方的统兵将帅已成一盘散沙。雪琴有何妙法，将他们收拾一起。"

彭玉麟道："门生此来，本是来献四路进兵之策的。第一路，以胡润帅为主，以鲍春霆、刘仲良为宾，又以胜、琦两位钦差为宾中之宾，合力去攻武昌。第二路，以向、张两位钦差为主，以和钦差、萧泗孚、程文炳为宾，又以何江督为宾中之宾，合力去攻金陵。第三路，以左季高为主，以李少荃为宾，又以马新贻为宾中之宾，合力去攻浙江。第四路，以李续宜中丞为主，以贞干世叔、江忠泗为宾，又以塔齐布、张玉良为宾中之宾，合力去攻安庆。老师、九世叔、门生、杨厚庵几个，率领全部水师，由九江出长江，断截天国方面的水师，使他们四路受敌,不能联络策应。但是我们四路人马须得一同进攻,不可你先我后,反使他们得以分兵接应,如此一办,可使伪忠王李秀成疲于奔命起来。纵不立即消灭天国,也得大受一番损失。不知老师和九世叔两位,以为此策有用否?"

曾国藩、曾国荃两个连连地大赞道:"这个大计划,亏你想得周到。准定如此办理,快快出奏。"彭玉麟又说道:"出奏之事,也不忙在十天八天,最好是且候起用季高的上谕下了之后,人手方能齐全。"曾国藩道:"这样也好。不过我们先得知照各处才是。"

曾国荃又问曾国藩道:"兄弟听说,英法两国的洋兵业已进窥北京,怎么皇上倒不来调取大哥进京的呢?"彭玉麟又应声道:"外省的军务,重于北京百倍,就是来调,老师也得设法推托。"

曾国藩听说,也不相瞒,即将吞了上谕之事告知彭玉麟、曾国荃二人听了。曾国荃笑着道:"我道怎会不要调取我们的。"

这天他们师生兄弟三个,复又互相商量了一会。第二天彭、曾二人各返防地。又过半月,曾国藩接到批折,说是据奏悉,业已命令候补四品京堂左宗棠,着即襄办曾国藩军务矣。没有几天复又奉到一道上谕,说是浙江遍地皆贼,民不聊生,着曾国藩迅速归复苏常,进兵浙江。曾国藩赶忙奏复,说是左宗棠、李元度二人尚未到营。现在皖南极为可危,何能展蔽浙江,更何能规复苏常。目下唯有急援宁国而已等语。奏上之后,朝廷报可。

哪知曾国藩的援兵尚在中途,宁国已经失守,守将周天受阵亡。那时正是咸丰十年八月。曾国藩据报,急檄李元度驰赴宁国,接办军务,限期克复,又撤左宗棠迅速由南昌赶赴乐平、婺源之间,以为宁国、安庆两处的策应。自己移驻祁门,居中调度。军情如此一变,非但曾国荃的那围困金陵之计暂难办到,就是彭玉麟的四路进兵之策,已为各处牵制,也不能行。

十月下旬,李秀成又派罗大纲、洪宣娇二人,各率老万营的人马五万,以及狼兵二百余人,由羊栈岭攻陷黟县。幸亏鲍超、张运兰的两路人马前去挡上一阵,否则祁门大营便觉可危了。

这年年底,杨载福忽由长沙来到祁门。曾国藩赶忙请见。杨载福道:"近来贼兵四处猖獗,半得船舶炮艇之力。我们自从练了水师以来,从未大举出战。依着标下之意,要请大帅驻节坐船。一则可以镇水师的军心。二则贼军屡次来扑祁门,军心要顾坐营,对于出战之时,都不旺壮。"

曾国藩听说道:"这件事情,我倒不能一时解决,非去问过雪琴不可。"

杨载福道："标下本为此事而来，就在此地守候老帅解决再说。"

曾国藩连忙漏夜派人前去问明彭玉麟。及得回信，彭玉麟极端赞成杨载福之策。又说他已探得伪忠王李秀成率了罗大纲、洪宣娇、赖文鸿、古隆贤、陈坤书、都永宽、陈赞明、黄子隆、蔡元龙、汪安钧，以及补王莫仕葵、首王范汝曾，每人各率悍贼三四万，直扑九江。务请迅派大队水师去助九江，不要被敌占了先着等语。

曾国藩便召杨载福、周天培、江忠泗、吴坤修、张运兰、袁永福、曾大成等商议。当下张运兰、江忠泗二人一同献计道："九江城池，尚在贼手。我们若派大队船舶前去，无险可守。不如且俟李秀成的主军渡江之时，半渡出以奇兵击之。只要把他们的主力军击退，其余自然是望风而溃的了。"

杨载福驳之道："倘若敌人分军而渡，我们究击哪军，恐无把握。况且李秀成的此来，志在必胜，人数十倍于我，若与交战，也难取胜。不如飞檄胡润帅那边，请他连派鲍超、刘秉璋两军，迳蹑李秀成之后。若能得胜，敌军即不敢渡江了。"

曾国藩道："你们三位之话，都有见地。但防未曾交战之先，敌军已经渡江，这又奈何？"

曾大成答道："兵来将挡，水来土掩，此乃一定之理。九江附近，虽无险要可守，但是李秀成的兵士远道而来，多半疲乏。我军再分十数路与之接战，使之应接不暇。只要此十数路之中，胜负各半，再以大军继进，定操胜算。"

曾国藩听说，乃将众人之计分别行之。一面飞檄胡林翼那儿，请他速命鲍超、刘秉璋两军，以要李秀成之后。一面命杨载福统了大队水师，以阻李秀成渡江。再令各将各统陆军五千，分屯九江附近，并备交自己亲率刘崇佑、刘连捷、萧启江、普承尧等将，坐了大船，进驻九江附近。并命现任南康府知府沈葆桢，分兵出瑞昌界，以作九江后援。曾国藩分拨既定，立即出发。

太平天国方面的探子，得了此信，来报李秀成知道。

李秀成据报，因见曾国藩重防九江，不禁大喜地对着众将说道："吾今番必得成功矣。"说着，即授计"四眼狗"陈玉成，命他故作南下之势，以防鲍超、刘秉璋两军来兼顾安庆。复又再三谕知陈玉成手下的各将士，说是鲍超英勇无伦，尔等无论何时，遇见他的队伍，只能计取，不可力敌。刘秉璋本人虽没什么奇谋，他那赞军徐某善卜文王卦，确有料敌如神之技，尔等也当千万留心。凡遇阴雨之天，或是深夜之际，只好死守，不可出战。

大家奉命去后，李秀成又飞檄驻扎饶州的黄文金那里。请他即派大将雷焕、张祖元二人，各率大兵，沿着南康而进，先握九江下游的险要。首王范汝曾急问李秀成道："忠王之计，本非直趋九江，现在何以真的令那雷焕、张祖元二军前赴九江，这是何故？"

李秀成见回，便与范汝曾附耳说道："正以此法，以坚曾国藩之心，当我必赴九江也。"李秀成说完，又令苏招生、陆顺治两个水军副都督统率船舶，去压湖口，以阻彭玉麟的援兵。

李秀成布置既定。出发之际，装作直向九江去的样子。及走一程，方始发下一道秘密命令，传令大军，改向彭泽湖而进。大军一到彭泽，早有李秀成预先所派的陈得才、张朝爵两个将军，预备船只多时了。等得李秀成的大军统统渡过彭泽，那时彭玉麟的水军，正被苏招生、陆顺治所阻，骤然之间，不能分兵。其余将士都未防到此着。所以李秀成之计，竟得安然成功。

曾国藩至此，始知中了敌人之计，赶忙一面分了一支人马去与雷焕、张祖元厮杀；一面又令彭玉麟无论如何，须得分兵江岸，以防太平天国的水军。然后任杨载福为前部先锋，张运兰、吴坤修、江忠泗、周天培分为四路接应。自己率领中军诸将，欲与李秀成打他一场大仗。

部将刘崇佑进帐道："敌军虽屯重兵于彭泽湖，安知不再另调人马，去袭九江。"

曾国藩摇头道："此着我岂不知，我料鲍、刘两军，既见李秀成已经渡江，彼等必趋九江。文有徐春荣，武有鲍超，九江必无大碍。所要紧的，只是李秀成的主力军也。"

说话之间，探子飞马报到，说是"四眼狗"不敢正面去击鲍、刘两军，现已会合素与捻匪大通声气的苗沛霖一军，已向宿松奔去。鲍超一军，追踪而往。刘秉璋一军，现屯九江。

曾国藩听说道："如此九江方面，兵力恐防单薄。"便问部将，谁愿去助九江。部将赵景贤道："某从前曾蒙李秀成不杀，放了回来，得能效力麾下。但与李秀成说过，此后不与李军交锋以报之。某愿领兵去助九江，公私两有益处。"

曾国藩点首道："君子重信，我当成你志愿。你就准往九江去吧。"原来赵景贤不与李秀成交锋一语，当世无不知之。都因恶他此语，不肯用他，至今还屈为道员。曾国藩犹能知他的本领，调到军中，曾立战功不少。现在既是去助九江，一因要避李秀成之军，二因素来佩服徐春荣这人，借以可以接近。

曾国藩一等赵景贤去后，即督大队前进。

那时李秀成也知曾国藩调度，急令黄文金亲率雷焕、张祖元二军，去攻九江。一面又令莫仕葵、范汝曾、古隆贤、陈坤书四人，去敌四路清军。自己即率大军，去与曾国藩鏖战。

曾国藩方面，一闻大军压来，不免有些忧形于色。

部将刘连捷进帐请问道："我军并不弱于敌军，老帅何故忧虑？"曾国藩道："我军虽不弱于李军，但因未能识破李秀成之计。此时勉强出应敌人，军心气沮，欲胜难矣。但是我已于家书之中，说有'安危不知、生死不计'二语。只有取那兵法上所说，置之死地而后生。还望众位将士奋力杀敌，以报国家。"

哪知曾国藩的说话未完，忽闻前方已在大战。一种炮火连天之声，几把山谷震倒。刘连捷无暇再说，立即返身出帐，统了所部，杀往前方。及到前方，已见杨载福被李秀成杀得只有招架之功，并无还兵之力。正拟退败，他就大喊一声，奋力加入，这样地又战一阵，仍旧不能抵敌。

杨载福乘间对刘连捷道："此地既是不能支持，后面老帅的中军，那就可危。让我回兵去保老帅，你在此地再行支撑一时。"

刘连捷忙答道："杨军门快快回兵，我在此地挡住敌军便了。"

杨载福听说，赶忙飞马回转，不料等他奔到，中军早已溃散。曾国藩这人已由刘崇佑保着落荒去了，杨载福只好四处前去寻找。

原来曾国藩当时一闻前军不利，正待亲自上前督阵，岂知说时迟那时快，早被赖文鸿一军，从东杀至。莫仕葵一军，从西杀至。古隆贤一军，从南杀至。范汝曾一军，从北杀至。曾国藩大惊失色，急命中军将士分路抵抗。刘崇佑已料不妙，忽来保着曾国藩先行落荒而走。

曾国藩一面退走，一面还在叹道："我少军事之学。此时一走，大军必溃矣。"刘崇佑道："老帅乃是国家柱石，非与冲锋打仗的将士可以同日而语的。此即俗语，叫作'留得青山在、不怕没柴烧'的那句话了。"

曾国藩尚待答话，忽见那个刘连捷满身是血地追了上来报知道："周天培、江忠泗一同阵亡。吴坤修、张运兰统统溃散。"曾国藩急问道："杨厚庵呢。"

刘连捷道："杨军门本是单身来找老帅的，怎么此地不见？"刘崇佑不待刘连捷说完，急乱挥他的手道："快走快走。追兵一到，那就迟了。"刘连捷听了，便不再说，一同保护着曾国藩向前奔去。

那时曾国藩已是四五十岁的人了。平时保养精神，身体稍胖，又因虽已带

第四十二回　李秀成神机妙算　曾国藩惨遭溃败 ‥299

兵多时，究是一位文官，不善骑马，所以那时骑在马上，向前乱奔，颇觉不适。正待寻个荒僻地方，暂歇一下，随又听得四面的喊声渐渐地近了拢来。同时又听得刘连捷在问刘崇佑道："你可听见没有？那班贼兵都在喊着，捉到我们老帅，赏银十万。"

曾国藩明明听见，哪有工夫再去接嘴，只是紧加几鞭，往前再奔。不知怎么一来，那匹坐马忽失前蹄，霍的一声，早把曾国藩这人掀下马来。

就在此时，又见忽从斜刺里奔出两匹快马，马上二人一见曾国藩跌在地上，慌忙一同跳下，帮同扶起曾国藩来。曾国藩一看不是别人，一个正是杨载福，一个就是他九弟曾国荃，便叹一口气道："不因我在此地，生见你们二人。"

杨载福先说道："老帅请勿着急，现在九大人已率大队到此。就算不能立即击退敌军，已能保着老帅的安全。"

曾国荃也接口道："请大哥先到兄弟的队伍里去。杀贼一事，再行从长计议就是。"

曾国藩听说，忙又上马，曾国荃、杨载福二人就在前面带路。曾国藩到了一座小山之下，抬头一望，只见曾国荃的营字军队伍，果在山上扎驻。大家上山之后，尚未得及说话，又见张运兰业已衣冠零乱地赶了前来。曾国藩先向他问道："只你一个么，还有大家呢？"

张运兰却是上气不接下气地答道："大家都已逃散，现在四面都有敌军。幸亏彭大人有队水师，到了岸边，快请老帅上船再谈别的。"

曾国藩不答这话，且去侧耳一听，四面的喊声更加近了。曾国荃便发急地对着曾国藩说道："大哥不必迟疑，快请先到岸边下船。兄弟就同诸位将军断后可也。"

曾国藩听说，复又长叹一声，只得策马下山，直望岸边奔去。刚刚上船，李秀成的大军已经追到。曾国荃拼力挡了一阵，李秀成料定曾国藩已有水师接应，方才退兵。正是：

老谋深算犹如此，
陷阵冲锋岂等闲。

不知曾国藩上船之后，又往何地，且阅下文。

第四十三回 老家仆舍身救主 章文案诌谎成真

曾国藩刚刚下船，船尚未曾离岸，李秀成的追兵已经赶到。幸亏曾国荃的队伍还是一支生力军，总算挡了一阵，曾国藩方才能够脱险。及到湖口，彭玉麟也因他去亲立船头，始将敌军杀退。一见曾国藩狼狈而至，慌忙迎入内室，先行谢过误听探报，说是李秀成直取九江，以致因而中计之罪。

曾国藩连把双手乱摇道："雪琴何必如此抱歉。李贼此计，谁也要上他当。只是这场大挫，怎么去奏朝廷呢？"

彭玉麟蹙额地答道："胜败虽属兵家常事，不过我们自从练此水师以来，这场战事，要算第一遭的大事了。对于功罪二字，倒也无关轻重。不过平心而论，自己有些讲不过去。"曾国藩听说，双手搭在腿上，低头无语。彭玉麟恐怕急坏他的这位老师，只好想出话来相劝。

又过几天，曾国荃、杨载福以及一班二等将士陆继到来。曾国藩细细一问，始知死了将士一十八员，兵士六七千人。至于溃散的人数，竟至十万以外。曾国藩忽然垂泪说道："我纵一死，也不能够对得住我伤亡的兵将了。"

曾国荃、杨载福一同答道："现在急也无益，只有一面再回长沙，补募兵士。一面老实奏报朝廷，自请处分，余无别策。"

曾国藩听说，双眼望天，半天不响。

大家正在劝着曾国藩的当口，忽见曾贞干得信赶至。曾国藩就去握着曾贞干的双手大哭道："无数冤魂，从此绕诸为兄前后左右矣。"

曾贞干朗声说道："大哥此话，未免有些妇人之仁。大丈夫能够马革裹尸，也是壮举。这些死难兵将，怎好抱怨大哥一个。"

曾国藩听了此话，方才放开双手道："话虽如此，为兄心里总觉不安。"说着，自去拟了一张奏稿，交与彭玉麟、杨载福、曾国荃、曾贞干等人看过。大家又斟酌数字，始命缮就拜发。

没有几天，即得批回，说是据奏已悉，此次战事，我军伤亡如是之众，朕亦不责。唯望该大臣自行从速补救，以雪前耻等语。曾国藩看毕，更是感激皇上之恩。

谁知就在当天晚上，曾国藩陡患目疾起来。起初也命军医医治，无奈毫没效验，几至失明。曾国藩深恐因此贻误军情，忙又奏上一本，请假回籍医治。奉旨仍着在军医治；并赏人参二斤。曾国藩没有法子，便将水师之事，全付彭玉麟、杨载福二人负责；陆军之事，全付曾国荃、曾贞干二人负责。自己带了几员将官几位文案，回到长沙，一边招募兵士，一面医治目疾。等得医愈，已是咸丰十一年二月底边了。

一天塔齐布亲自安徽来到长沙，面禀曾公。曾国藩问他沿途可曾听见贼方什么信息。塔齐布道："回老帅的话，标下在安徽的当口，就听得很盛的谣言。说是贼方知道帅座移节此地。伪忠王李秀成现在只注意老帅一个人。标下因此前来禀报。走在路上，又闻罗大纲、冯兆炳、洪宣娇、林彩新四人各率水陆悍贼，来此直扑省垣，快请老帅预备一切。"

曾国藩听说，急将他的坐营移驻长沙下游四十里的那座铜官山下。又将长沙水师船舶尽移那里，以作掎角之势。又命塔齐布、刘连捷二人，各率新募之勇五六千人，就在长沙、铜官一带游击。

湖南巡抚那时正由藩司安寿代理。一听贼兵要来攻城，顿时吓得手足无措。除了把那军事大权全托曾国藩一人外，又将什么城防营、正字营、抚标提标等派去守城。城中百姓因为相信曾国藩这人极爱人民，又有军事学识，竟有拖儿携女、拉老扯幼的人们，去到铜官上下避难的。

塔齐布恐怕阻碍他的军事，要想下令禁止。反是曾国藩阻止道："我们在此御敌，原是为得百姓。百姓既来求着保护，似乎不可拒绝。"

塔齐布没法，只好不问。

没有几天，罗、冯、洪、林等人果率大队到来。双方厮杀了几天，互有胜负。谁知李秀成因为真的只是注意曾国藩一军，便又派了苏招生、陆顺治二人，各率炮船罟艇二三千艘，直将长沙一带团团围住。曾国藩因见敌军大队水军又到，赶忙亲自上船办公，以便指挥水师。

塔齐布此时要算先锋，他就不顾命地厮杀。有一晚上，塔齐布一军，对敌天国方面十二万人。杀到天亮，塔齐布简直成了一个血人。单是一夜工夫，换上七次战马。他的勇力，他的忠心，自然可想而知的了。这样的一连又战了几天。曾国藩要复前番彭泽湖之耻，总是不分昼夜地亲自督率将士厮杀。

到了三月三十那天，忽然连日大雨，双方作战，都觉费事。曾国藩便将刘连捷召至道："军营之中，犯遇大雾大雨的时候，要防敌军劫营。从前亡弟温甫三河失利，就是为的大雾。现在连天大雨，我们这边应该千万注意。"刘连捷奉令去后，急派探子去探敌方的举动。

据探回报，说是敌方的兵士均在收拾东西，似有退去之势。刘连捷急去禀报。曾国藩微笑道："此乃诱敌之计也，我军切莫上当。我已飞调吉字军去了，且俟九舍弟的大兵到来，我们就可以用那前后夹攻之策，不难一鼓歼敌。此时切宜小心。"刘连捷听说，唯唯而退。

数日之内，敌方果没什么动静。那个滂沱的大雨仍是一直不停。河水陡涨数尺。刘连捷便来向曾国藩献策，说是打算晚上去劫敌营，杀他一个不备。

曾国藩一吓道："不能不能。这班悍贼，岂有不防之理。依我之见，只有静守此地，且俟援兵到来再谈。"

刘连捷听说，当场只好遵令。退下之后，即与他的部将等人私下商议道："方才我向老帅献计，今天晚上去劫敌营。老帅自受彭泽湖那场惊吓，胆子越加小了。诸位若有胆子，我们今天晚上，准去劫营。若能打个大胜仗，大家都有面子。"

当下有一个名叫巫大胜的守备，接口答道："刘军门这个主意，标下第一个赞同。因为标下连天四出巡视，常常瞧见那个姓洪的女贼，只是挽着一个标致后生同进同出，真与娼妓无异。刚才据个探子报来，说是眼见敌方买了大酒大肉进营。今天晚上若去劫营。一定可捉醉鱼。"

刘连捷听说，又问其余的将士怎样。大家见问，不敢反对，只得答道："悉听军门指挥。"刘连捷和巫大胜二人，一见大家并无异辞，很是高兴，白天不动声色,一到二更以后,刘连捷为首,巫大胜次之,其余的将官又次之,各率本部人马,冒着大雨,直向敌方的大营里扑去。

谁知未近营门,突然听得一个信炮一响,只见敌营前后左右中的五路顿时一齐杀出。刘、巫二人一见敌方有了准备,方始懊悔自己鲁莽,可是已经来不及了。但又事已至此,不能即退,只得拼命敌住。不料又来一个坏信,说是敌方别派奇兵杀往曾国藩的坐船去了。

刘连捷一听此信,大叫一声道:"我中敌人之计了。"刘连捷说了这句,急想回兵去救曾国藩的当口,早被敌人将他团团围住。无论如何,不能冲出重围。

此时刘连捷又一眼看见巫大胜已被一个极美貌的女贼手起一刀,立即斩于马下,一吓之下,手上的兵器跟着一松,也被一个敌将兜心窝的一枪,倒身马下,便同那个巫大胜都往阴曹地府去了。刘、巫二人还是曾国藩手下的大将。既被敌兵斩杀,其余的将士,哪里还能抵御。不多时候,也好说得全军覆没。

罗大纲一见他们营中的官兵已没问题,忙向洪宣娇道:"我们此地已经得手,不知冯兆炳将军那里怎样?"

洪宣娇将她马缰一紧道:"不必多问,快快去捉曾国藩。"

罗大纲连声称是。急同洪宣娇两个直奔曾国藩的坐船而来。

原来曾国藩白天禁止刘连捷前去劫营之后,还当刘连捷一定不敢违他将令的。及至晚饭吃毕,看了一会公事。那时已近三更天气,正在写他家书之际,陡据他的戈什哈来报,说是刘连捷、巫大胜二人擅自做主,已率所部兵士直往贼营劫营去了。曾国藩不待那个戈什哈说完,连说"不好不好,一定误事"。

文案师爷章价人可巧在旁,慌忙接口道:"刘军门、巫守备怎么这般莽撞。现在此地空虚,我们须得快调人马来此保护。"曾国藩紧皱双眉地答道:"倘若贼方知道此地空虚,他们若来劫我,那就坐以待毙的呢。"

岂知曾国藩的"呢"字尚未离嘴,跟着一连听得几声炮响,早见东西南北四方都有贼人杀至。那个章价人师爷正待保护着曾国藩上岸暂避的当口,忽见那个老家人曾贵不知何处找了一柄马刀在手,怒发冲冠地奔来对着曾国藩说道:"大人勿吓。家人已把这条老命不要的了。快快跟了家人上岸,避到荒僻点的地方再讲。贼人敢来,家人准教他们来一个,死一个回去就是。"

章价人听见曾贵如此说法,也急插口道:"大人真的快快上岸。"

曾国藩却厉声地答道:"我自办理乡团以来,早将性命置之度外。今天晚上,正是我曾某殉国时也。"

曾贵一向伺候曾家，对于几位主人的性情都很清楚。此时瞧曾国藩大有预备殉难之意，赶忙对着一班戈什哈以目示意，马上由他先行动手，大家奔了上去，背着曾国藩就走。章价人还有班文案也就一拥上岸，冒雨簇拥着曾国藩而逃。

曾国藩等人走了还不到三分钟的时候，敌方的那个冯兆炳已经率兵赶到。上船一看，不见曾国藩的影子，气得一把火去将那所有的公文、案卷统统烧个干净。火光融融之中，一眼瞥见曾国藩尚未写好的家书稿子，忽又暗点其头地说道："曾某本人，学问道德，总算不错。他倘不助清国，我就咸他学生，也是心甘情愿。无奈既成敌人，断不能因他学问道德面上放他逃走的。"冯兆炳的转念未已，那个融融火光，忽被一场大雨灌得灭了下去。……正待上岸追赶，只见罗大纲、洪宣娇两个已率大兵赶到。又见洪宣娇先问他道："曾贼何往？"

冯兆炳道："等我杀到这里，早已不见。大概总离此地不远，我们赶快分头追赶就是。"洪宣娇不及答话，即把她那手上的一柄马刀，向着罗大纲一挥道："快赶快赶。今天晚上还不捉着这个老贼，那就以后不必再和清国打仗了。"

冯兆炳听得洪宣娇这般说法，似有怪他放走曾国藩之意。少年人的脾气，最要面子，一见洪宣娇对他冷言冷语，一时恼羞成怒，竟与洪宣娇冲突起来。

洪宣娇如何肯让，当下大喝一声道："你这黄毛小子，放走了一个大敌，还不自己认错。老娘此刻先把你这误国的东西收拾了，再去捉那老贼。"

冯兆炳恐怕吃了眼前之亏，不待宣娇说完，他已纵身而进，一刀就向洪宣娇的颈门砍去。洪宣娇将头一侧，避过刀风，还手也是一刀。冯兆炳一面也将刀风避过，一面手出双龙取水的绝招，要用双指去挖洪宣娇的眼珠。洪宣娇也用那个叶底偷桃的绝招对付。

那位罗大纲其人，又到哪里去了呢？难道眼睁睁地去让洪、冯二人自相残杀不成么？原来那位罗大纲，起先同了洪宣娇二人一上船来，不见曾氏，已在暗暗叫苦。及听洪宣娇在说"快赶快赶"那句说话的当口，业已先行飞身上岸。回头一看，不见洪、冯二人跟踪而上。恐防船中或有埋伏，只好转身再回船上。尚未走进里舱，就见洪、冯二人不知为了何事，各人嘴上在骂、手上在打，吓得一边连连高声喊道"二位快快停手"，一边已经飞身而入，尚未站定。可巧洪宣娇正在用那叶底偷桃的绝招，用手要抓冯兆炳的下体，罗大纲知道此招厉害，忙又喝止道："且慢。"慢字未完，已把洪宣娇的双手接住。

洪宣娇一见罗大纲忽来帮助冯兆炳起来，嘴上气得不能说话，跟着又是一脚，就向罗大纲的下腹踢去。罗大纲赶忙将身一侧，避过了洪宣娇的裙里腿，方才高声诘责道："洪太主，你疯了不成？那个曾贼已是釜中之鱼、笼中之鸟的了，为何不去追赶，让他逃走？反在此地自相残杀，真正奇事。"

罗大纲尚未说完，那个弥探花也已赶到。弥探花一向就做洪宣娇的秘书监，这几年来，并未离开一次。每逢出发，都是随军日夜办公。洪宣娇和他因此更加情好无间。此次来到长沙，自然也在一起。不过他只在军中管理文书，冲锋陷阵之事与他无干。只因洪宣娇手下的兵士，瞧见洪、冯二人当了真，只好飞请弥探花，就他还能劝她几句外，余多不能奈何她的。

当下洪宣娇一见弥探花赶到，她就双泪交流向她情人诉道："你瞧，他们两个欺侮我一个。"弥探花听说，明知洪宣娇的脾气不好，此次之事一定又是她错。但是不便当场怪她，只好连连双手乱摇道："此刻不是打架时候，也不是辩理时候。你们三位，且将那个曾某捉到再说。"

罗大纲忙接口道："弥秘书说得极是极是。"说着，先已拉了冯兆炳一同跳上岸去。洪宣娇至此，只好一面命人先行保护弥探花回营，一面方始上岸去捉曾国藩去。

岂知那时的雨越下越大，满路的泥泞越走越难。洪宣娇虽是天足，又有马骑，尚没十分大碍。但因心中还在愤怒罗、冯二人之事，对于去捉曾国藩的心思竟到不能上劲。就在此时，忽见一个飞探来报，说是启奏太主，大事不妙，林彩新林将军业已阵亡。

洪宣娇一听此信，料定官军方面的援兵已到，吓得不敢再追。她就一个人飞马回营。及到营内，只见罗、冯二人也是空手回营。又见弥探花在对罗、冯二人说道："曾贼未获，林将军又已阵亡，敌方援兵又到，如何是好？"

罗大纲听说，不觉气乎乎地答道："只问太主为什么与冯将军闹了起来？现在闹得好不好呀？"罗大纲尚未说完，忽然听得远远地又有喊杀之声，大家急又拿了兵器出营而去。

现在且将此地暂且按下，先叙曾国藩那边。

曾国藩自被他那老家人曾贵以及一班贴身的戈什哈，大家背他逃走之后，他仍几次三番地要想自刎。幸亏那位章价人师爷诌了一个谎道："大人不必着急。塔齐布已经打了一个大胜仗了。"

曾国藩不待章价人说完，连忙接口问道："此话真么？"章价人道："怎么不真？"曾国藩又问道："在什么地方打的胜仗？"

章价人本是假话，无非暂时想宽曾国藩的心的。此刻一被问到地方，教他怎样答法。正在嚅嚅嗫嗫答不出来的当口，忽见一个戈什哈牵了一匹马，要请曾国藩骑着逃走。那马站大雨之中，一时被雨淋得不耐起来，陡地跳上几跳。章价人看在眼里，心机一灵，他就接口对着曾国藩又诌谎道："跳马涧打的胜仗。"

　　曾国藩一听塔齐布在那跳马涧打了胜仗，一时信以为真，方始勉强骑上那匹湿马，往前逃走，大家自然跟着逃走。

　　谁料他们大家往前逃走的时候，正是洪、冯、罗三个在那船上自相争闹的时候，也是塔齐布真在那个跳马涧大打胜仗的时候，却被那位章价人师爷随便一说，竟会说中，也算巧极的了。

　　当时曾国藩同了大众往前逃了一阵，雨也止了，天也亮了。正想拣个地方休息一下的当口，忽见一个探马报到，说是九大人的援兵已到。敌方的那个水军都督林彩新，已被塔将军亲手斩于马下。敌军大队正与九大人的吉字军在那儿厮杀，快请老帅回船，布置军事。

　　曾国藩一听此信，方才用手先将他那头上的汗珠子拭了一拭，然后说道："如此说来，真是朝廷的洪福齐天了。"

　　章价人在旁中听清，不觉一呆，暗自忖道：我乃随便诌谎，怎么竟会成了真事，莫非还在做梦不成？忙去自己咬咬指头，觉得知道疼痛，方始大喜起来，索性不肯承认诌谎，便对曾国藩笑着道："大人昨夜只想尽忠，不是晚生相劝，此刻……"章价人说到此地，又见一个探子来报，说是九大人会同塔将军，已将敌军击退，现在坐船，等候老帅回去，商量军事。

　　曾国藩听说，即同大家回到船上。正是：

　　　　有意栽花花不发，
　　　　无心插柳柳成荫。

　　不知曾国藩到了船上，还有何事，且阅下文。

第四十四回

曾国荃畅议国事
彭玉麟狠心斩子

曾国藩同着大家回到坐船，刚刚踏进舱去，还没来得及去问曾国荃和塔齐布两个的说话，一眼瞥见他的公文案卷、家书日记统统成为灰烬，不禁变色地急问："怎么怎么……"当由一个戈什哈禀答道："想是贼人烧的。"

曾国藩听说，暗想公文案卷关乎全军命脉、家书日记关乎半生心血，现在两样全失，于公于私，都有责任。活在世上，何颜见人。想到此地，不觉悲从中来，忽给大家一个不防，扑通一声早已跳下水去。

那位章价人师爷可巧又站在曾国藩的旁边，一听扑通之声，赶忙伏出船沿，拼命地一抓，居然被他抓住曾国藩的一根发辫。但是不敢抓得太重，生怕抓落发辫，只好一面死劲抓住，一面嘴上大喊。其时又值春潮大涨，水势澎湃，大有稍纵即逝之虞的样子。幸亏曾国荃、塔齐布、曾贵等人已把曾国藩抢着救起。

大家因见曾国藩已经有水入腹，昏迷不省人事，赶忙泡了姜汤，帮同灌入口中。过了一会儿，方见曾国藩悠悠扬扬地回过气来。及至能够讲话的时候，始见曾国藩有气无力地对着大家恨恨地说道："君子爱人以德，你们救我活来，又为何事？"曾国荃第一个接嘴道："大哥一身，系着全国的安危，非是一死可以了事的。怎好不救？"

曾国藩见他的兄弟之话来得十分正大，不肯强词夺理地硬去驳他，只得微喟了一声道："老弟虽是这般说法，但怕朝廷未必再赦为兄，也是枉然。"

塔齐布、章价人两个一同答道："老帅本为两朝元老，圣眷甚隆。只要仔细陈奏，未必一定得着什么严谴。"曾国藩听了此话，无语半晌。

曾国荃又问道："大哥身体，此刻觉得怎样？倘能支持，兄弟还有万分紧要的消息，报知大哥。"曾国藩急问道："什么紧要消息，你且说来。"

曾国荃道："江南大营，已被南京城内的悍贼攻溃。向荣向钦差在那未曾攻溃江南大营的时候，因病出缺。朝廷即将副钦差张国梁升为正钦差。谁知江督何桂清事事制肘，不发军饷。营中兵士竟有一两年没有领饷的，都因爱戴向、张两帅，所以还能支持过去。此次南京之贼，不知怎样被他们打听出来的，官军这边文武不和，于是竟率悍贼十五六万，以及狼兵二百余人，直扑江南大营。张国梁战死丹阳。江督何桂清一闻败信，马上退到苏州，苏抚不肯纳人，何桂清忽到常熟县中驻扎。常熟县绅无不震惊骇笑，怎么一位两江总督部堂，会驻一个小县起来。复由县绅公凑三万银子，请他退走。现在已经奉旨拿京讯问。和春也因此事革职。"

曾国荃一直说到此地，方才喘了一口气道："这是一件最紧要的事情。其次是驻扎湖北边境的那位内阁学士胜保胜钦差，忽被黄文金的一支贼军，乘其不备，将他杀得片甲不还。他就逃到陕西，也被朝廷拿解进京。他在路上，还做上一首诗是：

山灵知有谪臣来，雨霁云收见上台；
行过华阴三十里，莲花仙掌一齐开。

曾国荃念完了胜保的诗句，又接说道："胜保到京之后，皇上将他发交刑部和宗人府会审。亏他胞姊文殊保替他上下打点，皇上方才令他自行奏辩。最好笑的是上谕上面，有一条问他何故纵兵殃民，以及奸污妇女。他却老实承认，说是他尚壮年，军中不能携带妇女，所以他与他的兵士不能不以民间妇女暂济一时之急等语。可巧皇上正在行在养病，所有奏折都交那位生有太子的宠妃翠姐阅看。"

曾国荃说到这句，忽朝塔齐布、章价人等人笑上一笑道："你们大家想想。一位青年妃子，怎好阅看此等奏折。当下自然大怒，力主即将胜保正法。后来仍是他那胞姐文殊保替他求情，总算赐帛自尽，保了一个全尸。

"还有那位琦善琦钦差，也因师久无功，革职而去。

"胡润帅因见黄文金既是十分厉害，湖北地面同时又少去两个钦差大臣，只得飞调鲍春霆、刘仲良两军回援鄂省。鲍春霆因在宿松一带和那'四眼狗'陈玉成相持，不能立时离开战地，便请刘仲良先行。胡润帅便用了徐春荣那个直放襄河之水、淹没武昌之计，业已克复武昌。

"胡润帅因为徐春荣此次献计有功，没有和他说明，即把他的功劳列入异常，奏保一个尽先选用直隶州知州。不防这位徐公也与我们这位雪琴一样脾气，只愿杀贼救民，不愿因功受奖。他若要想做官，平心而论，这几年来的功劳，何止仅保一个异常劳绩，还是一个直隶州知州呢。当时这位徐公，认为胡润帅似以功名二字压他，马上要向刘仲良辞差归隐。后来还是刘仲良打的圆场，将他保案，移奖其母节孝可风的一块匾额，方才了事。

"左季高也在婺源、景德镇的两处地方连打几次胜仗。已有上谕，命他署理浙江巡抚。此地的军务襄办一缺，他已不能兼办了。

"兄弟之意，仍是主张用那围困金陵之计，大哥现在总该可以替我出奏了。"

曾国藩此时的精神本极疲倦，所以一直等他兄弟一桩桩地讲完，方始分别答话道："此次江南大营，溃得非常不好。南京贼酋不敢十分猖獗者，不能不算向、张二人之功。向、张二人，自从广西追起，一直由湖南，而岳州、而湖北、而南京，跟踪钉在他们屁股后头，未曾一步放松的。今既如此，你那围困金陵之策当然不可缓了。何制军也是一位封疆大员，丹阳就是他的防地。就不马上殉节，也不能跑到一个小县份去。现在做大员的品行若此，人格若此，言之可叹。胜保、琦善二位钦差本不足道，不必提他。润帅能用那位徐春荣之计，因而克复省垣，自然可喜之至，不过既用水决之策，恐怕玉石俱焚。"

曾国荃听到这句，方接口道："百姓倒未遭殃。"

曾国藩一惊道："何以故呢？"

曾国荃道："此次盗匪复占武昌，百姓因已吃过上次杨秀清的苦头，都于被占之后陆续逃出。至于现在还在城内的百姓，简直可以不能称为百姓，不是和发逆部下有关连的，便是有意留在城中想抢东西的。徐春荣献计之时，已将此着说明。况且发逆也没全行淹毙。无非因水之故，不能再守，致被官军攻入罢了。"

曾国藩听到这里，忽又失惊道："这样讲来，那位徐公的见解学问、守经行权，无一不可令人钦佩的了。至于季高，既拜浙抚之命，自然对于大局极有裨益。"曾国荃道："兄弟本为这些事情，正想来此面见大哥。及接大哥前去调兵的公事，兄弟马上兼程赶来。"

曾国荃说着，又指指塔齐布道："兄弟的队伍刚到敌军后方，就见塔将军正和他们大战，因此前后夹攻，幸将贼人杀退。但是刘连捷和巫大胜两个怎么这般冒昧？劫营之事，本是第一险着，若非拿有十二万分的把握，万万不能轻举。现在闹得自己阵亡，险些误了大哥之责。"

曾国藩听说，微微地摇头道："三军之责，本在主帅。为兄薄德鲜能，致招将士不听命令。这场乱子，似乎不必责备他们。"

曾国藩说到此地，又对塔齐布笑上一笑道："塔将军昨儿晚上在那跳马涧的一捷，不是价人告知于我，恐我此时已经不能与你们大家相见了。"

塔齐布慌忙逊谢道："标下昨儿晚上，一闻刘、巫二位擅自前去劫营之信，真是急得要死。正在无法之际，又得探子报到，说是敌方的那个林彩新似有拟用他们船舶、包围我方之举。标下那时也叫铤而走险，立即率了全队，出其不意，迎头痛击。总算仰仗老师的虎威，幸有这场胜仗。"

曾国藩正待答话，忽见戈什哈报入道："城内的文武官员，统统来此问安。"

塔齐布愤然地自语道："昨天晚上，竟没一兵一卒来此助战。此刻贼兵一走，倒来问安起来。真是笑话。"

曾国藩瞧见塔齐布坐在一旁，青筋满面地已动真气，便笑着道："人家既已礼来，我们怎好拒绝。"曾国藩说了这句，即吩咐戈什哈，统统一齐请见。

等得众官纷纷上船之后，乱哄哄地抢着恭维了曾国藩、曾国荃、塔齐布、章价人几个一番，塔齐布的闷气方始平了一些下去。曾氏兄弟也将大家敷衍走了，方才继续谈话。

曾国藩又问章价人道："价人，昨天晚上，你总没有离我一步，怎能知道塔将军已在跳马涧打了胜仗？"章价人见问，只好又说假话道："不知谁来报信。那时正在慌乱之际，大家或者没有留心。"

曾国藩听说，连点其首，便不再问。当时在章价人之意，这天的事情，认为多少总有一点功劳。哪知后来大局戡定，曾国藩拜相封侯，位至两江总督。到任时候，章价人可巧以知县候补江苏，他的一班同寅无不前去和他联络，因对于曾氏，既是老东家，又有那场功劳，曾氏给他一点优差美缺，也是理所应该。

及至等得曾氏入京大拜，章价人在宁，自始至终未曾得着一丝好处。到了那时，自然有些不解曾氏之意起来。于是请人画上一幅《铜官感旧图》，遍请名人题诗作序，以纪其事。当时不才的那位萍乡文道希世叔，所题两绝，极有感

慨。不才记得是:

感旧铜官事久如,念年薄官意萧疏;
却从修竹参天后,回想青宁未化初。

仲由拯溺不受赏,孔圣犹然有后辞;
自是相侯观理异,未曾点勘到韩诗。

不才那位道希世叔的诗意,自然有些代那章价人抱着不平。不过当时的左宗棠正入东阁,也有一篇极长的序文,附诸《铜官感旧图》上。序文词气,颇觉借题发挥,长篇大页的,大有不直曾氏所为之意。

查左氏充任湘抚骆秉章幕府被那鄂督官文通缉的时代,曾氏替他拜托郭嵩焘和肃顺等人,后来因祸得福,不无力量,岂知左氏对于曾氏,每有微词,人皆尽知,不能深讳。

不才对于以上二事,因为未曾详悉底蕴,不敢随意就下断语。读者诸君,不乏明哲,自去判断可也。此是后事,既在此地说过,后不再提。

单说当时的那位章价人,尚未知道后来之事,当然仍向曾国藩竭力效忠。因知这本奏折确是难以措辞,须得好好斟酌一下,才好拜发,便对曾国藩说道:"这次战事,虽有塔将军在那跳马涧的一捷,但是公文案卷,丧失无存,将官兵勇,阵亡不少。通盘筹算,功难掩过。大人的折子,似乎可与彭雪琴大人斟酌一下再发,较觉妥当。"

曾国藩不待章价人说毕,连连地双手乱摇道:"这件事情,我已打定主意,只有一字不瞒,老实奏知,断断乎不可稍掩己过。"

曾国荃接嘴道:"价人此话,本也不错。大哥就是不去和那雪琴斟酌,也得就近去和郭昆焘商量一下才是。"曾国藩听说,不禁一愕道:"怎么?九弟还不知道意诚早已回家养病去了么?"

曾国荃听了,也现一惊之色道:"怪不得长沙的军务办得如此糟糕。意诚既是回家养病,为何没有通封信息去给我们的呢?"曾国藩道:"大概骤然得病,不及作书,也未可知。"曾国荃道:"既是如此,大哥何不就回祁门。兄弟的意思,还要请大哥替我附奏一声,准定取那围困金陵之策。"

曾国藩、塔齐布同声答道:"我们本也打算要走。"

曾国藩便一面命塔齐布快去调查头一天晚上，民众究受兵灾没有，以便移请湘抚从速放赈，一面自己忙去详详细细地拟上一本奏稿，完全承认他错，并请优恤刘连捷、巫大胜二人。等得办好诸事，即带所募兵勇同了曾国荃等人，一直回到祁门大营。

不久接到批折：咸丰皇帝因为英法两国的洋兵火烧圆明园一事，受惊成疾。所有国家大计，均归端声、肃顺二人主持。肃顺既极钦佩曾国藩的，所以批折上面，不但没有处分，而且命曾国藩署理两江总督一缺，以继何桂清之后。

曾国藩见了此旨，感谢知遇，不敢推让，只好负着克复金陵之责，于是即将曾国荃围困金陵之策奏了上去。奉旨照准。并授曾国荃以按察使衔。同时还有一道上谕，是问曾国藩对于何桂清应治何项之罪。

曾国藩奏复的大意是：封疆大吏，应以守土为重。丹阳溃围，何督似无调度。且何督曾有辩本，说是他奔到常熟、昆山一带，乃是前去筹饷，并非逃避，有案可查云云。查丹阳自从溃围以后，案卷失散，无从查核。既是真伪莫辨，只有按照原罪办理。折上之后，何桂清即奉正法之旨。

当时有些不慊于曾国藩的人，说是何桂清之死，不是死在发军手里，也不是死在咸丰皇帝手里，却是死在曾国藩的复奏一折手里。

有人去把此话告知曾国藩听了。曾国藩微笑着道："国有国法，军有军法。何某之罪，应该如此。世人责我，我也不辞。"曾国藩当时表明他的心迹之后，仍去办理他的军务。但因左宗棠已任浙抚，不能再负襄办军务之责。便将彭玉麟又从湖口召至，告知经过一切之事。

彭玉麟一一听毕，方才答道："九世叔的围困金陵之计，现在最是相宜。因为江南大营一溃之后，贼方各地的声气灵通，很使我们难以四处兼顾。若将金陵团团围困起来，真正可以置他死命。"

曾国荃道："雪琴既然赞成我的计划，务以水师全力助我。"

彭玉麟听了，忙不迭地答道："九世叔放心，世侄自从这几次失败之后，对于这个水师，又增不少的经验。从前因见敌人的炮弹厉害，第一次，是仿照戚继光的刚柔牌，以漆牛皮蒙在外面，再搓湖棉成团，及加头发在内，以之捍御枪炮，毫无效力。第二次，又用鱼网数挂，悬空张挂，也没什么用处。第三次，又用被絮浸湿张挂，衬以铅皮，也是一点无效。第四次，又用生牛皮悬于船旁，以藤牌陈于船梢，也难抵御。第五次，又做数层厚牌，第一层用那竹鳞，第二层用那牛皮，第三层用那水絮，第四层用那头发，依然无用。世侄闹得无法，只好用我血肉之躯直立船头，以身作则。强迫兵士效命，对于一切的炮弹枪子，可避则避之，不可避呢，听天留命而已。现在世侄的部下，竟能直立船头，不稍畏忌。复出其矫捷之身手，与敏锐之眼光，而择临时免避之方，倒也并未全葬子弹之中。九世叔既用重兵围困金陵，世侄回去，即派一千艘船舶，听候九世叔支配可也。"

曾国荃听了大喜道："如此甚好。我所防的他们未必全遵我的军令。"

彭玉麟听说，便用他那手掌向空一砍，装出杀人的样子道："不遵军令的只有杀呀。小儿永钊几天之前，就为不遵我的军令，我已把他斩了。"

曾国藩、曾国荃两个，一同大惊失色地问道："真的不成？"

彭玉麟忽然微红眼圈答道："逆子私抽洋烟，违我军令，怎么不斩？"彭玉麟那个"斩"字的声音，虽然十分坚决，可是仔细听去，却有一种惨音夹在里头。曾国藩急把彭玉麟的双手捏住道："军营之中，虽然不能再顾父子的天性，但是我总不能下此辣手。"曾国藩说完这句，方将双手放开。

曾国荃接口道："依我之意，违令去抽大烟，打上几十军棍，也就罢了。当时究是一种什么情形？"

彭玉麟道："他自到我营中，我就见他仍是一种飞扬跋扈的样子。我就谆谆告诫，对他说道：'永钊，你既在此投军，你须存心不是我的儿子。你若倚仗是位公子，或是父子之情，藐视军营之法，你就错了主意的呢。'谁知他的口上虽在答应，他的所行所为，事事违反军令。

"有一次，有人前去密报，说他在那离开湖口镇十里的锡堡地方，非但嫖娼赌钱，而且大抽洋烟。我即下了一道手谕，着他回营思过。因为还是第一次，照例可恕的。岂知那个逆子竟敢把我那道手谕撕得粉碎，抽烟如故。那时我就动了真火，以为一个亲生之子尚且管不下来，怎好督兵打仗？当即亲去把他抓回营中，绑出斩首。全营将士都去求情，我只双手掩住耳朵不听。等得斩了献上首级，方才想到其母死得可怜，略有一点悲惨。"

彭玉麟还待再讲，忽见一个探子来报秘密军情，始将话头停下。正是：

> 甘愿家门绝嗣续，
> 不教军法失威严。

不知那个探子所报何事。且阅下文。

第四十五回 左宗棠陈援浙策 潘鼎新荐克敌方

彭玉麟正和曾国藩、曾国荃二人谈他斩子之事的当口，忽见一个探子来报秘密军情，暂将说话停下。曾国藩便问探子所报何事。探子说是新任浙抚左宗棠左大人，日前驻兵浮梁，打算扫清浮梁、荣平、婺源三县附近的贼众，才有入浙之路。哪知三县附近的贼众都是伪堵王黄文金手下的悍贼，有十七八万人数，左大人只有八千老湘军很是危险等语。

曾国藩听说，一面命那探子再去细探，随时飞报，一面立即下令，飞调张玉良一军，限日去到浮梁相助，不得有误。

公事刚刚发出，又接皖抚李继宜的移文，指名要调曾贞干、曾大成两军前去助攻安庆。因为安庆省垣，已经陷在贼中九年。别样不说，单是巡抚死了三个，一个是江忠源，一个是李孟群，一个是李续宾。朝廷屡有严旨诘责。要请曾国藩以六百里的牌单去调两曾，曾国藩当然照办。

去后，始问彭玉麟道："永钊既正军法，他有子女没有呢？"

彭玉麟点首答道："子名玉儿，现已十岁。女名金儿，也已八岁。门生常接家叔去信，说是玉儿年纪虽小，一切举动，颇有祖风。"

曾国藩、曾国荃两个听到这句，一同连连地点头道："如此还好。"

彭玉麟却皱着双眉道:"门生只知有国,不知有家。一个孩子,有甚济事。老师此次唤我前来,有何示谕。"

曾国藩道:"一则就为你们九世叔围困金陵之事。二则自你带领水师之后,大小已有二三百次战事。虽然不是回回打胜,单讲发逆造反以来,先后已有十一年之久。陷落省份,又有一十六省之多。湘赣二省的外府州县,难免没有贼踪。可是长沙、南昌两城,至今尚能保住,确是你的功劳呢!所以我一奉江督之旨,非常栗栗危惧。若再师久无功,岂不要步那位何平翰的后尘了么?你须助我一臂之力。因为长江一带,水师的用途胜过陆军多多也。"

彭玉麟听说道:"老师如此重视门生,门生敢不竭力报效?现幸伪翼王石达开在那川省不能得志。湖北既已克复,对于川秦湘豫诸省,已可隔绝贼方的声气。北京的外交,也有议和之望。如此说来,只要注意南京、茅州、浙江、福建几处就是。门生马上回去,督率水师,以从九世叔之后,并候老师调遣。"

曾国藩连称:"好,好。"

等得彭玉麟、曾国荃两个先后去后,又接左宗棠的移文,并附原奏稿子。展开一看,只见写着是:

谨查浙省大局披离,恢复之效,未可骤期。进兵之路,最宜详审。浙江列郡,仅存衢州温州,其湖州一府、海宁一州,孤悬贼中,存亡未卜,此时官军从衢州入手,则坚城林立,既阻其前,金严踞贼,复挠其后。孤军深入,饷道中梗,断无自全之理。无论首逆李世贤正图窥犯衢州江山,臣军已由遂安回援,目前不能舍衢前进也。

金华介衢严中,城坚贼众。臣军若由金华进攻,则严州之贼,必由淳寿一带潜出包抄,亦非善策。若奕者置子四旁,渐近中央,未有孤立贼中而能善其后者。似臣军救浙,必须依傍徽郡,取道严州,较为稳妥。

唯浙西皖南一带,山乡瘠薄,产米无多。寻常无事之年,民食尚须从江西之饶州广信,籴买搬连。现在臣军食米,亦系从饶广采购转运而来。劳费殊多,行师不能迅速,此饷事之难也。

臣军除已募未到外,不满九千。除分守遂安开化外,随臣出战者不过五千有奇。此外如徽信两处防军,虽经曾国藩毓科奏明归臣调遣,然两处正在戒严,未可调以入浙。其衢州之李定太一军,八千余人,江山之李元度一军,八千余人,虽人数与臣相等,然均未足深恃。此次李世贤入犯,李定太仅守衢城，李元度分扼江常，而皆迫切呼援，惴惴不能自保。臣亦未能责其远离城池，浪战求胜，致损军威，此兵事之难也。

前蒙准调蒋益沣、刘培元两军来浙，尚未接有该员等确耗。蒋益沣一军，积久之饷，非两广督臣速为清给，难以成行。刘培元新募经费，非湖南抚臣速为发给，亦难集事。相距二千余里，恐须三四两月，乃可取齐。臣已迭次檄催，伏恳敕下两广督臣湖南抚臣，速清两军欠晌，发给经费行资，俾得端赴戎机，是为至要。

至浙东一带郡县，均为贼气所隔，势难迅速驰援，能从海道出师，乃为便捷。昨接曾国藩抄录上谕，因杭州宁波等处失守，沿海各口宜防，谕令迅速购买洋人船炮以资攻剿，圣虑周详，实深钦佩。臣等将来转战而前，必可终资其力。草此仅奏。

曾国藩看完此折，点头自语道："季高的才气本大，此奏也能镇出之。"

曾国藩说完此语，又接探子报称，说是湖北团练大臣雷正瑄，不知在何处觅到太平天国前伪军师钱江的《兴王之策》底稿，一见之下，佩服得五体投地。召问他的幕僚王延庆，要想投求钱江，帮他办理团练之事。王延庆便想讨好，情愿亲去找寻。雷正瑄听了大喜，立即拨给王延庆五百两旅费，令他乔装寻觅，不达目的，不准回局。王延庆立即满口应允而去，每日只在茶楼酒肆探访其人，日子一久，湖北省城，汉阳、汉口百姓，无不知道此事。

有一天，王延庆忽在黄鹤楼上遇到一个眉目清秀、神采奕奕的中年道士。见那道士一个人伏在窗口，望着长江，只是喟叹。喟叹一会，忽去借了一支笔来，在那墙上题了几首诗句。王延庆走近一看，只见写着是：

　　独倚青萍陋杞忧，谈兵纸上岂空谋；
　　谁催良将资强敌？欲铸神奸守故侯。

　　机已失时唯扼腕，才无用处且埋头；
　　东风何事吹桃李，似与浓春闻未休。

　　飘零无复见江乡，满眼旌旗衬夕阳；
　　芳草有情依岸绿，残花无语对人黄。

第四十五回　左宗棠陈援浙策　潘鼎新荠克敌方

汉家崛起仗三杰，晋祚潜移哭八王；
却忆故园金粉地，苍茫荆棘满南荒。

地棘天刑寄此生，身还万里转伤神；
乡关路隔家何在？兄弟音疏自少亲。

扪虱曾谈天下事，卧龙原是幕中人；
西山爽气秋高处，从自苍凉感路尘。

草野犹怀救国忠，而今往事泣秋风；
植刘有意争雄长，韩岳终难立战功。

沧海风涛沉草檄，关山云雪转飞蓬；
忽忽过眼皆陈迹，往日雄心付水中。

桑麻鸡犬万人家，谁识秋情感岁华；
夜气暗藏三尺剑，边愁冷入半篱花。

云开雁路天中见，木脱鸦声日已斜；
几度登楼王粲恨，依刘心事落清茄。

一年一度一中秋，月照天街色更幽；
天象有星原北拱，人情如水竟东流。

贾生痛哭非无策，屈子行吟尽是忧；
寥落江湖增马齿，等闲又白少年头。

山中黄叶已萧森，招隐频年负客心；
北海琴樽谁款洽，南声经卷独追寻。

乾坤象纬时时见，江海波涛处处深；
莫怪东邻老杜甫，挑灯昨夜发狂吟。

余生犹幸寄书庵，自顾深知匕不堪；
芦岸归音回塞北，莼鲈乡思到江南。

虽无马角三更梦，已有猪肝一片贪；
且染秋毫湿浓露，手编野史作清谈。

王延庆看完此诗，不禁暗暗称赞。忽又想到此人即非钱江，也是一位人才，当下慌忙回复雷正琯听了。

雷正琯本在望眼欲穿的当口，立即派人去把那位道士请至，问其姓名，笑而不答。雷正琯于是更加疑他是钱江无疑，一面待以殊礼，一面对他说道："观君诗句，似在洪军之中，曾建许多事业过的。鄙人求才若渴，足下务勿隐秘。"那个道士听说，方才微微地一笑道："明公既已知之，何待多言。"

雷正琯听了大喜，便与谈论天下大事。那个道士却能口若悬河，对答不绝。雷正琯不待听毕，即在腹中暗忖道："今我果得钱东平了，但宜秘密。"

雷正琯转完念头，忙又向着那个道士一拱手道："敝处局面虽小，既办团练，又兼粮台，责任重大。务请足下屈就相助，他日有功，不难吐气扬眉的。"

那个道士听了，颔首许可。

雷正琯即托他去处理大事。头几天也还看不出他的坏处。又过几天，见他所有策划之事，不甚中肯。于是稍稍有些疑虑起来。有一天，忽因转运粮秣的问题一时不能解决，便对那道士道："现在捻党势炽，各路大兵屯聚陕晋各地。粮运一事，颇觉棘手。未知足下以为怎样办理？才能游刃有余。"

那个道士见问，一时嚅嚅嗫嗫地竟至答非所问。雷正琯至此，始知上了此人之当。当时即借一个题目，将那道人问斩。禀报上去，说他费了无限心机，方把太平天国前伪军师钱江诱到局中，验明正身，业已正法。官、胡二帅说是不问真伪，杀了就得。

探子报告的，就是这桩事情。

当下曾国藩便对探子笑上一笑道："你将此事探来禀报，也没什么不合之处。但钱江是何人，他既隐去，何致再到人间，何致去就雷大人的职司，何致会被雷大人拿下问斩。湖北的官、胡二帅并非不知，只因认为杀了一个行骗道士，其事甚小，不足研究也。你怎知道？"

探子闻谕，方始含赧而退。

曾国藩等得探子去后，正想去写日记，忽见一个戈什哈呈上一个手本，下面写着"附生潘鼎新"五个小字，便问戈什哈道："他有荐信没有？"

戈什哈答道："沐恩曾经问过他的。他只不言。沐恩不敢多去盘问，恐违大人的军令，因此报了进来。"

曾国藩捻须微笑道："对啰对啰。现在人才难得。既是有人指名见我，必有一点学问，万万不可埋没人家来意。"

曾国藩说到此地，把手一挥道："请到花厅相见。"

及至走到花厅，一见那个潘鼎新的装束，几乎笑了出来。你道为何？

原来潘鼎新所穿的一件破旧府绸四方马挂，长得盖过膝盖。内穿一件老蓝竹布的长衫，却又极短。远远望去，兀像穿着袍套一般；再加上那顶瓜皮小帽，帽上一颗红线结子，已经成为黄色；一双布鞋，底厚二寸有余。一种村学究食古不化的模样，委实有些万难。

当下曾国藩先自暗忖道：如此一位学究，怎好来此投军？但既远道前来找我，不能不以礼貌接待。想到此处，便去向着潘鼎新将手一伸道："请升坑。"

那个潘鼎新一见曾国藩请他升坑，忙把腰骨一挺，双手一垂，朗声答道："老帅位极将相，潘某怎敢分庭抗礼？"曾国藩笑上一笑道："第一次相见是客，哪有不坐之理？"潘鼎新听见如此说法，只好遵命坐下。

曾国藩照例送茶之后，方问来意。

潘鼎新道："潘某在家时候，虽曾看过几本兵书。因思现在既为这般乱世，人才迭出，断非潘某不学无术之辈、可以出而问世的。前几天及见敝省的那位李希庵中丞，轻敌出战竟至阵亡，方才知道目下的大员，不过尔尔。"

曾国藩听了大吃一惊道："怎么，李希帅前一向还有公事前来调人，此是哪天的事情？"潘鼎新道："没有几天。"

曾国藩又问道："足下究从何路而来？"潘鼎新道："是从庐州来的。"

曾国藩道："我此地，怎么还没官报？"潘鼎新道："现在道途梗塞，信息难通。潘某因是家乡熟地，所以能够到此。"

曾国藩听了点点头道："足下可知此事的大略吗？"潘鼎新道："略知一二。"

曾国藩摸着胡子，连声嗳嗳道："你就说说看。"

潘鼎新道："敝省省垣，已经陷在贼手，先后九年。因为安庆地方虽是一个山城，可是面临大江，易守难攻。只要看从前的事情，一死就是几位抚台，此城难攻，可想而知。此次李中丞因见老帅已拜江督之命，他是安徽巡抚，须受老帅的管辖。"

曾国藩听到此地，岔口说道："这倒还是我的晚辈。他那亡师罗萝山，是我老友。"

潘鼎新道："如此说来，更有关系的了。他急于要去克复省城，自然理所应该。岂知援兵未到，就去出战，守那安庆的人又是那个威名极大的'四眼狗'；再加那个伪忠王李秀成还怕'四眼狗'一时疏忽，又派了他那堂弟李世贤率了几万悍贼扎在城外，以作掎角之势。李中丞的部下又少，从前未出乱子是全仗那个刘秉璋幕中的徐春荣，所以还能打上几次胜仗。自从徐春荣奉调去到湖北之后，李中丞一个兵单将寡之身，就是不去攻那安庆，已经岌岌可危，难以自保。一去攻城，便至一败亡身。"

曾国藩皱着眉头说道："舍弟贞干和曾大成两个，我已檄调前往助援安庆，何以如此耽误程途，至今未到。"潘鼎新道："现在四处是贼。再加左宗棠左大人新拜浙抚，拟从徽郡杀入衢州，于是更加行军梗阻，极其不便。怎么可以怪着令弟大人。"

曾国藩听了，仍然不以为然地答道："行军最贵神速。总是我不能教，以致舍弟的经验学问，两有欠缺之故。"潘鼎新接口道："老帅的满门忠义，举世咸知，不必谦虚。但是现在安庆的抚台，朝廷尚未放人。令弟大人，倘能从速赶到，倒是克复省垣的一个极好机会。"

曾国藩不解道："方才足下，不是还在盛称'四眼狗'、李世贤两个之能的么？怎么此时又说容易起来了呢？"潘鼎新笑上一笑道："现闻李世贤因闻左大人攻浙甚急，又见已经杀死一个清国抚台，安庆地方暂时无虑。他已率兵窜入浙江，志在攻夺那个衢州去了。剩下一个'四眼狗'，自然多少有些战胜的骄气。所以我说此时是个大大的机会。"

曾国藩一愕道："足下据事立论，真是一位将才，令人佩服万分。现在左大人那儿正在少人相助，让我将你荐去如何？"

潘鼎新听说，方向身上摸出一封书信，呈与曾国藩去看。曾国藩接到手中一看，见是那位程学君介绍来的。书中盛誉潘鼎新的本领胜他十倍。

曾国藩至此，方才明白潘鼎新这人非特有才，且有节气，明明来此投效，不肯先把介绍之信交出，便是他有身价的地方。当下收过那信，又问潘鼎新："愿到浙江去否？"潘鼎新道："同为国家效力，在此在彼，都是一样。"

曾国藩听了大喜，马上写上一封荐书，交与潘鼎新，命他克日动身。潘鼎新谢过曾国藩，起程之际，复又叮嘱去取安庆的机会，万万勿失。

曾国藩一等潘鼎新走后，即饬飞马报知贞干和曾大成二人。没有几天，忽得飞探报到，说是国荃、贞干两个已把安庆克复。曾国藩一得此信，不觉喜形于色地自语道："这样一来，真可称为难兄难弟的了。"

等得正式公文到来，细细看过，方知贞干忽在中途遇见国荃。贞干就约国荃帮忙先去克复安庆、再办围困金陵之事。国荃应允。果然竟被那个潘鼎新料到，"四眼狗"大有骄气，其一稍稍疏忽，一个九年陷在贼手的安庆省城竟然克复下来。时在咸丰十一年八月，及至奏报朝廷，尚未接到批回，忽于初十那天，奉到赞襄政务王大臣的咨文，说是文宗显皇帝，已于七月十六那天宾天。安庆克复之折，竟不及见。

曾国藩这人本极忠义，一见此等噩耗，不禁悲从中来，掩面而泣。左右慌忙劝慰。曾国藩拭泪道："朝廷待我甚厚，不比旁人。我在军中，每次大败，从未责备一句。直到如今才把安庆克复，哪知文宗显皇帝，又已不及看见。哀哉痛也。我罪深矣。"

曾国藩哀痛一会儿，又把咨文再去细细一看，突又一惊道："大行皇帝，本有太子，何必用着这班赞襄政务大臣。"说到此地，就想以他三朝元老的资格，前去奏上一本。后又一想，这等大事，朝中大臣岂无胜他之人，必定业已颇费斟酌，我却不可冒昧，姑且写信前去问过翰林院郭嵩焘再讲。

曾国藩想定主意，立即一挥而就，发信进京。谁知一等多日，竟没回信。正是：

　　　　大敌当前犹未靖，
　　　　深宫确息更难知。

不知进京之信，何以没有回音，且阅下文。

第四十六回 宣娇觍颜求媚药 树德献计听空坛

曾国藩自从发信去与那个郭嵩焘之后，久候没有回音，他就有些着慌起来，生怕外省的大敌未靖，京中的乱事又起。他是一个身居两江总督都堂的三朝元老，怎好不去关心？无奈那时尚没电报，只有紧要上谕，或是重大公文，才能用那六百里的牌单。私人信札，毫没加快办法。曾国藩到了那个时候，也只得先顾南京的军务再说。

有一天，正在盼望各处的消息，忽据探报，说是伪忠王李秀成不知为了何事，亲自率领二三十万老万营的悍贼去攻六合。知县温绍原寡不敌众、业已殉难等语。曾国藩一听此信，不禁连连地跺着脚说道："可惜可惜。他既殉难，六合地方反作金陵贼党的屏藩矣。"曾国藩说完，立即下令，飞檄曾国荃回攻金陵，皖省善后事宜交与曾贞干、曾大成二人，会同绅士办理。

那时李秀成也要算为太平天国之中的一位大人物了。何以如此大才小用起来，亲自去攻那个小小的六合县的呢？其中自有一番道理。

原来那个洪太主洪宣娇自经铜官一役，败回金陵之后，不知怎样一来，竟和弥闲情淡起来。弥闲也明知洪宣娇的势力，不是可以随便争风吃醋的，只好闷声不响，退至一边，尽让他这情娘再去另置面首。洪宣娇见他颇觉识趣，反而偶去敷衍。不过既云敷衍，必须另找别路。

有一天，洪宣娇亲去寻找那个女状元傅善祥。傅善祥的父亲名叫启徵，本是南京地方的一位宿儒。逝世以后，仅剩善祥一人。善祥生而多慧，长而有貌。那时正在不肯以那庸庸妇女自居的当口，忽值太平天国建都金陵，开设男女二科，以揽天下英才。傅善祥闻信，急去应试。

其时的大总裁，便是军师钱江。题目是命男女二科，各拟一篇北征檄。善祥文中的警句是：问汉官仪何在？燕云十六州之父老，已呜咽百年；执左单于来庭。辽卫八百载之建胡，当放归九甸。

傅善祥既得女科状元，同时男科的状元，名叫朱维新，维扬人士。大魁之日，年仅十有七岁，才学固好，品貌又美。当时的傅善祥，还大朱维新两岁，颇有相从之意。不料东王杨秀清是个登徒子之流，一见男女两科的状元都是美貌无伦，他便奏知天皇，以傅善祥充他的随身机要记室，朱维新充为东王府的秘书监，不久且升为尚书。东王既是如此重用傅、朱二人，无非存着不利孺子之心而已。没有多久，傅善祥便被威迫成奸，朱维新也加封龙阳君起来。

傅、朱二人既然一同失了贞操，当然心中老不愿意。朱维新因是一个男子，尚有解闷散忧之事可找。独有那个傅善祥，每天处于淫威之下，委实无法可以解嘲，一时无可奈何，便去吸食洋烟，以消岑寂。

一天晚上，东王又去叫她值宿，她因未曾大过其瘾，床笫之间，或有不悦东王之意。嗣经东王仔细盘驳，方才知她有了烟癖，顿时大怒，即用一面芦席枷枷着傅善祥这人，锁于女馆门口。幸被洪宣娇所见，便去向着东王吵了一场，方才赦了傅善祥之罪。

傅善祥既感洪宣娇相救之恩，平时二人又因一同被奸之怨，常常相对诉苦的，所以她们二人的交情很是不薄。当时南京的百姓，个个称呼她们二人为太平之花，傅善祥并有大烟状元之称。后来东王被那北王杀害，北王的兄弟韦昌祚又将东王的全家抄斩，甚至那位西王萧朝贵之妹、萧三娘王妃，天皇西妃之姊、陈素鹃妃子，也是一同遇害。还算这位傅善祥苦苦地向那韦昌祚再三哀求，方始保得一命。她便从此闭门思过，不敢再与天国的那班朝臣前去周旋。洪宣娇本是她的知己，因此未绝往来。

这天洪宣娇前去看她，因有两桩私事，一见她面，同到内室，对她说道："傅家姊姊，我们两个现在都是徐娘的风韵了。你的性情恬淡，不事奢华，我也知道无非中了洋烟之毒。但我此时委实尚难寂守空闺。弥探花这人，我已觉得厌恶。今天我来找你，因有两桩事情：一桩是从前东王赐你的那些驻颜之药。我见你终日吞云吐雾，一榻横陈，不事修饰，不喜繁华，那药便无用处，请你统统送我。"傅善祥听到此处，含笑问道："你的呢？我知道当时东王爱你性喜风流，所以赐你的药料，比我还多一半呀。"

洪宣娇见问，不禁微红其脸地答道："我已用完。你且不用管我，单是给我就是。"傅善祥听了，便将她那一张蟹壳青的脸儿向左一别，跟着又扑哧笑了一声道："你这位好太主，真也太难了。难怪外边的一班老百姓，都在说你是妲己转世呢。"

洪宣娇听说，并不生气，单是又自顾自地接说下去道："我见现在清国的大局，自被曾国藩、彭玉麟、左宗棠三个小子一同掌了大权以来，军事很有一点布置。我们国中只有一个忠王，任他就是三头六臂，在我个人看来，也是双拳难敌四手。如此一来，我们的国运怎样，家运怎样，似难自保。只有趁此时光，乐他一乐，就算便宜。既要行乐，又没什么人才对我脾胃。我的今天来此，须你替我出个主意。"

其时傅善祥的烟瘾又已上来，只在眼泪汪汪地打她呵欠，明明听见那个洪宣娇郑重其事地请教于她，但因精神疲乏，委实有些对答不出。幸而洪宣娇瞧出形状，便将傅善祥一把拖到烟榻之上，一同南北向地相对卧下。一面先请傅善祥自去烧烟，一面方又说道："我的好姊姊，你快些抽几口，就好好地答复我吧。你是一位才女，谁不知道？"洪宣娇说到这句，忽又抿嘴一笑道："幸亏我们那位启徵老世伯业已下世，否则你这个人，恐怕也要做那彭永钊第二了呢。"

傅善祥一任洪宣娇怎样去说，她只自顾自地一连抽上十二三筒极大极大的洋烟。等得吐出最后的一口回烟，才微喘地对着洪宣娇笑上一笑道："你莫这般说法，我那亡父在生只有我一位大宝贝，非但不肯干涉我的抽烟，而且见他一位宝贝女儿，去被人家奸……"傅善祥说到这个"奸"字，不觉陡地流下泪来。不过此时眼泪，乃是酸心的结果，不比起先的眼泪汪汪，并非哭泣。

洪宣娇瞧见傅善祥忽然伤感起来，慌忙安慰她道："我在和你说着趣话，倒把你的旧恨引起来了，怪我不好，罚我再做一世寡妇就是。"

傅善祥听说，不禁破涕而笑道："世上有你这位浪漫的寡妇，倒也少见。你既要找寻美貌面首，你须听我办法。"

洪宣娇忙不迭地接嘴道："你说你说。我一定听你说话。"

傅善祥又接说道："大凡美貌的男子，多半出于世家，或是优伶。现在我们

第四十六回　宣娇靦颜求媚药　树德献计听空坛　‥325

这座天国，不能称为天国，只好称为地狱。"傅善祥说了这句，忽又问洪宣娇道："你是在外边乱闯瞎跑的，你可瞧见现在的南京城里，还有一个青年美貌的子弟没有？"

洪宣娇连忙坐了起来，把双膝盘着，拍着手称是道："对呀，对呀。你的话真正一点不错。我见一座偌大的南京城中，简直没有一个较为清秀的子弟。"

傅善祥不待洪宣娇说完，便又接口问道："你可知道都到哪里去了呢？"

洪宣娇道："大概逃难去了。"

傅善祥将嘴一撇道："这倒不是。他们是全被一班王爷们弄去做男风去了。"

洪宣娇听了，急皱双蛾地答道："如此说来，岂不苦煞了他们么？"

傅善祥笑着道："你也不必去替他们可怜。这些人物里头，可以约分三种：第一种是本来不愿的，因被一班王爷们所逼，只好敢怒而不敢言的，以他们的清白之身去做龌龊之事。第二种是先不情愿而后情愿的，因被一班王爷们好看好待，穿好吃好，无非以他雄飞之身，去干雌伏之事。第三种是开首就情愿的，因为他们本是优伶之身，早被一班老斗凿破天荒。一旦身入王府，便好睥睨一切，什么睚眦之报，什么轻薄之怨，都好为所欲为，仿佛在替先人增光一般。"

傅善祥说到这里，又去抽了几筒大烟，方才叫了洪宣娇一声道："洪太主，你若真要搜罗这等人才，不妨奏知天皇，下道谕旨，限令一班王爷三天之内，各献童子十人，以便你去训练一座童子营。"

洪宣娇慌忙叫妙道："妙呀妙呀。此计若成，我便不打饥荒了。"

傅善祥听说，盯上洪宣娇一眼道："妙不妙，我都不管。不过一个人的精神有限，一营盘童子军的男色无穷。太主不可因我一言，自己就去糟蹋凤体，我可不负责任。"

洪宣娇又忙不迭地乱摇其手道："谁要望你负责，你去拿药给我就得。"

洪宣娇说着，已先下床。等得傅善祥将那驻颜之药交给洪宣娇收好，洪宣娇便欣欣然有喜色地告辞走了。

没有几天，洪宣娇的一营童子军早已奉旨成立。不过成立之后，那班小小军人十天死一个，半月亡一双。

后来傅善祥闻知其事，始知洪宣娇这人只顾自己，不管他人，恐怕将来因此惹祸，只好暗暗地避得不知去向。当时有人说她是跟钱江一同走的。其实大大不然，因为傅善祥离开南京要比钱江迟了好几年呢。况且钱江是位何等样人，断不携带一位青年妇女而遁，致为旁人瞧出破绽。

不才对于此等地方，因有参考的书籍，又有先人的遗训，故此敢向读者负责说句实话。傅善祥的结果，必不及钱江多多。

当时傅善祥既遁，洪宣娇也不在她心上，仍是尽情行乐，尽量求欢，甚至有时分惠于她天皇哥哥、皇后嫂嫂去的。

岂知事为忠王李秀成所知，于是大不为然起来。一天特去向着洪宣娇说道："太主娘娘，臣有几句逆耳之言，伏求太主注意。太主训练童子军，臣本极端赞成。谁知道到现在，始知太主另有用意。这班青年子弟，当然都是将来报国的人才，若使他们统统死于疆场，已经不免可惜，而况死得无名，亡得没义。太主即不顾着自己的身体、自己的声名，可是天皇和皇后二位须关天下人民的观瞻的。太主倒忍令他们失去大家之望不成？"

洪宣娇一直红了脸地听完，只好矢口不认。李秀成复又劝上一番，方始退去。哪知洪宣娇就因此事，即与李秀成不睦起来，于是天天去到天皇面前，大说李秀成的坏话。

可巧那时的天皇已经偏重于逸乐方面，对于一切军情大事，认为既有李秀成主持，便可高枕无忧。及至听见洪宣娇的坏话，方始有些吃惊起来。

一天忽将李秀成召至，正色地问道："忠王贤弟，你的本领，在朕看来，胜过东平多多。怎么如此一座小小六合县城，至今不能将它克复，其中有无别意？"

李秀成听了一愕道："陛下怎出此言？臣弟对于这座六合县城，早在心上。一因臣弟只有一人，既要到东，又要到西，一时忙不过来。二因六合的那个温绍原，自己既有能耐，他的夫人公子也识一点军事。从前还有那个刘秉璋的门人徐春荣善卜文王大卦，算一是一，算二是二，臣弟手下的将官，万万不是他的对手。有此两个原因，以致耽搁下来，并非臣弟谋国不忠，实是臣弟的才力不够。陛下今天既然问到此事，臣弟无论怎样不敏，马上亲去攻打就是。"

天皇一直听到这里，方始强颜一笑道："贤弟若肯自去，朕就放心了。"说着，即命侍卫摆上御筵，算替李秀成饯行。

席散之后，李秀成辞别出朝。第二天大早，李秀成即到校场，点了三万老万营人马，作为他的护军。又命罗大纲、赖文鸿二人，也各率二万老万营人马，分为左右两翼，直取六合。

罗、赖二人一奉将令，已知李秀成对于六合县城，下了决心。当下便一同向着李秀成献策道："六合地方虽小，可是何方所得，便是何方的屏藩。从前有那徐春荣帮助温绍原，因此我们这边阵亡了百十员大将，溃散了数十万弟兄。这个深仇，谁不想报？只因未奉将令，不敢擅自进兵。今天王爷既命我们二人前去进攻，最好是给他们那边一个迅雷不及掩耳。若待援兵一到，那就麻烦了。"李秀成听说，点头称是。即令漏夜进兵，自己在后押阵。

不才说到这里，须从那位温绍原那边叙起。

原来温绍原本是一位举人出身，只因几次会试不中，便截取了一个知县，来到南京候补，那时南京的制台还是那位佞佛的陆建瀛。因见温绍原是个正途，即委署六合县缺。到任之后，正值钱江率领大军、围攻仪凤门的时候，他急修理城池，准备兵器，满拟牢守此城，以作金陵的屏藩。不料陆建瀛一见城破，马上携了爱妾逃走，他仍死命把守。后来又有刘秉璋的一支大军来到，他的胆子一壮，竟能将那一座六合县城守得犹同铁桶一般。洪军方面死的人数，确属不少。一守七年，朝廷见他是位将才，一直将他升到记名提督。

嗣因刘秉璋一军调攻安庆，他忽失去一只臂膀；幸亏他的夫人闵氏、公子树德，都是足智多谋，精通韬略，一门忠义，早拼与城同亡，所以把那四面城门更加修得十分坚固。非但是日夜亲自上城，轮流巡视，且对人民常常说着，孤城难守，本在意中。我们温氏一门，世受国恩，现又位至提督，更负守土之责。你们一班百姓，只有暂行投奔他处，等得平靖下来，回家未晚。那班百姓一因温绍原已经守了七年之久，认为有了经验，逃走四方，反而不及留此妥当。二因这位温军门爱民如子，真已成了家人父子一般，不忍离他，自去单独逃生。当时大家都说情愿一同守城，不愿逃离。温绍原听了那些百姓的话，只好安抚一番，听之而已。

一天方与闵氏夫人、树德公子，正在商量军情之际，忽见一个探子满头大汗地飞奔前来。温绍原料定，必有大敌到了，不待探子开口，赶忙抢先问道："瞧你这个模样，谅有贼军到了。但是你们已随本军门多年，多少也有一些历练，怎么一逢大敌，还没一点镇定功夫？"

那个探子听得温绍原这般说法，虽然定神下来，但是仍旧气喘吁吁地答道："禀……禀大人，祸……事不小，伪忠王李秀成亲率大军三十万，杀奔前来，离城只有二十里路了。"

温绍原一听李秀成亲自前来，又有三十万人数，不禁也吃了一惊起来。连忙命那探子，再去细探。当下就同他的夫人和公子两个道："方才探子之言，你们母子二人，可听清楚没有？"

闵氏夫人、树德公子一同答道："怎么没有听见？"温绍原又说道："事既如此，快快同我坐出大堂，召集将士，谕知御敌之法。"

闵氏夫人、树德公子不及答话，即同温绍原升坐大堂。自有两旁差役打起聚将鼓来，霎时之间，咚咚的鼓声不绝于耳。所有将士都已全身披挂，一拥而至。

温绍原抬头一看，只见为头的几员大将，乃是李守诚、罗玉斌、海从龙、夏定邦、王国治、周大成、王家干、李家驹、赵旭、黄应龙、魏平书、陈应虎、谈茂钧、崔元亮、崔元炳、杨金标等一十六人。正待开口谕知御敌之策，已见大众一齐说道："贼众已至，主帅快快发令。"

温绍原一面连连点首，一面即命李守诚、罗玉斌、海从龙、夏定邦四人，各率五百兵士，去守东门。王国治、周大成、王家干、李家驹四人，各率五百兵士，去守南门。赵旭、魏平书、黄应龙、陈应虎四人，各率五百兵士，去守西门。谈茂钧、杨金标、崔元亮、崔元炳四人，各率五百兵士，去守北门。只准严守，不准出战。大众奉命去讫。

温绍原立即携同夫人、公子两个，共率敢死亲兵一千，来到敌楼之上，亲自主持大炮的事情。等得刚刚预备完毕，早见太平军的大兵已向西南两门攻打。他便命人把那炮门，移向西南两门，瞄准敌方主力军的所在地，轰隆隆地就是几炮。因为温绍原守了七年下来，深知这些大炮乃是攻敌的利器，所以平时早将大炮的架子装得活动，能够随意移转。往年守城，多半借此力量，当时仍用此法，果然有效。当下就在那个隆隆声中，只见跟着烟雾满天、血光满地，西南两门的敌军，已被几声大炮轰死一半。

温绍原正在欢喜之际，陡又听得一片喊杀之声，冲上城来。正是：

> 运筹帷幄称神算，
> 　决胜疆场奋武威。

不知这片喊杀之声，究是何路人马，且阅下文。

第四十七回

踹敌营将门有子　得怪梦温氏成神

温绍原一见几声大炮，竟将攻打西南两门的敌军打死一半，正在有些高兴的当口，陡又听得一片喊杀之声，突然之间冲上城来。急忙定睛一看，原来并非敌人，都是六合城内的一班老百姓，因恐他们有失，特来拼死助战的。温绍原见此情形，更是一喜。赶忙谕知大众道："你们来得甚好，快到四门分同把守就是。"大众奉令去讫。

温公子忽然用手向那前边远远地一指道："父亲母亲，快看快看，敌军又在一齐蛇行而进，定是在避炮火。"

闵氏夫人先向远处一望道："我儿之言不错，敌人此来，恐有异谋。"

温绍原听说，急用他那右掌覆在额际做了一个天蓬样式，蹙眉一望，果见敌军正从远远地蛇行而进。忙不迭地对着守炮兵士，将手向那远处一扬道："快从正面放去，打他一个不能近前。"

守炮兵士自然唯唯答应，只把炮门一扳，顿时又是轰隆隆的几声，早将那些蛇行而进的敌军打得血肉横飞、肢体迸起。

温公子正待说话，忽见把守北门的崔元亮、崔元炳两个亲自飞奔报来，说是敌军似在北路一路挖掘地道，怎样办法？

温公子先接口道:"二位将军,快快回转。可命百姓各人捐助空的酒坛一只,飞速埋在城根底下。地下如被掘通,空坛便有声响可听,那时再用火药迎头炸去,便可抵挡。"温绍原在旁听了大喜,急命二崔快去照办。

二崔刚刚去后,急又见一个探子飞马来报。说是伪忠王李秀成,因见罗大纲、赖文鸿两个贼将漫无布置,第一阵就中了我军大炮,死伤老长毛一万三千多人,打算暂避我军的锐气,已经退下五十多里。温绍原闻报,重赏探子,方对夫人、公子说道:"敌军畏惧炮火,不敢前进,也是情理。话虽如此,我等三人,今天晚上,须在城楼住宿,不可中了敌人以退为进之计。"

闵氏夫人、树德公子一同答道:"老爷须要保养精神,方好长此办事。不可今天第一天就把精力用尽,后来怎样支持,快请回衙。此地且让我们母子二人在此监督便了。"温绍原听说,还不放心,又命心腹将士挂城而下,前去探过。探了回报,说是敌军果已退去五十里外,今天晚上似乎不致进攻。

温绍原听了,方命公子在城监督,自己同着夫人回转衙门,稍稍进了一点饮食。又据探子来报,说是北门城下业已埋上空坛,只要地下稍有响动,上面便能听见应声。

温绍原听毕,面上似露喜容。闵氏夫人起初倒也有些高兴,及至探子去后,忽又想到一事,皱了双眉地对着温绍原说道:"老爷,你我年已半百,膝下仅有此子。方才埋坛之计,倒也亏他想出。妾身有个愚见,不知老爷赞同与否?"

温绍原捻须地答道:"夫人有话,只管请说。只要有益国事,下官无不遵命。"闵氏夫人却微摇其头道:"妾身此言,适与国事相反,倒于我们家事有些关系。"闵氏夫人说到这句,她的声音,已经有点打战,仍旧鼓足勇气地说道:"孤城难守,也已所见不鲜的了。我们夫妻两个世受国恩,理该城存人存、城亡人亡,不用说它。不过我们这个孩子,年纪尚轻,未曾受过国恩,依妾之见,打算命他挂城逃走。我们两个倘有差池,温氏门中尚不至于绝后。"

温绍原听毕,先把脑袋向天一仰,微吁了一口气道:"夫人此言,未免有些轻重不分了。你要知道绝后一事,仅仅关乎于我们温氏一门。为国尽忠,乃是一桩关乎天下的极大之事。现在驻扎祁门的那位曾涤帅,他的兄弟温甫司马,就在三河殉难的。还有那位彭雪琴京卿,他本是水师之中的老将,他的永钊公子只为私吸大烟,犯了军法,他竟能够不顾父子之情,马上将他问斩。曾、彭二位,都是当今数一数二的人杰,他们所做之事,哪会错的?下官只望能够保全此城,方才不负朝廷付托之重。果有不幸,我们全家殉忠,也是应该。"

温绍原的一个"该"字犹未离嘴,忙把他的双眼紧闭起来。你道为何？原来这位能文能武的温绍原军门,年已半百,膝前只有这位树德公子。舐犊之情,怎能无动于衷。若将眼睛一开,眼泪便要流出,岂非和他所说之话不符。

闵氏夫人一见她老爷此时的形状,不禁放声大哭起来。

温绍原嗳的一声站了起来,含着眼泪,圆睁双眼,厉声说道:"夫人快莫作此儿女之态。大丈夫能够为国尽忠,也得有福命的。"闵氏夫人听说,心里虽在十分难过,面子上只好含泪点头,承认他的老爷见理明白。

他们夫妻二人正在谈论尽忠之事,忽见一个丫鬟走来禀报,说是王国治王都司有话面禀。温绍原便命传话出去,请到花厅相见。等得出去,只见王国治一脸的惊慌之色,毫毛凛凛地向他禀道:"标下回军门的话,标下刚才得到一个密报,恐怕我们城内有了奸细。今天晚上,防有乱子。"

温绍原听说,连连双手乱摇道:"贵参戎不必相信谣言。我敢夸句海口,六合城中,个个都是良民。外来奸细,断难驻足。这件事情不用防得,所要紧的是,我们这边一股脑儿,不及万人；敌军多我三十余倍,这倒是桩难题。"

王国治道:"标下业已派了飞足,亟到少荃中丞那儿请兵去了。因为少荃中丞那里的花绿队,却是外国人白齐文统带。只要这支兵马杀到,此城便可保住。"

温绍原又摇其头地答道:"你休妄想。前几天,少荃中丞允了程学启之请,准许苏州城内的百王献城自赎。岂知后又听了他那参赞丁日昌的计策,趁那程学启在那宝带桥营盘里督队操练的当口,假装请客样子,把那一百位投顺的贼王诱到席上,以杯为号,即出刀斧手数百,尽将百王杀死。等得程学启知道,所有降兵,已经复叛。程学启因见少荃中丞手段太辣,使他失信于人,一气之下,便与叛兵前去拼命,有意死在乱军之中。现在少荃中丞自顾尚且不遑,怎么再能发兵来援我们？要么曾沅甫廉访,他已克复安庆,或者能够抽兵到此,也未可知。"

王国治一直听完,也没什么计策,只得回去守城。

温绍原一等王国治走后,又对他的夫人长叹了一口气道:"夫人呀,我们城内兵微将寡,粮饷又少,照此看来,万万不能等到援兵来到的了。俗话说得好,做一天和尚撞一天钟,下官只好做哪儿,便是哪儿。"

闵氏夫人珠泪盈盈地答道:"此事关乎天意。只要天意不亡大清,此城自然有救。我们也得长为太平之民了。"

温绍原听见他的夫人付之于天的话,也叫无聊到极点了,当下不便再言。

一宵易过。第二天大早，就见树德公子亲自来报，说是贼兵又退十里，离城已有六十多里。此时只要援兵一到，此城便可保全。温绍原便同夫人、公子来到城楼，远远一望，果然不见敌兵的影子，于是稍稍把心一放。一面下令四城的守将，大家不妨轮流把守，以资替换。所有人民，各令归家，不必苦了他们。一面仍留树德公子，在城监督。自己同了夫人回到衙内，写上一封密禀，命人挂出城去，飞投祁门大营请援。

　　温绍原发禀之后、正在盼望援兵的时候，哪知就在这天的半夜，李秀成亲率大军，一窝蜂地陡然而至，竟将四城团团围住。原来李秀成此次来攻六合，本是下了决心。第一仗因见罗大纲、赖文鸿的队伍中了大炮，自然不肯再以血肉之躯的兵士，去与大炮死拼。当时即下一道命令，往后退下五十余里。第二次要使温绍原相信，所以再退十里。

　　罗大纲、赖文鸿便一同进帐问道："末将等的队伍，自不小心，中了敌人的炮火，应得有罪。不过王爷一退就是六十多里，倘若官兵的援军一到，我们岂非更加要费手脚了么？王爷退兵有无别计。"

　　李秀成见问，微微地一笑道："本藩此计，并无什么奥妙之处。只因敌方大炮厉害，瞄得又有准头，万万不能用那冲锋之法。须俟敌方稍有不防的当口，我军就好出其不意，一脚冲到城下。大炮那样东西，只能及远，不能及近。你们难道还不知道不成？"罗、赖听说，方才悦服。

　　李秀成又说道："你们二位下去，准在今天晚上，二更煮饭，三更拔营，人衔枚、马勒口的，四更时分，必须到达六合城下，将它团团围住。那时不管他们的大炮厉害，可没用了。"

　　罗、赖二人听说，顿时大喜，退去照办。果然不到四更，已将六合的四城围得水泄不通起来。那时树德公子正因连日辛苦，仅不过略眯打上一个盹儿，已经误了大事，赶忙飞报他的父母。

　　温绍原和他夫人两个一得此信，连跺双脚地叹道："痴儿误事。敌军已围城，我们的大炮便成废物。"

　　二人尚未说完，又据探子飞报，说是贼人攻城甚急，公子已经单枪匹马地闯入贼营去了。闵氏夫人急把探子拖住问道："你在怎讲？"探子又重一句道："公子已经单枪匹马地闯入贼营去了。"

　　闵氏夫人不待听毕，早已哇的一声，喷出一口鲜血，跟着扑通一声晕倒地上。温绍原见他的夫人爱子情切，急死过去，不觉泪如泉涌，慌忙去掐夫人的人中道:"夫人呀,你这一来,真正更使我火上添油了呢?"幸亏温绍原的一个"呢"字刚刚离嘴,夫人已是回过气来。但是气虽回了过来,口上只在"我的娇儿没有命了,我的爱子怕已死了",喊着不停。

此时温绍原不能再顾夫人,只好忙不迭吩咐丫鬟等人照料夫人,自己一脚奔到城上,往下一看,只见敌兵多得犹同蚂蚁一般,已在围着他的爱子厮杀。

幸见他的爱子还有一点能耐,只要他的一人一马,杀到哪里,所有贼兵便会溃到哪里。温绍原正待发令,想命四城守将全部冲出,去助他那爱子的当口,忽见李秀成亲自带领十多员悍将,忽将他那爱子围在核心。他那爱子一被李秀成亲自围住,便没起先的骁勇了。

正在万分危急之际,陡又瞧见他的夫人率了一队人马,直从北门杀了出来。温绍原一见他的夫人拼命地冲入阵中,更是急中加急。赶忙下令,不论将士,不论民兵,统统一齐杀出。自己也去拿一柄大刀,跟着跳上战马,一脚捎到李秀成的跟前,厉声大喊道:"敌人不得逞强,快看我姓温的取你狗命来也。"

那时李秀成正想首先结果温公子的性命,才能制住官兵锐气。起先一眼看见,一员中年女将带领几员将士来救那员小将,料定便是闵氏夫人。此刻又见一员须眉斑白的老将大喊而来,又知必是温绍原其人,却把手上的马缰一紧,反而倒退了数步,方向温绍原一拱手道:"温军门,你已守了此城七年之久。你的忠心,你的毅力,本藩未尝不知。但是满清之主,非是我们黄帝子孙,军门何必这般替他效忠。我们天皇,素来最敬忠臣义士。军门若肯投顺我朝,此真所谓弃邪归正者也。你须再思再想才好。"

温绍原不等李秀成说完,早已把他的胡子气得一根根地翘了起来,同时竖眉裂眦地答道:"你快不要如此狂吠,我乃天朝大臣,现在提督之职,怎么肯来投顺你们无父无君的贼人。"

李秀成听见温绍原骂得厉害,自然有些生气。可是看见他那一副忠肝义胆的样子,不禁又觉可敬,便又忍住了气,仍用好言相劝。哪知温绍原因为他的夫人、公子都在阵中,哪里还有工夫答话,只把他的那柄大刀,不管三七二十一地直向李秀成的脑门劈来。李秀成至此,始知温绍原早已拼了命,不是三言两语可以劝得醒的,只好赶忙将头一偏,避过刀风,还要不忍去和温绍原直接厮杀,单向官兵中的将士杀去。

当时却恼了一旁的那个赖文鸿,立即一马冲至温绍原的面前,大声喝道:"你这狗官不得如此撒野。我们王爷乃是一片仁心,只在好言相劝。你既不识抬举，就让我姓赖的前来送你归天便了。"赖文鸿道言未已，即和温绍原对杀起来。

那边的那位温公子起初因为自己略一疏忽，竟被敌人围至城下，以致大炮失其效力。既怕父亲见责，又怕失了城池，害了百姓，所以不要命的，骑上一匹战马，手持双剑，杀入敌营，无奈敌兵太多，他只一个，虽然被他杀到哪里，敌兵溃到哪里，按其实际，也不过九牛身上少了一根毫毛的情形而已。

温公子正在向前死命杀去的当口，忽见他的母亲带领几员将士一马冲入阵来。他就高声大喊道："母亲赶快退回城去，战是凶事，你老人家万万不可前来顾我。儿子虽没什么本领，尚不至于就被敌人所擒，去做俘虏。"

谁知他的说话未完，又见他的父亲已向李秀成那里杀去。他这一急，还当了得，只好不与他娘说话，顿时杀出重围，前去助他父母。可巧他的父亲正被赖文鸿杀得只有招架之功、并无还兵之力的时候，一经他去相助，陡然胆子一壮，始和赖文鸿杀个敌手。赖文鸿一见一员小将又来加入，不敢再事恋战，立即虚晃一刀，败下阵去。

此时官兵中的一十六员大将，也在拼力厮杀。闵氏夫人又有一些真实功夫，直把天国中的将士杀得不能支持。李秀成看得亲切，便在马上摇头自语道："一人拼命，万夫难挡，此话真正不错。你看温氏父子三个，此刻已如中毒一般，我们将士，谁能抵敌。这场战事，只有计取，万难力敌。"

李秀成说完，急将令旗一展，吩咐快快鸣金退兵。及至退下二十里，料定官兵已经回城，方始扎下营头。检点人马，才知伤亡了三五万人之众。李秀成见此情形，不禁长叹了一声，对着罗大纲、赖文鸿二人说道："本藩不纳二位将军掘通地道之计，以致吃了这场败仗。若是遇见别路大敌，倒也说得过去，无奈一个小小县城，莫说天皇见罪下来，本藩无辞以对；就被官兵背兵议论，本藩一世的英名也丧尽了。"

罗大纲接口道："王爷不必灰心，掘通地道之计现在仍可进行。王爷前几天不纳此计，无非表示我们乃是仁义之兵，不肯将那六合县城一产玉石俱焚。哪知温氏父子夫妻三个不识好歹，竟敢抗拒天兵。末将之意，只有仍旧明去交锋，暗则掘通地道，直达六合县衙。只要火药一炸，还怕温氏一门，不化灰烬不成。"

李秀成接口道："本藩前据探报，说是温树德已将四门埋上空坛，你们去掘地道，怎么瞒得过他，此处还得斟酌。"罗大纲便向李秀成咬着耳朵，如此如此、这般这般地说了一阵。李秀成听了大喜，即命罗大纲速去照计行事。

罗大纲退回自己坐营，便令书记写上几万张的谕帖，缚在箭上，射入六合城中。百姓拾起一看，只见写着是：

  太平天国忠王李　谕知六保城中一切军民人等知悉，本藩率兵抵此，原为救民而来。除只惩办抗拒天兵之温绍原一家外，其余概不株连。尔等若能献城投顺，自当奏知天皇，封以万户侯外，入城之日，并保良民家属。否则亦宜各贮粮食，以备围城无食之苦。从前翼王围困长沙城垣时，居民至以腐草为粮，其苦可知。前车可鉴，尔等须自为计，莫谓言之勿预也。切切毋误。

  百姓们一见此帖，大家忙去聚议。聚议的结果，献城投降，万难办到。只有各自贮粮，以备围城无食之苦，尚是正办。大家既已议定，各人便将日前埋入四城的空坛全行收回，自去储藏粮食。

  事为温绍原所知，不觉大吃一惊，急将紧要的几位绅士召至衙中，说明百姓取回空坛、去贮粮食之事，乃是图近利而贻远害的政策，万万不可行的。绅士答称，取坛贮粮，人民为防围城无食之苦，不是口舌可以劝阻下来的。温绍原一见绅士也没法子，只好付之一叹道："如此说来，乃是天意，不是我姓温的不能保护百姓了。"

  一班绅士听说，各自欷歔一会，无言而退。

  温绍原送走绅士，回进内衙气喘喘地急将此事告知夫人、公子。树德公子连忙安慰他的父亲道："爹爹不必着急，贼人既吃一场败仗，三两天之内，未必能复原气。至于埋坛听声一事，无非一种防御之法而已。现在全城的人民既已收回空坛，前去贮粮，此事不能反对。若一反对，人心一乱，更难办事。爹爹且去养养精神，守城之事，且让孩儿担任几天再讲。"

  温绍原听他儿子如此说法，因为自己也没什么办法，便也依允。

  哪知就在这天晚上，温绍原却做了一个大大的怪梦。正是：

    漫道忠言虽逆耳，
    须知热血可通灵。

不知究是一个什么怪梦，且阅下文。

第四十八回 忠良温家身皆死 沦陷城民遭屠杀

温绍原一听他的爱子如此说法，只好依允，正待好好地睡他一宵，养足精神，以便好去办事。哪知睡到床上，无限的心事又堆上心来，一任如何凝神一志地把持，总是翻来覆去地不能合眼。直到三更以后，方始朦朦胧胧地睡去。

恍惚间，陡见眼前来了一位金甲神人，面貌并不凶恶，举动颇觉庄严。温绍原慌忙下床相迎，尚未开口动问，已听那位神人向他大声说道："上帝悯尔一片丹忱，将命吾神到此指示：现在天国那边，业已定下一条毒计，正在挖掘地道，不日就要攻城。虽是尔父子能有报国忠心，将来应归神位，怎奈满城数十万的生灵一旦同遭浩劫，岂不可惨。尔须加意提防，破此大难，切记切记。"

温绍原一直听毕，忙又躬身动问道："尊神既来指示，温某先替全城子民感谢。不过尊神命某加意提防，从前小儿树德曾以空坛应声，有所防范。无奈全城子民，中了敌方空坛贮粮之计，尽将空坛取回。其余尚有何法可破这个毒计，伏求尊神明白指示。"温绍原说完，恭恭敬敬地站在一边，听候吩咐。

那位神人直等温绍原说完，方始连连地摇头道："此乃天机，万难泄漏。况且大限已定，劫数难逃，届时自会知道。"

温绍原听了神人之言，不禁微蹙双眉地复又问道："尊神既来指示，必有一条生路。否则大限既定，劫数难逃，教我温某怎样加意提防呢？"

那位神人倒被温绍原驳得无法起来，只好说道："吾神不来欺你，你的全家应在这个劫数之中。不过归天之后，上帝念你一片忠心，赐你一个神位。此城百姓不下数十万人，如何可以跟你同死。加以防范的意思，无非要你令百姓赶紧逃生去吧。"

温绍原又说道："此城百姓，早已表示愿与温某全家同生共死的了，若要逼迫他们统统离城，实难办到。"

那位神人听到此地，便把他手向那墙上画上几画。说也奇怪，那位神人画到哪里，哪里就有滔滔的水声起来。温绍原还待细问，忽见那位神人将他袍袖一展，顷刻之间，失其所在。温绍原因见此事十分奇突，心下一惊，早已醒了转来。赶忙睁开双眼一看，自己仍在床上卧着，不过两耳之中，尚有滔滔的水声听见。

温绍原本是一个人睡在签押房内的，此时既然做了这个怪梦，醒了之后，还有水声听见，连忙下床走到上房，唤醒闵氏夫人，告知梦中之事。

闵夫氏人不待听完，早已双泪交流地答道："老爷，此梦不祥，莫非我们全家，真要与城同亡不成？"温绍原瞧见他的夫人如此伤心，也不觉含泪地说道："下官守此孤城，忽已七年，本是打算与城同亡的。夫人倘因爱子情切，下官也可做一违心之事，此刻就去开城，谕知百姓快快逃生，夫人同我孩儿也去夹在难民之中，逃生便了。"

闵氏夫人听到此话，忙不迭一把将温绍原的衣袖拉住道："老爷呢？"

温绍原急把衣袖一甩道："夫人呀，陆建瀛、何桂清，他们二位总督的下场，夫人难道还不见么？"温绍原说完这话，便不再待闵氏夫人答话，立即奔出大堂，跳上坐马，亲自前去劝谕百姓逃难去了。

闵氏夫人一等她的老爷走后，急忙命人将她爱子唤到，上气不接下气地先将温绍原的梦境告知她的爱子听过，然后方问怎样主张？

树德公子朗声答道："梦境无凭，毋庸深信。至于敌人射入城中的几万张谕帖，明明知照百姓取坛贮粮，无非要破孩儿的那个埋坛听声之计。现在百姓既已中计，爹爹要去谕知他们逃生，恐难办到。这班百姓对于爹爹十分敬爱，虽是可感，但已中了敌方之计，其愚不可及也。以孩儿之意，还是母亲爹爹逃出此城，孩儿在此殉节，也是一样的呢。"可怜树德公子说到此处，早已眼圈发红，噎得说不出话来。

闵氏夫人双手发颤,急将树德公子一把搂到怀内,一边哭着,一边说道:"我儿怎么说出此话,你爹爹的正直脾气,你还没有知道不成?"

闵氏夫人还待再说,又见她的老爷一脸很失望的样子,已经回转。一进房来,一屁股坐在椅上,双手撑在膝上,低头不语。闵氏夫人忙同树德公子一齐走到温绍原的跟前,立定下来,眼巴巴地低声问道:"老爷,你可是从外边回来的么?满城百姓可肯听你说话,各自逃生去么?"

闵氏夫人问了两句,又不及等待她的老爷答话,忙又指指树德公子道:"我已问过我们孩子,他说他愿在此地,代父职守此危城,并教我们两老出亡。"

闵氏夫人的一个"亡"字刚刚离口,忽又纷纷落泪,回头叫了一声树德公子道:"我的苦命孩儿。你为什么东也不去投胎,西也不去投胎,偏偏投到我家来做子孙的呢?"

树德公子听说,急得把脚一跺,正待接口答话,忽觉地下陡现空声,不禁大叫一声不好,连忙将他父母一手一个,拖出房间。再向外面气也不透一口的,只是飞跑。刚刚跑出大堂,就听得天崩地陷的一声巨响,一座上房早已化为灰烬。

此时的温绍原到底是个汉子,还能对他的爱子说声"好险呀"的一句说话。可惨那位闵氏夫人,本来已在悲痛她的丈夫和儿子两个,各自硬要尽忠报国,不肯听她,一颗芳心早已粉碎了,此刻如何再经得起这个轰炸之声。她的一双小脚,早在轰隆隆的轰炸声中软了下去,不能再走。

树德公子只好放开父亲之手,双手急去扶着他的母亲,连连说道:"此地还是危险之处,母亲快快紧走几步,且到街上再讲……"

树德公子尚未说完这话,陡见两三个丫鬟披头散发,满脸焦黑,形同魔鬼一般奔到他们面前,抖凛凛地哭叫道:"老爷、夫人、公子、大大……大事不好,所所……所有……有的丫鬟使女等,纷纷炸死了。"

闵氏夫人一听此言,陡又一吓,才把她的脚劲吓了上来,跟着树德公子,一脚跑到街心。尚未站定,又听得一班百姓一见她们三个,大家都在急着喊道:"还好还好。我们军门和夫人、公子都逃出来了。快快避到鼓楼上去,那里比较别处为高。"

温绍原不及答话,单问众百姓道:"我的衙门既被轰炸,四面城门可曾被炸呢?"内中一个百姓,就在人群之中,高声答话道:"小人方从东南两门回来,那里还算平安。"这个百姓刚刚住嘴,又有一个民妇接着说道:"西北两门,不过炸陷两尺地方,还不碍事。"

第四十八回　忠良温家身皆死　沦陷城民遭屠杀　　339

温绍原忽然抬头向上一望，只见半空中的火光依然红得吓人。原来那时还只四更天，火光反映空中，所以有此景象。温绍原到了此时，也曾汗毛凛凛地将手向着鼓楼一指，对着夫人、公子两个说道："我等且到那儿再说。"

闵氏夫人业已迷迷糊糊，一点没有主张。树德公子忙接口对着那几个形同鬼怪的丫鬟说道："你们好好地扶着夫人前进，我去伺候老爷。"

那些丫鬟本已吓得心胆俱碎，瞧见鼓楼地段较高，不待公子吩咐完毕，早已簇拥着夫人急向鼓楼奔去。及至大家上了鼓楼，幸有几个伶俐差役已在鼓楼里面设了座位。

树德公子先将父母扶去坐定，然后问着他的老父道："爹爹梦中，既蒙神人指示，用水救火。孩儿此刻打算带领老百姓们去到四城，拣那有了空声的地方，用水灌下，或能浇灭炸药，也未可知。"

温绍原听说，侧头想了一想道："事已至此，哪里还能抵御？方才为父对着一班百姓，口已说干，无奈他们不但不肯各自逃生，还说愿与贼人厮杀。我们手下的兵士，也算身经百战的了，到了此刻，也没力量作战。这班徒手的百姓，怎么可以出战厮杀？"温绍原说到这句，急把双手向他胸前乱指，嘴上已经不能说话。闵氏夫人在旁瞧得亲切，赶忙扑到温绍原的面前，干号着道："老爷快快定下神来，还有多少大事，须得老爷分派呢。"

闵氏夫人犹未说完，陡又听得东南门的角上连着轰隆隆的几声，跟着就是老百姓的一片哭喊之声。温绍原却在此时，噗地吐出几口热血，始对闵氏夫人、树德公子两个高声说道："夫人，我儿，若要尽节就是此时。倘再迟延，贼人攻入，那时要想求死，恐不能矣。"

闵氏夫人不及答话，忙又跌跌冲冲地奔到栏杆之前，朝那西门一望，只见火焰连天，血光溅地。官军纷纷溃退，敌人纷纷蹿入。城内百姓，无不鬼哭神号。料知大势已去，便不再回里去，单是双手紧扶栏杆，口上大喊一声道："老爷，我儿，我先去也。"闵氏夫人的一个"也"字犹未停声，早已将身往下一纵，顷时砰的一声，血溅全身地归天去了。

那时树德公子正在防着他的老父，所以没有顾着他的亲娘。及听他娘如此一喊，心知不妙，连连丢下他的老父，奔到栏杆之前，往下一望。只见他娘，已经粉骨碎身地死在地上，尸首之旁围着许多百姓，都在那儿乱哄哄地号哭。

树德公子忽把他心捺定，并不悲伤，不忍再去拨动他的老父，只是飞身下了鼓楼，跳上一匹战马，拔出腰间双剑，一脚奔至敌人面前，就去巷战。一连被他砍死三十多员敌将，百数十名兵士；自己身上，也中二十余枪。实在不能再支，方才大喊一声道："天亡我也，非战之罪。"说完这句，用剑向他咽喉一抹，追随他的母亲去了。

温绍原起初连吐几口热血的当口，还怕他的夫人和他爱子为他一人之故，不肯先行尽节。自己双手已软，方始把心一放，拔出佩剑，也就自刎而亡。

此时这位温公刚刚归天，忠王李秀成已率大军进城。有人报知此事，李秀成赶忙奔上鼓楼，一见温公业已自刎，微微地连点其首道："好官、好官。可惜误投其主，见事不明也。"

李秀成刚刚说完，只见罗大钢、赖文鸿二人也已赶到。李秀成指着温公的尸首，怒目而视地对着罗、赖二人道："此人为国尽忠，本不足怪。只是六合城中的百姓，为何死抗天兵，和我作对。你们快快遵令屠城，不得有误。"

罗、赖二人尚拟谏阻，李秀成已经踱下鼓楼，传谕棺殓温绍原夫妻父子的尸身去了。后来温绍原得了"忠愍"二字的说法，且入昭忠祠。

当时六合县城的百姓既被屠杀，逃出性命的不过十分之一。还有一班不肯逃走的，夜间竟见温公前去托梦，说是他已奉上帝之命，授职六合县的城隍。天国现下屠城之命，何苦拿命去拼，能够逃出一个就是一个等语。百姓感他显灵，复又逃出不少。等得曾国藩、曾国荃的两路援兵到来，六合县城已失守多天了。曾国藩的援兵只得回去销差，曾国藩也不便深责他们贻误军事。

又过几天，正拟再发书信去问北京之事，忽见家人禀入道："翰林院编修郭嵩焘大人由京到此，有事要见。"

曾国藩听了惊喜道："筠仙来了么？快快请到签押房相见。"

家人出去导入，郭嵩焘先以翰林院的前辈之礼见过曾国藩。曾国藩回礼之后，方请郭嵩焘坐下。

原来前清翰林院的礼节，敬重辈份。例如后辈去见前辈，必须随带红毡两张，一张是本人自己磕头用的，一张是预备前辈回礼时候用的。此礼之外，还有两样：一样是后辈须得称呼前辈为老先生。倘若后辈不称前辈为老先生，单称前辈的现在官职，前辈就要动气，说是后辈瞧他不起，仿佛没有做翰林的资格。道光时候，有位名叫袁旭的新科翰林，去拜现任礼部尚书旗人穆进阿，当面没有称呼他为老先生，只称呼他为中堂。当时的穆进阿便气得侧头不应，袁旭不懂，第二句仍称呼他为中堂。穆进阿始回头朗声说道："穆某不才，某岁曾入翰林。"袁旭听到这句，方才知道自己错了礼节，连连当面告罪，改称老先生了事。

一样是后辈写信给前辈,须得用一种仙鹤笺。任你改用最恭敬的大红禀单,前辈也要动气。宣统元年,不才的老世叔萍乡文道希学士,他的从子文缉熙大令,以进士听鼓安徽。那时的皖抚为朱金田中丞。文缉熙出京之日,要求乃叔道希学士替他出封八行,给与朱金田中丞。文道希学士因为朱金田中丞虽是他的同衙门前辈,但是素未谋面,不便贸然写信,不肯答应。文缉熙大令便自己私下写了一封,到省时候,呈了出来。

朱金田拆信一看,便问文缉熙大令道:"你与文道希学士,不是一家么?"文缉熙大令忙答称道:"确是家叔,不敢冒称。"

朱金田中丞听说,立即含怒说道:"兄弟虽与令叔未曾谋面,但是既在同一衙门过的,写信嘱托子侄之事也没什么关系。不过令叔既为翰林写信给我,不会不遵院例用那仙鹤笺之理。以此看来,此信必是假冒。我若不瞧你是一个进士出身,十年寒窗之苦,我就参你。"

朱金田中丞说完这话,便把那信退还文缉熙大令。文缉熙大令当下碰了那个大钉子,只好忙又回到北京,去见乃叔父道希学士,老实说出冒写八行,以致闹得弄巧成拙之事。

文道希学士,生怕乃侄参了功名,只得当面训饬一番,即用仙鹤笺恭恭敬敬地再写一封,说是前信确是后辈所出。只因匆忙之间,忘用仙鹤笺纸,尚求老先生宽恕后辈的冒昧,请将舍侄文某,以子侄看视为祷云云。文缉熙大令持了那封真信,再去谒见朱金田中丞,朱金田中丞方始高兴。不但不怪文道希学士的疏忽,且有回信给文道希学士,说是前信疏忽,不必再提。现拟将令侄补东流县缺,不负所嘱。以此而论。文缉熙大令已中进士,不过没有点翰,对于用那仙鹤笺之例,还未知道,何况其他。后来文道希学士出京之日,有一首望九华山文后子缉熙的诗,不才记得是:苍颜奇服郁秋烟,广座吾知孟万年;江水滔滔映岩邑,此流唯许阿威贤。

不才做到此处,因为提到郭嵩焘用后辈之礼去见曾国藩,忽然想到两桩故事,写了出来,虽与本书无关,但觉很是有趣,读者勿责为幸。

现在再说当时的曾国藩,请那郭嵩焘编修坐下之后,第一句就问道:"筠仙,我曾给你四封信打听京情,怎么忽有赞襄王大臣的名义发现?我虽仰蒙两朝的皇上,破格录用,直到今职。但是这等皇室的大事,非是外臣可以置喙的,因而未悉内容。"

郭嵩焘听说,忙恭而敬之答道:"老先生发给后辈的信统统收到。只因大行皇帝忽在热河宾天，怡亲王和端华、肃顺两位军机大臣，愁学汉朝时代以那钩弋夫人的故事对待东西两宫，幸亏东西两宫很是机警，现已安然地由热河抵京，且将怡亲王、端华、肃顺等正法矣。"曾国藩不待郭嵩焘说完，不觉失惊道："京里闹了如此大事，我们外臣怎么一点未知？真说不过去。"

郭嵩焘道："此事本极秘密。现在事已平服，不久即有上谕明白晓示的了。"

曾国藩又微喟了一口气道："大行皇上曾经有过上谕，命我率兵勤王。当时我因无兵可分，只好负了大行皇上。"

郭嵩焘本来未知曾国藩从前吞服上谕之事。他忙答道："老先生的学问见识，本来不比常人。意诚家兄，常在写信上提及的。"

曾国藩忙谦虚道："这是贤昆仲的谬赞，老朽哪敢克当？现在令兄的贵恙，想来早已痊可了吧。我因军务倥偬，实在没有工夫写信候他。"

郭嵩焘欠身答道："家兄之病虽未复元，现在仍到抚幕办事。家兄上次来信，还提及老先生那时的铜官一役，奈他回籍养病，以致抚帅那儿没人主持军事，否则老先生当时还不至于那般受惊呢。"

曾国藩蹙额地答道："筠仙不必说起，那时我真想尽节的，后被大家劝下。即以此事而论，大行皇上的天恩高厚，使我曾某真正无从仰报于万一也。现在发逆尚未荡平，京中险出大祸，幸亏大行皇帝的在天之灵，两宫能够如此机警，皇室危而复安，更使我等外臣置身无地的了。"

郭嵩焘听到此地，忽然想着一事，忙向曾国藩道喜道："老先生快快不必这般说法。老先生的恩眷甚隆，后辈出京时候，曾经听见某小军机说起，两宫正在计议，想授老先生为南京、江苏、安徽、江西四省的经略大臣呢。"

曾国藩听说，吓得站了起来，摇着头道："老朽怎能当此重任。"曾国藩刚刚说一句，忽见戈什哈递进一件要紧公事，忽去拆开一看，边看边在连点其首。正是：

黄口儿童承大业，
青年后辈述前情。

不知曾国藩见了哪件公事，为何连点其首，且阅下文。

第四十九回 发热发狂失要隘 忽和忽战惧外邦

曾国藩接到那件紧要公事，一边在看，一边只在点头。郭嵩焘等得曾国藩看完之后，方笑问道："这件公事，何处来的？老先生怎么看了很是高兴。"

曾国藩见问，便将那件公事递给郭嵩焘道："这是九舍弟沅甫从安庆发来的，他因六合县城已经失守，温军门阖门尽忠，他所发的援兵到得稍迟，心里有些抱歉，决计亲率大军去围金陵，因要资调萧孚泗、李臣与两位总镇前去相助。我因九舍弟尚有知人之明，所以有些高兴。"

此时郭嵩焘业已看完公事，接口说道："萧、李两位总镇本是当今名将，能够前去助攻金陵，大局必有转机。"

曾国藩点头答道："筠仙请在此地稍坐，我到文案房去教他们办好这件公事来，还有要紧说话问你。"郭嵩焘忙答道："老先生尽管请便。后辈此来，本是前来投效的，稍候不妨。"

曾国藩拿起公事，向空摇摆着带笑答道："投效二字，未免言重。筠仙若肯来此帮忙，真正求之不得的事情。"曾国藩说完这话，匆匆自去。

郭嵩焘等得曾国藩走出签押房门之后，便去翻阅桌上公事，只见一切批札都是曾国藩的亲笔。暗暗忖道：人谓此公老成持重。在我看来，却是一位守经行权的大手臂。发逆之事，必在他的手上荡平。我能投效此间，自比在翰林院里还有希望。郭嵩焘的念头尚未转完，已见曾国藩回了进来。坐下之后，向他说道："筠仙，你方才所说，东西两宫打算以那四省经略大臣之职畀我。这件廷寄，已经来到。"

郭嵩焘听了一喜道："老先生真去奏辞不成？在后辈之意，殊可不必。"

曾国藩摇头答道："一定辞的，一定辞的。"

曾国藩说到此地，又朝郭嵩焘笑上一笑道："这些事情，不劳老弟过问。老朽只能量力而行，万难强勉。只是此次赞襄大臣的名义，究竟从何而起？所以两宫又将他们这班顾命大臣正法，内中必有隐情。你在北京，亲眼所见，快请详详细细地说给我听。"郭嵩焘说道："此话虽然极长，老先生乃是三朝元老、国家柱石，后辈应当报知。"

说到这件事情，须从头里述起。道光末叶，广东巡抚叶名琛中丞为人虽没什么才干，却能纸上谈兵，因此得了朝廷的信任。后来不知怎样一来，竟将在广东地方的英国人得罪了，英国自恃他们的炮火厉害，就在广东地方首先开衅。当时的那场战事，我们国里很吃亏的，叶中丞且被掳到印度。朝廷一时无法，只得去向英国议和。草约虽然议定，并未签字。一直延到咸丰十年的夏天，英国方面忽派一位名叫阿尔金的使臣，带同两位参赞，一个名叫巴夏礼，一个名叫鲁恺，坐了本国兵轮，直到天津，指名要换正式和约。不料我们朝上很缺世界知识、外交手段，单对英国使臣说道："和约乃是草稿，只要未曾正式签字，本可随时更变。"

英国使臣阿尔金听了此话，当然不肯承认。可巧那时的僧格林沁僧亲王，因为曾将伪威王林凤祥剿灭，自认是个天下无敌大将军。咸丰皇上本又重视他的，便将此事和他商议。僧亲王马上拍着胸脯说道："皇上不必多烦圣虑，奴才只率本部旗兵去到天津把守，英国使臣倘若见机，乘早退去，那是他的便宜。倘有一句多言，奴才不是夸口，只要奴才略一举足，就能杀他一个片甲不回。那时才教这些洋鬼子，知道天朝的兵威厉害呢。"

当时咸丰皇上听了僧亲王几句头顶磨子不觉轻重的狂妄说话，顿时大喜特喜，马上下了一道谕旨，就命僧亲王去到天津，督同直隶提督乐善，对于英国使臣，相机行事。

后来僧亲王一到天津，立即发令给那提督乐善，命他去守大沽口的北炮台，僧亲王自己去守南炮台，并将所有可以进口之处，统统埋了地雷火炮。在他之意,以为这等军事布置,一定可制英人死命。不防英人比他还要机警,当他正在布置军事的时候,早有暗探派至,把他一切内容打听得明明白白地回去报告。僧亲王自然蒙在鼓里,还在指望英舰入口,他便可以大得其胜。

一直等到次日黎明,方见一只英国兵舰随带几只小火轮,以及不少的舢板船,正从水面缓缓驶来。僧亲王本已等得不耐烦的了,一见一缕晨烟直冲半空,便知英船已近,正待下令开炮,忽见那只英船不知怎样一来,冲入一段积沙之处陷了下来。僧亲王反又止住开炮,对着众臣说道:"此舰既已陷入积沙之处,难道还会插翅飞去不成?与其开炮打死他们,不如派了我们的船只,前去将他团团围住,活捉洋鬼子,解到北京献功,自然比较将他们统统打成炮灰,更有面子。"

僧亲王的话未说完,忽又见英舰的桅杆之上陡然挂起一样雪白的东西,急命将弁前去看来,据报说就是挂的打了败仗的白旗。僧亲王一听此话,不禁哈哈大笑起来道:"平常时候,人们总说洋鬼子用兵厉害。今天照咱们瞧来,这些洋鬼子的本领不过尔尔。可知从前广东的几次败仗,并非洋鬼子的能耐,都是咱们的汉人没有出息,或是没有替咱们满人出力,无非虚报声势而已。那时林则徐办了充军之罪,叶名琛且被洋鬼子捉到印度,剥去他的衣裳,穿到狗子身上,真正不屈呀不屈。"

哪知僧亲王正在乐得手舞足蹈的时候,忽又瞧见那只兵舰渐渐地活动起来。一个不防,那只兵舰早已似燕子般的驶了进口,僧亲王直到那时,方知中了英人之计,连连地这里调兵、那里开炮,已经不及。再加英人本已暗暗地四布精兵,一面派兵绕过北塘,接连占了新河、唐沽一带地方,一面又从陆路四处攻入。

那时的那位僧亲王当然急得上天无路、入地无门,还是不敢奏知咸丰皇上,怕得夸口之罪。幸亏那位乐提督虽然也是一位旗人,总算是个军功出身,又见事已惊动畿辅,国家存亡之际,只好不要命地督率手下旗兵,在那北炮台上一停不停地开着火炮,这样一来,方才支持了几天。

七月初五那天的黎明,忽又来了一员英国的大将,此人名叫鲁恺,就是英国使臣阿尔金手下的参赞。他见直隶提督乐善死守炮台,英兵一时不能进展,便向阿尔金那里自告奋勇,亲率兵弁,要与乐善一战。阿尔金自然一口允许。鲁恺即率精兵三千,亲自拿千里镜照着乐善所处的地方,瞄准大炮,当下只听得轰隆咚的一声,可怜那位直隶提督乐军门早被一架无情火炮打得肢体横飞,尽了忠了。手下兵士一见主将陈亡，自然一齐溃散。

僧亲王吃此败仗，虽然不敢奏上，可是咸丰皇上已经知道。一见乐善阵亡，大沽南北两炮台同时失守，这一急还当了得，赶忙下了一道上谕，命僧亲王从速退守通州，以保畿辅；又召朝臣，垂问可有别样良法。那时怡亲王载垣、户部尚书端华、内务府总管兼工部左侍郎肃顺，三位军机王大臣一同奏称，说是大沽口既失，天津已无门户可守，英兵旦夕可占天津。我国南方正有军事，勤王之兵，万难骤至。与其长此支持，将来恐惊畿辅，不若下谕召回僧王，以示停战修和的决心。再派几位能言善辩的大臣，去与英使重申和议。英使若再不允，皇上再加一点天恩，不妨赏使他们百十万的银钱。夷人素来贪财，这件和议，断无不成之理。

咸丰皇上听了三人之奏，踌躇半日，方始微喟着说道："事已至此，也只有这般办理的了。但是僧格林沁不能马上召回，一则要他把守通州门户，二则一经召回，太觉示弱于人，和议难得成就。"

皇上说到这里，即命太常寺少卿文俊、通政关副使恒祺二人去到天津与那英使议和。谁知文俊、恒祺二人到了天津，去拜英使阿尔金，阿尔金不肯接见，说是文、恒二人官卑职小，不能当此全权重任。文、恒二人无可奈何，只得回奏皇上。

皇上便又改派大学士桂良，充任全权议和大臣，去与英使阿尔金接洽。英使阿尔金见是我国的宰相，方才开出三个条件：第一条是增赔兵费若干。第二条是准许英国人民，自由在天津通商，中国人民不得分毫干涉。第三条是酌带兵弁数十人入京换约。桂良见了三个条件，件件都是难题，只好飞行奏知皇上。

皇上一见三个条件，气得顿脚，大骂洋奴无礼，咱们堂堂天朝，真的被这班洋奴如此挟制不成。当下一面召回桂良，一面又命僧亲王再从通州进兵。并用六百里的加紧牌单，廷寄外臣入都勤王。

谁知僧亲王只知满口大言，一见洋兵，除了溃退之外，一无法子。外面勤王之兵，急切之间又不能迅速到京。再加一班太监宫女，日日夜夜，只把洋兵如何骁勇、炮火如何厉害的话，有意说给皇上闻听。皇上一想没有法子，只好自己做主，下了一道朱谕，命人预备军马，要到热河地方，举行秋狩大典。

此谕一下，京中百姓顿时大大恐慌起来。大学士桂良听得风声不好，赶忙入朝，奏请收回举行秋狩的成命。咸丰皇上听了大惊道："卿所奏称，请朕收回成命一节，敢是在朝诸臣，都不以此事为然么？"

第四十九回　发热发狂失要隘　忽和忽战惧外邦　　347

桂良闻谕，只好把京内百姓大乱一事详细奏明。皇上没法，复又下了一道上谕是：近因军务紧急，凡国家需用军马，自应各路征调，以备缓急。乃尔居民人等，竟因此事，颇有烦言，无端四起谣诼，何其愚也。朕闻外间浮言传来，并有谓朕巡行一举，致使人心惶惑，举室不安。因之众口播扬，纷纷议论，窃思朕为天下之主，当此时局艰难之秋，更何暇乘此观省。果有此举，亦必明降谕旨，预行宣示，断无车驾所经之处，不令天下闻知之理，尔中外臣民，当可共谅此意。所有备用军装车马，著钦派王大臣等，传谕各处，即行分别发还。毋得再行守候，免多浮议而定人心，钦此。

岂知此谕一下，京中百姓虽然有些安静下来，可是洋兵攻打张家湾更急。那时的怡亲王载垣和端华、肃顺三个已经有了深谋，只望咸丰皇上去到热河，离开京中朝臣，他们便可揽着大权。当下又去奏知皇上，还是一面议和，一面驾幸热河，以避危险为妙。皇上正无主见的时候，马上准奏，即命怡亲王载垣、大学士桂良、军机大臣穆荫去到通州，再与英使议和。

英使见了三人的照会，不觉哈哈大笑地说道："我也经过几次交涉，从来没有遇见这些人物，忽而宣战，忽而议和，这般反复无常，如何会有信用？"

还亏他的参赞巴夏礼在旁进言道："中国之势，尚未弱到极点。南方的曾国藩、左宗棠、彭玉麟等人，都是能文能武的人才。倘若一与发军联合，同来与我军对敌，胜败谁属，尚未可知。中国既来议和，似乎不必拒绝。"

英使听了巴夏礼之言，始不反对议和。便命巴夏礼亲入通州城内，去与中国的三位全权大臣议和。

当时怡亲王、桂良、穆荫三人，闻得英使阿尔金已派巴夏礼为议和代表之信，不胜欢喜，立即欢迎入城。相见之礼，很是隆重，除设盛筵款待之外，复又不要命地再三恭维。哪知那个巴夏礼，不是口头虚文可以骗得好的，当时即庞然自大地对着怡亲王、桂良、穆荫三人说道："贵国既要议和，今天席间不能开议。我须面见贵国大皇帝，方能开出条件。但是贵国向用跪拜礼的，我们向来，除了见着天主，方能下跪，其余见着不论何人，都不下跪。这是第一样须先声明。第二样我们去见贵国大皇帝，并须带兵入见。这两样问题，先请贵大臣承诺下来，再谈别事。"

当时怡亲王、桂良、穆荫三人一听巴夏礼突然说出此话，顿时吓得大惊失色。除了你看我的鼻子，我看你的眼睛，同时六目相视外，一无言语。巴夏礼在旁看得亲切，只在冷笑，不及等候，复又催促答复。

怡亲王没有法子，只好嚅嚅嗫嗫地答道："这个问题，关乎敝国陛见的礼节，我等三人，不敢做主。"

　　巴夏礼听说，只把鼻管一掀，仍是冷笑着答道："这点小小礼节，贵大臣等都不能做主，世界之上，怎有这等全权代表。既是如此，快快收拾卧室，让我休息，等候贵大臣等奏闻贵大皇帝之后，再行给我确复便了。"

　　怡亲王、桂良、穆荫三人听了此话，真正巴不能够。当时如释重负一般，连忙吩咐从人收拾一间极考究的卧室，以便巴夏礼前去休息，他们便好飞奏朝廷，讨个答复之话。

　　哪知怡亲王等三人刚将巴夏礼送入卧室，他们尚在商议奏闻之折的当口，忽然听得人声鼎沸，出自巴夏礼的卧室之中，不觉连问怎么怎么，赶忙奔去一看。只见桂良的亲随乔福率着多人，即将巴夏礼以及随员等人如同猪一般捆缚起来。

　　当时在怡亲王、桂良、穆荫三人的初意，还想喝止乔福等人，速将巴夏礼等人放去，打算道歉了事。不防巴夏礼一见他们三人，立即破口大骂，且有侵及皇上故设圈套之言。桂良至此，索性一不做二不休起来，当场力主即把巴夏礼等带入北京，去作献俘之功。

　　怡亲王这人，本来一离开了端华、肃顺两个便没魂灵了的。穆荫的资望较浅，不敢反对桂良的行为。二人既没什么主张，起先还想站在不负责任旁观的地位之上。后见乔福一个人只在狂号叫跳，发令指挥，仿佛已经真个战胜英人的样子。巴夏礼等人确有俘虏资格，又见桂良也在附和乔福。怡亲王和穆荫二人忙又一想，这场功劳莫被桂良一人得去，当下也去喝骂巴夏礼几句，算是他们对于此事也有份的。

　　桂良、乔福二人一见怡亲王已经赞成这个办法，自然更是大喜，于是主张立即回京。怡亲王、穆荫二人当时果不反对，只是一阵糊里糊涂地跟着桂良、乔福几个一同带了巴夏礼等等，漏夜回京。

　　次日黎明，怡亲王、桂良、穆荫三人即将经过之事，老实奏知咸丰皇上。皇上听了，心里虽不为然，但见事已至此，因要保全天朝的威严，即将巴夏礼等人发交大兴、宛平两县监禁起来。朝廷尚未商定妥当办法，又接僧亲王的飞奏，说是英使阿尔金一闻巴夏礼被禁之信，亲自督同鲁恺，力攻通州。奴才寡不敌众，节节败退，现在英兵业已杀过通州，正由郭家庙一带三路进兵，似有直扑京畿之意。

咸丰皇上一见此奏，急得神色大变，马上召集众臣，商议解围之法。首由大学士贾桢、户部尚书周祖培、兵部尚书陈恩孚、刑部尚书赵光几个奏称道："事已危迫，究竟主战主和，皇上须得宸表独断下来，臣等方有办法。"

皇上皱着双眉地答道："现在洋鬼子已经进逼京城，僧亲王又连次兵败，朕派人去与洋鬼子议和，也想就此和平了结。岂知桂良等不问青红皂白，竟将巴夏礼捉进京来。这样一闹，自然要使洋鬼子有所借口。诸卿教朕先将和战二字决定下来。始有办法，所陈本也不错，可是朕也一时决断不下，你们可有什么好法，尽管奏陈上来。"

贾桢等人便又奏称，说是南方发逆作乱，现有曾国藩、左宗棠、彭玉麟、胡林翼、骆秉章、刘秉璋、李鸿章、官文、鲍超、刘铭传、程学启、潘鼎新、萧孚泗、蒋益沣、李臣典、张玉良、塔齐布、杨载福、徐春荣、程文炳等分别剿办，尚无大碍。只有洋鬼子的炮火厉害，万难宣战。以臣等愚见，只有仍旧遣派亲信大臣前去议和，且将巴夏礼以礼送还。洋鬼子想无异议。

皇上听说，正待命恭亲王去与英使议和的当口，又得两道奏本：一道是九门提督奏称鲁恺所率的洋兵，已近京城。一道是左都御史奏称洋兵不能理喻，可否仰请驾车立即巡狩热河，再派大臣议和。皇上见了两道本章，一面即任恭亲王为全权议和大臣并将巴夏礼等，以礼送还英使。一面带领怡亲王、端华、肃顺，以及几员亲信的军机大臣，并东西二妃、现今皇上，一齐漏夜出狩热河。

郭嵩焘一口气一直介绍到此地，尚待再说。忽见曾贞干单身走了进来，见他在座，很露高兴之色。正是：

奸臣果达谋权志，
爱弟亲为调将来。

不知曾贞干忽见郭嵩焘在座，何以很觉高兴，且阅下文。

第五十回 西太后垂帘听政 彭玉麟诚心辞官

郭嵩焘和曾国藩两个正在讲得十分上劲的时候，忽见曾贞干匆匆而入，见他在座，似露喜色，他便赶忙站起相迎道："老世叔可是新从安夫来的。小侄在北京时候，听说老世叔和九世叔两位克复安庆之信，曾有一封贺禀发去，未知老世叔收到没有？"

曾贞干一面连连地答称"收到收到"，一面恭恭敬敬地向着曾国藩叫了一声"大哥"。曾国藩含笑地应了一声，用手一扬，命贞干和郭嵩焘二人一同坐下，方始问道："吾弟忽然来此，究为何事？"

曾贞干也笑着答道："兄弟有件紧要事情，专诚来求大哥的。"

曾国藩微现一惊道："什么事情？你快说来让我放心。"

曾贞干道："兄弟自从克复安庆之后，方才知道有谋有勇的将士委实难得。此次之事，若非九弟同去攻打安庆，单靠兄弟一个人，万万没有这个结果。现在九弟即日就要离皖，前去围攻金陵。兄弟特来求着大哥，可否去向刘仲良那儿，借他那位门人徐春荣给我一用。"

曾国藩听说尚未接腔，郭嵩焘却在一旁插嘴道："老世叔所说的这位徐公，可是善卜文王卦的那位孝子么？"

曾贞干点头笑答道："正是此人。筠仙何以知道？"郭嵩焘道："这位徐公，北京城里的人众，因他是位孝子，又有谋略，大家替他取了一个绰号，叫作小徐庶。其实照小侄个人说来，此人胜于元直多多。若以羊叔子、郭汾阳比拟，差堪相似。"

曾国藩一直等到此时，方始接口对着曾贞干笑道："现在人才难得，你知道要用人才，难道别人就不要用人才不成？从前为兄也想调他来到大营，以便研究易理，还是少荃再三阻止。说是仲良为人忠厚，他们师生两个又极投机，就是办到奏调，这位徐公，也未必能来，为兄方才打断此意。吾弟何以忽然想及此人？"

曾贞干听说，忽露很失望的样子道："武昌克复，便是这位徐公和春霆二人之功居多。"曾国藩不待曾贞干往下再说，忙将郭嵩焘一指道："筠仙之才，何当逊于徐公。他这次本是来此，要想做番事业的。吾弟既需人才帮助，为兄请筠仙和你同去办事。"

曾贞干听了大喜道："兄弟刚才进来的时候，一见筠仙在此，早已打算请他帮忙的。不过这位徐公，我还想借他一用。只要仲良肯卖交情，兄弟将他和筠仙一同请去，岂不是伏龙凤雏都在一起了么。"

郭嵩焘忙不迭地谦逊道："小侄怎能去和徐公相拟？这真正是以萤火比月光了。"曾国藩急把他那一只没有纹路的手掌，向空一摇道："筠仙不必太谦，你与这位徐公，确是各有所长。舍弟阅历尚浅，你去帮他一个忙，我也感激你的。"郭嵩焘听得曾国藩如此说法，不好再事推辞，当下便与曾贞干随便说了几句。

曾贞干知道郭嵩焘是从北京出来的，也以两宫对于赞襄王大臣忽然正法之事相问。曾国藩便把郭嵩焘方才所讲之话，简单地述给曾贞干听了。曾贞干不待听完，已在大怪僧王误事。

郭嵩焘接口道："僧王固然有些大言不惭，可是对于国家尚算能够尽力，不过才具不够，也难怪他。只有怡亲王和端华、肃顺三个闹得更加不像样。老世叔今天才到，自然还有几天耽搁，且让小侄闲一闲，慢慢地讲给老世叔听吧。"

曾贞干摇首笑着道："安庆虽算克复，可是外府州县仍在贼手，所以我来求着我们大哥，要调那位徐公。现在我们大哥既请你这位老棣台前去帮忙，这是最好没有。以我之意，今天便得连夜动身回去。不过你这位老隶台却是初到，自然要和我们大哥谈些离情积愫，我只好再在此地候你两天。后天一早，你得同我动身。此刻左右没事，快把京中之事说给我听。"郭嵩焘道："这话很长呢。"

曾国藩岔口道："不问长短，快请讲吧。我因要听此事，连公事都没有去办。"

郭嵩焘听说，方才说道："恭亲王为人，素来忠心。他虽奉了全权议和大臣之命，却要送走皇上离京后，始肯去向英使议和。谁知这样一来，自然又耽误了一两天。英使阿尔金生恐巴夏礼遇害，竟把京城攻破，直扑宫廷。首先就把圆明园一火而焚之。

"在那洋人火烧圆明园的当口，咸丰皇上才离大内未久。现在的西太后，那时还是一位妃子的资格。现今皇上，尚须哺乳。咸丰皇上因为只有这点骨血，自然十分重视，平时只命东太后管理。所以东太后的銮驾是和咸丰皇上一起走的。西太后稍后一点，只得坐了一辆破车，跟着前进。走到半路之上，她的坐车实在不能再走。正在进退维谷的当口，忽见肃顺骑了一匹快马，也在追赶咸丰皇上的车驾。西太后一见了肃顺，慌忙把他唤住，要他替她设法换辆较能赶路的车子。

"哪知那位肃顺自恃咸丰皇上宠任，又在正值危急之秋，一时不甚检点说话，便气哄哄地用他手上马鞭子，向着西太后一指道：'一个娘儿们，须得识趣。你现在得能坐了这辆破车子，还是靠着皇子的福气。你可知道留在京中的那班妃子，真在上天无路、入地无门，不幸地直被那班洋鬼子奸死的很多。'肃顺说完这话，早又加上一鞭，如飞地向前去了。当时西太后瞧见肃顺对她那般无礼，自然记在心上。及到热河，咸丰皇上既愁和议难成，又急南方的乱事未靖，不久就得重病。所有朝政全是怡亲王和端华、肃顺三个做主。怡亲王原是一个傀儡，端华又自知才具不及肃顺，当时的政权，大家虽知操于怡亲王、端华、肃顺三个之手，其实是都由肃顺一个人做主。"

郭嵩焘说到此地，又望着曾国藩单独说道："老先生当时铜官的一败，所有朝臣，个个都主严办。只有肃顺力奏，说是曾某老成持重，素来行军，抱着一个稳打稳战的主义，不比他人，还有冒险的举动。这场战事，连他竟至失挫，敌军厉害可知。皇上万万不可加罪于他。倘若他一灰心，现在各省的名臣宿将，哪一个不是他亲手提拔之人，那就不堪设想。皇上如能加恩，曾某一定感激图报。南方军事，有他和左宗棠、彭玉麟几个，圣衷可以无须操心。咸丰皇上听了此奏，方才未下严旨。"

曾贞干忙说道："这样说来，肃总管倒是我们曾氏门中的一个大恩人了。"

曾国藩忽然现出栗栗危惧之色地说道："肃总管虽是旗人，很懂汉学。从前同何绍基等人与我研究理学的时候，常夸汉人有才，旗人没用。他保我，乃是为公，并非为私。我只敬他，却不谢他。"曾国藩说到这里，又单对曾贞干说道："我们弟兄几个，若不能够荡平发军，真正对不起大行皇上了。"

曾贞干也肃然地答道："为子尽孝，为臣尽忠，本是天经地义的事情。"

郭嵩焘接口道："你们曾府上的满门忠义，举世全知。温甫世叔的殉难三河，满朝臣众，都在常常提及的。当时咸丰皇上也知道南方军事乃是心腹大患，所以忍痛去与英使议和。及至和议成后，恭亲王就请圣驾回銮。现在的东西两太后也是主张从速进京。无如皇上一因病体已入膏肓，难以再事劳动；二则回到京里，眼见宫廷碎破，反觉徒增伤感；三因怡亲王、端华、肃顺三人生怕皇上回京，减了他们的政权。有此三个原因，皇上就延至今年七月十六那天便宾天了。当大行皇上弥留之际，东太后为人长厚，犹未知道怡亲王、端华、肃顺三人的深谋。西太后因与肃顺业已结怨，故在暗中留心肃顺的短处。及见皇上势已无救，急抱着当今皇上，问着大行皇上道：'佛爷倘若千秋万岁之后，何人接位？'大行皇上目视当今皇上道：'自然是这孩子接位。'西太后自闻此诏，她的心上方才一块石头落地。

"后来大行皇帝宾天之日，即是现今的同治皇上接位之时，但是两宫新寡，皇上又在冲龄。怡亲王、端华、肃顺三人首将大行皇帝所授他们的遗诏，呈给两宫去看。两宫因见诏上写有赞襄政务王大臣字样，只好遵照遗诏办理。一切朝政，全归怡亲王、端华、肃顺三人主持，余外虽然尚有几位大臣，都是他们三个的心腹，当然是与他们三个一鼻孔出气的。东西两宫瞧见情形不好，便主张扶了梓宫还京。他们三个故意迁延，不是说京中的皇宫未曾修好，不便回銮；便是说沿途的伏莽甚多，恐惊车驾。其时西太后已经瞧出怡亲王、端华、肃顺三个要想谋害两宫，以及幼主，推戴怡亲王即位。只因为手边一无亲信大臣，便以懿诏召恭亲王率兵迎驾。哪知怡亲王、端华、肃顺三个竟不奉诏，并敢肆言，两宫女流，皇上冲龄，现在同阅奏折，都是多事等语。西太后一见事已危急，暗写一诏密遣御司膳安贵漏夜入都，去召恭王。恭王奉诏，便不动声色，带领一百名神机营的兵弁，直到热河。不过到了热河，对于怡亲王、端华、肃顺三个面上，并未提起奉诏之事。当时肃顺便怪着恭王道：'六爷，你怎么胆大？来到此地，京中没人主持，您可忘了不成。'恭王连连地赔笑道：'你的话不错。皆因大行皇上既已宾天，手足之情，不能不来磕几个头。吊一番，马上回京就是。'恭王说着，又求肃顺等人，带领入见东西两宫。

"肃顺当时因见恭王于对他们尚觉小心,不疑有他。且和恭王开着玩笑道:'老六真正教人麻烦。您和东西两宫本是叔嫂。您要进见,您去进见得啦,何必拉咱们陪您进去。此刻尚早,您就去吧。等得见过出来,咱们三人,还要请您吃便饭,不能不赏光的。'恭王听说,连连含笑答道:'一定奉扰,一定奉扰。'恭王说完,便去进见东西两宫。

"东太后一见恭王,正得诉说怡亲王、端华、肃顺三个跋扈之事。西太后急忙以目暗暗阻止,东太后方才忍住。当时随便说了几句,恭王退出,真去赴肃顺等的宴会。

"西太后一等恭王走后,方去怪着东太后道:'咱的姊姊,你怎么这般老实。六爷来见咱们,那三个坏蛋虽然没有一同入见,难免不派心腹暗中伺察。六爷乃是咱们姊妹娘儿三个的救命菩萨,千万要保全他才好。不要使那三个坏蛋生了疑心,那就误了大事。'

"当时东太后一被西太后提醒,吓得满脸发赤。西太后又安慰了东太后几句,又对东太后说道:'六爷此吊奠,照例咱们须得赏赐一顿喀食。①妹子已经拟好几个字儿在此,快请姊姊瞧过,要否更改字样。妹子打算将此字儿贴在喀食碗下,六爷一定能够见着。'东太后接去一瞧,只见写着是:

  载垣端华肃顺,已有不臣之心,宫廷危在旦夕,着该恭亲王率兵保护两宫以及皇上奔丧回京。大行皇上之梓宫,即着赞襄政务王大臣等护送,方能有所处置。钦此。

东太后看完那道密诏,连说不必更改,赶紧办理。西太后即于第二天命人赏赐恭王喀食之际,贴于碗底。恭王当时见了那道密诏,自然遵旨办理。

"怡亲王、端华二人,急去问肃顺道:'两宫既要老六保护入都,咱们怎样对付。'"肃顺很坚决地答道:'照咱主意,就此拿下老六;并将两个寡妇、一个幼儿,一同结果性命;就请王爷即位。咱自有办法,对付天下臣民的。'

"怡亲王吓得乱摇其手地说道:'这事太险,咱干不下。'

"肃顺就气哄哄地答道:'王爷不干,将来不要后悔。'

"怡亲王听说,又不能决。他们三个正在解决不下的当口,恭王已经大张晓

---

① 喀食即满族点心。

第五十回 西太后垂帘听政 彭玉麟诚心辞官 ..355

谕地定了日子,护送两宫和皇上进京。肃顺匆促之间,也没什么办法,只好同着怡亲王、端华两个护送梓宫随后入京。哪知西太后真是机灵,倒说一到半途,她便同了东太后以及皇上暗暗地间道入都。等得肃顺等人知道其事,要想追赶,业已不及。那时的肃顺因为赞襄政务王大臣的名义,确是他们求着大行皇上亲自下的遗诏,倚恃这着,料定两宫不敢将他们三个怎样,一见不能追赶,便也罢了。

"两宫到京,即以当今皇上的名义,下一道上谕:宣布怡亲王、端华、肃顺三人,如何如何不臣,如何如何跋扈。着恭亲王,会同朝臣,严行治罪。当时怡亲王、端华二人先到京中一天,入朝之际,恭亲王同了众朝臣,就命怡亲王、端华二人,跪听旨意。怡亲王、端华二人非但不肯下跪,且在口中大放厥词,说是咱们赞襄政务王大臣尚未入宫,此诏从何而来?他们的意思,简直说两宫和皇上没有下上谕的权力。那时恭亲王已经调兵卫宫,对于怡亲王、端华两个手无寸铁之人,自然不再惧惮。一见他们竟敢抗旨,马上命人拿下,押交宗人府看管。怡亲王和端华二人还在问人道:'咱们的车子呢?难道教咱们赞襄政务王大臣,就此步行到宗人府去不成?'

"当时的朝臣一见二人如此颠顸,无不暗暗匿笑。恭亲王既把怡亲王和端华二人发交宗人府去后,便去入宫奏知。东西两宫又下一道谕旨,既派四十名校尉,带了谕旨,沿途迎了上去,去拿肃顺。最可笑的事情是,肃顺被拿之际,正在旅店里头命着两个少年妇女,陪同睡觉。"

郭嵩焘一直说到此地,曾贞干方才接口道:"肃顺这人,平日本有一点经纬的。这回事情,怎么变得这般傻法。莫说别的,单是一位赞襄政务大臣却于国丧之中,沿途奸占民妇,已经罪在不赦的了。"

曾国藩朗声说道:"一个人忽然胸中不正起来,所做出来的事情便没药救。"

曾贞干不答这话,单向郭嵩焘道:"他们三个既已正法,一班朝臣不见得一个没有牵及的。"

郭嵩焘道:"有是有几个,尚没什么严谴,顶多是勒令休致而已。"

曾贞干又问道:"此次事变,一点没带着我们大哥么?"

郭嵩焘摇着头道:"我们这位老先生,和那肃顺,仅不过是个研究理学的朋友。朝廷对于臣下,断无如此吹毛求疵的。"

曾国藩正色道:"两宫既能办此大事,公私二字,岂有不能分出之理?"

曾贞干因见曾国藩很觉镇定,方始不提此话。大家复又谈论了一些军务之事,曾国藩始去批札公事。曾贞干便同郭嵩焘二人,也去休息。

第二天大早，曾国藩正在写他家书，忽见曾贞干、郭嵩焘两个同着彭玉麟一齐走入，不觉一愕。急问彭玉麟道："雪琴单身来此，你那防地没有什么乱子么？"彭玉麟答称道："仰仗老师的鸿福，门生那里，尚没什么乱子。"

曾国藩听了，便请大家分别坐下。

曾贞干微笑道："大哥，雪琴已有上谕，放了皖抚。"

彭玉麟连忙接口道："门生就为此事来见老师的。门生素来不主做官，大行皇上知之甚深。现在东西两宫垂帘听政，大概恩加先朝旧臣，也未可知。但是门人决计不敢受命，要求老师快替门生奏辞。"

曾国藩听说，笑上一笑道："雪琴说的两宫恩加先朝旧臣，倒也不错。昨天我也奉到命我兼那四省经略大臣的廷寄，我已奏请收回成命。"

郭嵩焘插嘴道："彭京卿乃是水师之中的元勋。如改文职，确实有些用违其长。"曾贞干道："以我个人之意，倒极愿雪琴去做皖抚。因为那儿克复未久，一切的军政之事，本得一位好好的能员前去办理。"

彭玉麟连摇其手地说道："老世叔不必如此谬赞。世侄万难当此重任。"

曾国藩笑着道："雪琴不必慌得如此，让我替你去办就是。"

彭玉麟听说，方始大喜道："到底老师知道门生的才干。"曾国藩又笑道："这件事情，你且不必再问，由我一定替你辞去。不过你们九世叔马上就要前去围攻金陵。长江一带，水师乃是主军，你须好好帮他一个大忙才好。"

彭玉麟急答道："水师之事，本是门生责任。无论为公为私，敢不尽力。"

曾国藩点头道："雪琴能够这样，我始放心。"

郭嵩焘坐在一旁，忽然想起一件事情。便笑问彭玉麟道："雪琴京卿，晚生曾经听见你的一件奇事，存诸胸中已久，老想请问，总没机会，今天却要斗胆请问一声了。"曾国藩听见郭嵩焘说得这般郑重其事，不觉微微地一愕，插嘴问道："筠仙，你到底听了一件什么奇事？要问我们雪琴。"

此时彭玉麟的脸上，正在一红一白，很觉现出为难样子。原来彭玉麟还当郭嵩焘问他那桩宓美人的事情，因此有那十分尴尬之色。正是：

无端请问诚堪骇，
如此奇文岂等闲。

不知郭嵩焘要问彭玉麟的一桩事情，究是何事。且阅下文。